THE COUCH AND THE STAGE

Integrating Words and Action in Psychotherapy

울력 연극치료총서 07

카우치 무대

심리치료에서 말과 행동을

로버트 랜디 지음

이효원 옮김

울력

총서 기획 | 이효원

카우치와 무대(울력연극치료총서 07)

지은이 | 로버트 랜디

옮긴이 | 이효원

펴낸이 | 강동호

펴낸곳 | 도서출판 울력

1판 1쇄 | 2012년 8월 30일

등록번호 | 제10-1949호(2000. 4. 10)

주소 | 152-889 서울시 구로구 고척로 4길 15-67 (오류동)

전화 | (02) 2614-4054

FAX | (02) 2614-4055

E-mail | ulyuck@hanmail.net

값 | 22,000원

ISBN | 978-89-89485-92-6 93680

· 잘못된 책은 바꾸어 드립니다.

· 옮긴이와 협의하여 인지는 생략합니다

태초에 말씀이 있었다.

— **요한복음서 1장 1절**

태초에 행동이 있었다.

— **모레노, 『심리극』 1권**(1946)

인간의 목적은 행동이지, 사유가 아니다.

— **칼라일, 『의상철학』**(1833-1834)

나는 항상 인간의 행동(행위)을
그 사유의 최상의 해석자라고 생각해 왔다.

— **로크, 『인간 오성론』**(1695)

"행동은 말보다 더 우렁차다"가 나의 격언이다.

— **링컨, 『선집』**(1856)

행동은 말에, 말은 행동에 맞추시오.

— **셰익스피어, 『햄릿』**(1602)

차 례

일러두기

1. 이 책은 Robert J. Landy가 지은 *The Couch and the Stage: Integrating Words and Action in Psychotherapy*(Jason Aronson, 2008)를 완역한 것이다.
2. 본문 중에서 괄호 안에 인명과 연도가 표시된 것은 참고문헌에 있는 그 사람의 그해 나온 책이나 논문을 참조하라는 의미이다. 또 인명 다음에 나오는 괄호에 연도가 표시된 것도 그런 의미이다. 그리고 괄호 안에 숫자만 표기된 것은 언급된 책의 페이지를 언급하는 것이다.
3. 본문 중에 인명의 원어를 병기하지 않은 것은 인명 찾아보기를 참고하기 바란다.
4. 본문에서 책과 잡지 등은 『 』로 표시하였고, 논문이나 기사는 「 」로 표시하였다. 그리고 연극이나 영화 작품은 〈 〉로 표시하였다.
5. 원서에서 이탤릭으로 강조된 부분은 이 책에서 중고딕으로 표시하였다. 그리고 본문 중의 작은따옴표는 필요에 따라 옮긴이가 붙인 것이다.
6. 본문에서 client를 맥락에 따라 '내담자' 또는 '참여자'로 번역하였다. 그리고 '마주따라하기'와 '거울 기법'도 맥락에 따라 달리 번역하였으나 같은 의미를 갖고 있다.

다양한 무대의 세계

제르카 모레노

철학적 배경이나 실제 접근법에 상관없이 모든 심리치료는 보편적인 하나의 규준에 반응해야 한다. 그것은 참여자의 자율적인 치유의 중심과 접촉해야 한다는 것이다.

로버트 랜디가 이 중요하고 포괄적인 책에서 지적하고 있듯이, 치유 요소로서 드라마는 매우 오랜 전통을 갖고 있고 수많은 문화에 그 뿌리를 내리고 있다. 서구의 드라마 전통은 그리스에서 시작되었다. 그리스 연극은 시민 모두가 참여한 디오니소스 풍요제에서 비롯된 것부터 희곡을 바탕으로 한 희극과 비극까지 다양한 무대가 있었다. 후자의 경우, 시민과 배우가 나뉘어, 시민이 극의 행동을 지켜보는 관객이 되면서 배우라는 새로운 집단이 나타났다.

제의적/영적 접근법에서는 최소한 처음에 주술사가 치료받는 사람이나 상황 바깥에서 주된 집행자 혹은 치유의 중심으로서 공연한다면, 연극치료에서는 고통 받는 사람이 스스로 배우로서 집행자 혹은 치유의 중심이 된다. 처음에는 수동적이고 객관적인 일종의 목격자로 출발하지만, 안내자의 도움을 받아, 점차 신체적 행동과 다른 사람들과의 상호작용 속에서 주관적으로 몰입하게 된다.

무속적인 치유에서 한 걸음 멀어지면서, 지그문트 프로이트는 말을 통해 내담자에게 초점을 맞추었다. 그러나 그 과정은 치료 대상을 행동 차원으로 이끌지는 못했다. 그것은 내담자의 몸과 관련을 맺는 대신 외부에 있는 전문가가 내담자와 주고받은 말의 내용을 분석함으로써 내면세계의 의미를 추출하고 해석했다. 고전적인 정신분석에서 내담자는 치료사와 투사적인 관계를 형성해야 하고, 그에 따라 치료사는 빈 스크린으로 남아 있도록 기대된다.

이 책에서 로버트 랜디는 드라마라는 형식 속에서 치유의 중심이 참여자에게 돌아오는 과정을 잘 보여 주었다. 참여자가 치료사의 도움을 받아 치료적 개입의 초점이 되는 것이다. 하지만 그것은 또한 치료사가 참여자와 형성해야 하는 관계의 형식이기도 하다. 이 상호적인 역동이 연극치료의 본질이며, 설사 연극치료사가 직접적으로 해석하거나 상호작용의 과정을 지시한다고 해도, 그것이 분석과 다른 치유가 발생할 수 있는 맥락을 구축한다.

1920년대에 비엔나에서 일어난 여러 행동 중심적 접근법의 주창자이자 심리극의 창시자인 모레노는 언어 치료나 말이 인간의 심리 전반을 담아내고 전달할 수 있다고 믿지 않았다. 언어는 스펀지가 아니며, 실제로 인간의 심리에는 언어에 저항하는 부분이 있다고 주장했다. 그는 보편적인 언어란 존재하지 않으며, 자기 속에 영어가 자리 잡게 된 것도 이민자로서 영어를 배우려고 애썼기 때문이라고 말했다. 또 새로운 언어를 배우는 가장 좋은 방법은 원어민과 사랑에 빠지는 것, 곧 상호작용을 통하는 것이라고도 했다.

신경언어학자들은, 어디서 태어났든 그리고 처음 들은 언어나 나중에 쓰게 된 언어와 상관없이, 말을 하기 전에 아기들이 내는 소리가 동일함을 발견했다. (이쯤에서는 바벨탑을 옹알이 탑으로 불러야 할 것 같다.) 그림, 춤, 마임, 음악, 조각 같은 예술 형식 역시 그 메시지를 전달하기 위해 언어에 의존하지 않는다. 물론 경우에 따라서는 언어를 사용하기도 하지만 말이다.

말에 의존하는 대신, 모레노는 치료 장면에서 좀 더 기본적인 것, 곧 인간의 소통과 상호작용에서 좀 더 원시적이고 보편적인 차원의 언어를 구했다. 그는 어린아이들과 작업하면서 개체발생적으로나 계통발생적으로 말이 꽤 늦은 발달 단계에 위치한다는 사실을 발견했다. 그렇다면 말의 바탕이 되는 것은 무엇인가? 아이들을 보면 알 수 있듯이, 말 이전에는 행동과 상호작용 그리고 소리를 동반하는 흉내 내기가 소통의 도구라 할 수 있다. 모레노는 드라마에서 좀 더 완벽한 삶의 모델을 찾았고, 최소한 잠재적으로는 모든 사람이 배우가 될 수 있는 극 형식을 추구했다. 관객-배우는 대본 없이 그 순간의 영감으로 자신의 삶으로부터 장면을 만들고, 그럼으로써 자기 행동을 책임지는 것이다. 그 결과, 치료는 치료사뿐만 아니라 치료사와 참여자(들) 그리고 참여자와 다른 사람들의 상호작용에 의존하게 된다. 관객 없는 극장이라는 모레노의 이상은 1924년에 구체화되었다.

그는 자발성과 창조성의 쌍둥이 원리에 의존했다. 그 둘은 모두 이전에는 없었던 무언가를 가리킨다. 자발성은 라틴어 *sua sponte*에서 유래한 말로 자기 외부가 아닌 자기 내부로부터를 뜻하고, 창조성은 전에 없던 새로운 무언가를 존재케 하는 것을 가리킨다. 심리극은 행동을 바탕으로 한 다양한 즉흥극 실험에서 점차적으로 개발되었다. 과거의 정서적 외상을 자주 다루지만, 한편으로는 삶을 위한 리허설로서 현재의 문제와 미래에 대한 기대를 극화함으로써 삶을 변형하도록 돕는다. 동물, 영, 꿈, 목소리, 몸의 일부, 생각, 비전, 죽은 이들, 사람이나 가면, 인형, 돌로 표현된 투사물 또는 그 밖의 다른 형태로 구체화된 대상을 모두 역할 연기할 수 있다.

모레노의 작업을 연구하는 사람들 중 일부는 그가 관객에게 연민과 공포를 일으키는 비극의 효과, 곧 카타르시스에 대한 아리스토텔레스의 관찰에 근거하여 심리극을 만들었다고도 한다. 그렇지만 그들은 불행하게도 모레노의 궁극적인 의도를 파악하지 못했다고 할 수 있다. 그것은 모레노가 아리스토텔레스의 설명에 만족하지 않았기 때문이다. 그는 물었다. "관객이 배우와 그가 연기하는 인물이 일치하지 않음을 알 때, 그 카타르시스는 과연 어떤 것인가? 그것은 감정적인 카타르시스가 아니라 미적인 카타르시스가 아닐까? 만약 배우들이 진짜 감정, 진짜 불안과 진짜 두려움을 느끼면서 자기 자신을 보여 준다면 어떻게 될까? 그럴 때야말로 정말로 관객이 원초적인 감정적 카타르시스를 느낄 수 있지 않을까? 그리고 배우 역시 연기에서 원초적인 카타르시스를 얻게 되지 않을까?" 셰익스피어는 우리 모두가 인생이라는 연극의 배우라 했다. 모레노는 그러나 어느 누구도 완성된 대본을 손에 쥐고 태어나지는 않는다는 점을 지적했다. 우리는 더듬거리며 한 걸음씩 나아가면서 고통스럽게 배운다. 그리고 연극치료는 바로 그 배움이 조금 덜 고통스럽고 훨씬 즐거운 것이 되도록 돕는 것이다.

모레노의 작업의 또 다른 바탕은 삶에서 일어나는 만남의 중요성과 그 만남이 발생하는 현재의 중요성에 대한 신념에 있다. 그것이 과거의 일이건 참여자의 마음에서 일어난 일이건 상관없이, 심리극의 모든 장면이 지금 여기에서 극화되는 까닭이 바로 이것이다. 주인공이 충분히 준비가 되면, "만약 ~라면"의 마법이 드라마 안에서 모든 일을 실재로 만드는 것이다. 어떤 주인공은 실존하는 타자인 보조자아가 연기하는 부재하는 타자를 실제로 "본다." 본체가 현상이 되는 것이다.

랜디와 이 책에 소개된 여러 분들이 제공하는 연극치료는 그 방식의 다양함에도 불구하고 역할 연기로써 변화를 이끌어낸다는 핵심을 공유한다. 심리치료가 울기, 웃기, 때리기의 소거를 통한 카타르시스를 목표로 한다는 일각의 생각은 다소 유감스럽다. 그것은 단지 과정의 일부일 뿐이기 때문이다. 궁극적 목표는 개인내적이면서 관계적인 통합의 카타르시스다. 소거의 카타르시스는 기억에 의해 유발된다 해도 지금 여기서의 순간적인 사건일 뿐이지만, 통합의 카타르시스는 시간 속에서 일어나는 과정이다.

치료를 포함하여 드라마의 모든 형식이 공유하고, 배우/참여자에게 의미 있는 두 가지 개념이 있다. 페리페테이아peripeteia와 아나그노리시스anagnorisis가 그것이다. 페리페테이아는 드라마 전개상의 변화, 곧 주인공의 처지 변화를 말하며, 아나그노리시스는 처음에는 무심코 지나쳤던 중요한 무언가를 알아차리게 되는 것을 가리킨다. 이는 드라마 안에서나 드라마가 끝났을 때 혹은 치료 회기를 마치고 한참 지난 뒤에 새로운 배움을 자극하며, 통합의 카타르시스로서 변화를 가능케 한다. 그러나 이것을 지적인 통찰로 너무 가볍게 번역하지 말자. 지성에 기반한 통찰은 흔히 학습과 치유의 형식으로 과대평가되곤 한다. 그러나 그것이 진정 실효성을 갖기 위해서는 생각이 행동으로 바뀌어야 하는데, 그것은 말처럼 쉽지 않다. 오히려 먼저 경험하고 거기서 배움을 이끌어내는 편이 더 쉽다. 사람은 세상 모든 것을 알아도 전혀 달라지지 않을 수 있다. 그래서 연극치료는 아이들이 배우는 방식을 바탕으로 한다. 그것은 인지적으로 이해하는 것과는 다른 행동을 통한 학습이다. 그리고 거기서 개인적인 변화와 발달이 나타난다.

연극치료는 총체적인 사건이 아니라 주인공에게 인식된 사건의 양상을 드러내고 변형한다. 지각은 절대로 총체적이지 않다. 누구도 자기 자신이나 다른 사람을, 또 그 상호작용을 총체적으로 지각하지 못한다. 연극치료는 우리의 지각을 바꾸고 확장한다. 우리의 지각은 변화에 종속된다는 점에서 희망을 걸 수 있다. 사실은 바뀌지 않는다. 하지만 우리가 그것을 지각하고 다루는 방식은 바꿀 수 있다. 변화는 우리가 삶의 양상을 완벽하게 총체적으로 파악하고 있다면 일어나지 않을 것이다. 그런 측면에서 인간의 모자람은 우리가 우리 자신과 다른 사람을 지각하는 방식을 바꿀 수 있다는 점에서 축복이 될 수도 있다. 이는 치료사 역시 마찬가지다.

한 가지 충격적인 사실은 적어도 심리극에서는 많은 참여자들이 무대에서 일어난 것을 부분적으로 기억하지 못하며, 그런데도 변화가 일어난다는 것이다. 우리는 이 현상을 — 모레노가 "행위 갈망 신드롬"이라 부른 — 총체적인 행동 몰입이 인성의 두 역할, 곧 관찰자와 비평가를 제거하기 때문이라고 설명할 수 있다. 행위 갈망이 올라와 우위를 점하게 되면, 배우가 관찰자와 비평가를 밀어내면서 기억의 흔적을 찾기가 어려워지는 것이다. 이는 기록된 경험을 억압하는 것과는 다르며, 오히려 기록 없이 행동이 일어나는 것이다.

그 강도가 똑같지는 않겠지만, 독자 중에는 어떤 길로 얼마나 달렸는지 확인하지 않고 한참동안 운전한 적이 있는 사람이 꽤 많을 것이다. 그때 인지는 어디에 있었을까? 당신은 어디에 있었나? 자동 주행중, 다른 공간, 혹은 자각되지 않는 다른 상태였을까? 어떤 경우든 그 이미지는 인간의 능력에 대한 좋은 은유이다. 기억이 없는 행동, 뭔가를 하는 몸, 부재중인 마음의 기록하는 부분.

그러나 존재에는 또 다른 상태들이 있다. 1943년에 쓴 「사회측정학과 문화적 질서」라는 제목의 논문에서, 모레노는 마음이 몸 안에 있는 것이 아니라 몸을 둘러싸고 있을 수 있다는 가설을 주장했다. 만일 그것이 사실이라면, 인간이 말 없이도 어떻게 소통할 수 있는지를 쉽게 이해할 수 있을 것이다. 마음끼리 만나 접촉하고 교류하는 것일 테니까. 그 만남은 의식적인 상태와 무의식적인 상태에서도 일어날 수 있을 것이다. 그리고 그 가설은 때로 기억이 불완전하거나 없어지는 까닭을 설명할 수도 있다.

연극치료는 특별하고 특권적인 것이다. 그것은 마음의 교류를 다루며, 나는 그것이 자율적인 치유의 중심을 촉진한다고 믿는다. 연극치료 작업을 하면서, 우리는 참여자의 마음의 복합성에 직면할 때 깜짝 놀라고 도전을 받는다. 그러나 우리는 또한 우리를 좀 더 온전한 존재가 되도록 도와주는 이렇게 역동적인 도구를 갖고 있음에 감사하지 않을 수 없다.

제르카 T. 모레노

버지니아 주, 샬롯츠빌에서

서문

아서 로빈스(교육학 박사)

로버트 랜디의 신간 『카우치와 무대: 심리치료에서 말과 행동을 통합하기』는 치료적 상호작용의 새로운 양식, 행동 치료라는 큰 이름 아래 모인 몸 중심적이고 극적인 다양한 치료법의 등장을 생생하게 기술하고 있다. 연극치료사이자 교사와 작가로 일해 온 배경은 랜디를 자기 분야에서 리더로 만들어 왔다. 이 책의 출간과 함께, 그는 행동 치료에 역사적 시각을 부여하면서 연극치료가 넓은 치료적 실천의 맥락에 자리 잡게 했다.

랜디는 우리에게 초기 정신분석의 혁신적인 노력을 돌이켜 보여 준다. 우리를 초기 개척자들의 드라마와 프로이트의 거실에서 열린 그 소란스런 회합으로 이끈다. 처음에 프로이트는 정신적 수술과 신경 심리학을 연결하려 했다. 그러나 당시 의료 분야에는 그런 실험과 연구를 지지할 만한 관심이 부족했다. 그는 최면에 눈을 돌리지만, 그 결과는 피상적이고 일시적인 듯 보였다. 초기 개척자들은 다양한 아이디어와 에고가 소용돌이치는 가운데 자신의 이론적 틀에서 한 치의 벗어남도 허용치 않는 프로이트의 부성적 권위와 싸웠다. 그 폐쇄적인 체계를 버티지 못하고 자신만의 비전을 좇아 새로운 입지를 개척했지만 동료들에게 배신자로 낙인 찍혀 파문을 당한 이들도 있었고, 어떤 이들은 프로이트 이론에 대한 열정이나 충성심 없이 그 주변부에서 간신히 명맥을 유지하기도 했다. 랜디는 근대 정신분석에서 거의 언급되지 않지만, 행동 치료가 구별된 분야로 형성되는 데 중요한 역할을 한 두 개척자를 주목한다. 산도르 페렌치는 환자-치료사 대화에서 전이와 역전이의 행위화를 실험했다. 오토 랑크는 변화를 위한 긍정적인 힘으로서 창조성의 위력을 강조했다.

초기의 이 과감한 분파와 함께 제이콥 모레노의 심리극이 등장했다. 모레노는 환자가 상담실에서 나와 마음의 극장에서 다양한 역할을 연기하게 하고, 관객을 극적 탐험에 끌어들이기도 했다. 40여 년 전쯤 나는 심리학 개론 수업을 하면서 현장 학습의 일환으로 모레노의 극장을 방문한 적이 있다. 학생들 중 한 명이 무대로 올라가자, 모레노는 그를 주인공으로 심리극을 시연해 보였다. 그 영향력은 극이 끝난 뒤에도 꽤 오랫동안 지속되었다. 다양한 역할이 참여자의 복합적인 정신 구조를 나타냈고, 그것은 살아 있는 말과 선택으로 표현되었다. 오늘날에는 정신분석조차 행동 언어에 노출되어 있고, 그것이 성찰의 드라마를 좀 더 생생하고 강렬하게 만든다.

랜디는 연극치료 분야에서 진행된 불가피한 분리에 주목하여 그것을 여러 접근법 사이의 유사성과 차이의 측면에서 심층적으로 설명한다. 정신분석에서 그랬듯이, 연극치료에서도 영토권 분쟁과 정체성 분열이 일어나고 있다. 그것은 나의 개인적이고 직업적인 역사의 일부이기에 아주 익숙하지만, 한편으로는 우리 사회와 문화의 분열과 양극성을 그대로 반영하는 현상이기도 하다. 하지만 지나온 길을 돌아볼 때, 개인적인 갈등이나 발달적 주제가 작업 방식과 스타일에 영향을 미치는 정체성과 상호작용함을 알 수 있다. 간단한 일화를 소개하면 이렇다.

1970년대 초반에 나는 이미 훈련받은 분석가였다. 그럼에도 불구하고, 자극적인 1960년대를 막 벗어난 시점에서 나는 가만히 있기보다 다양함을 추구했고, 덕분에 뉴욕에 있는 훌륭한 예술 학교인 프랫 인스티튜트의 시간 강사로 일하게 되었다. 그리고 이내 예술 전공 학생들에게 심리학을 가르치는 게 매우 도전적이고 계몽적인 일임을 알게 되었다. 수업은 가만히 앉아 말로만 이뤄지지 않았다. 학생들은 매우 적극적이었고, 심리학에 대한 열정을 숨기지 않았다. 하지만 정신분석의 전제에는 회의적인 태도를 취했고, 인간을 이해하는 그들만의 창조적이고 지각적인 접근법을 보여 주었다. 그들과의 수업은 나의 내적 분열을 치유하는 중요한 계기로 작용했다.

이제 아름다움과 미학의 가치로 무장한 우리 가족을 얘기할 차례다. 미학적 가치에 대한 우리 식구들의 질서와 통제는 너무 엄격해서 숨이 막힐 정도였다. 엄마와 누이는 실내 장식에 심취해 있었고, 조화造花 공장을 운영하던 아버지는 여자들의 찬사를 받기 위해 최신 제품을 집으로 가져오곤 했다. 그럴 때면 난 안전한 모래 상자로 피신하여 그 혼돈과 더러움에 빠져들었다. 나는 끊임없이 무언가를 만들었지만, 그것은 아름다움과는 상관없었다. 부모님은 급기야 나의 장래를 걱정하기 시작했다. 내가 우리 가족의 정서에 맞지 않았던 것이다. 사실, 나는 규범을 따르지 않고 제멋대로였다. 흥미롭게도, 친가 쪽에 아마추어 분석가인 네 명의 숙모와 삼촌이 있었다. 나중에는 달라졌지만, 어릴 적에는 어머니가 평판이 나쁘다는 이유로 그분들과 거리를 두었기 때문에, 서로 잘 모른 채 지냈다. 어머니는 "이름 뒤에 석사나 박사도 안 붙은 사람들이 대체 무슨 치료를 한다는 거니?"라며 의심을 드러내곤 했다. 더 깊은 차원에서, 엄마의 그런 태도는 남자에 대한 심한 두려움의 반영이었고, 나는 그녀의 투사와 동일시의 대상이 되어야 했다.

심리학과 정신분석은 내 삶을 이해하기 위한 방편이었다. 나는 숙모와 삼촌들과 친해졌고, 삼촌들 중 한 분이 내 슈퍼바이저가 되었다. 그리고 내 갈등과 두려움에 대한 내적 탐험의 자연스런 결과로 조각에 깊이 빠졌던 40대 초반에는 어엿한 정신분석가가 되었다. 그 과정에서 나는 아름다움이 단지 예쁜 것을 만드는 게 아님을 깨달았다. 이제 내 안에 있는 아버지와 어머니는 다투지 않기 위해 애를 쓴다. "예술과 심리학이 하나로 어우러질 수 있다면 정말 대단하지 않겠어요?"라고 나는 감개무량해하며 말했다. 바야흐로 새로운 분야인 예술치료의 등장이 임박해 있었던 것이다. 나는 프랫 인스티튜트에 예술치료 학과 설립을 위한 제안서를 제출했고, 학장의 동의와 함께 지원금이 확정되었다. 나는 거기서 창조성 발달의 역할을 강조했고, 또 그것이 예술가들이 일자리를 얻는 데 도움이 될 것이라고 덧붙였다.

그 과정에서, 나는 내가 미처 알아채기도 전에 심리치료 분야에서 지금까지 이어지는 분열의 일부가 되었다. 우리는 치료로서 예술을 행하는 것인가, 아니면 심리치료적인 예술치료를 하는 것인가? 시간이 지나면서 정신분석 역시 여러 다양한 지류로 나뉘어, 지금은 자기 심리학과 대상관계 심리학과 욕동 이론 사이에 뚜렷한 구분이 있다.

이것은 이 책을 이해하는 데 매우 중요한, 이 분야의 후기 발전 과정에 관심을 갖게 해주었다. 정신적 표현과 뇌 기능의 관계를 이해하기 위해 신경학적인 기반을 창조하고자 한 프로이트의 첫 꿈은 뇌 연구를 통해 서서히 실현되고 있다. 마주 따라하기가 학습의 주요 형태가 되고, 서로 다른 언어를 사용하는 다양한 형태의 심리치료가 종국에는 유사한 개념으로 집약됨을 목격하고 있다. 이 아이디어는 공감을 이해하는 데 바탕이 되는 거울 뉴런의 존재로써 입증된다. 외상 연구와 뇌 기능은 매우 밀접한 관계를 맺고 있다. 근육 표현과 신체 단서는 공감적 연계의 통로로서 뇌 연구를 통해 충분한 근거를 확보한다. 유아와 아동 연구 또한 언어적이고 비언어적인 발달의 상호 관련성을 지지한다. 나아가 새로 발견된 이들 영역은 모든 치료를 하나의 커다란 틀로 통합한다. 물론 이 같은 이론적 조직화는 아직 초기 단계에 있지만, 학제간interdisciplinary 이론의 미래를 뚜렷하게 제시한다.

이 관점에서 모든 치료적 개입은 행동 중심적이며 성찰적이다. 그것은 말과 비언어적 표현을 포함한다. 행동 치료, 게슈탈트 치료, 분석적 치료는 이제 빠르게 하나의 큰 그림으로 합쳐지고 있으며, 더 이상 대립하지 않는다. 전인적인 치료는 분석적이거나 실존적인 치료를 배제하지 않는다. 일부 치료사들은 의식의 각기 다른 차원에서 일어나는, 고급 물리학과 불교와 치료적 개입의 원리를 결합하고 있다. 이런 흐름이 잠재적으로 치료적 개입의 영역을 확장할 것이다. 그와 함께 낡은 직업 역할은 붕괴된다. 서로 다른 배경을 가진 치료사들이 보다 폭넓은 비전에 노출되고 있다. 개인적인 상호작용 스타일을 통합하는 고유한 종합을 창조한다. 우리는 단지 개인적이고 직업적인 정체성 그리고 자신의 기질과 배경에 제한을 받을 뿐이다.

이론적 정향은 기질적 차이와 지적 취향 그리고 참여자와의 작업에 대한 정서적 특성으로부터 생성된다. 치료사 중 일부는 직업적 역할에 갇히기를 거부한다. 나는 치료적 개입은 각 환자-치료사의 이인 구조에 꼭 맞는 새로운 형식을 찾아내는 과정이라 생각하며, 이 시각이 비주류적 기질과 혼돈을 통해 새로운 형식을 만들어 내기를 즐기는 창조성에서 비롯되지 않았나 하고 짐작한다. 이렇게 볼 때, 소통의 기술에 온 마음을 쏟는 치료사는 모두 예술가이며, 과학적 사고는 중심과 기반과 원리를 창조하는 데 중요한 배경이 된다.

다양한 접근법의 통합은 치료 분야의 성장에 도움이 될 것이다. 그러나 반대로 불가피하게 분열과 분리를 조장하는 측면도 있다. 랜디는 연극치료 분야에 존재하는 분파와 그것들 사이의 차이점과 유사성을 기술한다. 그러나 그는 우리가 특정한 기법이나 기술에 얽매이지 않고 과거의 낡은 역할에서 성장할 수 있다는 변형적인 희망을 품는다. 우리를 가로막는 것은 과거와 단절하지 못하는 무능력뿐이다. 나는 내가 모든 이에게 모든 것이 되어 줄 수 없음을 잘 알고 있다. 우리는 또한 이 분야가 우리로 하여금 위험을 무릅쓸 수 있게 하는 일종의 닻이 되어 주길 바란다. 하지만 특정한 이론이나 기법을 발견하는 능력이 각 치료적 노력과 함께 잠재적으로 생겨날 수 있다는 사실이 고무적이다. 만일 우리가 이 길을 따른다면, 변화는 이미 알고 있는 것을 버리고 익숙한 것에서 떠나 혼돈에 빠짐으로써 무질서로부터 새로운 형식을 창조해 내기를 요구할 것이다. 이 책을 읽으면서 우리 모두는 극적 기법이 치료의 좀 더 큰 틀로 통합될 수 있는 가능성을 보게 될 것이다.

연극치료를 전문 치료 분야의 미래로 끌어들이려는 로버트 랜디의 꿈이 이 책의 바탕이 되었다. 나는 모든 치료가 성찰적일 뿐만 아니라 행동적일 수 있다고 굳게 믿는다. 우리는 우리 자신을 하나의 표현 양식에 가둘 것인지, 아니면 다양한 상호작용 양식을 통합할 것인지 선택할 수 있다. 나는 치료적 실천을 통합하고자 하는 이들을 지지한다. 이 책은 환자들과의 작업을 위해 새로운 통합을 촉진하는 데 기여할 것이다.

아서 로빈스

뉴욕에서

감사의 말

모든 책은 그것을 믿고 그 탄생 과정을 기꺼이 목격하고자 하는 누군가에 의해 옹호되기에 존재한다. 나의 챔피언은 아서 폼포니오다. 그는 심리치료에서 말과 행동을 분리하는 관습적 경계를 넘어설 수 있는 용기와 선견지명 그리고 창조적 예술치료가 정신분석에 의미 있는 차원을 부여한다는 믿음을 가졌다. 뿐만 아니라 나는 예술을 나의 편집자이자 안내자로 발견하는 더 없는 행운을 누렸다.

이 책의 아이디어는 뉴욕 대학에서 촬영한 연구 영화, 〈연극치료의 세 가지 접근법〉에서 비롯되었다. 나는 그 영화에 관여한 모든 이들에게 깊이 감사한다. 함께 치료사로 나서준 니나 가르시아와 데이비드 리드 존슨 그리고 작업 과정과 함께 한 사람들을 믿고 자신의 삶을 극적 형식 속에 담아준 피험자 '데릭'에게 매우 심심한 감사를 표한다. 영화를 제작하고 이 책을 쓰는 동안 그는 늘 나와 함께였다.

교사로서 나에게는 대화의 기쁨에 몰입할 수 있게 해준 명석하고 활기찬 학생들이 있다. 영화 제작에 참여하고 이 책의 집필을 도와준 학생들의 이름을 언급하고 싶다. 데어리엔 아체베도, 멜리사 벌먼, 브룩 캠벨, 도너 가브리엘 엘러비, 앤드류 게인즈, 세어러 밀러 고든, 멜리사 에린 모나한, 테이머 펠레드, 러셀 G. 로튼, 케이트 셰틀러, 크리스터 M. 베라스트로가 그들이다.

또 많은 분들이 초고를 읽고 조언을 해주었다. 심리치료에서 행동의 의미를 이해함에 있어 더 좋은 방식을 찾아내도록 격려해 준 애덤 블래트너, 니나 가르시아, 데이비드 리드 존슨에게 특히 고마움을 전한다. 미술 치료 및 정신분석의 표현적 형식의 선구자인 아서 로빈스는 너무나 감동적인 서문을 보내주었을 뿐 아니라 대화를 통해 지적으로나 심적으로 든든한 힘이 되어 주었다.

이 분야의 가장 역사적인 인물 중 한 분인 제르카 모레노 여사의 도움을 받아 그의 생생한 목소리로 역사를 기록할 수 있었던 것은 너무나도 큰 기쁨이었다. 제르카는 행동 심리치료의 초기 역사에 관한 지식의 백과사전일 뿐 아니라 나의 가장 중요한 독자이기도 했다. 그녀는 서투르고 부족한 나의 글을 진실로써 보완해 주었고, 이 책의 서문을 써주는 은혜를 베풀었다.

나의 참여자 "샐리"는 섭식 장애의 혼란 속에서 어떻게 헤쳐 나갈 수 있는지를 내게 가르쳐 준 용감한 사람이다. 그리고 역할 체크리스트의 개발을 도와준 앤드류 게인즈와 원고 작업을 힘써 준 대학원생 팸 에드가와 메리 허쉬코비츠에게 감사한다. 또한 원고를 꼼꼼하고 정확하게 살펴준 로먼 앤드 리틀필드의 메리 캐서린 라마르에게 감사를 전한다.

마지막으로 내가 혼자가 아님을, 내가 귀 기울여 듣지 않으려 할 때조차 끊임없이 일깨워준 행동 심리치료 분야의 많은 동료와 친구들에게 특별히 감사하다고 말하고 싶다.

서론

"행동은 말보다 더 우렁차다"는 속담은 행동의 우위를 말해 준다. 심리치료가 시작된 이후 많은 사람들이 자신의 관점을 확증하는 이론적 근거를 대면서 이 이분법을 공고히 해왔다. 전통적인 샤먼의 치유 형식에서 움직임, 모방, 드라마를 통해 표현된 행동은 말을 압도한다. 초기 정신분석 시대에 프로이트는 다양한 신경증 증상을 나타내는 환자를 위해 말을 통한 치료법을 개발했다. 그는 행동을 저급한 상태, 곧 감정을 드러내지 않으려는 일종의 방어이자 분석 과정을 통해 극복해야 할 저항으로 분류했다. 1914년에 프로이트는 "환자는 자기가 잊은 것이나 억압한 것을 전혀 기억하지 못한다. 대신 행위화한다. 그것을 기억이 아니라 행동으로 재생하는 것이다"(150)라고 썼다. 그리고 그 행동을 말로 변형하도록 환자를 돕는 것이 고전적인 프로이트적 분석가의 역할이었다.

프로이트의 초기 동료 중 일부는 그와 생각을 달리하여 치유를 위한 좀 더 적극적인 접근법을 공표했다. 그들에게 행동은 언어의 반대가 아니라 오히려 내담자를 몸과 감정을 통해 표현의 다른 영역으로 옮겨주는 협력자였다. 그러나 환자를 치료함에 있어 말에 진심으로 의존하기는 그들 역시 마찬가지였다.

한편, 제이콥 모레노와 프리츠 펄스 같은 이들은 말을 심층의 감정과 신체 상태를 표현하는 데 대한 저항으로 간주하는 좀 더 급진적인 태도를 취했다. 새로운 접근법이 이전 것의 정통성에 도전하면서, 정신분석 내에서 그리고 정신분석과 심리극처럼 특정한 정향들 사이에서 분열이 두드러졌다. 하지만 시간이 지나면서 그 차이는 줄어들기 시작했다. 현대의 정신분석은 프로이트의 심리내적인 욕동 환원 모델에서 벗어나 상관적이고 대인관계적인 관점을 포용하기에 이르렀고, 심지어 그중 일부는 분석에서 나타나는 전이/역전이 관계를 극적 행동을 암시하는 상연enactment이라 부르기도 한다. 프로이트는 신경과학자로 훈련받았지만, 초기의 신경학에서 과학적 진실의 힌트를 얻은 정도에 불과했다. 그가 만일 뇌 양반구 사이의 복합적인 관계를 밝혀 온 현대 신경과학의 성과를 접한다면 틀림없이 놀라고 기뻐할 것이다. 하지만 신경과학이 심리적 외상에 의해 손상된 뇌를 최상의 상태로 회복시키기 위해서는 몸과 행동으로 작업하는 것이 중요하다(van der Kolk 2002b, 2002c 참고)고 전하는 것을 듣는다면 더욱 놀라고 덜 기뻐할지도 모른다.

이 책은 행동과 말의 분리를 강조하려는 것이 아니라 심리치료의 행동 접근법이 서구의 언어적 접근과 전통적인 샤먼의 치유에서 발전되어 창조적이고 전인적인 이론과 실제를 통합하게 된 과정을 탐험하고자 한다. 그 핵심 개념으로서 행동이란 치유 과정에서 참여자의 몸과 감정과 생각을 탐험하는 데 드라마, 놀이, 비언어적 표현을 치료적으로 활용하는 것을 가리킨다. 게슈탈트 치료, 무용/동작 치료, 신체적 심리치료, 생체에너지 분석을 포함한 행동 심리치료의 여러 형식이 있지만, 이 책은 심리극과 연극치료에 집중할 것이다.

이 책의 목적은 행동 심리치료를 심리치료, 정신 건강 상담, 임상 사회사업의 주류에 포함할 것을 강력히 주장하는 데 있다. 이 관점은 놀이 치료(Irwin 2000; Landy 2003 참고), 상담(Corey 2001 참고), 심리치료(Johnson 2000a, Blatner 2001; Johnson, Smith, and James 2003 참고)에서 행동 심리치료가 주류로 선택된 데서도 그 타당성을 찾을 수 있다.

책의 구성

이 책은 광범한 맥락에서 행동 심리치료에 접근한다. 이를 위해 고대의 뿌리를 간직하고 있는 전통적 치유 형식인 샤머니즘으로 시작한다. 샤머니즘은 그 연극성과 노래와 춤, 스토리텔링, 영적 세계의 힘을 이용하기 위한 황홀경으로 주목 받는다. 샤머니즘은 치유의 예술이 전통 문화에서 시작되었고, 거기서는 과학보다 주술이 그리고 말보다 행동이 선행했음을 일깨운다. 한국에서 본 무당의 의식을 기술한 다음, 세기초의 비엔나로 옮겨가서 정신분석의 초기 역사를 기술한다. 그리고 특히 프로이트의 동료들, 이를테면 행동 심리치료의 초기 형태를 실험한 카를 융, 오토 랑크, 산도르 페렌치, 빌헬름 라이히의 작업을 깊이 살핀다.

초기의 정신분석에서 현재의 연극치료에 이르는 선을 그리면서, 나는 언어적이고 인지적인 방식의 한계에 맞서 싸우며 행동의 표현적인 개입을 정초한 심리치료사들을 일별한다. 개인뿐만 아니라 집단을 위해 온전히 극적인 치료 형태를 개발한 제이콥 모레노를 살핀 다음, 헨리 머레이, 에릭 에릭슨, 프리츠 펄스를 비롯해 구성주의, 인지 행동 치료, 단기 치료 등의 심리치료 모델을 간단하게 다룬다.

이를 배경으로 21세기에 실행되고 있는 극적 치료를 개관하되, 역할 이론/접근법, 심리극, 발달적 변형의 세 가지 접근법에 초점을 맞춘다. 그리고 이들 접근법을 몇 가지 대극 — 감정과 거리, 허구와 현실, 말과 비언어적인 표현, 행동과 성찰, 지시적 접근과 비지시적 접근, 전이와 역전이 — 을 축으로 비교하는 모델을 제공한다.

이 논의는 세 가지 주요 접근법의 이론과 실제 작업을 촬영한 영화 〈연극치료의 세 가지 접근법〉을 토대로 한다. 영화에서는 세 명의 치료사가 한 참여자를 대상으로 각자 작업을 실행한 다음, 그 작업 기록을 분석하면서 세 접근법을 심층적으로 비교한다. 이 영화는 칼 로저스, 프리츠 펄스, 앨버트 엘리스가 글로리아라는 동일한 내담자를 대상으로 상담한 과정을 찍은 고전 영화 〈심리치료의 세 가지 접근법〉(Shostrom 1965)에서 힌트를 얻었다.

세 접근법을 비교한 뒤에는 몇몇 임상적 장애를 대상으로 한 작업 사례와 그것을 지지하는 신경과학의 연구 결과를 덧붙인다. 그것을 통해 말하고자 하는 바는 행동 심리치료는 정서적 외상, PTSD, 중독, 섭식 장애뿐만 아니라 다양한 임상 상황에서 전통적인 정신 건강 전문가들이 효율적으로 사용할 수 있다는 점이다. 그리고 심리극, 역할 접근법, 발달적 변형의 구체적인 활용의 예를 보여 준다.

다시 한 바퀴를 돌아, 드라마가 심리 치유의 역사를 관통하여 은유이자 기법으로서 그 위력을 입증 받아 온 이유를 질문한다. 결국에는, 통합을 추구하고, 고대로부터 현대에 이르는 말과 몸과 마음을 통한 치유 형식의 연속성을 이해하기 위해 대극으로 돌아간다. 셰익스피어의 가장 유명한 대사가 "죽느냐 사느냐"로 시작되는 질문이라면, 그 대답은 "살면서 죽는 것"이다. 삶과 죽음의 연속성, 다시 말해 역할 속에서만 창조할 수 있는 배우와 배우의 숨결로써만 존재할 수 있는 역할의 연속성을 받아들이면서 비로소 우리들 인간은 온전히 통합된 존재를 살 수 있는 힘을 갖게 된다.

샤먼과 정신분석

샤먼의 회합

2004년 봄, 대부분 여자인 열두 명의 무당들이 대한민국 서해의 어촌 마을인 연안부두 해변에 모여든다. 많지 않은 관객이 경건하게 치유 의식이 시작되기를 기다린다. 마을 사람들은 바다에서 나는 것들로 생계를 잇는다. 그들은 수확이 적거나 예상치 못한 자연재해가 배를 뒤집을 때마다 무력감을 느낀다. 그래서 이런 희망의 의식을 반긴다. 무당은 사람들과 신들의 교섭을 공고히 하고 불안을 덜어주기 위해 풍어제를 지낸다. 마을 사람들에게 신들을 잘 모신 해에는 고기가 풍성하고 사고도 없을 것임을 믿게 할 것이다.

임시 가설무대에 젊은 무당 한 명이 전통 복장을 하고 나타난다. 관디라 불리는 흰 옷에 길고 검은 조끼인 쾌자를 입고 갓이라는 검은 모자를 목 아래로 끈을 묶어 썼다. 그 앞에는 돼지 머리가 놓여 있다. 그것은 무당의 수호신에게 바치는 제물이자 풍성한 수확을 가져다줄 표식이다. 뒤로는 흰 상보가 깔린 낮은 상에 음식과 술과 꽃을 비롯해 의식에 쓰이는 다양한 소도구가 놓여 있고, 그 뒤에 한결 높고 큰 상에는 여러 가지 빛

깔의 과일과 떡이 차려져 있다. 그리고 신화적 인물과 영적 존재가 그려진 휘황한 병풍이 무대를 감싸고 있다. 나이든 악사들, 시중드는 사람들, 새끼 무당들이 젊은 무당 왼편에 있는 무대에 앉아 그녀의 신호에 따라 북과 피리와 나발과 바라를 연주할 준비를 하고 있다.

공연이 시작되자 젊은 무당은 삼지창으로 돼지를 찌른다. 몇 번의 시도 끝에 돼지를 삼지창에 꿰었고, 그것은 치유의 신이 찾아왔음을 알리는 신호다. 무당은 사람들에게 직접 말을 한다. 그리고 몇 시간 넘게 노래하고 춤추면서 사람들이 무대로 올라와 자신이 주는 음식과 공수를 받도록 청한다. 공연이 클라이맥스에 이르면 두 개의 날카로운 칼을 가지고 춤을 추면서 자기 안에 신들이 들어왔음을 알리는 표시로 몸을 찌르는 상징적인 동작을 한다. 그리고 돼지 살점을 잘라 상징적으로 그 힘을 받아들인다. 사람들은 지폐를 꺼내 돼지에게 붙이고 젊은 무당에게 절을 하고 공수를 받는다. 살코기를 자르고 돈을 바치는 것은 의식의 성공을 방해할지도 모르는 악한 신들을 달래 쫓아내는 것을 상징한다.

오후 늦게까지 하루 종일 다른 무당들도 공연을 함께한다. 하이라이트는 영들의 힘을 이용하는 능력으로 유명한 나이든 우두머리 무당이다. 파랑과 빨강과 노랑과 초록으로 수놓인 가장 밝은 색의 관디를 입은 그녀는 악사와 관객과 농담을 주고받고 영들을 희롱하면서 계속 잡담을 한다. 또 빠른 음악에 맞추어 끊임없이 뱅글뱅글 돌면서 신들을 불러 황홀경에 이른다. 변형된 상태에서 그녀의 잡담은 공수라는 이야기가 된다. 공수는 늙은 무당의 몸주인 신들이 말하는 것이다. 다른 무당들이 무대에 나가 신들에게 말을 걸면서 가장 중요한 질문을 한다. 수확이 풍성하겠습니까? 바다와 바람이 잠잠할까요? 사고가 적을까요? 그러면 늙은 무당의 몸 안에 있는 신들이 말과 움직임으로 대답한다. 늙은 무당은 방울을 흔들고 검을 휘두르고 두 팔을 하늘을 향해 뻗어 신들의 치유력을 불러내면서 물 흐르듯 춤을 춘다. 공연이 끝나갈 무렵에는, 커다란 인형을 가지고 춤을 추면서 신들과 거기 모인 무당들과 참석자들을 즐겁게 해준다.

날이 저물면 무당들은 돼지를 요리해 먹고, 관객이 낸 돈을 전시하면서 의식의 성공을 알린다. 그리고 인형 두 개와 상징적인 배와 함께 행렬을 이루어 바닷가로 행진한다. 음악을 연주하고 기도하면서 배들의 순항과 모든 사람의 축복을 빈다. 선한 신을 찬양하고, 악한 영을 진정시키며, 마을 사람들에게는 풍성한 수확의 희망을 고취시킨다.

옷을 갈아입고 무대를 해체하고 가지각색의 소도구를 차에 실으면서, 무당들은 날씨와 집으로의 긴 여행에 대해 이야기를 나눈다. 모두들 치유 의식을 치르느라 피곤하다. 치유자에서 일상의 보통 사람으로 옮겨가면서, 그들은 자신들이 영들과 사람들을 이어주는 통로일 뿐이며, 마을의 번영 여부를 결정하는 것은 영들임을 인정한다.

정신분석가들의 회합

1902년 가을, 네 명의 의사가 "정신분석을 배우고 실천하고 보급할 목적으로" 비엔나 베르가세 19번지 지그문트 프로이트 박사의 집에 모였다 (Freud in Gay 1988, 173). 그 소규모의 수요 심리학회는 얼마 안 가 이내 비엔나 정신분석협회가 되었다. 몇 년이 지나면서 그 구성원은 알프레트 아들러나 오토 랑크 같은 비엔나 사람뿐만 아니라 카를 융, 어니스트 존스, 산도르 페렌치, 루 앙드레아-살로메처럼 유명한 외국인들까지 가세하게 되었다. 모일 때면 그들은 늘 학술 논문을 읽는 것으로 시작하여, 커피와 케이크를 들면서 15분가량 쉰 다음, 논문을 놓고 토론하는 순서를 의식처럼 고수했다.

모든 모임의 상석에는 다른 많은 사람들에게 교사이자 스승이자 뮤즈가 되어 준 프로이트 박사가 있었다. 프로이트의 전기는 그를 정선분석학이라는 새로운 학파의 교황(Jones 1959, 205)이자 예언자(Gay 1988, 205)로 보면서, 그 모임의 종교적 특성을 언급하기도 했다. 작게 출발했지만, 점차 인원이 많아지면서 구성원들은 권력, 독립, 자아 만족에 대한 욕구를 주장했다. 이론과 실제의 문제로 논쟁이 일어나 서로 다른 성격과 충성심이 충돌하면서, 집단은 프로이트의 핵심 원칙의 신성함을 지키는 일종의 종교재판소인 "위원회"를 구성하였다. 그에 따라 알프레트 아들러, 카를 융, 오토 랑크, 산도르 페렌치를 포함하여, 한때는 프로이트와 절친했던 많은 사람들이 그 지성소로부터 축출당했다.

프로이트와 그 추종자들의 목적은 정신분석의 고전적인 원칙을 지켜내고, 그 방법론을 심리치료의 주류에 편입시키는 것이었다. 그들은 스스로를 인간 정신의 본질에 대해 중요한 발견을 성취하고 비합리적인 심리적 장애를 위한 합리적 치료법을 개발한 과학자라 생각했다. 보수적인 기존 의료계의 공격에도 불구하고, 프로이트는 자신의 생각이 점차 보급되는 것을 지켜볼 만큼 충분히 오래 살았다. 그리하여 정신분석의 수호자는 새롭게 발전하는 심리치료 분야의 핵심 인물이 되었고, 인성에 대한 심리성적 이해를 바탕으로 한 자유연상 말하기 치료가 수십 년 동안 정신 건강 업계를 지배하였다. 샤먼이나 비학술사秘學術士 또는 이런저런 종교인과 달리, 프로이트는 인간이 만물의 척도임을 주장한 그리스 철학자 프로타고라스처럼 합리주의자로 남았다.

샤머니즘과 정신분석은 치유의 대별되는 두 가지 시각을 제공한다. 전자는 영적 세계관에 집중하여 몸과 영혼, 자연적인 것과 초자연적인 것의 일치를 제시한다. 샤먼은 몸의 질병뿐만 아니라 마음의 질병을 낫게 하며, 두 가지가 모두 영적인 바탕을 갖고 있다고 본다. 샤먼은 다양한 약초 사용법과 의료적 조치뿐만 아니라 환자의 마음 안팎으로 영들을 움직이는 수단으로서 공연 예술의 치유적 특성을 익히는 훈련을 받는다. 샤먼의 훈련과 입문을 묘사하면서, 인류학자 미르체아 엘리아데Mircea Eliade(1972)는 죽음과 재생의 상징적인 과정을 말한다. 그때 샤먼은 영적 세계로 상징적 여행을 떠나며, 거기 머무는 동안 약과 지혜를 전해주는 영적 안내자를 만난다. 여정의 변형적 성질 때문에 입문자는 영적으로 발가벗겨지고 재조합되며, 그런 뒤에야 허약하고 고통에 처한 사람들에게 필요한 치유의 힘을 받아 현실 세계로 되돌아온다. 그렇게 치유자의 자격을 획득한 샤먼은 선한 영들을 소환함으로써 마을 사람들에게 통제력을 벗어난 사건이 잘 해결될 거라는 희망을 제시한다.

실제로 샤머니즘은 지구상의 모든 곳에서 수천 년 동안 행해져 왔다. 그것은 남미, 아시아, 아프리카의 토착민과 서구 세계의 다양한 뉴에이지 집단 사이에서 여전히 행해지고 있다. 조직화된 종교 지도자들이 샤머니즘을 악마 숭배로 몰아붙이면서 뿌리 뽑으려 노력했지만, 그 실제와 이미지는 지금도 건재하다. 현대 의학의 상징인 두 마리 뱀이 막대를 감싸고 있는 형상의 헤르메스의 지팡이 또한 고대 그리스의 샤머니즘적 역사의 잔재일 수 있다. 또 어떤 사람들은(McNiff 1988; Pendzik 1988; Lewis 1993; Snow 2000; Glaser 2004) 샤먼이 평정을 잃은 마음을 치유하기 위해 음악, 춤, 이야기, 드라마를 정기적으로 활용했다는 점에서, 현대의 예술 치료의 뿌리를 고대 샤머니즘의 전통에서 찾아야 한다고 말하기도 한다.

프로이트가 착상하고 심층심리학자들이 일부 수정한 정신분석은 외관상 인간에 대해 샤머니즘과는 전혀 다른 시각을 제공하다. 많은 분석가들이 정신분석 작업을 경험적으로 증명할 수 있는 과학으로 본다. 마음의 어두운 요소는 분명히 존재하며, 인간에게 고통과 아픔을 유발한다. 고통은 영이 아니라 발달 초기의 경험, 다시 말해 외상적이어서 억압된 경험 때문에 생기며, 무의식으로 억압된 그 경험은 심리학적이고 신경학적인 방식을 통해 꿈, 환상, 소망, 자발적 몸짓, 말로 나타난다.

정신분석가가 되는 과정은 상징적이라기보다 공부, 학위, 관리감독을 받는 인턴십뿐만 아니라 분석을 통한 자기 검증을 요구한다.

전통적이고 주술적인 치유법은 최소한 표면적으로는 현대 과학과 아무런 공통점이 없다. 프로이트는 자신을 합리적인 과학자로 내세우면서 영적이고 주술적인 일체의 연상과 절연했다. 그러나 비엔나 정신분석협회의 초기 시절, 그 구성원들이 프로이트의 지시를 따르면서 또 다른 쪽으로 자신만의 관점을 구축할 당시에는 상당히 다양한 실험이 행해졌다. 카를 융은 환자들에게 만다라를 그리고, 그 이미지와 대화하도록 했다. 오토 랑크는 신화를 가지고 작업했고, 정신분석 작업을 영웅의 여정으로 간주했다. 그는 내담자의 경험을 예술가의 경험에 견주어 치료 과정을 창조적 과정과 관련지은 최초의 인물들 중 한 명이다. 그의 협력자인 산도르 페렌치는 환자에게 치료사의 역할을 맡긴 다음, 자기 자신의 심리적 여정을 분석하게 하는 상호 분석이라는 급진적인 치료 형식을 실험했다. 또한 빌헬름 라이히는 환자의 몸을 조작하여 춤을 추고 역할 연기를 하도록 했다.

스승과 보수적인 동료들에게 도전하여 기꺼이 불명예를 감수하는 모험을 감행한 이들의 작업을 더 깊이 살펴보도록 하자. 그들은 위험을 무릅씀으로써, 몸과 마음, 상상과 영혼의 모든 채널을 통한 카타르시스적이고 창조적인 접근법의 심원한 치료 효과를 주장한 사람들에게 길을 터주었다. 비서구권의 전통적 치유자 그리고 서구의 과학적으로 훈련 받은 의사와 심리치료사에 이어, 이 개혁자들이 곧 등장할 극적 행동 심리치료의 개척자들의 길을 예비한 것이다.

융과 분석심리학

1907년에 베르가세 19번지에서 프로이트를 처음 만났을 때, 융은 혈기왕성했다. 그들의 첫 번째 대화는 13시간 동안 이어졌고, 그중 대부분을 융이 말했다. 젊은 정신과 의사이자 학자인 융은 특히 무의식의 역동, 자유연상, 꿈 해석의 아이디어에서 스승의 영향을 받았다. 취리히의 부르크

횔츨리 정신병원에서 행한 실험을 바탕으로 1906년에 출간한 단어 연상에 대한 연구는 프로이트의 자유연상 이론에 경험적인 증거를 제공했고, 그에 스승은 매우 기뻐했다. 그리고 서로 안 지 얼마 지나지 않아 프로이트는 융이 지적인 상속자가 되어 주기를 기대했다.

그러나 그들의 만남에는 한 가지 중요한 장애가 있었으니, 그것은 영성과 비학에 관한 융의 관심과 프로이트의 경멸이었다. 갈등은 1909년에 프로이트가 매사추세츠 주, 우스터에 있는 클라크 대학에서 명예 박사학위를 받기 위해 떠난 미국 여행에서 표면화되기 시작했다. 독일 브레멘에서 출항을 앞두고 프로이트와 융 그리고 젊은 헝가리 정신분석가인 산도르 페렌치가 함께 점심 식사를 했다. 융은 당시 독일 북부에서 발견된 선사시대 유물에 대해 열에 들떠 이야기했다. 프로이트는 방부 처리된 여자 시신에 대한 융의 관심이 자신을 향한 죽음 소망이 가면을 쓴 것이라고 해석했다. 그리고 그렇게 단언한 다음 기절하고 말았다.

그렇게 관계가 소원해지고 나서 삼 년이 흐른 뒤, 뮌헨에서 열린 정신분석 회합에서 다시 만난 두 사람은 깊이 있는 대화를 나누면서 그동안의 불화를 무마하려 했다. 그러나 이내 프로이트는 스위스 저널에 자기를 참조했음을 밝히지 않고 논문을 발표했다고 융을 비난했고, 융은 프로이트의 작업은 너무나 잘 알려져 있어 그런 예는 비일비재할 것이라고 응수했다. 대화는 다시 이집트 파라오 아케나톤으로 비화되었다. 곁에 있던 누군가가 아버지에게 분노한 왕이 아버지의 이름을 기념비에서 파냄으로써 그 유산을 없애려 한 일이 있었다며, 그 사건이 논문에서 프로이트에 대한 인용을 모두 제거한 융의 행동과 비슷하다고 말했다. 그러자 융은 아케나톤은 왕위를 승계한 다음 선대의 기념비를 수정하는 관행을 따랐을 뿐이며, 오히려 그 이야기를 꺼낸 사람이 아버지 고착이 심한 것이라 반박했다.

융의 태도를 방어적이라 본 프로이트는 그가 자신을 깎아내리려고 할 뿐 아니라 은밀하게 죽기를 바란다고 비난하더니, 브레멘에서처럼 또 한 번 기절하고 말았다. 융이 쓰러진 그를 안아 옆에 있던 카우치에 눕혔고, 프로이트는 얼마 뒤에 깨어났다.

여기서 우리는 프로이트가 자기 말이 수용되지 않으면 지각된 죽음 소망을 내면화하여 죽는 척 하는 것으로 행위화했다고 볼 수 있다. 그러나 그의 연기는 융을 속이지 못했다. 융은 조력자의 반대역할을 맡아, 내면의 악마를 알아차리지 못한 스승의 실패를 지적했다.

어린아이와 어른

갈등의 심장부에는 아마도 강력한 두 인물이 있었을 것이다. 즉, 유산을 상속할 아들을 찾는 아버지와 독립적인 영혼을 진정으로 포용해 줄 아버지를 찾는 아들. 이론적인 측면에서 볼 때, 두 사람은 심리사회적 발달에서 유아기의 성욕sexuality이 미치는 영향력과 무의식의 형식과 내용에 대해 의견을 달리했다. 둘의 충돌은 특히 꿈 작업에서 두드러졌다. 프로이트의 가장 영향력 있는 저서인 『꿈의 해석』은 무의식과 실현되지 않은 소망의 억압된 내용을 읽기 위한 일종의 틀을 제공해 주었다. 그러나 융이 꿈에서 본 여러 층으로 된 이상한 집 이야기를 했을 때, 해골과 뼈가 흩어져 있는 선사시대의 동굴로 된 저층을 프로이트는 또다시 융의 죽음 소망으로 읽었다. 융에게 그것은 결정적인 순간이었다. 그는 거기서 분석가이자 스승으로서 프로이트의 개인적 한계를 보았다. 그리고 개인적인 무의식적 경험뿐만 아니라 다양한 층으로 구성된 마음의 형태와 범위에 대한 독립적인 이해를 추구하기 시작했고, 나중에(1963) 그것을 "개인적 심리 저변에 집단적으로 선행하는 무엇… 나는 그것이 본능의 형식, 즉 원형임을 깨달았다"(161)고 말했다.

개인적 갈등과는 상관없이 두 사람의 학문적인 의견 대립은 분석적인 사고와 치료에 주요한 혁신을 가져왔다. 융은 프로이트의 무의식에 저장된 억압된 정서의 개념을 수용하였다. 하지만 무의식을 횡단하는 또 다른 왕도를 제시했다. 프로이트가 말을 통했다면, 융은 인간의 상상력과 창조적 능력을 자극하면서 비언어적인 이미지를 빌려 작업했다. 프로이트가 폐위될 지도 모른다는 무의식적 두려움을 졸도로 행위화했듯이, 융은 자신의 악마들을 소환하여 샤먼처럼 기꺼이 해체와 재조합의 영적 여정에 올랐다. 프로이트가 어두운 꿈의 이미지를 가지고 작업한 반면, 융은 합리적 지성보다 창조적 상상에 기반을 둔 혁신적인 접근법을 구축했다.

『기억, 꿈, 사상』(1963)에 나타나듯이, 융의 여정은 어린 시절 꿈에서 본 영적 세계에 대한 경험에서 시작되었다. 1912년에 프로이트와 완전히 결별했을 때, 그는 이렇게 썼다. "내적 불확실성의 시기가 시작되었다. 그것을 방향감각 상실의 상태라 불러도 과장이 아닐 것이다"(170). 당시 융은 그 위기에서 빠져나갈 방법을 찾아 자기 자신과 상상의 대화를 하곤 했다. 자신이 더 이상 아버지와 그가 속한 문화의 기독교적 세계관에 매어 있지 않음을 깨달으면서, 융은 내면의 삶을 탐험하기 시작했다. 처음에는 특이하고 신화적인 일련의 꿈을 기록했다. 그러나 그것이 어두운 기분을 충분히 덜어주지 못하자, 어린 시절의 기억으로 옮겨갔다. 10살 때쯤 블록을 가지고 놀았던 기억을 떠올리자, 전혀 기대치 않았던 감정이 북받쳐 올랐다. 그는 추억에 잠겨 말했다(1963). "그 작은 소년은 여전히 곁에 있으면서 내겐 없는 창조적 삶을 누리고 있네. 어떻게 하면 내가 그렇게 될 수 있을까?"(174).

융은 창조성을 회복하는 과정에서 어린아이 역할을 입고 돌과 그 밖의 재료로 구조물을 만드는 실질적인 해법을 찾았다. 그는 그것을 빌딩 게임이라 불렀다. 놀이를 치료 과정으로 본 것은 융이 처음은 아니었다(Spencer 1873, Schiller 1875 참고). 그러나 융은 마치 처음인 듯 유치한 놀이에 접근했고, 어린아이 역할을 취하여 내면의 상태를 나타내는 극적 구조를 창조하면서 놀이의 근원적인 치유력을 경험하게 되었다. 놀이자로서 그는 과거의 해결되지 않은 경험으로 돌아가고, 현재의 딜레마를 해결하며, 미래를 그려볼 수 있는 수단을 갖게 되었음을 깨달았다. 심리치료 분야에서 이 발견은 어린아이와 예술가와 창조적 개인을 잇는 초기의 연결을 명시한다. 그들은 모두 고통과 혼란을 잘 다루기 위해 그 중요한 순간을 되풀이해서 재연한다. 융(1921)은 환상과 상상의 맥락에서 놀이를 이야기한다. 놀이와 환상과 상상의 세 과정은 모두 그가 이론과 실제를 발전시키는 데 본질적으로 기여했다.

> 훌륭한 아이디어와 창조적인 모든 작업은 상상의 소산이다, 그리고 그 근원은… 유아기의 환상에 있다. 예술가뿐만 아니라 모든 창조적 개인은, 그것이 무엇이든, 자기 삶에서 최상의 것을 환상에 빚지고 있다. 환상의 역동적 원리가 놀이이며, 그것은 곧 아이들의 특징이기도 하다…. 환상을 가지고 노는 것 없이는 어떤 창조적 작업도 가능하지 않다(문단 93).

삶의 위기를 훈습하기 위해 스스로 놀이를 시작한 융은 훈련받은 정신분석가들이 몇 년 뒤에 개발하게 될 방법론을 발견하였다. 그러나 안나 프로이트나 멜라니 클라인은 그들의 놀이 치료 접근을 놀이가 어린이에게 다가가는 길임을 암시한 프로이트에게 직접 연결한다. 일단 소통이 구축되면, 안나 프로이트와 멜라니 클라인은 스승처럼 놀이를 해석을 위해 말문을 여는 수단으로 사용했다.

반면 융에게 영향을 받은 사람들은 놀이를 아동의 솔직한 언어로 간주하여 그 자체를 치료적 과정으로 여겼다. 비지시적 심리치료사 액슬린Axline(1947)과 정신분석가 위니컷Winnicott(1971) 두 사람은 모두 아동이 놀이에서의 극화를 통해 문제를 풀 수 있다고 믿었다. 그러나 그들은 신화와 원형에 대한 융의 작업을 통합하지는 않았다. 놀이 치료에서 그 일을 한 이는 모래 놀이라 불리는 접근법을 창안한 융의 제자 도라 칼프였다. 칼프Kalff(1980)의 작업은 마거릿 로웬펠드Margaret Lowenfeld(1979)에 조금 뒤졌다. 마거릿은 소아과 의사이자 아동 정신분석가로, 환자가 모형을 가지고 모래 상자와 탁자에 그린 그림을 분석했다. 융에게 자극받은 칼프는 로웬펠드를 연구하여 그녀의 방법론을 융의 것과 통합함으로써 아동이 창조한 이미지를 원형적인 차원에서 이해하는 모래 놀이를 개척했다. 모래 놀이는 원형 심리학자를 비롯해 연극치료사와 많은 사람들이 활용하는 고유한 심리치료 접근법으로 발달해 왔다(Landy 1994 참고).

놀이를 개인적 위기에 대한 실질적 해법으로 보는 것을 넘어서, 융은 말로써 무의식에 접근하여 그것을 분석하는 프로이트의 방법론에 대한 독창적인 대안의 가능성을 발견하였다. 대안은 이미지와 행동에 기반한 것으로, 내담자는 개인적이고 집단적인 무의식의 이미지를 불러올 뿐만 아니라 그것을 행동으로써 변형한다.

적극적 상상

적극적 상상은 오랫동안 발전되면서 융의 효과적인 방법론으로 자리 잡았다. 그 과정에서 초월적 기능, 그림 방법론, 적극적 환상, 변증법적 방법론, 하강 기법으로 다양하게 이름을 바꿔 오다가 마지막에 적극적 상상으로 정착되었다. 융이 적극적 상상이라는 말을 처음 쓴 것은 1935년에 런던에서 행한 유명한 타비스톡 강좌에서다.

융은 책보다 강의에서 그 방법에 대해 많은 이야기를 했다. 또 무용 치료사 조운 초도로우Joan Chodorow(1997)가 편집한 『적극적 상상에서의 융』에도 그 접근법에 대한 여러 가지 설명이 나와 있다. 하지만 가장 간명한 표현 중 하나는 그의 편지에서 찾을 수 있다(Jung 1947 in Chodorow 1997).

> 어떤 이미지로 시작해도 좋습니다. 예를 들어, 당신 꿈에 나온 노란 덩어리가 될 수도 있지요. 그것을 깊이 생각하면서 그 그림이 어떻게 펼쳐지는지 혹은

> 어떻게 변해 가는지를 주의 깊게 관찰해 보세요. 뭔가를 만들려고 노력하지 말고 자발적인 변화가 나타나는 것을 지켜보기만 하면 됩니다. 머릿속에 떠올린 그림은 이런 식으로 조금씩 자발적인 연상을 통해 곧 바뀔 겁니다. … 그 모든 변화에 주목하세요. 그리고 결국에는 그림 속으로 걸어 들어갑니다. 그림의 이미지가 사람이라면, 그가 살아 있는 듯이 하고 싶은 말을 하고 그의 말을 듣기도 하라는 뜻이죠(164).

시간이 지나면서 융은 초기에 정신분석가로 훈련받은 흔적을 지우기 시작했다. 그는 때때로 환자의 이미지를 말로 분석하는 데 저항하곤 했다. 그것은 이미지가 그 자체로 의미와 치유의 가능성을 담고 있으며, 정확하게 응시할 때 변형을 통해 환자에게 이해의 전환을 가져다준다고 믿었기 때문이다. 융에 따르면, 치료 과정의 궁극적 목표는 개성화, 즉 의식과 무의식의 경험을 통합함으로써 온전해지는 것이며, 적극적 상상은 그것을 실현시키는 방법론이다.

초도로우(1997)는 융의 접근법을 두 과정으로 나눈다. 첫 번째는 무의식의 활성화이며, 두 번째는 "무의식과 친숙해지는 것"이다(10). 그녀는 일단 무의식의 경험이 활성화되면 그것을 훈습하는 데 몇 년이 걸릴 수도 있다고 말한다. 실제로 융은 초기 아동기에 처음으로 나타난 무의식의 이미지를 훈습하는 데 50년 이상을 투자했다(Jung 1963 참고).

다른 한편에서는 적극적 상상의 단계를 구분하기도 했다. 융의 제자이면서 나중에 동료가 된 마리-루이제 폰 프란츠(1980)는 다음과 같이 말했다.

1. 자아의 "미친 마음"을 비운다.
2. 무의식의 환상 이미지가 떠오르게 한다.
3. 거기에 모종의 표현 형식을 부여한다.
4. 윤리적 직면.

나중에 폰 프란츠는 (내담자가) 이 작업을 일상생활에 적용하도록 했다.

적극적 상상의 단계를 두 번째로 구체화한 이는 로버트 존슨(1986)이다. 그 내용은 이렇다.

1. 초대(무의식을 불러낸다).
2. 대화(대화하고 경험한다).
3. 가치(윤리적 요소를 더한다).
4. 의식(그것을 신체적 의식으로 구체화한다).

융은 이미지를 다룸에 있어 모든 표현적 가능성을 열어둠으로써 환원적인 접근법에 저항했다. 그는 주로 비언어적 표현 수단인 시각 예술을 사용했다. 그의 글에는 그와 관련한 언급이 가장 많으며, 특히 만다라 작업이 그렇다(Jung 1933/1950, 1950 참고). 하지만 융은 내담자와 자기 자신을 대상으로 춤(Jung 1928-1930)과 글쓰기(Chodorow 1997)를 통한 이미지 작업을 시도하기도 했다. 또한 이미지를 다루는 형식으로 드라마를 따로 언급하지는 않았지만, 연극치료의 핵심 양상이라 할 수 있는 이미지를 가지고 놀면서 대화하는 과정에 대해 웅변적으로 쓰고 있다(Jung 1928; Jung 1933/1950; Chodorow 1997).

많은 후기 융학파 사람들은 이야기, 드라마, 서사를 통한 작업의 경험을 보고했다(예를 들어, von Franz 1980, Hillman 1983a 참고). 도라 칼프와 다른 많은 모래 놀이 치료사의 작업에서도 아동과 성인의 치료에 적용된 적극적 상상의 명료한 사례를 볼 수 있다.

프로이트와 초기 분석가들은 무의식을 통해 무의식을 대상으로 작업하면서 억압된 정서를 드러내고 변형하려 했음에도 불구하고 결국에는 말과 합리적인 수단을 경유했다. 프로이트는 오히려 브로이어와 함께 치료 기법으로서 최면을 연구했을 때 정서적 경험과 가장 친밀했다. 브로이어는 최면을 1880년대에 파리에서 샤르코에게서 배웠다. 그러나 프로이트는 최면이 지나치게 천박하고 지속적인 효과를 입증할 만한 근거가 없다는 이유로 거부했다. 하지만 다른 측면에서는 최면이 흔히 불안정하고 극적인 감정 표현을 이끌어냈기 때문에 그 카타르시스적인 효과를 불신하고 두려워했다고 말할 수도 있다.

적극적 상상의 고유함은 무의식의 내용인 이미지를 통해 작업한 것뿐만 아니라 정서를 직접적으로 다룬 데 있다. 융은 또 한 번 실제 환자를 대상으로 한 장래의 치료 작업을 위해 자신의 경험에서 근거를 구했다. 프로이트와의 결별로 야기된 위기를 겪는 동안, 융은 매우 혼란스럽고 예언적인 꿈들을 꾸었고, 우연히도 그것은 제1차 세계대전의 시작과 맞물렸다. 1914년 당시, 그는 꿈의 이미지를 돌이켜보고, 빌딩 게임을 하며, 환상을 기술하면서, 지속적인 긴장 상태를 이해하려 노력했다. 불안에 압도될 때면, 요가로 마음을 진정시킨 다음 다시 그의 혼란스러운 이미지를 가지고 작업했다.

그때 그는 감정으로 작업하는 것뿐만 아니라 감정 밑에 숨겨진 이미지를 찾아내는 것이 중요함을 깨달았다. 정서적 경험은 이미지를 불러내는 앞잡이이며, 그 이미지를 가지고 작업하면서 적극적 개입과 대화를 통해 균형의 위대한 감각을 찾아가는 것이다. 융은 정서적 경험이 이미지로 통하는 길을 낸 뒤에도 그것을 버리지 않았을 뿐 아니라, 오히려 정서와 이미지를 상보적이고 반영적인 치료 과정의 두 축으로 간주했다는 데 주목할 필요가 있다. 정서는 이미지를 이끌어 내고, 이미지 작업은 정서적 경험을 풍부하고 명료하게 만든다. 그는 프로이트가 자유연상에서 정서와 인지를 분리시킨 것을 비판했다(Jung 1916/1958).

> 환상에서는 가장 자유로운 놀이가 허용되어야 한다. 또 그것은 일종의 "연쇄반응"의 연상 과정을 촉발함으로써 소위 정서라는 그 대상의 궤적을 떠나는 방식이어서는 안 된다. 프로이트가 말하는 "자유연상"은 대상으로부터 온갖 종류의 콤플렉스로 데려가며, 그래서 콤플렉스가 정서와 관련되며 대상을 대

신하는 전이가 아님을 절대 확신할 수 없다(문단 167).

융은 1916년에 발표한 논문 「초월적 기능」에서 이미지 작업은 꿈, 환상, 놀이를 통해 생성되며, 그것들은 모두 감정적 경험에서 시작되어 정서적 근원으로 돌아감으로써 다시 감정적 경험을 확장하고 조명한다고 적었다. 그만의 방식으로, 융은 데카르트의 나는 생각한다, 고로 나는 존재한다는 명제를 논박했다. 정서와 몸에 대한 정신의 우위를 가정하는 그 태도는 의료 분야에서 아직도 영향력을 발휘하고 있다. 나중에 보게 되겠지만, 그 유산은 현대 신경과학 연구에 의해 확실하게 도전받고 있으며, 그중 가장 유명한 것이 안토니오 디마지오Antonio Demasio(1994)가 쓴 『데카르트의 실수』이다.

원형과 인성 유형

자신의 개인적 경험과 내담자의 그것에 대해 쓸 때, 융은 흔히 원형적 상징으로 가득한 언어를 사용하곤 했다. 수년에 걸쳐 상징을 분석하고 의식, 신화, 영성, 문화 연구의 견지에서 그 의미를 숙고하면서, 융은 집단 무의식과 원형에 대한 이론을 세웠다. 이 추론의 시작은 무의식의 내용을 삶과 죽음의 본능뿐만 아니라 억압된 소망과 두려움이라고 보았던 프로이트에게로 거슬러 올라간다. 프로이트의 체계에서 그 심리적 내용은 인간의 마음에 보편적으로 존재하는 것처럼 보였다. 그러나 그 기원과 상징적 지시대상은 개인의 성적 발달에 저장되어 있다. 융은 그와 달리 원형의 기원이 인류의 집단적 경험에 있으며, 사람들의 표현적인 행동과 생산물에서 그것을 읽어낼 수 있다고 믿었다.

꿈이나 환상에 대한 융학파의 묘사를 읽는 것은 윌리엄 블레이크의 시를 읽거나 불교 승이 그린 만다라 모래 그림을 보는 것과 비슷한 느낌을 준다. 그것은 선형적이거나 사실적이기보다는 상징적이고, 표현적이다. 다음은 융의 환자가 말한 환상이다(1928).

> 나는 산에 올라갔다. 앞에 일곱 개의 붉은 돌이 있고, 양 옆에도 일곱 개, 뒤에도 일곱 개가 있는 장소에 이르렀다. 나는 그 사각형 가운데 서 있었다. … 나는 가까이에 있는 돌 네 개를 집어 들려 했다. 그러면서 그 돌들이 땅속에 묻힌 신상의 주춧돌임을 알게 되었다. 나는 땅을 파서 돌을 꺼낸 다음 나를 중심으로 동그랗게 배열했다. … 그리고 네 신들을 에워싸고 반지 모양의 불꽃이 일어나는 것을 보았다. … 나는 말했다… 저 불 속으로 들어가야 해. … 불타는 반지가 거대한 하나의 푸른 불꽃으로 합쳐지더니 나를 땅에서 들어올렸다(문단 366).

다음은 평생 동안 융(1963)의 마음을 차지하고 있던, 가장 먼저 떠올린 꿈에 대한 발췌문이다.

> 나는 초원에 있었다. 갑자기 땅에서 검은 돌로 에워싸인 구멍이 하나 나타났다. … 밑으로 이어진 돌계단이 보였다. … 거기로 내려갔다(12).

융은 한쪽에 왕좌가 있는 신비한 방을 발견했다. 왕좌에는 거대한 남근이 똑바로 서 있었고, 그 꼭대기에 눈 하나가 위쪽을 바라보고 있었다. 융은 "눈 위의 밝은 빛의 영기auro"라고 썼다. 남근은 전혀 움직이지 않았지만, 융은 그것이 공격해 올까 봐 겁이 났다. 잠에서 깨기 전에 그는 엄마가 부르는 소리를 들었다. "그래, 보고 있어. 그게 사람 잡아먹는 괴물이야!"(12).

여자의 상승과 어린아이의 하강 이미지를 분석하면서, 융은 연금술과 그 사원론 개념, 종교, 신비주의, 어원학의 다양한 배경에서 끌어온 원형에 대한 지식을 총동원했다. 첫 번째 환상에서 융은 등정의 의미가 중심점 혹은 연금술의 "원의 정사각형화"를 향한 여정이라고 지적했다(Jung 1928, 문단 367). 그는 사각형의 네 꼭짓점과 네 신이 인성의 네 기능을 나타낸다고 보았다. 융은 그 기능에 직관, 감각, 감정, 사고라는 이름을 붙였다. 융은 환자가 신들을 이기고 무의식의 불로 과감하게 들어감으로써 개성화individuation를 향해 나아간다고 보았다. 기초 금속을 황금으로 바꾸는 연금술처럼, 환자는 신비한 경험을 통해 온전한 모습으로 변형되는 것이다.

두 번째 환상에서 융은 서너 살 적에 꾸었던 꿈을 회상했다. 그는 하강을 발달하는 무의식으로의 접근으로 보았다. 남근을 지하의 신에 빗대었고, 거기서 예수의 죽음과의 초기 연관을 성찰하였다. 남근의 빛나는 눈은 어원학을 빌어 빛나고 밝은 것을 뜻하는 그리스어로 풀었다. 그리고 가톨릭 미사에 대한 해석에서 아이디어를 얻어, 사람 잡아먹는 괴물의 이미지를 사육제의 상징과 연결했다.

이런 수천 개의 환상과 꿈으로부터 융은 집단 무의식 속에서 되풀이되고 있는 특정한 모티프를 추출한 다음, 그것을 원형적 구조와 기능에 따라 분류했다. 융이 꼽은 주요 원형에는 자기, 그림자, 페르소나, 아니마와 아니무스, 안내자가 포함된다. 자기는 온전성wholeness의 인물이며, 의식적 자아와 무의식을 포함한 인성 전체를 나타낸다. 그림자는 자기의 부인된 양상을 나타내는 인물이다. 페르소나는 개인이 다른 사람들과 관련하여 연기하는 사회적 가면이다. 아니마는 남자의 여성적 측면이고, 아니무스는 여자의 남성적 측면이다. 안내자는 우리를 지하세계로 인도하거나 자연적이고 초자연적인 세계로 연결해 주는 존재다.

원형과 별도로 융과 그 이후의 많은 융학파 사람들(예를 들어 Hillman 1983a 참고)은 심리학과 문화를 통합하는 다수의 모티프와 콤플렉스를 구체화했다. 위대한 어머니, 아버지, 어린아이 혹은 푸에르, 소녀, 현명한 노인, 영웅, 추구자가 그것이다. 이들 요소는 집단 무의식에 대한 융의 원형적 이해를 좀 더 명료하게 해준다.

융은 50년 넘게 연구를 지속하면서 때때로 여러 가지 개념에서 모순되고 혼란스러운 모습을 보여 주었는데, 그중에서도 원형과 콤플렉스가 특히 그렇다. 융이 남긴 글에서 그에 대한 체계적인 설명을 찾기가 상당히 어려우며, 사실상 그는(Jung 1969) "삶에서 전형적인 상황만큼이나 다양한 원형"(48)이 있다고 썼다. 융의 세계관을 충분히 이해하기 위해서는, 그가 다른 사람들뿐만 아니라 자기의 생각까지도 기꺼이 깨뜨릴 준비가 되어 있는 우상 파괴자였음을 기억하는 것이 중요하다.

아마도 융이 심리치료에 가장 크게 기여한 바는 인성을 유형화한 작업일 것이다. 가장 중요한 저서 가운데 하나가 1921년에 출간된 『심리 유형론』일 텐데, 그것은 그가 프로이트와 결별 이후에 심리적 위기 속에서 겪은 "무의식과의 대결"을 끝낸 시점이 되기도 한다.

심리 유형을 이해하기 위해서는 융의 변증법적 사고, 즉 모든 유형학은 대극의 상호작용에 의해 추동된다는 원리를 주지할 필요가 있다. 『심리 유형론』을 비롯해 그와 관련된 글에서 융은 내향성과 외향성의 두 가지 기본 태도가 있다고 말한다. 내향적인 태도와 외향적인 태도. 융은 이 태도가 대상과 관련하여 나타나며, 그 표현은 '해당 대상을 향해 흐르는가, 아니면 그것으로부터 멀어지는 흐름을 타는가'로 갈라진다고 말했다. 집단적 경험에 대한 개념과 일관되게, 그는 내향성과 외향성의 두 태도가 보편적이고, 심리적 기능보다 높은 차원의 범주라고 생각했다.

전형적인 외향형은 대상의 세계에 솔직하고 접근 가능한 방식으로 연결된다. 그들은 외부 세계와 지속적으로 대화를 하며, 자기의 행동이 다른 사람에게 영향을 미칠 것이고 또 거꾸로 다른 사람의 행동이 자신에게 의미 있는 영향을 줄 것이라고 믿는다. 그들은 자신감 있고, 솔직하고, 유머러스하고, 행동 지향적이다.

전형적인 내향형은 대화와 관계에서 위축되어 외부 대상으로부터 멀어지는 경향을 보인다. 내면으로 파고드는 그들은 독립적이고 접근하기 어려운 경향이 있고, 자기 자신의 생각과 느낌, 이미지를 가지고 노는 데서 기쁨을 얻는다.

그러나 융은 외향형과 내향형이 모두 좀 더 균형 잡힌 존재를 살 수 있는 가능성을 지적하며 이분법을 넘어섰다. 그가 볼 때, 의식적 행동으로 표현된 태도는 무의식 차원에서는 그와 반대되는 태도가 있음을 암시하는 것이다. 융(1921/1971)은 이 균형의 아이디어를 보상 개념으로 설명한다.

> 의식적 태도가 한 방향으로 기울수록 무의식에서 나오는 내용은 점점 더 반대로 치우쳐 둘 사이에 진정한 대립이 일어날 수 있다. … 통상적으로 무의식적 보상은 단순히 의식에 역행하는 것이 아니라… 의식의 정향에 대해… 균형을 추구한다. … 그러므로 분석적 치료의 목적은 보상이 재건되도록 무의식의 내용을 실현하는 데 있다(문단 694-5).

그러므로 융에게 균형 잡힌 삶이란 의식적 경험과 무의식적 경험 사이의 유동성을 촉진하는 자기 조절의 과정이라 할 수 있다. 그 움직임은 한 유형의 사람이 반대 극으로 이어지는 내면의 태도의 다리를 구축하도록 도와준다. 만일 융의 방대한 저작에서 어떤 핵심을 추출한다면, 그것은 아마도 차이와 대립 그리고 두 대상이나 생각이 교차할 때 나타나는 표면적인 모순인 역설의 함의와 평생에 걸쳐 씨름한 데서 나올 것이다. 그의 가장 분명한 진술(1955) 가운데 하나는 이것이다. "대극의 긴장 없이는 에너지가 없듯이, 차이에 대한 지각 없이는 의식도 있을 수 없다"(선집 14, 문단 603).

두 가지 태도에 기반한 유형학을 창조하고서 융은 그 한계를 인식했다. 그는(1921/1971) "엄밀히 말해 순수하고 단순한 내향형이나 외향형은 없다. 단지 내향적이고 외향적인 기능 유형이 있을 뿐이다"(문단 913)라고 썼다. 융은 심리내적, 대인관계적, 초개인적 경험을 표현하는 기본적인 수단을 기능이라 보았다. 그리고 수년간의 임상 관찰에서 얻어진 것이라며 다소 모호하게 감각, 직관, 사고, 감정의 네 가지 기본적인 기능 유형을 구분했다. 대극 개념에 입각하여 융은 사고와 감정을 합리적이거나 판단적인 기능으로 짝지웠고, 감각과 직관을 비합리적이거나 지각적인 기능으로 짝지웠다.

사고와 감정은 모두 상황을 평가하는 능력과 관련된다는 점에서 합리적이고 판단적이다. 그러나 그 둘은 상황을 평가하는 방법에서 다르다. 사고는 객관적이고 논리적인 규준을 사용하며, 감정은 정서적이고 주관적인 규준에 따라 좀 더 개인적인 방식으로 판단한다. 융의 체계에서는 모든 기능이 정서를 동반할 수 있다. 그러므로 감정의 기능은 정서의 정도가 아니라 다른 사람들과 어울리기를 선호하는 것, 개인적인 느낌을 솔직하게 표현하는 것, 주관적인 수단을 통해 세계를 이해하는 것으로써 구별된다.

사고 유형은 세계관에서 좀 더 분석적이고 과학적이며, 삶의 복합성을 풀어야 할 문제로 바라본다. 사고 유형은 다른 사람에게 조리 있게 개입하며, 개인적이고 관계적인 경험을 넘어 초개인적인 것까지 논리적이고 조직적인 방식으로 이해하려 노력한다.

비합리적이고 지각적인 기능에 대하여, 융은 이해하고자 하는 욕구와 상관없이 세계와 직접 맞닥뜨리는 경험이라고 말한다. 감각 기능은 개인이 감각을 통해 세계에 참여하도록 이끈다. 그것은 주로 의식적인 행동이며, 지각자의 입장에서 주의 깊은 행동을 전혀 요구하지 않는다는 점에서 비합리적이다. 감각 기능에 지배되는 사람은 직선적이며 실제적이다. 그들은 관찰 가능한 것 그리고 명확한 것에 초점을 맞추는 경향이 있다. 그들은 다른 사람들이 말하는 것을 주의 깊게 듣고 시야 내에 존재하는 거짓을 꼼꼼히 심사한다.

직관 유형은 더 내면으로 향해 있다. 무의식적 경험과 가장 긴밀히 연결된 이 유형은 융의 지배적인 기능으로서 유형학에서 특권적인 지위를 점하고 있을 뿐만 아니라 가장 잘 설명되어 있다. 직관 유형은 문제의 세부에 집중하기보다 좀 더 크고 보편적인 그림을 보면서 상자 밖에서 생각하는 경향이 있다. 감각이 경험적 세계에 근거하고 그에 집착한다면, 직관은 이미지와 상징을 통한 표현과 환상의 비행飛行을 특징으로 한다.

이 네 기능이 함께 모여 인성이라는 총체적 관점을 형성한다. 융(선집 6)은 다음과 같이 말했다. "감각은 실제로 존재하는 것을 구축하고, 사고는 그 의미를 인식할 수 있게 하며, 감정은 그것의 가치를 말해 주고, 직관은 그것이 해당 상황에서 나왔다 사라질 수 있는 가능성을 시사해 준다"(문단 958).

네 가지 기능을 두 가지 태도와 결합시키면 여덟 가지 인성 유형이 나온다. 그러나 융의 체계는 보조 기능의 개념이 도입됨에 따라 한층 더 복잡해졌다. 다시 말해, 어떤 기능이 의식적으로 표현될 때는 내향성에서건 외향성에서건 우위의 것으로 나타날 수 있음을 뜻한다. 동시에 그 반대 기능과 태도는 무의식에서 나타나며, 우위의 기능과 태도를 보상하는 역할을 한다. 의식적인 기능과 태도가 무의식과 짝을 이룰 때, 융은 변증법적 관점을 포용하면서 각 기능이 그 반대의 것과 짝지어질 수 있다고 믿었다. 가령 누군가 주로 감정적인 방식으로 표현한다면, 무의식의 반대 부분은 감각이나 직관이 될 것이다. 감정과 사고는 모두 합리적이고 판단적인 기능으로서, 지배적이거나 우선적인 기능으로 표현될 때 공존할 수 있다. 그러나 한 가지가 우선적일 때, 부차적인 반대 극은 반드시 비합리적이고 지각적인 기능, 즉 감각이나 직관이 되어야 한다.

인성 유형의 복합적인 체계와 분석심리학과 관련한 그 의미를 이해한다면, 그것을 어떻게 임상 작업에 활용할 수 있을까? 단순하게 생각하면, 심리적 유형을 이해하면 내담자에 대한 정보를 얻을 수 있고, 그럼으로써 해당 유형의 내담자에게 가장 적합한 치료 전략을 선택할 수 있을 것이다. 가령 한 내담자가 외향형의 사고와 감각 유형이라면, 그의 무의식에는 자신을 내향형의 감정 직관 유형으로 표현하는 조력자가 공존함을 가정할 수 있는 것이다. 그런 경우, 치료사는 곧장 표현적이고 상징적인 작업으로 들어가기보다 좀 더 외적이고 언어적인 차원에서 시작하여,

천천히 적극적 상상 작업으로 옮겨갈 필요가 있다.

좀 더 실제적인 차원에서 융의 유형학은 중요한 진단 도구인 마이어-브릭스 유형 지표(MBTI)의 탄생을 가져왔다. MBTI는 개인을 비롯하여 군대, 기업, 주요 자치단체를 포함한 기관에서 수십 년 동안 인성 검사로 사용되고 있다. 어떤 사람들은 융의 유형 이론이 의식의 활용에만 한정되면서, MBTI가 지나치게 환원적이라고 비판하기도 했다(Spoto 1995 참고). 또 다른 진단 도구인 싱어-루미스 인성 목록(SLIP)은 융의 여덟 가지 심리 유형에서 발췌한 인지 유형을 구체화하면서 좀 더 열린 방식으로 채점을 한다. 하지만 그 개방적인 특성과 모호한 결과로 인해, 상대적으로 자주 사용되지 않는 편이다.

전체적으로 볼 때, 융의 방대한 작업은 후대의 표현적이고 행동적인 치료의 다양한 발전을 예고하며, 그중에서도 집단 무의식이 시각적 형식으로 드러나는 미술 치료에 특히 직접적인 영향을 미쳤다. 앞으로 보겠지만, 연극치료에도 심리 유형, 태도와 기능의 대극성, 집단 무의식의 원형, 적극적 상상과 같은 융의 개념에 영향을 받은 접근법들이 있다.

오토 랑크 — 프로이트와 심리학을 넘어서

1905년경, 청년 오토 랑크는 지그문트 프로이트의 작업을 연구하면서 깊은 감화를 받았다. 갓 스물한 살의 재능 있는 독학자이자 작가였던 랑크는 정신분석과 창조적 과정에 대한 논문 『예술가』의 초고를 들고 스승을 찾아갔다. 그로부터 채 일 년이 지나지 않아 랑크는 수요학회에 정기적으로 참석하게 되었을 뿐만 아니라 존경하는 스승의 비서로 선택되었다. 프로이트는 랑크가 비엔나 대학에서 박사 과정을 마치고 분석가로 훈련받으면서 방대한 양의 연구를 하는 내내 그를 아버지와 같은 사랑으로 보살폈다. 사실상 랑크는 1911년에 나온 걸작 『꿈의 해석』 이후의 간행물 모두를 프로이트와 함께 작업하였다. 그렇게 하면서 랑크는 꿈을 통해 표현된 스승의 깊은 내면까지 접근하였다. 1914년에 프로이트는 랑크에게 당시 집필하던 책의 일부로 신화에 관한 두 개의 장을 쓰게 했고, 그로써 랑크는 프로이트의 공동 저자로 승격되었다.

랑크는 프로이트가 죽은 지 한 달 만에 55세라는 이른 나이로 사망했다. 그러나 프로이트와의 결별로 인해 상처입고 부상浮上한 짧은 생애 속에서, 그는 실존적이고 인본주의적인 심리치료사 세대뿐만 아니라 단기 치료 작업자와 창조적 예술 치료사에게 중요한 유산을 남겼다.

유작으로 출간된 『심리학을 넘어서』(1941)의 서문에서 랑크는 이렇게 썼다.

> 인간은 심리학을 넘어서서 태어나고, 심리학을 넘어서서 죽는다. 하지만 자기만의 결정적인 경험 — 종교적으로 말하면 계시나 회심 혹은 거듭남 — 을 통해서만 인간은 심리학을 넘어 살 수 있다. 내 삶의 작업은 완결되었다. 내가 이전에 관심 가졌던 주제들, 곧 영웅, 예술가, 신경증 환자가 다시 한 번 무대에 오른다. 삶의 영원한 드라마의 참여자가 아니라 막이 내린 뒤 가면과 의상을 벗고 꾸미지 않은 존재로서, 구멍 난 환영이 아니라 해석자를 전혀 필요로 하지 않는 인간으로서(16).

랑크가 마지막 걸작을 소개하면서 연극적 은유를 끌어들인 것은 그의 중대 관심사가 극적이었음을 감안하면 전혀 놀랄 일이 아니다. 그는 정신분석가로서 자신의 이력을 시작하면서, 창조성의 문제와 창조적 행동에 참여하려는 시도가 실패한 것으로서의 정신 질환 개념에 대해 생각했다. 그리고 그 관심은 영웅 탄생에 관한 신화, 로엔그린 전설, 문학 창조의 심리학, 영화와 문학에 나타나는 분신, 신화와 창조성과 관련된 여러 영역에 대한 연구로 확장되었다. 그 결과, 앞의 인용에서 암시되듯이, 랑크는 무엇보다도 인간을 이론과 은유로 옥죄는 일체의 지적인 시도에 의해 매개되지 않는 신화적이고 창조적인 존재로 보았다. 그는 한때 사랑하던 스승과 동료들로부터 강제 추방당하고 삶의 마지막을 향해 가면서, 자신을 정신분석의 주 무대에서 소외되었지만 연기와 박수갈채에 대한 욕망을 놓을 때 찾아오는 평화를 갈망하는, 존경과 비난을 한 몸에 받은 배우로 바라보았다.

출생의 외상

프로이트와 랑크의 결별은 1924년에 『출생의 외상』의 출간과 함께 시작되었다. 당시 두 사람은 의존적이라 할 만큼 서로에게 헌신적이었다. 그런데 그 무렵 두 가지 사건이 동시에 일어났다. 첫 번째는 『자아와 이드』의 출간이었다. 그리고 두 번째는 프로이트가 턱에 생긴 종양 때문에 입원을 했던 것이다. 그로 인해 프로이트는 매우 고통스러워했고, 심하면 듣고 말하는 능력에 손상이 올 수도 있는 상황이라 비밀리에 정관 절제 수술까지 받았다. 그것은 일종의 거세로 느껴졌지만, 당시 의사들이 시력 회복과 암세포 조직의 제거를 위해 권했기 때문에 어쩔 수 없이 강행한 것이다.

랑크의 논문은 프로이트의 오이디푸스 콤플렉스와 거세하는 아버지에 대한 정면 도전이었다. 프로이트는 엄마를 욕망하는 마음 때문에 죄책감에 시달리는 아이를 벌주는 오이디푸스기의 악몽에 나타나는 이미지로 아버지를 설명했다. 처음에는 자기 생각에 대한 단순한 보충이라고 생각해서 랑크의 글을 칭찬했지만, 돌아서서 불안을 느낀 거장은 다윗과 골리앗이라는 성서의 인물을 인용하여 농담처럼 거세 공포를 표현했다. 랑크에게 보낸 편지에서(Lieberman 1985) 프로이트는 이렇게 썼다. “그리고 이제 모든 것은 당신[랑크]이 『출생의 외상』과 함께 종국에는 나의 작업을 비난하는 데 성공할, 두려움에 떠는 다윗이라는 사실을 말해 주고 있다" (205).

랑크는 깜짝 놀랄 만큼 혁신적인 그 책에서 출생이 아이가 엄마로부터 물리적으로 분리되는 순간일 뿐만 아니라, 순수의 상실과 독립을 향한 투쟁이라는 심리적이고 신화적인 이야기를 전한다고 말한다. 랑크는 출생의 외상과 분리 불안의 초기 형태로 나타나는 그 표현이 인간의 심리발달에서 전前-오이디푸스 단계의 특징이라고 보았다. 프로이트의 비밀위원회는 이를 오이디푸스 콤플렉스와 아버지의 권위에 대한 직접적인 도전으로 받아들였다. 정신분석의 아버지로서 프로이트는 공식적으로는 젊은 문하생의 급진적인 아이디어를 수용했지만, 그를 이단으로 모는 비밀위원회에 설득 당했다. 그리하여 골리앗 프로이트는 다윗 랑크를 내쳤고, 정신분석학계에서 오토 랑크의 위상은 축소되고 말았다.

그러나 오토의 아이디어는 사라지지 않고 롤로 메이 같은 진보적인 치료사에게 계승되어, 삶과 죽음에 대한 이중적 두려움이라는 개념은 실존적 불안과 존재론적 죄책감으로 변형되었다. 폴 굿맨(Perls, Hefferline, and Goodman 1951)은 프리츠 펄스와 함께 게슈탈트 치료라는 창조적 방법론을 개발함에 있어 랑크에게 진 빚을 알고 있었다. 그리고 고전적 정신분석의 위계적이고 가부장적인 구조를 넘어서는 관계적인 치료 형식을 추구한 칼 로저스 역시 랑크의 영향을 솔직하게 인정했다.

이론과 실제에 대하여

랑크는 이론과 실제 양면에서 행동 심리치료사들에게 영향을 주었다. 실제 작업에서 그(1996)는 출생의 외상 이론으로부터 진행하는 치료적 개입의 단계를 구분했다. 부분적으로 고전적 정신분석의 단계와 유사하기도 한 그 과정은 "리비도적 어머니 고착에서 자유로워지는 것"(72)으로 시작해서 재교육을 통해 자아를 강화하는 것으로 나아간다. 이 단계는 내담자가 치료사와 전이적 관계를 형성할 때 일어난다. 치료사는 전이를 분석하고 자기를 "외부 세계의 적응된 표상"으로 동일시하도록 격려한다(72). 마지막으로 내담자가 자기 자신에 대해 더 건강한 이미지를 가지면서 동일시가 승화된다.

랑크는 정신분석이 장기적인 효과를 지님을 확증하려면, 전이에 내포된 의존이 해결되어야 할 뿐 아니라 의존에서 독립으로의 변형이 시간을 두고서 반드시 성취되어야 함에 주목했다. 이는 신경증을 유발한 조건을 제거함으로써 이루어지며, 그를 위해서는 말 이상의 인지적 수단이 필요하다고 주장했다. 랑크는 그에게 영향 받은 많은 행동 심리치료사들과 마찬가지로, 내담자가 능동적인 과정을 통해 감정을 재경험할 것을 요구했다. 내담자가 미해결의 주제를 재연하도록 돕는 심리극과 그 밖의 다른 행동치료의 접근법처럼, 랑크(1996)는 "우리는 환자를 초기 외상에 대한 분석에 노출시킨다. 그리고 그 경험을 다시 살아내도록 한다"(74)고 믿었다. 랑크에게 노출은 치료사가 내담자의 엄마 역할을 맡는 전이에서 일어난다. 치료사는 내담자가 상징적으로 "심리적인 탯줄"을 끊도록 도와준다(74). 이를 통해 긍정적인 자아 형성과 자기-신뢰의 새로운 가능성을 열어주는 것이다.

그 상징적 분리를 실제로 극화하는 데까지 나아가지는 않았지만, 랑크는 치유가 마음의 비합리적이고 무의식적인 층에서 일어날 필요가 있음을 인식했다. 랑크는 프로이트의(*Standard Edition* 1933) "이해와 치료는 거의 일치한다"는 생각을 받아들이지 않았다(145). 랑크는 의식의 심리학을 무의식의 심리학으로 가장하고, 예술을 과학으로 꾸미는 정신분석 내부의 모순을 지적했다. 랑크는 융처럼 심리적인 삶을 결정하는 궁극적인 요인으로 역설, 정서, 무의식적 경험, 우연을 끌어안았다. 그리고 실존적이고 인본주의적인 심리치료사들처럼, 통찰과 이해는 변화에 선행하는 것이 아니라 "문제의 정서적이고 실제적인 훈습" 이후에 따라오는 것임에 주목했다(1996, 223). 랑크에게 있어 자각은 행동에서 비롯되는 것이며, 다른 방식으로 둘러 작업할 경우 무의식의 삶은 축소된다.

선배들과 달리, 그는 심리치료가 환자의 정서적 경험, 환자와 치료사의 관계, 현재 그리고 환자의 적극적인 참여를 더 강조할 필요가 있음을 역설했다. 후자의 관점은 의지(Rank 1936/1978)라는 개념으로 더욱 강화된다. 그는 의지가 개인의 개별성을 나타내는 창조적 원리라고 보았고, "개인의 최상의 자율적인 조직력"(1996)이라고 불렀다(268). 창조적 원리를 설명하면서, 랑크는 예술가를 예술 작품을 통해 자신을 객관화하고 재창조하는 방식을 찾아낸 고집스런 인성 유형이라고 말했다. 반면에 신경증 환자는 창조적 욕구는 있지만 자신을 재창조하는 적절한 형식을 발견하지 못한 사람이라고 보았다. 창조의 충동이 자아에 갇혀 있기 때문에 부정적인 증상과 두려움과 죄책감의 자기 파괴적인 생각으로 나타나는 것이다.

랑크는 산도르 페렌치와 함께 쓴 『정신-분석의 발달』(1925/1986)에서 행동에 바탕을 둔 심리치료의 실제를 가장 분명하게 언급했다.

그는 심리치료가 이론적으로 중립적인 태도를 지닐 것을 설득력 있게 주장하면서도, 또 다른 한편으로는 행동 심리치료의 이해에 핵심이 되는 몇 가지 개념을 제시했다. 그중에 주된 하나가 랑크가 선호하는 예술가와 영웅의 역할을 이어주는 분신이다.

분신

불멸의 자기와 죽음의 전조를 모두 상징하는 분신을 이야기하면서, 랑크(1941)는 인간 행동을 설명하기 위해 심리학 이상의 것을 구한다는 점에서 자신을 프로이트나 융과 구별한다. 랑크는 "초자연적인 것의 개념 작용"에 기반한 세계관을 제시했다(62). 그는 행동이 지적인 자아와 본능에 의해 추동된다는 프로이트의 개념에 반대했다. 그리고 융의 영적인 경향을 알고 있었음에도 불구하고, 집단 무의식이라는 개념 역시 거부했다. 랑크는 최초의 문명 이후로 인간은 삶을 생물학적으로나 자연적으로 이해하기를 거부해 왔으며, 그것은 그런 시각이 필연적으로 죽음의 수용을 함축하기 때문이라고 주장했다. 죽음이라는 현실을 보상하기 위해 초기의 인간은 영생이라는 대안을 택했고, 그 마법적인 세계관이 문화의 근저를 형성하였기에, 문화란 불멸성을 확증하기 위해 전통과 유산을 전할 수 있는 상징적 구조를 구축하는 과정에 다름 아니라는 것이다. 문화와 "문명화된 자기"(Rank 1941, 63)가 발달하면서 인간은 세 개의 층위layer, 곧 초자연적인 층위, 사회적인 층위, 심리적인 층위를 갖게 되었다. 그것들은 모두 갖가지 형태로 나타나는 죽음에 대한 완고한 자각과 자기의 영원한 상실에 대한 두려움에서 벗어나고자 하는 인간의 궁극적인 욕구에 입각한 것이다.

그리고 랑크는(1941) 인간이 그 연속선상에서 "과도하게 문명화된 자기"(65)를 둘로 갈라 분신을 창조했다고 말한다. 분신은 민속 신앙과 전설, 문학과 영화, 종교와 심리학에서 나타난다. 랑크는 몸과 영혼의 분리와 많은 초기 문화에서 영혼으로 그려지는 그림자에 대한 전통적인 미신을 지적했다. 그것은 다른 사람의 그림자에 오염되거나 자기 그림자가 음식이나 사람에게 뜻하지 않게 드리워질까 두려워하는 것 혹은 그림자가 상처 입으면 그 주인이 해를 당하거나 죽음에 이를 수도 있다고 믿는 것 등이다.

분신으로서 그림자는 그 대응부인 살아 있는 자기의 죽음을 나타낼 뿐만 아니라, 영혼으로 나타남으로써 영원한 삶을 표상하기도 하는 복합적인 이미지다. 랑크는 질병을 그림자의 크기로 진단하여 그림자가 짧으면 아픈 것이고 길면 활력과 건강이 넘치는 것이라 여기거나, 영혼을 상징하는 그림자를 드리우기 위해 죽어 가는 사람을 태양 아래로 데리고 나와 영적 세계로 출발할 준비를 하게 하는 문화권의 예를 들었다.

영혼인 그림자와 자기의 이중성에 대한 사례를 전설과 문학을 통해 남김없이 살펴본 다음, 랑크는 인간은 죽은 자의 영혼에 대한 믿음을 담기 위해 종교를 발명했고, 살아 있는 자의 영혼에 대한 믿음을 위해 심리학을 만들었다고 결론지었다. 이 두 분야는 기독교의 출현과 함께 교차하고 심화된다. 첫 번째 천 년의 초기부터, 불멸성의 개념은 결정적으로 악의 시험인 도덕성과 연관된다. 영혼은 길면서 짧고 생명이면서 필멸할 뿐만 아니라, 선하거나 악하고, 흔히 이것 아니면 저것의 이분법적 명제로 보인다. 악의 표상은 랑크(1941)가 "도덕화된 분신의 의인화"라 본 악마가 된다(76).

예술가

랑크는 예술가의 기능을 분신에 대한 이해의 측면에서 기술하였다. 예술가는 전통적이고 비합리적인 미신을 이용하여 그것을 죽음에 대한 두려움, 선과 악의 싸움, 불멸의 희망을 비추는 합리적인 형식으로 재창조한다. 랑크는 괴테의 『파우스트』, 스티븐슨의 『지킬 박사와 하이드 씨』, 포의 「윌리엄 윌슨」, 도스토예프스키의 「유령」 같은 고전을 인용했다. 이들 작품에 나타난 분신의 의미를 강조하기 위해 그는 도스토예프스키의 「미성년」에 나오는 주인공의 대사를 인용했다. "나는 나 자신과 나를 복제한 분신으로 나뉜 것 같다. 그리고 이 분열과 겹침이 무섭다"(1941, 82). 이야기 뒷부분에서 도스토예프스키는 분신의 현대적 기능을 설명하면서 임상 비평에 가까운 주석을 제공한다.

> 분신이란 과연 무엇인가? 그것은 — 최소한 내가 최근에 이 주제에 관해 찾아본 한 의학 서적에 따르면 — 감정과 의지의 이중성이라는 재앙으로 끝날 수 있는 광기의 첫 번째 단계에 다름 아니다(82).

이 현대적인 해석은 분신과 그 표현을 감정과 사고, 비합리성과 합리성, 광기와 멀쩡함 사이의 분열로 본다.

이 논의를 확장하면서, 랑크는 인간 행동의 영적 기저의 또 다른 표현인 쌍둥이 개념을 언급했다. 여러 고대 문화에서 쌍둥이는 예언의 능력으로 대표되는 그 초자연적 힘 때문에 존경받았다. 그들은 또한 도시나 문명을 건설하는 것에 맞먹는 책임을 지닌 장인으로 대접받기도 했다. 랑크는 고대 그리스의 신화적 역사에 나타난 카스토르와 폴룩스 쌍둥이 숭배, 그리고 로마의 영적 건설자인 로물루스와 레무스를 예로 들면서 쌍둥이 탄생의 신비와, 농업과 도시를 포함하여, 새로운 대상과 제도를 창조할 수 있는 타고난 능력을 설명했다. 그에 따르면, 두 존재로 체현된 쌍둥이는 다시 필멸의 삶과 불멸의 영혼을 구현하는 단일한 영웅 인물로 귀결된다.

랑크는 필멸이자 불멸의 존재인 영웅은 고대 그리스에서 예술가의 주된 주제였다고 믿었다. 그리고 예술가는 영웅의 영적 분신이 됨으로써 영웅을 따라한다고 말하기도 했다. 예술가의 기능은 영웅의 행적뿐만 아니라 그것을 말과 돌로써 불멸화하는 자기 자신에게도 영원한 생명을 부여하는 것이다.

특히 말년에 이르러 랑크는 심리학을 넘어 존재의 질문에 대한 답을 구하면서 인간 정신의 기원에 더욱 몰두했다. 영웅과 예술가 역할을 고찰하고 분신과 그림자 개념을 살피면서, 그리고 실존적 질문에 대한 실천적 원천으로서 종교와 신화, 서사와 영화를 연구하면서, 랑크는 스승인 프로이트를 넘어섰다. 확실히, 그의 관심사와 흥미는 오히려 융에 더 가까웠다. 그러나 랑크는 샤먼의 치유적 전통을 잇는다고 하는 편이 가장 정확할 것이다. 그들은 이중의 현실, 곧 물질세계와 그 분신인 영적 세계의 일치를 이해하는 데서 시작하며, 전체를 부분으로 환원하는 사고가 아니라 전체의 짜임새에 일어난 분열을 조정하는 직관자로서 치유를 실천한다.

직접적인 영향에 대한 증거는 없지만, 랑크의 아이디어는 분신 기법을 개발한 모레노, 분열된 인성의 통합을 시도한 펄스, 역할과 반대역할의 통합으로서 균형을 개념화한 랜디 같은 행동 심리치료사들의 작업에서 새롭게 부활하였다.

산도르 페렌치와 오토 랑크 — 『정신-분석의 발달』

오토 랑크의 친구이자 협력자인 산도르 페렌치는 헝가리의 신경학자였다. 그는 일찍이 소외된 사람들을 대상으로 한 치료 작업에 관심을 갖고 있었고, 특히 19세기 말에 부다페스트에서 창녀들과 했던 작업으로 유명하다. 그는 프로이트의 절친한 동료이자 친구가 되었고, 프로이트가 카를 융의 이반을 만회하려 애쓰면서 더욱 친해졌다. 페렌치는 수요학회의 정규 회원이면서 프로이트에게 분석을 받기도 했고, 프로이트의 첫 번째 미국 여행에 동행하면서 정신분석의 비밀 모임에서 중요한 위치를 차지했다.

이론과 실제에서 페렌치가 제기한 혁신적인 아이디어는 다음에 정리하기로 하고, 지금은 임상에서 프로이트의 정통 방식에 또 다른 도전으로 기록된 페렌치와 랑크의 협력 작업을 살펴볼 것이다. 임상적 개혁을 시도하면서, 페렌치 역시 위원회의 비판을 피해갈 수 없었다. 그러나 페렌치는 용서받을 수 없는 중죄를 저지른 랑크처럼 심각하게 비난받지는 않았다. 여기 제시된 아이디어는 1925년에 랑크와 함께 쓴 『정신-분석의 발달』에 나온 것이다. 페렌치는 "예술의 위상"에 관한 책을 쓰고자 했으며, 랑크가 쓴 교훈적인 한 장을 제외하고, 그 짧은 책의 나머지는 모두 그가 집필하였다.

두 사람은 프로이트와 그 이론에 빠진 다른 학자들이 임상적 실천의 발달을 무시했다는 점에 주목하면서, 실제 작업을 위한 체계를 세우기 시작했다. 프로이트의 최신 경향을 반영한 1914년의 논문 「기억하기, 반복하기, 훈습하기」를 인용하면서, 그들은 프로이트가 정신분석의 목표를 기억하기에 있다고 보는 것과 반복을 저항으로 간주하는 것을 비판했다. 페렌치와 랑크에게 반복은 치료가 일어나는 경로로서 오히려 격려할 만한 것이었다. 반복을 통해 주제가 떠오르고, 주제가 다시 반복되면서 내담자가 주제의 본질과 특성을 기억하고 이해하게 되는 것이다. 이에 그들은 반복을 자극하고 과거의 고통스러운 기억을 훈습하기 위해 분석가가 내담자와 관련하여 적극적인 자세를 취하는 혁신적인 기법을 제안했다. 이 책에서 처음으로 그 기법을 "적극적 치료active therapy"라고 불렀다. 물론 그것은 "행동 심리치료action psychotherapy"라는 용어로부터는 수십 년의 거리가 있지만, 실제 임상에서 한 발 더 나아간 혁신의 발판을 마련해 주었다는 데는 이론의 여지가 없다.

페렌치와 랑크(1925/1986)는 과거의 상처를 반복하고 극화하는 과정을 극적 용어로 풀어냄으로써 프로이트의 전이 개념을 확장했다.

> 분석가는 환자의 무의식을 위해 가능한 역할을 모두 연기한다. … 특히 중요한 것은 두 가지 부모 이미지 — 아버지와 어머니 — 의 역할이며, 분석가는 그것을 지속적으로 번갈아가며 연기한다(41).

비록 그들의 접근법은 말에 의존했지만, 화가나 작가가 정확한 표현 형식을 찾고 그로써 숙달감을 얻기 위해 계속해서 똑같은 이미지와 모티프로 돌아오듯이, 내담자가 동일한 병리적 행동을 연기한다고 보는 시각에서 이미 창조적 과정을 담아냈다.

더구나 페렌치와 랑크는 자신들의 접근법을 프로이트의 그것과 구별하면서, 최면을 통한 프로이트의 초기 작업이 정신적 카타르시스, 즉 과거를 생생하게 회상하는 순간을 목표했다고 말했다. 의식에 충분히 몰입하면, 때로 그에 상응하는 정서적인 방출이 나타나기도 한다. 하지만 두 사람에게 보다 효과적인 접근법은 회상에 우선하는 정서적 경험이었다. 그렇게 작업하면서, 그들은 "병리적 콤플렉스는 억압할 수 있는 시간과 가능성을 허용치 않는 경험을 통해 의식화됨으로써 다시 일깨워지고 기억하기로 번역된다"(26)라고 주장했다.

페렌치와 랑크는 그러므로 기억의 위력을 약화시키지 않되, 그것을 반복과 회상의 또 다른 심층의 형식으로 재개념화한다. 작업을 미학 용어로 설명하지 않지만, 그들의 분석적 노력은 예술가가 현재의 느낌과 이미지에 집중하여 직접적이고 적극적으로 작업하면서 개인적이거나 집단적인 과거의 중요한 뭔가를 발견한다는 점에서 창조 과정에 무리 없이 비견된다. 공연 예술에서 공연의 양상 일체는 반복과 연습에 기반을 둔다. 공연 예술가는 그것을 관객에게 마치 처음인 듯 선보일 준비가 될 때까지 연습을 통해 행동을 숙달한다. 작품이 고대 그리스 비극처럼 잘 알려진 신화나 이야기에 기반을 둔 것이라면, 배우의 목표는 낡은 이야기에 새로운 방식으로 생명을 불어넣는 것이 될 것이다. 관객을 기쁘게 할 뿐만 아니라 낡은 이야기가 관객의 삶과 충돌하면서 더 깊은 의미를 일깨우도록 한다는 말이다. 페렌치와 랑크가 제안한 정신분석적 과정처럼, 공연 예술가는 정서 기억과 반복의 연속인 연습 과정으로부터 현재시제로 극화되는 집단적 기억의 제시로 나아간다.

현재 우위의 개념은 프로이트의 유아기 성욕 이론과 융의 집단 무의식 이론으로부터 급진적으로 이탈하는 계기로 작용한다. 페렌치와 랑크는 특정한 병리적 조건을 야기하는 역사적 요인의 중요성을 부인하지는 않았지만, 그 조건이 현재 진행중인 전이 속에서 표현될 때 치료적으로 가장 유용하다는 점을 분명히 했다. 그들은 이렇게 설명했다.

> 과거와 억압된 것은 현재와 의식(전의식) 속에서 재현적인 요소를 찾아야만 한다. 그래야 효율적으로 경험되고 더 발전될 수 있다. … 설득력 있는 작업을 위해서는 정서를 먼저 환기하여 실제로 현재화해야 한다. … 그것은 기억하기를

반복하려는 환자의 시도를 변화시키는 것을 의미한다(37-8).

이 관점은 칼 로저스의 내담자 중심 치료와 프리츠 펄스의 게슈탈트 치료 같은 인본주의적 접근법뿐만 아니라, 과거의 경험을 현재의 직접성 속에서 재연함으로써 변형하고 통합하는 심리극과 연극치료의 창조적이고 행동적인 무대를 마련해 주었다. 초기 애착의 심리적 중요성에 대한 연구로 잘 알려진 정신분석가 대니얼 스턴(2000)은 서사narrative와 연극치료 작업 사례를 들어 심리치료에서 현재의 중요성을 옹호한다(D. Stern 2004).

이 의미 있는 협동 작업을 마무리하기 전에, 페렌치와 랑크가 말한 것 중 행동 심리치료에서의 혁신을 예고한 몇 가지 원리를 살펴보도록 하자. 두 사람은 치료 기법의 필수 조건으로서 구어적 해석의 우선성을 비판했다. 그들은 상징을 주관적이고 상관적인 맥락에서 이해할 필요가 있다고 주장했으며, 그 점에서 포스트모던한 관점을 견지했다고 할 수 있다. 나아가 그들은 말로 표현된 내용뿐만 아니라 그 형식의 중요성을 지적했다. "세부 사항을 분석함에 있어 목소리, 몸짓, 표정처럼 겉으로 드러나는 요소가 매우 중요하다"(29).

또한 페렌치와 랑크는 환자와 치료사의 관계를 치료적 변화의 주요 요인으로 꼽았다. 그들은 치료사의 인간적 특질과 약점에 주목했으며, 자기애적인 역전이의 위험, 즉 치료사가 무오류의 외투를 입고 환자가 위협적인 정서를 탐험하지 못하게 무의식적으로 막을 수 있음을 경고했다.

전이를 훈습하는 것이 중요함을 강조하면서, 그들은 다시 한 번 페렌치의 적극적인 치료사 개념으로 돌아갔다. 그들은 행동을 치료사가 "환자의 무의식과 도주하려는 경향이 지시하는 특정한 역할"을 기꺼이 맡아 연기하는 것으로 설명했다(43-4). 이 무의식적 역할 연기를 통해, 치료사는 환자의 외상적 경험을 체험할 수 있고, 환자가 그것을 현재 속에서 훈습하도록 도울 수 있다. 과거의 외상을 극적 형식을 빌려 몸으로 살지 않더라도, 행동은 환자에 대한 관계에서 반대역할을 취함으로써 그것을 이해하는 것 그리고 그 관점으로부터 환자가 자신의 딜레마를 더 잘 이해하고 변형하도록 돕는 치료사의 능력에 의해 구별된다.

페렌치와 랑크는 또한 인간 존재의 욕구를 희생시키면서 자신의 관념을 고수한 프로이트를 비판하면서 이론의 한계를 지적했다. 그들은 이렇게 썼다. "분석가는 항상 바라보기의 위험을 무릅쓴다. … 새로운 가설의 옳음을 입증하기 위해… 그러나 그러면서도 스스로 신경증의 치료 과정을 촉진하고 있다고 생각한다"(52). 실제 작업을 형성하는 틀로서 이론의 중요성을 지지하면서도, 한편으로는 작업 과정이 유동적이어야 하고 반드시 작업에서 얻은 통찰에 근거하여 이론이 수정되어야 함을 상기시켰다.

그들은 정신분석적 치료의 관행이 된 긴 작업 기간에 반대하면서, 장기 치료는 "더 나은 결과를 얻기 위해 필요하고 다른 대안이 없을 때"만 실행되어야 한다는 입장을 취했다(53).

짧은 책을 마무리하면서 페렌치와 랑크는 브로이어와 함께한 프로이트의 초기 작업으로 잠시 돌아갔다. 프로이트가 궁극적으로 최면을 포기한 이유는 그것이 "모든 핵심적인 심리적 동인"(61)을 드러낸다고 보지 않았기 때문이다. 하지만 그들은 최면이 내담자가 인지적 저항을 빨리 뛰어넘어 정서로 들어갈 수 있도록 돕는 장점을 갖고 있다고 지적했다. 또한 자유연상과 전이 분석이 심리적 동인을 탐험하는 심층적인 방식이라 생각하면서도 최면과 자유연상의 결합 가능성을 숙고했다. 그럼으로써 의식의 변형된 상태와 의식적인 상태를, 경험에 대한 성찰과 경험을, 정서와 인지를, 상상과 현실을 혼합할 수 있기를 기대한 것이다. 그들은 정신분석이 의사가 아닌 치료사에 의해 실행되기를, 생물학적이고 사회적인 요인이 정신분석의 이론과 실제를 풍부하게 하기를, 그리고 다양한 분야가 프로이트가 제기한 핵심 질문 — 억압된 무의식의 경험을 어떻게 의식적 자각으로 끌어낼 것인가? — 에 답하는 데 힘을 모으기를 원했다.

샤먼과 현대의 행동 심리치료사들은 상상과 현실 사이에 다리를 놓아 참여자를 의식의 변형된 상태로 초대함으로써 현실의 요구를 충족시키는 데 필요한 힘을 얻도록 하는 것으로 그 질문에 대답해 왔다. 페렌치와 랑크는 프로이트처럼 상처 입은 개인의 의식을 지지하려 했다. 다만 그들은 접근법에서 스승과 달랐는데, 그들은 전통적 치유자와 후에 등장한 표현적 치료사가 공유하는 행동적이고 창조적이며 카타르시스적인 방식을 사용했다. 얇은 책의 마지막 문단에서, 그들은 정신분석의 미래를 내다보며 이렇게 썼다.

> 의식의 영향력이 이렇듯 커지는 가운데, 약제사, 마법사, 사기꾼, 주술사에서 발전되어 왔으며 여전히 다소 예술가적인 측면을 갖고 있는 의사는, 정신 기제에 대한 지식을 더 많이 축적해 가면서, 어떤 의미에서는 의학이 가장 오래된 예술이고 가장 어린 과학이라는 말을 입증할 것이다(68).

산도르 페렌치

앞서 말했듯이, 산도르 페렌치는 『정신-분석의 발달』에서 드러난 많은 아이디어의 주인이다. 그가 평생에 걸쳐 옹호했으며, 전인적이고 창조적인 행동 접근법을 개발한 사람들에게 모종의 본보기가 된 몇 가지 아이디어가 더 있다.

페렌치는 고전적인 정신분석에 대한 기술적 개혁으로 유명하며, 무엇보다 중요한 것은 그가 제시한 적극적 치료의 방법론이다. 그것은 프로이트의 자유연상이라는 근본 원리에 대한 보완으로서, 25년 넘는 분석 작업을 토대로 개발되었다. 적극적 치료를 소개하면서, 페렌치는 스승과 동료들에게 정통에서 벗어난 분파를 만든 것을 사과하고, 새로운 접근법은 유아기의 억압된 외상을 분석한다는 보다 큰 목적을 위한 수단일 뿐이라고 말했다. 그럼에도 불구하고 페렌치의 작업은 몸과 감정을 통해 외상의 경험을 행위화하려는 환자의 원초적인 욕망을 좌절시키는 분리적인 분석가의 이미지로부터 급진적인 이탈을 보여 주었다.

프로이트뿐만 아니라 그의 충실한 사도들은 치료 작업에서 나타나는 행위화를 방어로 보았고, 충동을 신체화하려는 시도도 강렬한 전이 감정에 대한 저항으로 분석했다. 감정을 행위화하는 대신에 말로 나타내기를 목표로 했기 때문에 신체적이거나 감정적인 표현을 향한 환자의 어떤 시도도 좌절시켰다. 페렌치는 충동을 행위화할 때 내담자는 사고와 행동을 그리고 심하면 환상과 현실을 구분하지 못할 수도 있다며, 일반적으로 이 관점에 동의했다. 하지만 한편으로 분석가는 그런 극화를 감당할 수 없어 두려워하고, 무오류의 통제적인 전문가의 페르소나를 쓰고 싶어 한다고 지적(1919)하기도 했다.

적극적 치료

페렌치(1952)는 환자가 카우치에서 벌떡 일어나 거친 몸짓으로 저주하면서 유혹했던 경험을 이야기했다. 일반적으로, 페렌치는 그런 환자에 대해 냉정하고 분석적인 태도를 유지했다. 그리고 분석가는 "그런 행동의 전이적 본질을 거듭해서 지적해야 한다. 그리고 그에 대해 반드시 수동적으로 대처해야만 한다"(182)고 말했다. 나아가 그런 행위화가 야기하는 역전이의 복합성을 지적하면서, 분석가는 자신의 무의식 과정, "연상과 환상의 자유로운 흐름[원문 그대로]"을 충분히 자각하면서 동시에 환자에 대한 "논리적이고 엄밀한 관찰"을 놓지 않음으로써 소통이 항상 분석 과정에 복무하도록 해야 한다고 말했다. 적극적 치료의 초기 작업에서, 페렌치(1952)는 고전적인 정신분석의 범위에 부합하는 행동을 처방하는 데 주의를 기울였다. 그는 적극적 접근법을 "사점死點을 넘어서도록 돕기 위해 환자의 심리적 활동에 개입하는 것"으로 생각했다(196).

1920년에 페렌치는 그것이 치료사보다는 환자의 작업에 초점을 맞춘다고 구체화했다. 치료사가 할 일은 환자가 억압된 기억에 접근하도록 도덕적이고 때로는 고통스러울 수 있는 특정한 과제를 부여하는 것이었다. 이 접근법은 인지 행동 치료의 여러 방법론을 선보였다. 인지 행동 치료는 내담자에게 숙제를 내주며, 조지 켈리George Kelley(1955)의 경우에는 내담자가 일상생활에서 특정한 역할을 연기하도록 하는 과제를 부여했다.

1920년에 쓴 「정신-분석에서 적극적 치료의 발달」에서, 페렌치는 심각한 무대 공포증을 겪는 매력적인 여자 가수의 사례를 들었다. 그녀는 페렌치의 동료에 의해 위탁되었다. 그녀의 공포증과 강박에 대해 분석적으로 매우 훌륭한 통찰을 제공했음에도 불구하고 별 변화가 없어서 페렌치에게 부탁을 한 것이다. 작업을 하면서 페렌치는 그녀가 언니에게서 배운 노래에 대해 말하는 것에 주목했다. 언니에게 학대당한 듯한 기미를 느낀 페렌치는 그녀에게 우선 그 노래의 가사를 말해 보게 했고, 그 다음에는 멜로디를 붙이게 했고, 나중에는 노래를 온전히 부르게 했다. 페렌치의 격려와 지지에 힘입어 그녀는 가까스로 노래를 할 수 있었다. 페렌치는 이후 진행된 작업에서, 언니가 그 노래를 매우 열정적으로 불렀고, 환자로 하여금 온 몸과 마음을 다해 부를 때까지 똑같은 노래를 수없이 되풀이시켰음을 알게 되었다. 그렇게 표현적인 경로를 통함으로써 내담자는 어린 시절의 억압된 기억을 회상할 수 있었다.

환자가 두려움에 숙달하기 시작하면서, 페렌치는 그녀의 과정을 — 남근 선망, 자위적인 환상, 항문기 성욕 등을 언급하면서 — 고전적인 정신분석의 개념으로 해석했다. 정신분석은 흔히 성욕에서 그 인식론적 내용을 구하지만, 그에 대한 논의는 적극적 치료의 특정한 방법론에 초점을 맞추는 것이 더 적절하다. 그렇게 하면 특정한 행동이 분석 과정을 어떻게 진전시킬 수 있는지를 볼 수 있다. 분석가의 입장에서, 행동은 금지나 명령으로 주어진다. 환자 입장에서, 그녀의 역할은 습관적인 행동에서 벗어나든가 무의식에 새로운 통로를 열어주는 낯선 행동을 시도하든가 둘 중 하나다.

페렌치(1925)는 행동을 위한 바람직한 조건과 그렇지 않은 조건에 대해 말했다. 하지만 어떤 지점에서는, 아마도 스승을 안심시키기 위해, 행동을 단순히 "그 지위는 절대 넘보아서는 안 되는 진정한 분석의 대용품 또는 교육적인 보완책"이라고 말했다(208). 그는 분석을 시작하는 단계에서는 행동이 부적절하다고 했다. 왜냐하면 초기 과제는 전이를 유발하고, 지나치게 많은 행동이 환자를 두렵게 할 수 있기 때문이다. 대신 행동을 위한 적절한 시기는 환자에게 일상생활에서 수행할 과제를 부여할 수 있는 치료 말기라고 말했다. 또한 그는 강박-충동적 행동, 공포증, 전쟁 외상을 포함한 역기능의 일부 형태가 적극적 치료에 매우 적합하다고 했다. 전쟁 외상은 흔히 단기 치료로 행해지는 경우가 많고, 따라서 좀 더 직접적이고 행동적인 접근이 필요하다.

이완과 네오카타르시스

적극적 치료를 구축하면서 페렌치는 자유연상의 기본 원칙에서 점점 더 벗어났다. 1930년에 쓴 「이완과 네오카타르시스의 원리」에서, 페렌치는 최면을 다룬 브로이어의 혁신적인 작업으로 돌아가 그것이 지닌 억압된 기억에 접근하는 힘을 언급했다. 그러나 그는 또한 브로이어가 카타르시스가 지나치게 감정적이고 비합리적으로 변질되자 그 방법론을 포기했다고 말했다. 프로이트의 전기 작가 피터 게이는 환자 중 한 사람이 환각 상태에서 자기 아이의 아버지가 브로이어라고 뒤집어씌운 것이 전향의 계기라고 말하기도 했다.

브로이어에게 비합리적인 심리적 외상의 훈습은 합리적 수단을 통해야 했다. 페렌치는 프로이트가 많은 신경증 환자에게서 나타나는 성적 외상에 주목했다는 점 그리고 치료 과정에서 그 표현을 기꺼이 직접 다루려 했다는 점에서 브로이어를 넘어섰다고 썼다. 그러나 프로이트 역시 지적인 접근법을 사용했다. 그리고 고유한 정서적 특질을 내장한 분석가와 환자의 전이 관계를 발견하면서 그것을 더욱 심화시켰다. 그러나 브로이어와의 카타르시스적인 초기 작업을 피상적인 것으로 치부하면서, 프로이트는 강렬한 감정적 표출을 좌절시키고 신체적이고 언어적인 행위화를 금지함으로써, 정서를 냉정하고 분석적인 방식으로 다루었다.

페렌치는 첫 번째 분석적 만남은 차분하고 냉담하기만 했다고 기술했다. 그리고 한 후배가 심각한 천식을 치료해 달라고 간청했던 이야기를 들려주었다. 융의 연상 검사를 통해, 페렌치는 그가 어린 시절에 자기 의사와 상관없이 마취 당한 경험이 있음을 발견했다. 그래서 환자는 곧바로 클로로포름 마스크를 안 쓰겠다고 몸부림치다가 숨이 막혀 하는 어린아이를 연기했다. 그 경험을 재연하면서 감정을 충분히 방출하고 나자, 환자는 천식에서 완전히 벗어난 기분이 든다고 외쳤다.

그러나 페렌치(1955)는 카타르시스가 가져온 성공이 일시적임을 인식하였고, "환자에 대한 분석적 재교육에 초점을 맞추면서 그것에 점점 더 많은 시간이 필요함"을 배우게 되었다(112). 그러나 그는 이내 고전적인 정신분석의 관습적인 의식과 절차에 대한 환상에서 벗어나게 되었다. 어떤 환자는 카우치에서 일어나 걸어 다니고 싶어 하며, 또 어떤 환자는 한 번에 한 시간보다 더 길게 작업해야 함을 깨달은 것이다. 또한 그는 절망의 원리의 한계와 함께 멋대로 하게 두는 순간이 필요함을 알아차렸고, 그로부터 이완의 원리를 발견하여 경직된 환자에게는 이완 활동을 하게 했다.

나아가 페렌치(1955)는 때로 이완과 분석이 성공적으로 진행되면 "더 온전한 정서의 자유"(118)를 이끌어 내고, 환자에 따라서는 황홀경에 든 듯이 자발적으로 매우 감정적이고 신체적인 방식으로 행위화한다는 사실에 주목했다. 또 어떤 환자는 그런 다음 기억상실 증상을 보이기도 했다. 페렌치는 이런 자기 최면의 카타르시스적 순간이 브로이어와 프로이트가 말한 것과 질적으로 다름을 지적하면서, 그것이 환자의 실제 과거 경험에 상응하는 강한 현실감을 갖고 있다고 설명했다. 그 카타르시스의 순간이 분석 말미에 나타났다는 점에 근거하여, 페렌치(1955)는 이렇게 말했다.

> 내가 말하는 카타르시스는 많은 꿈처럼, 무의식으로부터의 확증이자 우리의 수고로운 분석적 구성, 저항과 전이를 다루는 기법이 마침내 병인학적 현실에 가까워지는 데 성공했다는 표식이다(119).

페렌치는 이를 브로이어와 프로이트가 정의한 보다 변칙적이고 피상적인 카타르시스와 구분하여 네오카타르시스라 불렀다. 그는 또한 많은 환자들의 삶을 괴롭힌 것은 과민한 아동의 환상이 아니라 어른의 근친상간적인 행동이었다는 생각을 피력하며, 감히 스승에 대한 비판을 시도했다. 그리고 1933년에 발표한 「성인과 아동 사이의 언어의 혼란」에서 이 주제를 더욱 발전시켰다.

이완 치료와 네오카타르시스를 통해 페렌치는 정서적 외상을 파고들 수 있었고, 환자가 외상의 경험을 회상할 뿐 아니라 그것을 훈습하도록 도울 수 있었다. 그 논문의 끝부분(1933)에서, 그는 연극적 은유를 사용하여 이완과 네오카타르시스 원리의 변형적 특질을 강조했다.

> 원초아, 자아, 초자아의 진화를 복원한 뒤에 많은 환자들이 네오카타르시스적인 경험 속에서 현실과의 원초적인 싸움을 반복한다. 그리고 그 마지막 반복을 기억으로 변형함으로써 주체의 미래 존재를 위한 굳건한 바탕이 마련될 것이다. 그의 상황은 마치 관객의 압력에 의해 비극으로 계획했던 드라마를 "해피 엔딩"으로 바꿔야 하는 극작가의 그것과 비교할 수 있다(125).

성인과 함께하는 아동 분석

다른 것으로 넘어가기 전에, 나는 페렌치가 고전적인 정신분석에서 벗어나는 두 지점인 성인과 함께하는 아동 분석과 상호 분석을 더 살펴보려 한다.

적극적 치료를 부분적으로 합리화하면서, 페렌치는 많은 경우에 성인 환자의 상상적이고 표현적인 측면을 훈습할 필요가 있음을 지적했다. 그러나 정신분석의 인지적이고 구어적인 요구를 전제한 상태에서 정서와 몸을 통한 접근을 정당화하기는 어렵다. 그래서 페렌치(1931)는 아동을 대상으로 하는 행동 접근법을 성인에게 적용하곤 했다고 회의적인 동료들에게 둘러대곤 했다. 그리고 그렇게 하면서 무의식에 접근함에 있어 자유연상의 한계를 지적했다. "자유연상은 여전히 생각을 의식적으로 선택하는 데서 멀리 가지 못한다. 그래서 나는 환자에게 더 깊이 이완하고 자기 속에서 조용히 자발적으로 일어나는 인상, 경향, 감정에 온전히 복종하기를 권했다"(128).

페렌치는 융의 적극적 상상과 유사하지만 한층 더 표현적이고 상상적인 이 접근법 속에서, 환자들이 움직임과 시각적 이미지 그리고 역할 연기를 통해 자기 자신을 표현하면서 훨씬 더 자유롭고 아이처럼 변해가는 것에 주목했다. 페렌치는 자신에게 할아버지를 전이한 한 환자를 언급하면서 역할 연기의 예를 보여 주었다(1931). 전이에 대해 말하는 동안, 그 환자는 갑자기 카우치에서 일어나 페렌치를 껴안고는 "할아버지, 나 애기를 갖게 될까 봐 무서워요!"라고 중얼거렸다(129).

페렌치는 이 놀라운 순간을 분석하는 대신 곧바로 할아버지의 역할을 입고 대답했다. "글쎄, 뭣 때문에 그렇게 생각하니?"(129). 역할 연기를 선택함으로써 페렌치는 연극치료의 초기 형태를 창조했다. 물론 그는 그것을 아동을 위한 '묻고 답하기' 게임이라고 축소시켰지만 말이다. 그는 또한 역할 연기를 할 때 치료사가 그럴 듯하게 하지 않으면 환자가 상호작용에 몰입하지 못할 것이라고 말했다. 그러나 환자와 치료사가 공히 극적으로 몰입할 때, 그 결과로서 일어나는 극화는 무의식의 보다 깊은 차원을 드러내게 될 것이다. 페렌치(1955)는 "그들은 때때로 내 앞에서 외상적 사건, 사실상 그 게임의 대화 이면에 있는 무의식적 기억을 극화했다"(130)고 썼다.

그 순진한 극화의 힘을 발견한 것에 대해 영원한 프로이트 옹호자였던 페렌치(1955)는 이렇게 말했다. "극에서 재연되거나 다른 방식으로 반복된 경험은 분석적으로 철저하게 훈습되어야만 한다. 물론 회상이 행위화를 대체하는 데 성공하는 것이 곧 분석의 승리라고 한 프로이트의 말은 옳다"(131). 그러나 스승의 그림자를 넘어 작은 한 발을 떼면서 페렌치는 이렇게 덧붙였다. "그러나 나는 중요한 경험을 행동의 형태로 구체화한 다음에 그것을 회상으로 변형하는 것도 중요하다고 생각한다"(131). 마침내 그는 행동을 외상의 상기에 저항하는 것으로 여긴 프로이트와 자신의 차이를 인식했다. 페렌치에게 행동과 극화는 기억을 떠올리고 훈습하는 데 기여하는 긍정적인 수단이었다.

상호 분석

페렌치는 상호 분석으로 알려진, 두 사람을 위한 정신분석의 틀을 개발하였다. 페렌치는 『일지』(1988)에서 미국인 RN을 분석하면서 역전이와 그것이 내담자에게 미치는 유익한 영향력을 깊이 이해하고, 그리하여 그녀와 강력한 치료적 유대를 맺게 되었다고 말한다. 상호 분석이란 치료사와 환자가 지정된 시간에 서로 역할을 바꾸어 통상적인 규칙과 의식 그리고 힘과 통제력과 관련한 역할에 도전하는 것이다. 일반적인 분석과 마찬가지로 상호 분석에 참여하는 양자는 내면의 주제를 탐험하고 훈습하는 데 필요한 안전한 공간을 창조한다. 페렌치는 이 급진적인 접근법뿐만 아니라 역할 바꾸기, 유도된 환상, 이완과 움직임을 실험했다. 그 기법들은 모두 적극적 치료에 대한 그의 생각에서 발전되었으며, 후에 행동 심리치료의 형식에서 다시 등장한다.

페렌치는 상호 분석의 양자 관계를 겁먹은 두 아이가 만나 비슷한 경험과 희망을 나누는 것에 비유했다. 그는 B라 부른 내담자를 대상으로 한 작업 과정을 설명(Ferenczi 1988)하면서 이렇게 썼다.

> 나는 그녀에게 자유연상이 무엇인지를 보여 주고 싶었다. 그리고 그녀는 분석가의 올바른 행동이 어떻게 보이는지를 전하려 했다. 나는 되찾은 자유와 그것이 주는 방종함을 즐겼다. 비명과 학대 대신 부드러움과 친절함을 요구했다(나는 그녀에게 머리를 쓰다듬어 달라고 했다. 그리고 내 모든 노고를 애정과 포옹과 키스와 부드러움으로 보상해 주기를 원했다)(167).

페렌치(1988)는 심리적 경계뿐만 아니라 신체적이고 성적인 경계와 관련한 윤리적 주제를 잘 알고 있었고, 작업하는 내내 그것과 씨름했다. 상호 분석에서 얼마만큼 자신을 드러내야 할 것인지를 고민하면서 그는 이렇게 말했다. "이 모든 것을 솔직하게 말하고 정말로 카드 전부를 테이블에 올려놓을 수 있을까, 그리고 그래야만 할까? … 당분간은, 아니다"(35).

그럼에도 불구하고 페렌치는 일상적이지 않은 여러 가지 모험을 감행했고, 그중 일부는 동료들의 비난과 질책을 불러일으켰다. 어떤 사람은 페렌치가 형편없는 몸 상태와 내면의 악마를 둘러가는 방편으로 역할 바꾸기를 끌어들였지만, 실제로 그것은 반치료적이고 자기애적인 것이라고 몰아붙이기도 했다. 그런가 하면 상호성에 대한 그의 실험을 공감, 정신 질환에 대한 경직된 역할과 정의, 내담자에게 반응하지 않는 경직된 분석이라는 주제와 수년간 씨름해 온 것의 논리적 확장으로 보는 이들도 있었다. 페렌치의 후기 실험은 행동 심리치료에서 너무나 긴요한 역할 바꾸기뿐만 아니라 심리치료의 드라마에서 등장인물의 상호주관성에 대한 관심과 맞닿아 있다. 마지막으로 상호 분석을 통해 페렌치는 말의 논리뿐만 아니라 행동으로 가장 잘 드러나는 표현적이고 창조적인 채널을 통해 역동적 관계를 탐험하는 방식을 만나게 되었다.

빌헬름 라이히

빌헬름 라이히(1897-1957)는 정신과 의사이자 비엔나 정신분석협회에 속한 정신분석가로서, 신체를 심리적 치유의 중심으로 강조한 것으로 유명하다. 시대를 넘어 라이히의 이론과 임상 실험은 인간 발달의 심리적 주제뿐만 아니라 생물학적이고 형이상학적이고 정치적이고 우주론적이고 초심리학적인 주제를 통합하는 매우 탈관습적인 방식으로 전개되었다. 그는 정신분열증이나 암 같은 갖가지 심리적이고 의학적인 질병을 치료할 수 있는 에너지를 발견했다고 주장한 덕분에 정신분석계와 의학계에서 점점 더 고립되었다. 나중에는 사람들로부터 박해와 수모를 당하면서 미국 식약청의 수배를 받게 되었고, 급기야 논쟁적인 발명품 중 많은 것이 파괴되고 저서마저 불태워지는 지경에 이르렀다. 라이히는 1957년에 심장마비로 감옥에서 사망했다.

성격 분석

과격하게 탈관습적인 실험과 유럽과 미국 당국의 심한 처우에도 불구하고, 라이히의 사상은 매우 독창적이고 훌륭하였다. 그의 가장 중요한 저서인 『성격 분석』(1949)은 일부 학교에서 지금도 교재로 사용되고 있다. 증상이나 개인의 특정 면모뿐만 아니라 그 성격 전반을 치료적 개입의 대상으로 삼아야 한다는 그의 생각은 넓게는 심리치료의 통합주의적 접근법에 그리고 더 구체적으로는 자아 심리학에 영향을 미쳤다. 우리의 관점에서 볼 때, 정서와 극화 그리고 특히 몸을 통한 급진적인 개입 기법은 생체에너지 분석과 신체적 심리치료뿐만 아니라 표현적이고 행동적인 심리치료에 대한 방향을 제시해 주었다.

라이히는 최면을 통한 카타르시스적 치료에서 무의식을 말로 직접 해석하고 또 저항을 더 간접적으로 해석하는 데까지 나아간 프로이트의 발전을 찬양하면서 그를 존경했다. 라이히(1949)는 저항을 분석하기 시작한 것이 "분석적 치료의 역사에서 하나의 전환점"이 되었다고 보았다(10).

라이히는 현명하게도 무의식을 의식화하는 것이 반드시 필요함에도 불구하고 원하는 치료적 변화를 가져오는 데 늘 충분하지는 않다는 프로이트의 깨달음에서 중요한 질문을 던졌다. 그(1949)의 물음은 이것이다. "억압된 생각의 의식화와 상관없이 치료를 이끌어내는 다른 조건은 무엇인가?"(11). 그는 프로이트의 리비도 이론이 기법까지는 아니지만 하나의 길을 열어 주었다고 믿었다. 그는 페렌치와 랑크(1925/1986)가 환자의 정서 표현을 독려함으로써 말에 의존하는 프로이트의 접근법에 도전한 데 주목했다. 그러나 카타르시스적인 접근법이 지속 효과 면에서 지나치게 제한적이라고 비판하면서 과감하게 생체에너지적이고 신체적인 관점을 펼쳤다. 그는 프로이트와 그의 추종자들이 환자의 신경증 증상의 의미에만 초점을 맞추기 때문에 질문에 답할 수가 없다고 말했다. 라이히가 보기에 해답은 증상에 갇혀 있는 에너지의 근원을 살피는 데 있었다. 바꿔 말해, 의식화되어도 그 근원이 역기능적이라면 증상은 사라지지 않으며, 그런 리비도 정체 상태에 있는 사람을 신경증 인물이라 불렀다. 그리고 그의 신체 갑옷을 체계적으로 제거함으로써 자발적이고 성적 만족을 성취할 능력이 있는 성기기 인물로 변형하는 신체적인 치료를 제안했다.

1933년에 『성격 분석』을 출간할 당시만 해도 라이히는 이론적으로 초기 유아기의 경험을 해석하는 데서 치유의 힘이 비롯된다는 프로이트의 생각에 동의했다. 또 치료적 개입의 순서가 반복에서 시작하여 기억과 통찰 그리고 정서로 진행해 간다는 데도 의견을 같이했다. 하지만 생체에너지적 접근법인 오르곤 치료에 집중한 후기로 가서는 이런 견해를 수정했다. 1940년대 초에 라이히는 몸에 기반을 둔 정서가 근육의 갑옷으로부터 방출될 때, 그리고 환자가 성기기 인물의 역할을 입을 때, 비로소 병의 원인이 되는 기억이 자발적으로 행위화된다고 생각했다. 그는 페렌치와 랑크에 동조하면서, 정서가 기억에 선행함을 믿었다. 라이히의 작업은, 자세와 호흡을 조작하고 접촉과 역할 연기를 통해 환자의 몸에 직접 초점을 맞춤으로써 정서와 그 배후의 기억과 통찰을 이끌어 내는 데 힘썼다는 점에서, 프로이트와 페렌치와 랑크로부터 급진적으로 선회했다.

라이히는 수년간 질병이 초기 유아기의 경험에서 비롯된다는 전제 아래 환자의 개인사에 초점을 맞추어 작업했지만, 적절한 치료적 개입은 행위화의 현재에서 유아기의 경험을 기억하고 통합하는 과거로 향한다는 프로이트의 원칙의 한계를 깨닫게 되었다. 라이히(1949)는 "프로이트의 규칙은… 만성적으로 굳어진 것은 실제 전이 상황 속에서 반드시 새로운 생명력을 얻어야 한다(78)는 더 큰 규칙으로 보완되어야 한다"고 믿었다. 후기 작업에서 라이히는 환자와의 관계 속에서 막힌 에너지를 뚫는 것을 촉진하면서 현재에 더 집중했다.

성격 유형과 몸 작업

나아가 라이히는 환자가 말하는 내용보다는 행동, 호흡, 걸음걸이, 전반적 태도 같은 형식에 더 관심을 기울였다. 그 작업을 성격 분석이라 부른 라이히는 일관되지 않은 성격 특징에 초점을 맞추어 환자가 스스로 자신의 특징을 이해하고 다양한 신체적 장벽과 막힘을 열어 흐르게 함으로써 그것을 수정할 수 있도록 도왔다. 앞으로 보게 되겠지만, 증상보다 성격 특징에 더 초점을 맞추는 것은 연극치료에서 흔히 사용되는 역할에 기반한 개입 방식을 이끌어 낸다. 역할 접근법에서 극문학에 기반한 다양한 역할 유형은 일관되지 않은 인성의 예를 보여 준다. 라이히는 성격 갑옷을 본능적인 내면세계의 요구와 그를 좌절시키는 외부 세계를 중개하는 자아 방어로 보았음에도 불구하고, 특정한 성격 유형을 구체화하였다. 그중 가장 중요한 것은 자발성과 오르가슴의 잠재력을 표현하지 못하는 신경증 인물과 자발성과 오르가슴을 충분히 표현할 수 있는 성기기 인물이다.

「수동적-여성적 성격의 사례」라 이름 붙인 작업에서 라이히(1949)는 불안한 청년과의 만남을 기술하였다. 상징적인 꿈 작업을 통해 라이히는 청년이 행동을 하도록 격려했다. 행동에 대한 라이히의 단계별 기술은 다음과 같다.

1. 그는 두 팔과 다리를 심하게 휘두르며 소리쳤다. "건드리지 마… 죽여버릴 거야."
2. 그는 목을 부여잡더니 그르렁대는 목소리로 흐느꼈다.
3. 그는 공격을 당한 남자가 아니라 성적으로 학대당한 소녀처럼 굴었다. "저리 가, 저리 가"(88-9).

라이히는 그 행동을 지속하게 했고, 그러면서 공격성을 표현하기를 꺼리는 환자의 저항의 복합성을 이해하게 되었다. 라이히는 환자가 저항의 근원을 이해하도록 도왔고, 그것을 전이 관계 속에서 현재로 가져왔다. 치료적 개입을 통해 라이히는 불안 증상에 초점을 맞추는 대신 수동적이고 여성적인 인물의 저항으로 표현된 환자의 성격 특징에 집중했다. 그는 신경증의 신체적 핵심이 제거되어 환자가 생체에너지를 만족스럽게 방출할 수 있을 때 치료가 성공한다고 믿었다.

또 다른 작업에서 라이히는 극적 은유로 환자의 성격 상태를 규정했다. 예를 들어, 귀족적인 인물의 사례를 언급하면서, 그(1949)는 다음과 같이 말했다. "나는 그에게 당신은 영국 귀족을 연기하고 있으며, 그것은 틀림없이 어린 시절과 관련이 있을 것이라고 말했다. 그리고 그 '귀족다움'의 방어적인 기능을 설명해 주었다"(181). 이 사례에서, "그의 움직임은 흐느적거리고, 표현은 지쳐 있고, 말소리는 단조로우며… 억양은 행동의 의미를 드러내주었다. 그는 마치 죽어가는 듯 고통스러운 투로 말했다"(187)에서 나타나듯, 라이히는 또다시 환자의 표현 방식에 집중했다. 환자의 신경증적 성격 구조를 해결함에 있어, 라이히는 "개인적인 행동 방식"(188)에 대한 분석이 성격 갑옷을 걷어내고 정서를 표출하는 데 가장 효율적이라고 말했다.

피학대 음란증 사례를 다루면서 환자의 저항을 말로 분석하는 데 한계에 부딪힌 라이히는 모레노가 앞서 개발한 마주 따라하기와 역할 바꾸기라는 행동 기법에 의지했다. 라이히(1949)는 이렇게 말했다.

> 이 상황에서 분석은 아무런 진전이 없었다. … 그래서 나는 그를 반영하여 보여 주기 시작했다. 문을 열면, 그는 극심한 거부의 태도를 보이며 일그러진 표정으로 서 있곤 했다. 나는 그 모습을 모방했다. 그리고 그의 유아기 언어를 따라하기 시작했다. 그가 했던 것처럼 바닥에 누워 발로 차고 소리를 질렀다. … 나는 이 과정을 그가 그 상황을 분석하기 시작할 때까지 반복했다(225).

1940년대 말에 발표된 정신분열증 여성의 강력한 사례에서, 라이히는 말에 의존하는 고전적인 개입 방식을 체현된 행동으로 바꾸어버렸다. 그는 환자를 카우치에서 일으켰을 뿐 아니라, 때로는 카우치를 치면서 분노를 표현하도록 도와주었다. 일종의 경고로서 그는 이렇게 덧붙였다. "만일 환자가, 특히 정신분열증의 경우에, 의사와 완벽한 접촉 상태에 있지 않다면, 이것은 위험할 수 있다. 여기서 안전을 확보하기 위해서는 의사가 요청할 때는 즉시 분노 행동을 중지해야 함을 반드시 주지시켜야 한다"(409).

작업이 점차 격렬해지면서, 라이히는 환자의 목에서 발견한 장벽을 제거함으로써 또 한 번 분노를 경험하도록 시도했다. 그는 구역질 반사가 작동되어 충분히 숨을 쉴 때까지 구역질을 반복시켰다. 그렇게 목구멍이 열리면서 그녀는 울기 시작했다. 라이히는 환자가 잔소리꾼 엄마에게 심한 소리를 들으며 자랐고, 그래서 엄마를 질식시키고 싶은 충동을 키워왔으며, 그 때문에 목이 막힌 것이라는 가설을 세웠다. 환자가 라이히에게 목을 졸라도 되겠느냐고 물었고, 그는 그녀가 환상을 행위화할 수 있게 해주었다. 그녀는 신중하게 분노를 행위화하고 나서는 한결 누그러져 편안히 숨을 쉬기 시작했다. 하지만 카타르시스를 경험하고서 기분이 나아졌음에도 불구하고, 라이히가 예상한 대로, 이내 정신증적인 상태로 퇴행했다.

후에 환자가 칼을 달라고 할 때, 라이히가 그 이유를 묻자, 그녀는 "당신 배를 갈라버리려고"라고 대답했다(424). 실제로 그녀가 할복하길 원한다는 것을 알게 되면서, 라이히는 정신분열증을 앓는 살인자는 몸에 견디기 힘든 감각이 느껴지면 그 분노에 찬 충동을 다른 사람에게 옮겨 놓는다는 가설을 제시했다.

꽤 오랫동안 그녀는 자살과 살인의 아이디어를 가지고 놀았다. 하지만 점점 더 거리를 두어가며 그렇게 했다. 실제로 목에 올가미를 걸기도 했지만, 그 행동은 연극치료의 한 형태인 발달적 변형에서 나타나듯 가짜 자살에 대한 유머러스하고 장난스런 태도에 의해 완화되었다. 라이히와의 표현적인 작업을 통해, 그녀는 놀이와 현실, 극적 현실과 일상 현실의 차이를 배우게 되었다.

그리고 몇 주 뒤에 환자는 다시 정신증 상태로 퇴행하여 라이히를 칼로 공격했다. 그런 상황에 대비하기 위해, 라이히는 환자에게서 위험한 물건을 제거하고 안전하게 분노를 배설하도록 했다. 그렇게 하고 나자, 그녀는 어린아이처럼 소리 내어 울기 시작했다. 라이히는 그런 극단적인 행동을 환자가 오르가슴 능력을 경험하는 지점에 다가감에 따라 그에 저항하는 것이라고 해석했다. 그는 "만성적으로 낮은 에너지 수준에서 매우 높은 에너지 수준으로의 갑작스런 변화는 감당키 어려울 만큼 강렬한 감각과 감정을 끌어내기 때문에 극적이고 위험한 상황을 초래한다"고 설명했다(482).

라이히는 재발과 입원 그리고 놀라운 흐름과 발전의 순간을 지켜보며 몇 년 동안 환자 곁에 머물렀다. 그리하여 결국에는 그녀가 치료적 도움 없이도 독립적인 생활을 할 만큼 충분히 건강해졌음을 선언했다. 논란의 여지가 많은 방법임에도 불구하고, 라이히는 그 환자와 작업하는 위험을 감수했고, 그러면서 정신분열증은 심리적인 질환이라기보다 생물학적인 상태라는, 최근에야 증명된 결론에 근접하였다. 오르곤 상자에서 빛을 쐬는 것이나 오르가슴의 우선성에 대한 고집을 포함하여 그의 방식은 과학적 신뢰를 얻기에는 지나치게 극단적이다. 그러나 표현적이고 극적인 방식을 사용한 많은 사례를 통해, 라이히는 말에 의존하는 합리적이고 분석을 넘어선 치료적 개입의 명확한 모델을 제공해 주었다.

랑크처럼, 라이히는 예술가와 창조적 표현의 중요성을 언급했다. 라이히는 말을 통한 표현은 인간에 대한 이해를 제공함에 있어 한계가 있다고 주장했다. 생체에너지적인 관점을 취하는 라이히(1949)는 표현과 감정의 언어학적이고 개념적인 연관 관계에 주목했다.

> 살아 있는 것은 자신을… 표현적인 움직임으로 드러낸다. … 말 그대로 생명체계 속에 있는 것은 "자신을 밖으로 드러내며," 그리하여 "움직인다." … 감정의 문자적인 의미는 "움직여 나가는 것"이며, 그것은 표현적인 움직임과 동일하다. … 감정 상태를 표현하는 말은 그에 상응하는 삶의 문제의 표현적인 움직임을 드러낸다. … 언어는 정서 상태를 직접적으로 반영함에도 불구하고,

그 상태에 이를 수는 없다. 살아 있는 것은… 절대 말로는 가능하지 않은 독특한 표현 형식을 갖고 있다(360-1).

라이히는 음악 · 시각 예술가 역시 말을 뛰어넘는 표현적인 언어로 이야기한다고 했다. 그는 이것을 또 하나의 표현적이고 전언어적인 언어라 여긴 자신의 오르곤 생체에너지론에 연결하였다. 1940년대에 이르러서는 현대의 표현 치료에 근접한 이론적 구조 — 몸은 말이 감춘 것을 드러낸다 — 를 세우기에 이르렀다. 그는(1949) 이렇게 말했다.

오르곤 치료는 말을 최대한 배제하고 환자가 자기 자신을 생물학적으로 표현할 것을 요구한다는 점에서 다른 모든 양식들로부터 구분된다. 그것은 환자를 그가 끊임없이 도망하고자 애쓰는 깊은 곳으로 이끌어준다(363).

라이히의 유산

치료 과정에서 라이히는 환자가 자신의 병리적 왜곡의 깊이를 이해하고 훈습하도록 도왔다. 말을 완전히 배제하지는 않았지만, 초점은 분명히 몸과 감정과 표현에 대항하는 신체 갑옷에 두었다. 그리고 몸의 한 부분을 조심스럽게 움직이다가 다른 부분으로 옮겨가면서 플라스마의 흐름과 감정을 자극하고 방출함으로써 신체 갑옷을 완화하는 체계적인 접근법을 창조했다.

비과학적이고 때로는 기괴한 주장과 당시의 억압적인 정치적 분위기 — 1930년대의 전체주의적인 유럽과 1950년대의 보수적인 미국 — 탓에, 그의 작업은 많은 이들에게 비방을 당했다. 그러나 그의 급진적인 혁신은 심리신체적인 접근법을 주창한 사람들의 관심을 사로잡았다(예를 들어, Janov 1970을 참고). 그중 가장 잘 알려진 사람은 생체에너지 분석 방법론을 구축하고 연극치료와 무용/움직임 치료에서 몸을 통한 치유의 모델을 제공한 알렉산더 로웬이다. 그의 작업은 다음 장에서 언급될 것이다.

융과 마찬가지로 랑크와 페렌치는 심리치료사와 창조적 예술치료사들이 이어받아 발전시킬 독특한 유산을 남겼다. 그런데 그 많은 영향력과 절연한 듯 보이는 한 인물이 있었으니, 그는 프로이트의 동시대인이자 초기 정신분석가로서 비엔나와 미국을 연결하는 뚜렷한 다리가 되어 주었다. 그가 바로 제이콥 레비 모레노다.

행동 심리치료의 선구자들

역사적 배경

모레노의 거대한 작업으로 들어가기에 앞서 행동 접근법의 발달에 다소라도 영향을 미친 역사적 움직임을 간단하게 살펴보도록 하자. 캐슨Casson(2004)은 행동 접근법이 역사적으로나 치료적으로 적용된 많은 예를 검토했다. 그는 가장 먼저 복화술, 가면, 인형 등의 연극적 장치를 이용해 영적 세계로부터 인물을 불러내고 그를 연기한 샤머니즘의 영향력을 꼽았다. 그리고 심리적 주제를 다루어 관객에게 카타르시스를 불러일으킨 연극 작품을 언급했다. 거기에는 그리스 드라마와 셰익스피어의 비극이 포함되며, 캐슨은 특히 심리극 형식을 닮은 괴테의 『릴라*Lila*』(1775)에 초점을 맞춘다. 그것은 전쟁으로 남편을 잃은 주인공 릴라가 귀신에게 잡아먹히는 망상을 보는데, 의사는 그녀의 가족에게 귀신 역할을 맡아 릴라의 환상을 극화하라고 처방하고, 그 덕분에 릴라가 현실감을 회복한다는 줄거리다. 모레노(Diener and Moreno 1972)는 1818년에 괴테가 쓴 편지에서 자기 작품을 심리적인 치료라 표현한 부분을 인용했다.

캐슨은 18세기 후반에 괴테의 의사였던 요한 크리스티안 라일의 작품도 치료적 연극의 초기 형식에 포함시킨다. 라일은 정신 질환자들이 대인관계에서 오는 갈등을 극화하게 했고, 보호시설 관리자에게는 극장을 짓도록 독려했다. 그렇게 하면서 스스로 물었다.

> 정신과 환자를 위해 씌어진 희곡이 없을까… 환자들이 직접 연기를 할 수는 없을까. 그렇다면 각자의 치료적 필요에 따라 역할을 맡길 수 있을 것이다. 가령 어리석게 행동하는 사람에게는 바보 광대 역할을 주어서 자신이 인물과 닮았음을 깨닫도록 하는 것이다(Reil in Harms 1957, 807).

19세기와 20세기에는 프랑스, 이탈리아, 독일, 영국을 비롯한 유럽 여러 나라에서 치료를 목적으로 한 극장과 정신 질환자들의 공연이 성행했다. 그중 가장 유명한 예가 프랑스 샤랑통 병원이며, 그 병원의 환자-배우 중 한 사람이 마르퀴스 드 사드였다. 사드의 연극적 실험에 대한 상상은 페터 바이스의 『마르퀴스 드 사드의 연출 아래 샤랑통 병원 환자들이 공연한 장-폴 마라의 박해와 암살』(1963)에 훌륭하게 표현되어 있다.

캐슨은 나아가 정신의학에서 정신분석으로 이어지는 초기의 행동-기반 작업에 관심을 기울인다. 그는 프로이트의 초기 스승 장 마르탱 샤르코의 제자인 프랑스의 정신과 의사 피에르 자네를 언급한다. 샤르코와 자네는 정신 질환을 치료할 목적으로 최면을 이용했다. 자네의 최면과 히스테리 작업은 실제로 무의식적 요인이 히스테리를 유발한다는 프로이트의 발견보다 몇 년 앞선 것이었다. 역할 연기로 환자를 치료한 자네에 대해 에이겐Eigen(1993)은 이렇게 썼다.

> 자네는 악마에게 사로잡혔다고 믿는 남자를 악마와 대화를 나누면서 그것이 원하는 바를 보여줌으로써 치료할 수 있었다. 이내 남자는 출장 여행에서 아내 몰래 부정을 저지른 다음부터 악마가 보이기 시작했다는 사실을 떠올렸다. … 악마는 개인(임상)사史의 맥락에서 발생한 것이었고, 이내 사라졌다(71-2).

캐슨은 그 같은 연구를 시도한 다른 사람들(Lewis and Johnson 2000 참고)과 마찬가지로, 연극과 의학의 두 맥락에서 치료적 드라마의 역사를 꼼꼼하게 살펴본 뒤에, 행동 심리치료와 극적 접근법의 가장 중요한 개척자가 등장하는 지점에 이르렀다. 그가 바로 J. L. 모레노다.

모레노와 심리극

모레노는 수요학회의 지성소를 한 번도 찾지 않은 독립 행보자임에도 불구하고, 20세기 초반 비엔나의 거친 거리에서 만난 집 없는 아이들, 난민, 창녀들이 창조적 수단을 통해 행복을 발견할 수 있도록 작업하면서 비슷한 행로를 걸었다. 샤먼의 카리스마와 연극성으로 무장한 그는 스스로 영적 구원자라고 상상하곤 했다. 또한 그는 과학적 훈련을 받은 의사로서 치유의 현대적 관행을 바꿀 수 있는 가능성을 상상했다.

가장 자만했던 시기에 모레노는 개인과 사회의 질병을 치유하려 한다는 점에서 자신을 프로이트와 마르크스를 넘어 그리스도에 견줄 만한 존재로 여기기도 했다. 실제로 이 전설적인 인물은 집단 심리치료의 창시자이자 극적 행동을 치유의 주된 접근법으로 온전히 세워낸 20세기 최초의 심리치료사이기도 하다. 모레노는 인류의 건강이 창조적이고 자발적일 수 있는 능력에 달려 있다고 보았다. 그 생각은 상상과 영혼과 몸을 통한 작업을 도입한 융, 랑크, 페렌치, 라이히 등의 동시대인들과 유사하지만, 모레노는 정신분석과 의학 대신 극적 창조의 행동에서 치유의 근원을 찾았다. 그에게 그것은 신의 역할을 맡아 연기하는 것과 동등한 것이었다(Moreno 1941/1971 참고). 모레노는 또한 라이히처럼 자기가 만든 심리극, 사회극, 사회측정학을 억압적인 정치적, 영적, 심리적 힘에서 비롯된 사회의 질병을 낫게 하는 만병통치약으로 보면서 정치적이고 영적인 모든 것에 대해 전면적인 비평을 가했다.

심리극과 사회측정학을 중심으로 한 모레노의 이론과 실천은 행동 심리치료의 핵심을 내포하기 때문에 3장에서 좀 더 깊이 있게 다룰 것이다. 여기서는 그가 최종적인 혁신과 성숙에 이르기까지 어떤 과정을 겪었는지를 살펴보도록 하자.

오스트리아에서 초기 발달

젊은 시절부터 모레노는 힘없고 어려운 사람들에게 관심을 기울였다. 제1차 세계대전 직전의 의과대학생 시절에 모레노와 그를 따르는 몇몇 학생들은 일종의 지역사회 기관인 '참 만남의 집'을 건립하여 비엔나의 난민과 이민자가 일자리를 구하고 사회적인 관계망을 만들어 정착할 수 있게 도왔다.

전쟁이 발발하면서 그곳이 문을 닫은 후에는 비엔나 대학의 심리치료 상담소에서 일했다. 프로이트의 작업을 잘 알고 있었던 모레노는 1912년부터 1914년까지 그의 강의를 들었다. 모레노에 따르면, 강의를 끝낸 다음 프로이트가 다가와 그에게 어떤 접근법을 사용하는지 물었다고 한다. 모레노(1946/1994)는 "글쎄요, 프로이트 박사님, 전 박사님이 멈춘 지점에서 시작합니다. 박사님은 사람들을 사무실이라는 인위적인 장소에서 만나지만 전 거리와 그들의 집에서, 그들에게 자연스러운 환경 속에서 만납니다. 박사님은 꿈을 분석하시죠. 하지만 전 다시 꿈꿀 수 있는 용기를 주고자 합니다. 전 사람들에게 신을 연기하는 법을 가르칩니다"(5-6)라고 대답했다고 한다.

모레노는 겸손한 사람이 아니었다. 그리고 그가 쓴 자료를 말 그대로 집대성한다는 것은 상당히 어려운 일이다. 그의 글은 이론과 임상적인 성찰을 다룸에도 불구하고 부정확하고 과장된 운문으로 훼손된 경우가 많다. 그는 비판적인 사고를 펼치기보다 시인처럼 글을 쓰곤 했다. 하지만 고전적인 정신분석에 대해서는 명료하고도 대담한 비평을 남겼다. 모레노는 종교를 부인한 것, 파시즘과 사회주의에 대한 무관심, 그리고 집단 심리치료에 대한 태만을 들어 프로이트를 비판했다. 또한 프로이트의 정신분석이 순수하게 지적이고 합리적인 접근법이며, 따라서 유복한 청·장년층 신경증 환자에게만 통용된다고 보았다.

모레노는 난민과 이민자에서 멈추지 않았다. 그는 대학 시절 내내 공원에서 아이들을 만나 이야기를 들려주고 게임을 했다. 그는 아이들이 새로운 정체성을 시도하고 실제 부모보다 허용적이고 자발적일 수 있는 새로운 부모를 찾아내도록 자극한다는 점에서 그 작업이 혁명적이라고 보았다. 모레노에게 그 다음 단계는 아이들을 위한 연극을 만드는 것이었고, 연출을 맡아 아이들과 함께 고전과 즉흥극을 상연했다.

비엔나의 거리를 돌아다니는 동안 모레노는 창녀들의 친구가 되었다. 그들은 작은 토론 모임을 만들어 매일 당하는 모욕을 공유하고 그들이 처한 조건과 환경을 개선할 수 있는 방법을 모색하기 시작했다. 모레노는 이 경험으로부터 집단 치료와 사회측정학에 대한 아이디어를 발전시켰다. 그는 페렌치처럼 상호 분석의 체계를 구축하는 데서 가치를 보았다. 물론 모레노(1963)의 개념은 "한 사람이 다른 사람의 치료적 중개자가 될 수 있다"(xxix)는 집단 상담의 그것이었지만 말이다.

집단 역동과 사회측정학에 대한 모레노의 관심은 전쟁 기간 동안 난민 수용소에서 일하면서 더욱 발전되었다. 거기서 그는 추방된 아동과 성인의 힘든 삶을 주의 깊게 관찰하고 사회측정학적으로 환경을 분석하여 관리자에게 개선 방식을 제안했다.

이런 사회적 관심과 더불어 모레노는 당시의 연극을 고전적 희곡의 문화유산이자 보수적인 재현 형식이라고 비판하면서 연극에 대한 열정을 추구했다. 모레노는 문화유산을 해당 문화의 완결된 형식이자 산물인 현상황의 것으로 보았다. 19살 때는 친구와 함께 〈차라투스트라는 이렇게 말했다〉 공연을 보러 간 적이 있었는데, 대사를 하는 주인공에게 큰소리로 '당신에게 가장 잘 어울리는 역할은 당신 자신뿐'이라고 외치며 그 작위적인 연기를 비난하기도 했다. 그 해프닝은 그가 체포되는 것으로 마무리되었지만, 모레노는 그것을 계기로 인습적인 연극의 종말과 모든 배우가 자기 자신을 연기하는 새로운 예술 형식의 탄생을 과감하게 선언했다. 그리고 반항적인 젊은이의 마음속에 씨앗처럼 심겨 있던 새로운 형식이 후에 배우가 자신의 삶을 극화하는 심리극이 되었다.

그 사건 직후에 모레노(1915)는 『참 만남으로의 초대』라는 철학적 논문을 썼다. 거기에는 그가 평생 동안 간직한 철학을 잘 보여 주는 한 편의 시가 실려 있다.

과학보다 더 중요한 것은 그 결과다.
한 가지 답은 백 가지 질문을 불러일으킨다.

시보다 더 중요한 것은 그 결과다.
한 가지 답은 백 가지 영웅적 행동을 불러일으킨다.

인식보다 더 중요한 것은 그 결과다.
그 결과는 고통과 죄책감이다.

출산보다 더 중요한 것은 아이다.
창조의 전개보다 더 중요한 것은
창조자의 발전이다.

황제적인 것의 자리에 황제가 들어온다.
창조적인 것의 자리에 창조자가 들어온다.
두 사람의 만남: 눈 대 눈, 얼굴 대 얼굴,

당신이 내 곁에 있을 때 나는 당신의 눈을 빼내어
나의 눈 대신 당신의 눈을 집어넣고
나의 눈을 빼어다가
당신의 눈에 넣는다
그래서 나는 당신의 눈으로 당신을 볼 것이고
당신은 나의 눈으로 나를 볼 것이다.

그러므로 평범한 것조차 침묵에 봉사하고
우리의 만남은 속박 없는 목표로 남는다
결정되지 않은 장소, 결정되지 않은 시간에,
결정되지 않은 사람에게 결정되지 않은 말(2).

23살의 모레노가 쓴 이 철학적 언명은 세 가지 기본 원리를 공표한다. 첫 번째는 창조물에 선행하는 개인적 창조자라는 불변의 원칙이다. 두 번째는 역할 바꾸기의 원리다. 다른 사람의 관점에서 세상을 경험할 수 있는 능력. 세 번째는 만남 혹은 참 만남의 원리, "속박 없는 목표"는 개인과 집단 심리치료라는 관계적 접근법의 기초를 이룬다. 제르카 모레노(2006b)에 따르면, 모레노는 말 그대로 모든 사람을 참 만남으로 초대했다. 그의 생애와 작업은 모두 관계를 촉진하는 데 바쳐졌으며, 의사이자 치료사로서 그는 환자가 찾아오기를 기다리는 대신 먼저 나서서 만남을 일구었다.

1920년대 비엔나 교외의 바트 뵈즐라우라는 작은 시골 동네에 살면서 모레노는 실험적인 연극을 시도했다. 그곳에서 가정의로 일하던 모레노는 때때로 환자들에게 삶에서 문제가 되는 것을 극화하거나 위협적일 수 있는 경험을 완화하기 위해 상상의 상황을 장면으로 만들기도 했다. 한 번은 한 남자가 찾아와서 자살을 도와달라고 한 적이 있었다. 모레노는 그때 의료적인 처치 대신 극적 해법을 제시했다. 그는 남자가 자살을 준비하는 장면을 연기하게 함으로써 깊은 우울을 넘어설 수 있도록 도와주었다. 모레노와 그의 조수는 남자의 연기를 비평적이지 않은 태도로 지켜보면서 필요한 대목에서는 보조적인 역할을 연기했으며, 그를 통해 환자가 자살 욕구에서 벗어날 수 있게 도왔다.

모레노는 이런 치료적 실험을 **상호 연극***theatre reciproque*이라 불렀고, 그것을 사무실과 환자의 집에서 연출했다. 그러나 지극히 보수적인 오스트리아의 시골 마을에서 의사라기보다 샤먼 같은 모레노의 행태는 의심을 사기에 충분했고, 비엔나 시에서조차 그의 동기를 문제 삼았다. 1920년대 초반 모레노는 여러 배우들과 친분을 맺었고, 그 가운데 페터 로레와 엘리자베트 베르크너 같은 이들은 독일 영화와 연극에서 이름을 떨치기도 했다. 1921년에 그는 첫 사회극을 시도하면서, 오스트리아의 현명한 지도력의 가능성을 탐험한다는 목표 아래 유명한 극장을 빌려 지식인과 정치인을 초대해 놓고는 궁정 광대의 복장을 하고 혼자 무대에 나타났다. 어릿광대가 된 모레노는 자신은 왕을 찾고 있는 중이라면서 관객에게 현명하고 지혜로운 지도자 역할을 보여 달라고 청했다. 하지만 그에 반응하는 사람은 거의 없었고, 그의 뻔뻔하고 기괴한 발상에 당황스러워하거나 화를 내면서 극장을 떠나버렸다. 연극으로써 사회적 만남과 정치적 대화의 형식을 창조하려던 모레노의 시도는 그렇게 실패했다.

그러나 그는 굴하지 않고 또 다른 실험에 도전했다. 이번에도 역시 극문학의 유산을 전복하고 자발적인 공연 형식을 창조한다는 맥락에서 일단의 배우를 모아 관객이 제시하는 아이디어와 그날의 뉴스를 즉흥극으로 만드는 작업을 했다. 그는 그 연극을 '살아 있는 신문'이라 불렀다. 자발성 연극이라 불리는 이 즉흥극 작업은 관객에게 상당히 잘 받아들여졌으며, 모레노가 심리극에 더 접근하게 된 계기가 되었다.

심리극의 형성 과정에서 가장 유명한 사건은 자발성 연극 작업에서 비롯되었다. 자세히 기록되었듯이(Moreno 1946/1994), 그 일은 모레노가 바바라라는 배우와 작업하면서 일어났다. 바바라는 천진한 소녀 역할을 도

맡아했고, 당시 그녀가 나오는 공연이라면 전부 쫓아다니던 젊은 극작가 게오르게와 사랑에 빠졌다. 두 사람은 곧 결혼을 했다. 그런데 얼마 지나지 않아 게오르게가 모레노를 찾아왔다. 그는 착하고 천진한 소녀를 연기하는 바바라에게 반한 것인데, 그녀가 집에서는 전혀 딴판이라고 하소연하면서, 폭력적인 아내를 바꿀 수 있는 방법을 알려달라고 부탁했다.

당시 심리극의 아이디어를 실험하던 모레노는 연극적인 치료를 시도하기로 결정했다. 그는 바바라에게 지금까지와는 다른 인물을 연기해 보라고 설득했다. 그는 그녀에게 말했다(Moreno 1946/1994). "사람들은 당신이 무대에서 야만적이고 어리석은 인간의 원초적인 모습을 보여 주기를 원할 겁니다"(3). 바바라는 그 제안을 기꺼이 받아들였고, 모레노의 격려에 힘입어 거리에서 살해당하는 창녀 역할을 연기했다. 그녀의 연기는 매우 사실적이고 카타르시스적이었으며, 그 뒤에도 비슷한 인물을 여러 차례 맡았다. 게오르게는 [그녀가] 무대에서 공격성을 표출하면서 오히려 집에서는 온화해졌다고 말했다. 게오르게와 바바라 두 사람 모두 사소한 말다툼이 심각한 갈등으로 비화되기 전에 문제를 다독일 수 있는 방법을 찾았다. 더구나 반대역할을 연기하는 바바라를 지켜보면서 게오르게는 아내를 더 잘 이해할 수 있었을 뿐만 아니라, 모레노가 연출하는 자발적 드라마에서 함께 무대에 서기 시작했다.

시간이 흐름에 따라, 바바라와 게오르게가 무대에서 펼치는 드라마는 실제 생활의 스트레스를 반영하면서 교정적인 경험으로 이어졌다. 그리고 그 경험은 주인공에게 동일시하여 자기 경험을 다른 이들과 공유한 관객에게도 고스란히 옮겨졌다. 모레노는 거기서 역할 연기에 구조를 부여하고, 바바라와 게오르게뿐만 아니라 관객도 극적 현실과 일상 현실의 연관 관계를 성찰하도록 도와주었다.

모레노는 이 실험에서 두 가지 중요한 원리를 발견했다. 하나는 연극적 실험이 일상생활의 도전을 집약하고 교정할 수 있다면, 연극의 주요 기능은 치료일 수도 있다는 사실. 또한 정신분석과 달리, 심리극은 행동이 성찰에 선행할 것을 요구했다(Marineau 1989 참고). 이 행동의 원리는 모레노의 어떤 작업에서도 최우선한다.

카타르시스의 원리 또한 이 초기 작업에서 뚜렷하게 나타난다. 그러나 그것은 프로이트와 브로이어가 말한 것과는 다소 다른 방식으로 기능한다. 카타르시스의 목적은 변형된 의식 상태에서 과거의 억압된 기억을 떠올리는 데 있는 것이 아니라 의식적으로 역할 연기를 하면서 현재시제로 정서를 표출함으로써 해당 역할이 역할 연기자에게 지나친 통제력을 행사하지 못하도록 하는 데 있다.

모레노가 평생 소중히 간직한 마지막 원리는 치료적 드라마가 집단에서 일어난다는 사실, 그리고 개인의 경험은 진정성을 갖고 극화할 때 보편성을 획득한다는 점이다. 아리스토텔레스가 연극을 행동의 모방이라 하고, 셰익스피어가 연극을 자연을 비추는 거울이라 했다면, 모레노는 연극 혹은 재현의 본질을 독특한 방식으로 재발견했다. 모레노는 자신의 초기 작업이 무대로서의 세상이라는 셰익스피어의 유명한 비유를 뒤집은 것임을 알았다면 매우 기뻐했을 것이다. 모레노에게는 무대가 곧 세상이었다.

미국에서 모레노

36세가 되던 1925년에 모레노는 미국으로 건너갔다. 사회측정학과 의학, 연극과 치료에서의 흥미롭고 영향력 있는 실험에도 불구하고 그는 유럽에서 수많은 좌절을 겪었다. 바바라와 게오르게의 결혼은 깨졌고, 몇 년 뒤에 게오르게가 자살했다. 또 다른 부부와 공개 심리극 작업을 했는데, 그들 역시 이혼과 남편의 자살이라는 파국을 맞았다. 모레노의 배우들, 특히 페터 로레와 엘리자베트 베르크너처럼 재능 있는 이들은 치료보다는 예술과 돈에 관심이 더 있었고, 그래서 전문 배우의 길로 돌아셨다. 로레는 인습타파적인 연극 예술가인 베르톨트 브레히트와 작업했고, 그의 사회정치적 연극은 때때로 동시대인인 모레노의 작업을 비추어 준다.

모레노의 야심찬 아이디어는 한 번도 그에 걸맞은 규모의 대중에게 전해지지 못했다. 1924년에 비엔나에서 열린 국제 신 연극 기법 박람회에 관객이 없는 급진적이고 상징적인 연극을 위한 구상을 제출했지만, 경쟁자였던 프리드리히 키에슬러에 가려 빛을 보지 못했다. 그리고 마을 사람들이 점점 더 그의 이단성을 의심하면서, 모레노 자신도 적대적으로 변했고 불안해졌다. 바야흐로 유럽은 반유대주의와 전쟁의 폭풍에 휘말리기 직전이었다.

하지만 모레노는 비교적 짧은 시간 안에 미국에서 자신을 추슬렀다. 그는 뉴욕 비콘에 정착하여 치료와 훈련과 교육을 위한 연구소를 열어 심리극, 집단 심리치료, 사회측정학, 사회극에 대한 성숙한 아이디어를 보급했다. 그의 작업은 결혼 이후 제르카 모레노와 함께 작업하면서 더욱 발전하고 고양되었다(2006a, 2006b).

사회측정학에 대한 열정을 가득 품고 있던 모레노는 1930년대에 싱싱 교도소에서 작업하면서 수감자의 기호와 욕구를 사회측정학적으로 분석했다. 그 프로젝트는 심리학자와 범죄학자들이 교도소에 치료적 체계를 이식하는 데 영향을 미쳤고, 그 결과로 싱싱 교도소는 1996년부터 극장을 짓고 예술을 통한 갱생이라 불린 연극치료 프로그램을 운영했다.

1932년부터 1934년까지 뉴욕 주 허드슨의 뉴욕여자훈련학교에서 진행된 연구를 감독하면서, 그곳의 불량 소녀들의 집단행동을 분석하고 그 생활 조건을 향상시키기 위한 사회측정학적 방법을 고안했다. 그리고 역할과 행동 접근법을 치료 회기에 도입함으로써 학생들이 행동을 바꾸고 동료나 감독관과 더 잘 지낼 수 있도록 도왔다. 마리누Marineau(1989)에 따르면, 이 작업은 "이내 다른 기관과 분야에 흡수되는 혁명을 창조했다. 역할 연기 훈련이 태어났고, 심리극과 집단 치료의 체계적 활용이 등장했다"(113).

모레노는 마지막으로 비콘에 정착하기 전에 미국의 여러 곳을 돌며 흔적을 남겼다. 제2차 세계대전 동안에는 인사와 집단 역동 문제와 관련하여 정신과 의사와 군 장성들에게 도움을 주었다. 워싱턴의 성 엘리자베스 병원에 심리극 극장을 건립하고 훈련과 치료 프로그램을 성공적으로 도입했으며, 1935년에는 맥스 베어와 조 루이스라는 걸출한 두 권투 선수를 사회측정학적으로 분석하여 경기 결과를 예언하기도 했다. 그는 훈련하는 모습을 관찰하면서 심리적이고 신체적인 차원에서 두 선수의 힘과 인내력을 측정하는 양적인 체계를 만들었다. 잘 훈련된 운동선수를 관찰하면서, 모레노는 개인의 심리와 집단 역동에 관한 문제의 초점으로서 몸에 대해 비평했다. 1960년대 말에 치료사 프리츠 펄스와 윌리엄 슐츠가 주도한 신체에 집중한 대중적 접근법을 언급하면서, 모레노 부부(1969)는 참여자의 몸을 대상으로 심리극 작업을 시도한 것이 자기 자신이었음을 상기시켰다.

권투선수를 대상으로 한 연구에서, 모레노는 사회측정학적 도구이자 후에 그의 접근법의 트레이드마크가 된 사회적 원자를 개발했다. 사회적 원자는 개인의 삶에서 중요한 인물의 관계를 그 역동이 드러나도록 그림으로 그린 것이다. 권투선수와 사회적 원자 작업을 하면서 모레노는 가족과 친구, 동료와 트레이너를 포함하였다. 운 좋게도 조 루이스가 1935년 경기에서 이김으로써, 그가 신중하게 그린 복잡한 사회적 관계망이 정당화되었다.

1936년, 뉴욕 비콘에 비콘 힐 극장을 건립하면서 그는 다른 사람들이 가망 없다고 판단한 사람을 비롯해 다양한 환자를 만나고 싶어 했고, 심리극과 사회측정학 전문가를 훈련하고자 했다. 개인 후원자의 도움을 받아 모레노는 첫 번째 심리극 무대를 만들었다. 웜업에서 본활동과 마무리로 이어지는 심리극 과정을 나타내기 위해 무대의 높이를 각기 다르게 했고, 그 디자인으로 배우와 관객의 연속성, 치료 행위에서 모두가 온전히 참여자가 된다는 아이디어를 실현하였다. 비콘 힐 극장은 단순한 무대를 넘어 통합된 공동체라는 모레노의 개념, 즉 스태프와 환자, 가족과 방문자가 서로 솔직하고 동등하게 어울리는 치료적 환경의 선례를 보여주었다. 모레노는 그 공동체에 속한 사람들에게 자신을 풍성케 하는 방법으로 역할 바꾸기를 통해 다른 사람의 관점을 취해 보기를 권하곤 했다.

비콘 힐 극장은 정신과 의사들뿐만 아니라 행동 접근법에 관심 있는 아마추어 집단에게 등대가 되어 주었다. 정신분석가들에게 베르가세 19번지가 있었고, 무당들에게 연안부두가 있었듯, 비콘 힐 극장은 행동 심리치료사들의 회합 장소였다. 극장은 모레노가 여행과 강의에 점점 더 많은 시간을 쏟으면서 1967년에 문을 닫았고, 모레노는 1974년에 세상을 떠났다.

1982년에 모레노의 연구소가 팔렸지만, 그 유산은 제르카 모레노의 지도 아래 흩어지지 않고 온전히 보존되고 있으며, 그녀는 심리극과 행동 심리치료 세계의 빛으로 남아 있다. 『제르카의 정수』(2006a)는 심리극 분야의 공동 개발자로서 그녀의 위상을 확증하는 역사적인 자료를 엮은 것이다.

다음 장에서 심리극을 자세히 살펴보겠지만, 여기서는 모레노의 독창적인 작업이 보수적인 이념과 실제 작업 및 기존의 정신 건강 이론과 연극 예술에 대한 도전이었음을 아는 것이 중요하다. 환자를 치료함에 있어 초점을 과거에서 현재로, 인지적인 데서 신체적이고 정서적인 데로, 합리적인 사고에서 상상적인 생각으로, 무의식에서 의식으로, 분리에서 만남으로, 추상적인 성찰에서 구체적인 행동으로 옮겨 행동과 드라마에 우선권이 주어져야 함을 가장 먼저 인식한 사람이 바로 모레노다. 그리고 임상에서 이런 전환이 집단 환경과 연극적 환경, 즉 배우와 관객이 공히 자기 삶의 이야기를 극화할 수 있는 공간에서 일어나야 함을 역설한 이도 역시 모레노다.

이 혁신적인 시도는 대부분 인류의 문화유산을 통렬히 비판하는 반문화 운동이 태동한 1960년대와 1970년대의 격동기에 결실을 맺었다. 그 시기 동안 모레노는 교류 분석의 창시자인 에릭 번과 게슈탈트 치료의 창시자인 프리츠 펄스에게 영향을 주었고, 두 사람 모두 뉴욕에서 모레노가 진행한 공개 훈련 회기에 참석했다. 펄스와 번은 행동 심리치료의 개념이 형성되는 데 일조했다. 그러나 그들의 작업을 살펴보기 전에, 주제 통각 검사(TAT)의 개발자이자 하버드에 심리극 극장을 세우고 당대의 가장 창조적이고 흥미로운 심리치료사들을 주위에 불러 모았던 영향력 있는 심리학자 헨리 머레이를 살펴보도록 하자. 그 무리에는 심리치료에 극적 접근법을 시도한 에릭 에릭슨이라는 청년이 있었다.

헨리 머레이의 인성 탐험

엄밀히 말해, 헨리 머레이Henry Murray(1894~1988)는 행동 심리치료사가 아니라 창조적 연구자이자 작가이며, 투사적 진단 검사인 주제 통각 검사로 유명하다. 그것은 그가 인성을 절충적으로 상상하고 탐험하면서 크리스틴 모건과 함께 개발한 도구다. 머레이는 역사가, 의사, 생화학자, 심리학자로 훈련받았고, 융에게 분석 받고 배우면서 동시에 프로이트의 기본적인 심리성적 이론을 연구했다. 모레노처럼, 부적응자와 최하층민에게 끌린 젊은 의학도 시절에 그는 이렇게 썼다(Murray 1940).

> 내가 그들 — 마약 상용자, 창녀, 깡패 — 을 위해 무엇을 했든 간에, 그들이 퇴원한 다음, 날 암흑가의 소굴로 데려갔을 때, 나는 훨씬 더 많은 것을 돌려받았다. 그것은 한마디로 야생에서의 심리학이었다(152).

전략사무국과 행동 접근법

1930년대에 머레이는 절충주의 노선을 택한 유명한 하버드 심리연구소 소장으로 부임하여 에릭 에릭슨 같은 창조적인 심리학자들과 함께 일했다. 거기서 종신 재직하는 동안, 제2차 세계대전이 일어났을 때는 현 CIA의 전신인 OSS에서 일하면서 스파이와 선동가로 암약할 사람을 선발하기도 했다. 그리고 그때 지능 지필 검사와 별도로 잠재적 요인을 평가하기 위해 복잡한 행동 검사 도구를 고안했다. 그중 한 가지는 용기와 문제 해결 기술을 요하는 가상의 시나리오 — 가령 은밀한 과업을 이루기 위해 높은 벽을 오른다든지 개울을 만들어야 하는 상황을 포함한 — 를 주고 즉흥적인 역할 연기를 하게 한 것이다.

머레이는 그 검사가 "인성에 대한 전체적인 그림을 얻기 위한" 전인적인 접근법이라고 보았다(OSS Assessment Staff 1948, 28). 여기서 주목할 것은 그의 극적 진단 도구다. 그는 먼저 응시자들에게 정체를 숨길 수 있는 가짜 신분과 이야기를 지어내라고 했다. 그리고 거기에 몇 가지 역할 연기 활동을 추가하여 허구 속에서 드러나는 응시자의 인성 양상을 측정하였다.

OSS 스태프는 관객 앞에서 자발적으로 역할 연기를 하는 진단 도구를 심리극적 즉흥극이라고 불렀다. 두 명이 짝을 이루면, 한쪽은 높은 사람, 다른 한쪽은 낮은 사람 역할로 둘 사이의 갈등을 연기하되, 장면 속에서 그것을 해결해 보게 했다. 장면이 끝나면, 감독과 다른 응시자들이 역할의 개연성, 인성 특질, 사회적 태도, 문제 해결의 효율성의 측면에서 각각의 연기를 평가했다.

OSS 진단 과정을 설명한 자료에 모레노가 거론되지는 않지만, 그의 영향은 뚜렷하게 나타난다. 즉흥극 검사 외에 응시자들은 서로를 사회측정학적으로 평가했다. 각 후보자가 리더십, 사회적 수용, 거부 같은 변인에 근거하여 다른 사람들을 평가하게 함으로써 그 사회적 역할을 측정한 것이다. 그리고 그 결과를 평가함에 있어 OSS 스태프는 응시자들의 관계를 나타내는 소시오그램을 그렸다.

전쟁이 끝나갈 무렵인 1943년에 OSS의 수장 윌리엄 "와일드 빌" 도노반은 머레이를 비롯한 주요한 심리학자들을 고용하여 아돌프 히틀러의 심리 프로파일을 작성하게 했다. 그것은 그의 복합적인 인성을 이해하는 것뿐만 아니라, 히틀러가 승리할 경우에 대비한 가상 시나리오를 그려보기 위함이었다. 그 작업은 현재 연쇄 살인범과 테러리스트의 심리, 동기, 전략을 이해하기 위해 범죄학에서 흔히 사용되는 심리 프로파일의 모델이 되었다. 실제로, 연쇄 살인범인 유나바머, 즉 시어도어 카진스키는 하버드 학부생일 때 머레이가 주도한 이상한 실험에 참여한 적이 있다며 그의 이름을 언급하기도 했다(Chase 2003 참고).

하버드에서 머레이의 연구

하지만 행동적이고 창조적인 심리치료 접근법의 역사를 추적함에 있어 가장 의미 있는 머레이의 업적은 1930년대에 하버드에서 진행한 인성 연구다. 하버드 학생을 대상으로 심리 검사를 실시한 그 프로젝트가 내세운 목표는 인간성의 본질을 이해한다는 것이었다. 거기 참여한 연구자들은 이론적으로 절충적이었지만, 연구 결과를 해석하는 데 있어서는 머레이의 영향을 받아 정신분석에 의존하는 경향이 있었다. 그들은 대다수가 하버드 학부생인 피험자의 인성을 인지뿐만 아니라 정서, 신체, 사회적, 미적, 영적 측면을 포함한 44개의 변인으로 분석하였고, 욕구, 내면 상태, 전반적 특징을 반영하는 그것은 인성에 대한 총체적 관점을 드러냈다. 이 전인적 접근은 연구 자체로 의미 있을 뿐만 아니라 인성을 개념화하는 데도 유용한 모델을 제공한다.

머레이는 피험자를 몇 개의 작은 집단으로 나눈 다음, 각 피험자에게 약 36시간 동안 25개의 검사를 실시했다. 그중에서 주목할 것은 피험자들에게 미적, 상상적, 정서적 반응을 이끌어내도록 고안된 과정으로, 미적 통각 검사, 음악적 환상 검사, 주제 통각 검사, 극적 산물 검사가 있다.

음악적 환상 검사

음악적 환상 검사는 피험자에게 고전 음악 여러 곡을 발췌하여 들려준 다음, 거기서 연상된 "극적 사건"을 이야기로 들려주고 연기하게 하는 것이다. 이 경험을 통해 실험자들은 음악에서 출발한 극적 연상이 피험자의 인성 구조에 대한 유용한 정보를 제공한다고 결론지었다. 예를 들어, 한 청년은 깡패가 시켜서 거리에서 바이올린을 연주하며 구걸하는 이야기를 들려주었다. 그 거지는 자기를 구해준 나이든 바이올린 대가에게 바이올린을 배워 유명한 연주자가 된다. 가난뱅이가 부자가 되는 호라시오 앨저의 소설 『바이올린 켜는 사람, 필』(1872)을 연상시키는 이 이야기는 특정한 심리내적 주제와 피험자의 가족 역동을 드러낸다.

음악적 환상 검사가 출간된 지 40여 년 뒤에 음악 치료사 헬렌 보니(1997)는 이와 유사한 '음악으로 유도된 환상Guided Imagery in Music'이라 불리는 음악 치료 접근법을 개발했다. 이 접근법에서 참여자는 다양한 고전 음악과 현대 음악을 들으면서 음악에서 연상되는 이미지를 말이나 만다라로 자유롭게 표현한다. 따라서 보니는 음악적 환상 검사의 초기 형태를 예술 형식을 이용한 행동 심리치료의 영역으로 끌어들여 심화시킨 것이다.

주제 통각 검사

주제 통각 검사(Murray 1938)는 피험자에게 일련의 그림을 보여 준다. 그 그림은 가령 "키가 작은 할머니가 키가 큰 청년을 등지고 서 있다. 청년은 당황한 표정으로 모자를 쥔 채 아래를 내려다보고 있다"(537)와 같이 자극적인 상황에 처한 인물을 묘사한다. 피험자들은 투사적 자극에 대한 반응으로 그림에 있는 순간 이전과 이후를 상상하여 극적인 이야기를 들려준다.

투사에 기반한 주제 통각 검사는 피험자가 일상생활로부터 거리를 둘 수 있게 한다. 피험자는 그 덕분에 그림에 반응하여 허구적인 역할과 이야기를 꾸며내면서 자신의 실제 모습을 안전하게 재창조한다. 미적 거리는 예술 창조 행위뿐만 아니라 참여자들이 일상의 경험에서 물러나 상상의 틀 속에서 움직이면서 무의식의 경험을 드러내는 연극을 비롯한 예술치료의 경험에도 그대로 적용된다.

무의식을 탐험하기 위한 머레이의 투사적 접근법은 물론 새로운 것은 아니었다. 주제 통각 검사보다 앞선 투사 검사에는 로르샤흐 잉크 반점 검사를 포함한 여러 가지가 있다. 그러나 인성 표현의 전체 스펙트럼에 대한 민감성과 개방성 덕분에, 투사 검사에 대한 그의 분석은 고전적인 정신분석적 해석에 제한되지 않았다. 그리고 참여자가 무의식의 역동을 깊이 이해할 수 있도록 허구적 역할과 이야기를 활용하는 사람들에게 모델이 되어 주었다.

에릭 홈버거 에릭슨과 극적 산물 검사

드디어 극적 산물 검사를 살펴볼 차례다. 이것은 후에 에릭 에릭슨으로 개명한 에릭 홈버거가 만든 도구다. 초보 아동 분석가였던 홈버거는 페렌치가 그랬듯이 아이들의 유희적이고 신체적인 표현에서 영감을 얻었다. 홈버거는 초기 정신분석가들의 놀이 치료 작업뿐만 아니라, 앞서 언급한, 소아과 의사이자 심리학자인 마거릿 로웬펠드Margaret Lowenfeld (1979)의 작업에도 친숙했다. 그녀는 장난감과 놀이 대상을 사용해서 아이들이 내면세계를 재창조하게 하는 세상 기법이라는 투사적 접근법을 개발했다. 홈버거의 행동적 검사에서, 피험자는 연구자가 제공하는 모형을 가지고 탁자에 극적 장면을 구성한다. 그리고 연구자는 다른 투사 검사에서처럼 극적 이야기에 내포된 무의식의 역동을 탐험한다. 극적 구성을 해석함에 있어 홈버거는 상징적으로 표현된 외상 경험에 주목했고, 역할, 경계와 한계, 주제, 플롯, 피험자의 말을 살핌으로써 그 형식과 내용을 읽어냈다.

홈버거가 주목한 것은 피험자들이 반복적으로 선택한 작은 소녀 모형이었다. 많은 피험자들이 그 아이가 자동차 사고를 당하는 상황을 보여주었다. 홈버거는 피험자들에게 제공한 것 중 가장 어린 그 모형이 어린이 역할의 원형을 나타내며, 반복된 사고의 주제 역시 아이들의 경험을 나타낸다고 생각했다. 그리고 좀 더 정신분석적인 관점에서, 소녀가 경험하는 사고는 폭력과 성의 주제를 나타낼 수 있다고 추론했다.

홈버거는 자아의 통합을 위협하는 극적 순간과 외상적 순간을 구분했다. 드라마에서 참여자는 존재론적 선택에 직면하고, 그것이 해결될 때, 외적 현실뿐만 아니라 자기 내면의 악마와 협상하는 능력이 확장될 수 있다. 그리고 그렇게 하는 가운데 영웅이 된다. 그러나 자유로운 선택의 기회가 제거된 정서적 외상의 상황에서는 영웅이 아닌 피해자로 전락하며, 자아의 상처 회복력 역시 줄어든다.

에릭 에릭슨으로 개명한 홈버거는 후에 발달심리학과 자아 심리학 분야에 지대한 영향을 미친 인간 발달의 모델을 만들었다. 그는 인간의 전 생애를 여덟 단계로 가정함으로써, 유아기에서 시작하여 잠재기로 끝난 프로이트의 심리성적 단계를 보완했다. 하지만 프로이트처럼 관찰에 근거하기보다 셰익스피어가 『뜻대로 하세요』에서 말한 인간의 시적 나이를 더 참고하면서, 에릭슨은 개인이 생애 주기에 따라 그에 걸맞은 갈등을 영웅적으로 해결하면서 나아간다는 극적 형태의 발달을 수용했다.

히틀러의 심리 프로파일을 작성한 스승 머레이처럼, 에릭슨은 마르틴 루터와 마하트마 간디의 심리-전기를 집필했다. 생애의 마지막 단계를 구체화하는 데 주력한 그의 후기 작업은 노인을 대상으로 작업하는 많은 예술 치료사들에게 영감을 주었다. 그리고 여러 측면에서 융의 작업과 유사한 극적 구성은 아동과 성인을 대상으로 하는 모형 투사 작업을 개발한 예술 치료사들에게 가장 많은 영향을 미쳤다.

야심찬 인성 연구를 마무리하면서, 머레이는 직관은 주요 인성 기능 전반에 스며 있는 특질이기 때문에 변인에서 제외한다고 언급했다. 그리고 스승인 카를 융이 행동을 그다지 강조하지 않았음에 주목하면서, 직관 대신 행동이 부각되어야 한다고 역설하기도 했다. 머레이(1938)는 행동을 "구체적인 성취, 힘과 소유를 목적으로 하는 물리적 혹은 사회적 환경의 실제적이고 효율적인 조작"이라고 정의했다(727). 모레노를 비롯해 행동이 심리치료의 본질적 형식임을 믿은 다른 사람들처럼, 머레이는 개인과 집단이 인성을 진단하고 그것을 변화시킬 수 있도록 돕는 접근법을 정초함에 있어 고유한 발자취를 남겼다.

프리츠 펄스와 게슈탈트 치료

아내 로라 펄스와 함께 게슈탈트 치료를 창시한 프리츠 펄스(1893~1970)는 머레이나 모레노와 몇 살 차이 나지 않는 동시대인이다. 그는 하버드에서 머레이가 한 작업을 알고 있었겠지만, 그보다는 모레노와 취향이 더 맞는 사람이었다. 두 사람 모두 독일어를 하는 중상층 유태인인데다, 1920년대에 유럽에서 의과대학을 졸업했지만, 결국 미국에 와서야 직업적인 명성을 얻게 되었다. 또 정신분석을 공부했으나 정통 프로이트에 반기를 들었다는 점도 공통된다. 그리고 보헤미안적인 예술가들과 어울리며 자신의 작업과 삶이 과학보다 예술이기를 꿈꾼 인습 파괴자였다는 것 역시 두 사람이 공유한다. 펄스와 모레노는 카리스마가 넘쳤고, 때로 그것이 지나쳐 구루의 옷을 입기도 했다. 무엇보다 두 사람은 행동에 바탕을 둔 심리치료적 접근법을 만들고 대중화하는 데 핵심적인 역할을 담당했다.

펄스는 초기 정신분석가들과 함께 경력을 시작했다. 빌헬름 라이히, 카렌 호니, 오토 페니첼을 포함한 당대의 저명한 분석가들과 함께 공부하면서 분석과 슈퍼비전을 받았고, 로라 펄스와 함께 쓴 초기 저서 『자아, 배고픔, 공격성』(1947)은 자아, 본능, 저항, 내사, 투사의 프로이트적 개념으로 일관하고 있다. 그러나 1936년 마리앵바드 회의에서 구강기 저항에 대한 논문이 거부당한 뒤로 프로이트주의자들과 결별하였다.

전통적인 정신분석에서 자유로워지면서 펄스는 다른 모델들을 끌어안았다. 그중 한 가지는 인성에 대한 전인적 관점에서 헨리 머레이의 작업에 지대한 영향을 미친 쿠르트 골드스타인의 유기적 접근법이었다. 펄스는 1920년대에 프랑크푸르트의 뇌 손상 군인 병원에서 골드스타인을 도왔다. 골드스타인의 동료였던 아내의 영향을 받아 펄스 또한 베르트하이머, 쾰러, 코프카 같은 게슈탈트 심리학자들의 초기 작업에 흥미를 갖게 되었다. 하지만 게슈탈트 치료에 대한 그의 생각은 지각과 문제 해결에 집중한 게슈탈트 심리학의 인지적 기초와는 거리가 멀었다.

1947년에 첫 책을 냈을 때, 그는 인성에 대한 전인적 관점과 지각적 게슈탈트의 전경과 배경의 균형 잡힌 관계에 대한 선배들의 아이디어를 일부 통합하였다. 그리고 더 중요하게는 게슈탈트 심리학과 고전적 정신분석이 공유하는 인지적이고 합리주의적인 경향에서 스승 빌헬름 라이히의 신체로 초점을 옮겼다. 에로스와 타나토스라는 프로이트의 본능 개념을 거부하면서, 펄스는 타나토스를 공격성의 근원으로 보는 대신에 공격성이 생존의 수단이며, 그것이 충분히 표현될 때 균형이 회복된다고 생각했다. 공격성의 표현은 펄스의 치료적 접근법의 인장일 뿐만 아니라, 그의 까칠한 성격을 드러내는 것이기도 했다. 또한 그는 프로이트의 "고고학적 콤플렉스," 즉 신경증 행동의 근원을 찾아 과거의 경험으로 소급하는 것을 비판하면서, 지금 여기를 변형의 현장으로 강조하였다.

역할 연기와 역할 바꾸기를 개입 방식으로 삼는 그만의 독창적인 게슈탈트 치료를 내놓기 전에, 펄스(1947)는 집중 치료라 부른 형식을 정리했다. 그리고 그 형식 안에서 시각화, 표현적 말하기, 정서적 표출, 내면의 침묵, 일인칭으로 말하기, 신체 집중, 자각 기법과 다양한 활동을 개발했다. 그는(1947) 치료의 목표를 이렇게 말했다. "치료 단계는 분명하다. 당신은 당신이 감추고 있는 감정, 관심 혹은 욕구가 무엇인지 충분히 알아차려야 할 뿐만 아니라 그것을 말이나 예술 혹은 행동으로 표현해야 한다"(257).

펄스는 1960년대에 미국 캘리포니아 주, 빅서에 있는 에살렌 연구소에 정착하면서 행동을 통한 표현이라는 치료적 사명을 가장 잘 실현할 수 있었다. 이 작업은 상당 부분 심리극과 겹치며, 펄스가 모레노의 영향을 받은 것은 분명하다. 그러나 펄스는 또 다른 모레노로서 자기만의 길을 찾고자 했으며, 그래서 모레노의 기법 중 일부를 변형하기도 하고 다양한 활동을 스스로 만들었다. 펄스도 모레노처럼 시적인 경구를 좋아했다. 다음은 『게슈탈트 치료 사례집』(1969)의 첫머리에 인용된 것이다.

> 나는 나의 일을 하고, 당신은 당신의 일을 한다.
> 나는 당신의 기대대로 살기 위해 이 세상에 있지 않으며
> 당신 또한 나의 기대대로 살기 위해 이 세상에 있지 않다.
> 당신은 당신, 나는 나,
> 그리고 우연히 만난다면, 우리는 서로를 발견할 것이고, 그것은 아름다울 것이다.
> 하지만, 그렇지 못하다 해도 어쩔 수 없다.

그러나 관계에 우선하고 그것을 초월하는 개인의 우위성을 찬양하는 펄스의 이 말은 역할 바꾸기와 참 만남을 통한 상호성의 비전을 제시한 모레노나 페렌치와는 상당히 멀다. 여러 측면에서, 펄스는 인간의 소외

를 이해함에 있어 게슈탈트 심리학보다 — 우연의 부침에 지배당하고 우주에서 혼자라 느끼는 — 실존주의 철학의 정신에 사로잡혀 있다.

펄스의 이론은 실존주의와 게슈탈트 심리학뿐만 아니라 초기 정신분석을 뿌리로 한다는 점에서 독창적이라 보기는 힘들다. 하지만 지금 여기에서 전인적으로 작업하는 것에 대한 강조는 당시에 매우 급진적이었고, 환자에 대한 직접적인 개입과 만남 역시 그러했다. 프로이트처럼, 펄스는 폭발적인 변화가 일어난 시대에 성년이 되었다. 틀에 박히고 보수적인 1950년대의 정신분석가에서 인간 잠재력 운동, 감각의 자각, 과격한 나르시시즘, 의식의 대안적 형식에 대한 급진적 실험으로 들끓던 1960년대에 게슈탈트 치료자로 변신했다. 그 시대는 부르주아적 삶의 방책 속에서, 자신의 몸과 강렬한 감정으로부터 소외되어 표현하지 못하는 불쌍한 사람들을 공격하는 프리츠 펄스를 열렬히 환영했다.

펄스가 행동 심리치료에 가장 기여한 바는 라이히의 생물학적 아이디어와 모레노의 심리극을 혼합하여 게슈탈트 치료의 독특한 형식으로 빚어낸 것이다. 펄스는 다산의 작가가 아니었고, 『자아, 배고픔, 공격성』 이후의 책은 실제 치료 작업에 대한 설명이 주를 이루었다. 심리극 모델을 따랐고 후에 연극치료를 촉발하게 된 그의 행동에 기반한 치료 과정을 명확히 보여 주는 것이 바로 그 자료들이다.

펄스의 가장 흥미로운 생각 중 일부는 『게슈탈트 치료 사례집』(1969)에 나타난다. 우리가 살펴본 많은 치료사들이 그렇듯이, 펄스 역시 언어적 분석을 과도하게 강조한 데서 프로이트를 의심했다. 펄스(1969)는 이렇게 썼다.

> 말은 대개 거짓이다. 진정한 소통은 말을 넘어서 있다. … 목소리가 당신에게 말하는 것을 들어라, 움직임이 말하는 것을 들어라, 자세가 말하는 것을 들어라, 이미지가 말하는 것을 들어라… 사람person이 말하는 것에 귀 기울일 필요가 없다. 소리를 경청하라. 페르 소나*Persona* — "소리를 통해"(57).

꿈을 분석하고 그 상징적 내용을 심리성적 발달 단계와 억압된 소망과 연계시키는 프로이트의 접근법과 달리, 펄스는 꿈을 무대로 보았다. 그는 마치 자기가 꿈의 극작가이자 배우인 것처럼 꿈꾸는 사람들과 함께 작업하였다. 참여자들은 펄스의 안내에 따라 꿈에 나온 대로 특정한 대상과 역할로 재현되는 갈등 요소를 연기한다. 목표는 참여자가 균형을 발견하도록 돕는 데 있다. "대립하는 두 힘의 통합과 하나됨"(74). 모레노의 접근법과 비교한다면 게슈탈트 치료는 참여자가 모든 역할을 연기한다는 점이 다르다. 심리극에서는 집단에 있는 다른 사람들이 주인공의 보조자아 역할을 하지만, 펄스는 자기 짐은 자기가 지는 법이라 주장했다. 또한 심리극이 주로 현실에 바탕한 인간적인 역할을 다룬다면, 게슈탈트 치료는 모든 사물에 행동을 부여한다.

존과의 작업

펄스의 구체적인 행동 접근법의 한 예로 존과의 한 회기를 살펴보도록 하자. 존은 펄스와 꿈 작업을 하겠다고 자원했다. 하지만 펄스는 존을 좌절시키는 인물을 연기했고, 그에 반응하여 존은 펄스가 적대적이라고 비난했다. 펄스(1969)는 모레노에게서 빌려 온 빈 의자와 역할 바꾸기 기법을 사용하여 존이 적대적 인물을 상대로 작업하도록 초대했다.

펄스: 프리츠를 의자에 앉히세요. "프리츠, 당신은 좀 차가운 것 같아요"라고 말하세요. 프리츠를 연기하세요.

존: 프리츠를 연기한다… 당신을 연기한다… 못하겠어요… 난 당신이 전지전능한 것 같아요… 프리츠가 되려고 노력하는데… 난 당신에게 솔직하라고 말합니다. 내 뜻에 복종하라고 말합니다 ….

펄스: 좋습니다. 이제 이쪽 의자에 앉으세요. 그 말에 대답하세요.

존: 난 당신 뜻에 복종하고 싶지 않아요. 당신은 거만하고 늙고 지랄 맞고 시시껄렁한 악당이에요.

펄스: 그 중상모략을 더 해볼 수 있겠어요? 그거 마음에 드는데….

존: 좋아요. … 당신은 신이 되고 싶어 하죠, 그리고 여기 있는 이 사람들에게 당신의 작품을 과시하고 싶어 해요. 난 이게 분석보다 낫다고 생각하지 않아요. 당신은 사람들이 추어주면 자기가 정말로 전지전능한 줄 알고 좋아하는 교만하고 덩치 큰 얼간이일 뿐이에요.

펄스: 그럼 이제 그 역할을 연기할 수 있을까요? 교만한 얼간이, 전지전능한 얼간이를 연기하세요. 당신이 말한 프리츠를 보여 주세요

존: 그렇게 될까 봐 두려워요. 내가 정말로 — 나라면. 당신처럼 빌어먹을 교만한 얼간이라면… 좋아요. 난 프리츠 펄스예요, 모든 걸 알지요….

펄스가 교만한 특징을 취하도록 격려하자 존은 관객에게 말했다. "난 당신들 전부보다 중요해. 당신들은 아무것도 아니야." 그런 다음, 존은 에살렌에 오면서 꾼, 강력한 세 남자에게 경쟁심을 느끼는 꿈에 대해 말해 주었다. 그런데 펄스가 존에게 꿈을 현재시제로 잘 말하지 못한다고 꾸짖고 모욕했으며, 존은 그에 반응하면서 자신의 교만하고 건방진 부분을 알아차리게 되었다. 그리고 자기 자신을 아주 작고, 몸으로부터 분리된, 경쟁자들처럼 의기양양하게 말에 올라앉을 수 없는 사람으로 느낀다는 것을 깨달았다. 펄스는 거만한 얼간이와 별 볼일 없는 존의 대극성을 지적했다. 그리고 존에게 두 역할의 만남을 연기해 보라고 했다. 별 볼일 없는 역할로서 존은 말했다.

"난 아무것도 아니야. … 내 몸조차 느끼지 못해 — 너 때문에, 거만한 얼간이 네가 못하게 하니까(목소리가 갈라지기 시작한다) — 빌어먹을 개자식. 네가 모든 걸 지배하고 난 억압되어 있어… 넌 내가 존재하지 못하게 하고, 내가 진짜라는 걸 느끼지 못하게 해"(225).

존은 거만한 얼간이 역할을 맡아서는 이렇게 반응했다.

"넌 존재할 가치가 없어. 너 따위 같잖은 멍청이… 겁이 넘치셔서 존재할 수나 있겠어? … 넌 여기 없고, 있은 적도 없고, 앞으로도 없을 거야. 난 널 증오해! (소리친다)

그리고 마지막으로 별 볼일 없는 존으로서 결론을 맺었다.

"신, 난 당신을 증오해. 당신은 날 존재하지 못하게 하니까. 당신은 날 밟아버렸어. 하지만 난 나야. 내가 나란 걸 안다고"(226).

대화가 끝나자 펄스는 존이 전지전능함과 무력함의 대극을 중심 없이 연기했음을 지적했다. 그리고 별 볼일 없는 역할과 교만한 역할을 다시 한 번 연기하되, 이번에는 각 문장의 끝에 "그리고 이건 거짓말이야"라는 말을 덧붙이게 했다. 그렇게 하는 가운데 존은 극단적인 것에 대한 집착을 놓고 몸을 회복하면서 젠체하는 경향을 벗기 시작했다. 끝에 가서 존은 대극을 나타내는 두 의자에 다가가 약간의 거리감을 가지고 물었다. "너의 두 부분은 지속적으로 대화를 해야 하는 거니? 그 사이 어딘가에 있을 수 없는 거니? 넌 정말 느낄 수 없니? … 난 중심을 갖고 싶어"(229).

이 사례에서 우리는 지금 여기의 현실을 이용하여 존이 자신의 대극성을 알아차리고 훈습하도록 돕는 성숙한 펄스를 본다. 작업 방식은 존이 각 역할의 특성을 구체화하고 일련의 독백으로 표현하면서 역할에 대한 이해를 심화시키고, 또 대화를 통해 대극성 사이의 역동을 살펴보았다는 점에서 극적이다.

펄스(1969)는 인성의 기본적인 갈등 양상을 상전과 하인이라 부른 대극의 역할로 보았다. 전자는 거만하고 통제적이고 독선적인 역할로서 상대를 위협하고 강제하는 악당이다. 존에게 상전은 거만한 얼간이였다. 하인은 교묘함과 명백한 무력함을 통해 조작하는 인성의 방어적이고, 연약하고, 투덜대는 부분이다. 하인은 별 볼일 없는 존이었다. 두 역할 중 어떤 것도 극적 싸움에서 승리할 수 없다. 펄스가 잘 설명했듯이, 딜레마는 양 극단이 균형을 찾을 때 비로소 해결되며, 균형은 양 극단의 역할과 관련된 감정을 표출하고 그럼으로써 자신의 몸을 충분히 자각하게 될 때 가장 잘 실현된다. 나중에 보게 되겠지만, 역할과 반대역할의 개념 그리고 양 극단 사이의 균형 추구는 역할 접근법의 트레이드마크가 된다.

펄스는 일종의 개입으로 "프리츠를 의자에 앉히세요"라고 하면서, 존이 치료사의 역할을 맡게 했다. 역할 바꾸기로써 내담자에게 문제를 다른 관점에서 볼 수 있는 기회를 제공하여 투사를 알아차리게 한 것이다. 존의 경우에, 빈 의자는 거만한 펄스뿐만 아니라 거만한 존이 젠체하는 모습을 담아냈고, 두 번째 빈 의자가 그 대극을 표현했다. 심리극에서 흔히 쓰이는 이 기법은 연극치료에서도 중요한 요소가 된다.

글로리아와의 작업

펄스의 행동 접근법의 또 다른 사례는 에버럿 쇼스트롬이 1965년에 제작한 영화 〈심리치료의 세 가지 접근법〉에서 발췌하였다. 앞서 말했듯이, 펄스는 당대를 대표하는 세 명의 심리치료사 가운데 한 사람이었고, 그 세 사람이 모두 글로리아라는 내담자를 대상으로 작업했다. 그 영화는 뒤에서 자세히 논하게 될 〈연극치료의 세 가지 접근법〉이라는 또 다른 영화의 모델이 되었다는 점에서 중요하다.

영화에서, 펄스는 처음에 작업의 목표와 방법론을 글로리아에게 이야기한다. 다소 모호하게 표현하긴 했지만, 지금 여기에서의 진정한 표현을 격려할 것이고, 자신과 글로리아와의 관계에 초점을 맞출 것이며, 그녀가 "갈등하는 대극을 통합하도록" 돕겠다고 말한다(Perls in Shostrom 1965). 펄스는 자신의 작업을 "안전한 위급 상황"이라고 말한다. 그 표현은 그가 작업에서 일종의 위기를 불러일으킬 것이며, 일상생활로부터 거리를 취함으로써만 그것을 수습할 수 있다는 점을 암시한다. 펄스는 또한 글로리아가 신체 언어를 자각하도록 도우면서 비언어적 행동에 초점을 맞출 것이라고 덧붙인다.

역설적이게도, 이 작업에서 가장 표현적인 것은 회기 초반부에 펄스가 보여 준 태도와 움직임이다. 그는 불편한 자세로 의자에 앉아 있는 듯하다. 그리고 주변 환경 때문에 집중이 안 되어 스스로를 진정시키고 싶은 것처럼, 담배와 성냥을 찾느라 한참 시간을 보낸다. 글로리아에게 편안한 공간을 제공하기보다 눈에 거슬릴 만큼 그녀 쪽으로 몸을 기울인다. 안절부절못하며 경계를 넘는 태도는 상전의 역할을 맡기 위한, 그리고 글로리아에게는 하인의 역할을 불러내기 위한 일종의 웜업처럼 보인다.

펄스의 비언어적 단서에 반응하여, 글로리아는 "지금 좀 겁나요"라고 말한다. 펄스는 곧바로 글로리아의 표정에 초점을 맞춘다. "겁난다고 말하면서 웃고 있네요. 겁을 내면서 어떻게 동시에 웃을 수 있는지 이해가 안 가는군요." 시작하자마자 펄스는 글로리아를 방어적인 역할로 몰고 간다. 그녀는 앞서 존이 그랬던 것처럼 펄스의 거만함에 주목하면서 나름대로 되받아치려 애쓰지만, 이내 꼼짝없이 궁지에 몰릴 거라는 두려움을 나타낸다. 펄스는 글로리아가 궁지에 대해 말할 때 자신을 보호하려는 듯 가슴을 만진 동작을 놓치지 않았다. 그 몸짓이 궁지에 대해 체현하는 건지 알고 싶다고 큰 소리를 치면서 덫에 걸린 느낌을 솔직하게 말해 보라고 한다. 글로리아는 과거로 가서, 불안할 때면 안전한 구석으로 숨어들었던 어린 시절의 자기 자신을 불러낸다. 그러면 펄스는 "당신이 소녑니까? 당신이 어린 소녀냐구요?"라고 하면서, 글로리아를 지금 여기로 데려오기 위해 공격적으로 반응한다.

그러자 글로리아는 현재로 돌아와, 펄스라면 자신을 무감각하게 만드는 것쯤은 어렵지 않을 거라며, 그에게 편안하게 해달라고 청한다. 펄스는 무감각한 것, 하인의 역할을 어떻게 연기해야 하는지, 그것이 그녀에게 어떻게 이로운지를 묻는다. 글로리아가 대답을 못하자, 펄스는 질문을 바꾸어 무감각한 연기가 자신에게 어떤 영향을 줄 거라 생각하는지 추궁한다. 그렇게 펄스는 글로리아를 좌절시키기 위해 최선을 다한다. 그녀가 위축될수록 펄스는 그녀를 감정에 머물지 못하고 거짓 태도로 위장하는 사기꾼이라 몰아붙인다. 펄스의 공격이 계속되자, 글로리아는 강한 반감을 드러내면서 반격한다. 이 시점에서 펄스는, 비록 비웃는 방식이긴 했지만, 그녀에게 축하를 전한다. 그의 연기에도 불구하고, 글로리아는 펄스의 칭찬을 받아들이고 당황스런 느낌을 인정한다. 그녀는 자기가 미소로 당황스런 감정을 숨기고 있음을 알아차린다.

그러나 펄스가 또다시 분노를 자극하자, 글로리아는 펄스의 자기중심성egoism을 비난하면서 자신을 존중해 줄 것을 요구한다. 그러자 펄스는 존중받는 사람의 역할을 연기해 보라고 한다. 글로리아는 그 역할을 연기하기가 힘든데다가, 특히 펄스 앞에서는 그가 자신을 깎아내리고 수치스럽게 몰아갈까 봐 두렵기 때문에 더 어렵다고 말한다. 그러자 펄스는 천박한 페르소나를 취하여 빈정거린다. "우리 작은 마드무아젤을 고통의 궁지에서 꺼내 줄 사람이 필요하군요." 그리고 한술 더 떠, 글로리아를 스스로가 만든 궁지에서 헤어 나오지 못하는 사기꾼이라고 비난한다.

펄스의 태도는 적대적이었지만, 그는 글로리아가 자기주장이 강하고 강력한 여성, 존경심을 불러일으키는 낯선 역할을 입도록 자극함으로써 대극의 불균형을 통합하도록 도왔다.

전반적으로 이 회기는 존의 경우와 달리 충분히 성공적이지는 못했다. 펄스는 지금 여기에서의 진정한 표현, 말이 아닌 행동에 대한 자각, 대극을 통합할 수 있는 최소한의 능력을 키움으로써 애초의 목표를 일정 정도 성취할 수 있었다고 본다. 그러나 펄스가 조성한 "위급 상황"이 글로리아가 모종의 명확한 해결을 내올 수 있을 만큼 충분히 안전했는지는 명확하지 않다.

회기 말미에, 좀 더 탐험했다면 대극성에 대한 자각이 깊어졌을지도 모를 극적인 순간이 한 번 있었다. 펄스와 글로리아 사이의 긴장은 대체로 친밀함과 관계의 복합성에 관한 것이었다. 두 사람 모두 여러 모양새로 위축되었고 원하는 것을 주지 않음으로써 상대를 공격했다. 그리고 지나치게 분리적이라 감정적으로 접근할 수 없다고 서로를 비난했다. 어느 한 순간 부드럽게, 펄스는 "내가 어떻게 해야 하지요? 어떻게 하면 내 관심을 당신에게 보여 줄 수 있을까요?"라고 말하며 친밀함에 대한 글로리아의 욕구에 반응했다. 그리고 그녀가 소리 내어 울 때, 자기가 어떻게 해주길 원하느냐고도 물었다. 글로리아는 펄스의 위로를 받아들일 수 있을 거라고 대답했다. 그리고 그 순간에 글로리아는 예리하게도 부모의 위로를 받아들이는 아이와 아이를 위로할 수 있는 부모의 역할을 모두 연기할 수 있는 가능성을 자각하였다. 그리고 마지막으로 부모 역할을 하는 것을 상상하면서, 펄스가 고통스러워하는 아기라면 자기가 그를 위로해 줄 거라고 과감하게 선언했다. 펄스는 약속된 시간을 6분가량 남겨놓은 채 갑자기 회기를 마무리했다. 그리고 글로리아의 환상을 연기하면 어떻게 될 것인지는 관객의 상상에 맡겼다.

나중에, 작업을 돌아보면서, 펄스는 글로리아가 자신의 고통이나 치료사와의 더 깊은 만남을 회피했다고 비난했다. 그러나 펄스가 역할 바꾸기에서 좀 더 극적으로 개입할 기회를 놓친 것은 아닐까? 그가 정말로 아기나 부모 역할을 했다면 어땠을까? 그러나 여기서도 펄스는 역할 연기에 참여하지 않고, 환자 혼자 모든 역할을 연기하게 하는 방식을 고수했다. 이 대목이 게슈탈트 치료의 강점과 약점을 모두 보여 주는지도 모른다. 존이나 글로리아는 다양한 역할을 연기하면서 분열된 역할을 통합할 수 있었다. 그러나 그 과정을 좌절시키는 치료사 앞에서, 혼자 겪기 때문에, 지지와 위로를 얻지 못하는 측면도 있다.

모레노 혹은 심지어 머레이, 에릭슨과 펄스만큼 심리치료에서 행동과 드라마의 이론과 실제를 명료하게 이해하는 데 기여한 사람은 찾아보기 힘들다. 그러나 주된 행동 접근법 세 가지를 살펴보기 전에 다른 사람들의 작업 양상을 짧게 살펴보는 것도 좋을 것이다. 「심리치료의 형식으로서 역할 연기의 출현」이라는 논문에서 키퍼(1996)는 심리극, 고정 역할 치료, 행동 연습의 세 양식에 초점을 맞춘다. 심리극에 대해서는 다른 장에서 심도 있게 논의할 것이므로, 여기서는 고정 역할 치료와 행동 연습을 살펴보도록 하자.

조지 켈리와 고정 역할 치료

심리학자 조지 켈리George Kelly(1905~1967)는 구성주의에 근거한 심리치료 접근법을 처음 시도한 사람 중 하나다. 구성주의는 개인과 집단이 자기만의 현실을 구축하기 위해 언어, 몸짓, 상징적 행동을 통해 세계에 대해 행동하는 방식을 이해하고자 하는 철학이다. 켈리는 1920년대와 1930년대의 대공황기에 황진 피해가 극심했던 미국 캔자스 주에 살았고, 거기서 고통 받는 농가를 돕는 데 헌신했다. 그는 스피치와 드라마를 전공하였고, 그것이 이후 작업에 큰 영향을 미쳤다.

농부들에게 정신분석 기법을 적용하면서, 켈리는 거친 환경 속에서 살아가는 데서 오는 문제에 심리성적으로 접근하는 것이 무익함을 깨닫기 시작했다. 그리고 환자가 현실을 구축하는 방식을 탐험한 다음, 그를 토대로 문제에 대한 대안적 해법을 찾는 구성적 대안주의 접근법을 개발했다. 1950년대에는 자신의 성숙한 이론과 실제를 기술한 명저 『개인 구성체 심리학』을 집필했다.

우리의 목적에 비추어 켈리에게서 가장 주목할 대목은 위기에 처한 농민을 대상으로 한 작업에서 개발된 고정 역할 치료라 할 수 있다. 켈리는 단기간 내에 필요한 변형을 성취하는 현실적이고 효율적인 작업을 추구했으며, 인성을 분석하는 심리학적 재능과 인물을 창조하고 장면을 연출하는 연극적 재능을 결합시켜 체계적인 역할 접근법을 고안해 냈다.

그 접근법은 내담자에게 일종의 자서전 혹은 자기-소개의 글을 써오게 하는 것으로 시작했다. 그리고 내담자가 다양한 기술과 인성 특질이 적혀 있는 카드를 분류하게 함으로써 글쓰기를 도왔다. 켈리(1955)는 의학적 진단을 거부했고, "무엇이 잘못된 건지 모르겠으면 그들에게 물으시오, 그러면 그들이 말해 줄 겁니다"(vol. 1, 241)라고 굳게 믿었다.

켈리는 내담자가 쓴 자서전을 바탕으로 고정 역할 스케치를 작성했다. 그것은 본질적으로 내담자와 닮았지만 그와 다른 가상의 인물의 윤곽을 잡아내는 것이다. 그리고 치료가 지속되는 몇 주 동안, 내담자는 치료 장면과 일상생활에서 그 역할을 맡아 연기했다.

작업하는 동안 켈리는 가능한 시나리오를 즉흥적으로 극화하거나 켈리 자신이 보조 역할을 연기하면서 내담자가 역할에 깊이 몰입하도록 도왔다. 내담자는 치료사와 함께 역할을 발전시킬 뿐만 아니라 치료 장면이 아닌 일상의 다양한 상황 속에서 역할을 연기했다.

켈리는 책으로 쉽게 접할 수 있는 모레노의 심리극은 잘 알고 있었겠지만, 펄스나 게슈탈트 치료에 대해서는 상대적으로 잘 알지 못했던 것 같다. 그의 독특한 역할 접근법은 구성주의에 그 고유한 뿌리를 내리고 있지만, 내담자와 역할 연기를 함께하면서 모레노나 펄스와 비슷한 기법을 사용하였다.

후속 작업에서는 내담자와 치료사가 새로운 역할의 효율성을 평가했다. 고정된 역할은 내담자가 일상의 환경과 관계 맺는 방식을 변화시키는 잠재력을 가진 구조다. 내담자들은 새로운 역할을 맡은 배우처럼 고정 역할 치료를 통해 자기 자신뿐만 아니라 세상을 새롭게 보는 힘이 생겼다고 보고했다. 그렇게 관점의 변화를 이끌어내는 역할 행동을 고안함에 있어 내담자가 적극적인 몫을 담당했다. 고정 역할을 통해 작업하면서, 켈리는 좀 더 짧은 기간의 치료가 필요함을 주장한 랑크와 페렌치에 이어 단기 치료 형식을 처음으로 시도한 사람 중 하나가 되었다.

켈리는 모레노의 사회측정학 검사에 해당하는 역할 구조 목록 검사라는 진단 도구를 개발했다. 레퍼토리 그리드로 더 잘 알려진 그 검사는 내담자가 자기 삶에서 중요한 사람을 꼽는 것으로 시작된다. 치료사가 감독할 때는 그 사람들을 무작위로 선택하는 게 아니라, 가령 '살면서 당신이 사랑한 사람은 누구인가요?' 와 같은 질문을 바탕으로 고르게 한다.

일단 10명에서 20명 사이로 중요한 사람의 목록이 완성되면, 거기서 한 번에 세 명을 뽑은 다음, 그중 두 사람이 비슷하고 나머지 한 사람이 다른 점을 찾아낸다. 치료사는 그것을 바탕으로 개인의 사회적 상호작용 구조를 나타내는 유사성과 대립성의 두 극을 파악한다.

일련의 지시적인 질문과 대답을 주고받으면서, 치료사는 내담자가 열 개에서 스무 개의 구조를 찾아내도록 돕는다. 레퍼토리 그리드는 일종의 인성 지도로서 개인, 소집단, 대집단을 대상으로 한 치료와 진단 및 연구에서 사용되어 왔다. 나중에 보겠지만, 이 인성 검사는 역할 프로파일처럼 유사한 목적을 위해 사용되는 연극치료의 진단 평가 도구를 예고한다.

행동 연습과 다중양식 치료

켈리의 역할 접근법은 구성주의를 배경으로 함에도 불구하고 인지 행동 치료의 발달을 상당 부분 예시하고 있다. 모레노와 펄스의 카타르시스적이고 실존적인 역할 접근법과 달리, 고정 역할 치료는 행동을 수정하고 대안을 재고하는 것에 더 가깝다. 고정 역할 치료에서 역할은 생각과 행동을 잇는 매개로 기능한다.

조셉 월피

행동 치료behavioral therapy의 전통에서 주요한 두 인물인 조셉 월피Joseph Wolpe와 아놀드 라자루스Arnold Lazarus는 내담자들이 힘들고 압도적인 상황에서 행동을 수정할 수 있도록 돕기 위해 역할 연기 형식을 사용했고, 그 특정한 접근법을 행동 연습이라 불렀다.

월피(1990)는 그에 대해 다음과 같이 말한다.

> 치료사는 환자가 신경증적인 불안 반응을 나타내는 사람의 역할을 맡는다. 그리고 그에게 환자가 평소에 억제했던 감정을 표현하게 한다. 말에 스며 있는 감정에 특히 주의를 기울인다. … 환자는 각각의 진술을 반복한다. … 모든 측면에서 만족스러울 때까지 반복적으로 표현을 수정한다(68).

행동 연습을 통해 환자들은 억눌렸던 감정을 드러내는 것에서 관계 속에서 욕구를 만족시켜 주고 불안과 걱정을 덜어줄 수 있는 감정을 표현하는 것으로 천천히 나아간다. 월피는 체계적 둔감화, 상호 억제, 자기주장 훈련의 행동 접근법을 개발한 것으로 알려져 있다. 이들 기법을 때로 역할 연기로 실행하면서 그는 행동 치료에서 행동의 친화성을 구축하였다.

월피는 또한 이미지와 안구 움직임을 포함한 다른 행동적이고 표현적인 접근법을 사용했다. 안구 움직임 작업은 후에 소위 안구 운동 민감 소실 및 재처리 혹은 EMDR이라 불리는 외상 치료 접근법으로 변화되었다.

키퍼Kipper(1996)는 행동 연습을 네 단계로 구체화한다. 첫 번째는 역할 연기가 해당 문제와 관련된 대안을 개발하는 데 유용할 수 있음을 받아들이도록 내담자를 준비시키는 단계다. 두 번째는 새로운 반응을 요구하는 특정한 문제 상황에 초점을 맞추는 단계다. 이때 치료사는 새로운 행동을 쉬운 것부터 가장 어려운 것까지 분류하여 순서를 매긴다. 3단계에서는 새로운 행동의 극화가 시작된다. 치료사와 내담자는 원하는 행동을 단계별로 역할 연기 하면서 가장 어려운 장애물을 뛰어넘을 때까지 반복한다. 치료사는 이때 바람직한 행동의 모델이 되어 주거나 내담자가 원하는 만큼 숙달할 수 있도록 도와준다.

마지막 단계에서 내담자는 일상생활에서 해당 행동을 실행한다. 이것이 성공하면 그 경험과 그에 대한 성찰을 글로 적어 치료사와 공유한다. 치료사와 내담자가 지속적으로 협업하면서 최선의 결과를 얻을 수 있도록 행동을 수정하는 것이다.

아놀드 라자루스

아놀드 라자루스는 스승 월피(Wolpe and Lazarus 1966)와 함께 행동 연습과 행동 치료를 개발했다. 월피처럼, 라자루스는 행동 접근법이 내담자가 심리적 장벽을 넘어서 효율적인 역할을 구성하고 연습하고 실행하는데 도움이 된다고 믿었다. 그러나 라자루스는 또한 행동 접근법의 활용 범위가 불안과 기분 장애에 국한됨을 깨달았고, 그에 대한 반응으로 인지적 접근법을 통합하고 전인적 관점의 중요성을 자각하면서 인성을 상호 연관된 일곱 개의 양식으로 구별하였다. 그 양식에는 행동, 정서, 감각, 상상, 인지, 대인 관계, 약물이나 생물학적 개입이 필요한 부분이 포함되었다. 라자루스는 다중양식 생애사 목록(Lazarus and Lazarus 1991)이라는 진단 도구를 개발하였다. 그것은 각 양식의 강점을 밝히고 개입 전략을 환기하는 것으로, 각 양식의 머리글자를 따서 BASIC ID라고도 한다. 라자루스의 영향을 받아 연극치료사 물리 라하드Mooli Lahad(1992)는 후에 스토리메이킹에 바탕을 둔 유사한 다중양식 모델을 개발했다. 이 모델 역시 스트레스 대응 기제를 나타내는 각 양식의 머리글자를 따서 BASIC Ph라 부른다. 라하드의 양식은 신념, 정서, 사회적 관계, 상상력, 인지,

신체적 수단을 통한 대응 기제를 포함한다.

라자루스는 행동에서 양식의 전 범위로 확장하면서, 월피보다 훨씬 더 빈번하게 행동 접근법을 활용했다. 예를 들어 〈심리치료의 세 가지 접근법〉(Shos-trom 1977)의 두 번째 버전에서 우리는 역할 연기로 직접 작업하는 라자루스를 볼 수 있다.

켈리, 월피, 라자루스의 작업이 표면적으로는 극적 접근을 제안하지 않는 구성주의와 행동주의 이론에 기대고 있음에도 불구하고, 그 세 사람은 모두 행동을 통해 각자의 치료적 목표에 도달하는 길을 찾았다. 라자루스의 접근법은 역할 연기를 통합했을 뿐만 아니라 행동과 인지 차원에서 연극치료나 심리극이 직접적으로 다루는 정서와 감각과 이미지의 차원까지 확장했다는 점에서 가장 멀리 나아갔다고 볼 수 있다. 라자루스가 빠뜨린 한 가지 양식이 몸이다. 빌헬름 라이히의 작업과 아이디어를 확장하여, 몸을 근거로 한 후대의 접근법을 고찰하면서, 우리는 알렉산더 로웬을 만나게 된다.

알렉산더 로웬과 생체에너지 분석

알렉산더 로웬은 본래 변호사였는데, 심리치료에 관심을 가지면서 1940년에 뉴욕에서 빌헬름 라이히가 주도하는 일련의 강의를 들었다. 신체 갑옷의 제거를 통해 치유가 일어난다는 말에 감명을 받아, 로웬은 라이히에게 치료를 받기로 했다. 그는(1993) 라이히와의 첫 번째 만남을 이렇게 기술했다.

> 나는 나한테는 아무런 문제가 없다는 소박한 신념을 가지고 갔다… 목욕 가운을 입고 침대에 누웠다… 그는 내게 무릎을 구부리고 입을 벌리고 턱을 떨어뜨

려 이완된 상태에서 숨을 쉬라고 했다. … 잠시 후에 라이히가 말했다. "로웬, 당신은 숨을 안 쉬고 있습니다." 내가 대답했다. "쉬고 있는데요. 그렇지 않다면 죽었겠죠." … 그러자 라이히가 말했다. "가슴이 움직이질 않아요." … 나는 자세를 고쳐 잡고 누워 다시 숨을 쉬었다. … 그가 말했다. "머리를 뒤로 젖히고 눈을 크게 떠세요." 나는 그가 말한 대로 했다. … 그러자 목구멍에서 비명이 터져 나왔다. … 나는 그것과 감정적으로 연결되지 않았다. … 회기가 끝나자 내가 생각했던 만큼 멀쩡하지 않다는 느낌이 들었다. 내 인성에 의식으로부터 숨겨진 "뭔가"(이미지, 감정)가 있었고, 그것들이 올라올 거라는 게 느껴졌다(17-8).

이후 로웬은 정신과 의사가 되었고, 스승 라이히의 원리와 기법을 확장하여 심호흡과 신체 운동을 기반으로 긴장을 이완하고 감정 표현을 회복하는 생체에너지 분석이라는 신체적 심리치료 형식을 만들었다. 그리고 분열증 환자가 사회 속에서 더 깊은 통합감을 경험하도록 돕는 작업(1967)에 대해 썼다.

로웬은 신체상body image 작업을 반복하면서, 환자들이 부모와의 초기 관계에서 어떻게 방어적인 갑옷을 입기 시작했는지를 이해하도록 안내했다. 로웬은 라이히처럼 프로이트의 유아기 성욕 이론을 부분적으로 가져왔지만, 실제 작업에서는 훨씬 더 행동적이었고, 몸과 목소리로 긴장이 표출되도록 촉진하는 일련의 표현적인 움직임을 개발했다. 가령 "난 안 돼! 난 네가 싫어! 아니야!" 같은 단순한 문장을 말하면서 카우치를 발로 찬다든가 두드리는 식이다. 때로는 그도 "넌 할 거야!"라고 하거나 환자의 손목을 꽉 잡아 더 깊은 감정 표현을 이끌어내면서 환자와 상호작용하고 신체적으로 개입했다.

로웬은 테니스 라켓으로 카우치를 치면서 분노를 터뜨린다든지, 매트리스에 머리를 찧으면서 절망을 나타낸다든지, 엄마처럼 두 팔로 품어주는 긍정적인 몸짓 등 정서적 요구에 대한 즉각적 반응으로 여러 가지 표현적인 움직임을 정해 두었다.

행동을 활용하는 연극치료사와 움직임 치료사들처럼, 로웬은 때로 환자에게 마녀와 피해자, 어릿광대와 인형, 유혹자와 순결한 자 같은 역할 특징을 부여했다. 그러나 핵심적 자기의 개념을 해체한 후대의 많은 연극치료사와 달리, 로웬은 역할 연기를 거짓되고 진정성이 없는 아동기에 발달된 일종의 왜곡 현상으로 간주하는 전통적이고 인본주의적인 관점을 취했다. 그는 진정한 자기가 유아기에 가장 뚜렷하게 드러나며, 몸과 정서에서의 흐름과 자발성을 특징으로 한다고 보았다.

로웬의 작업은 많은 무용/움직임 치료사, 신체적 심리치료사, 근원요법 치료사에게 영감을 주었다. 그들은 모두 치유가 몸과 거기 저장된 억압된 기억을 해방하는 행동의 형식을 통해 일어난다고 믿는다. 로웬은, 스승 라이히처럼, 치료가 장기적인 효과를 발휘하려면 환자들이 현재의 신체적이고 정서적인 표출 경험과 과거의 정서적 외상에 대한 이해를 통합할 필요가 있다고 믿었다.

놀이와 행동 심리치료에서의 실험들

지금까지 다양한 정향을 지닌 심리치료사들이 최소한 부분적으로는 행동을 통해 작업했음을 살펴보았다. 이 밖에도 일일이 열거하기 힘들 만큼 많은 사례가 있지만, 그것을 모두 언급할 필요는 없을 것이다. 가령 놀이 치료사 J. 솔로몬Solomon(1938)은 적극적 놀이 치료라 불리는 형식을 개발했다. 내담자 중심 치료의 전통에서 작업하는 버지니아 엑슬린(1969) 역시 아동을 대상으로 역할 연기를 자주 활용했다. 엑슬린의 후기 작업 형태에서, 랜드레스Landreth(1991)는 창조적-표현적 특질과 정서적 표출의 특질에 따라 놀이 대상과 장난감을 분류했다. 랜드레스는 아동이 시각예술과 공연 예술을 포함한 창조적 매체 전반에 접근하는 통로를 가지고 있음을 확증한다.

D. W. 위니컷

후기 프로이트학파의 정신분석가 가운데 위니컷D. W. Winnicott은 행동 심리치료의 이론과 실제를 이해하는 데 결정적으로 기여했다. 아동을 대상으로 작업하면서, 위니컷은 놀이에 기반한 관계적 접근법을 정신분석에 접목해 전이적 공간과 전이적 대상이라는 영향력 있는 개념을 만들었다. 전이적이라는 용어는 성장기에 있는 아동이 여전히 의존에서 벗어나지는 못하지만 엄마로부터 분리되어 독립된 존재를 취하기 시작하는 단계를 말한다. 새로운 발달 단계로 진입하는 동안, 아동은 심리적 경계를 넘나들며 협상하기 위해 전이적 공간을 필요로 한다.

미적 거리의 개념처럼 전이적 공간은 한 발달 단계와 그 다음 발달 단계 사이에 위치한 심리적 간극이자 내적 경험과 외부 세계의 심리적 간극이기도 하다. 위니컷(1953)은 전이적 공간을 "엄지와 테디베어 사이, 구강기 성욕과 대상관계 사이"(89)에 위치한 것으로 묘사했다. 엄지와 테디베어는 모두 아동이 넓은 세계로 혼자 나아가려 할 때 엄마의 몸에 대한 안전한 애착을 집약함으로써 아동을 진정시킨다는 점에서 전이적 대상이다. 놀이를 아동의 내적 경험과 외부 현실을 잇는 다리로 보는 위니컷의 이론은 아동이 놀면서 문제가 되는 경험을 반복할 뿐만 아니라 상상적이고 상징적인 행동을 통해 그것을 해결한다는 점에서 매우 극적이다.

단기 심리치료에서의 행동 접근법

행동 접근법은 단기 심리치료에서도 흔히 쓰인다. 의료 관리 체제가 확립된 이후로, 심리치료사들 사이에는 단기간에 보다 큰 치료적 효과를 성취하려는 경향이 강화되었다. 정신분석적 치료를 좀 더 짧은 기간으로 압축해야 한다는 랑크와 페렌치의 주장에 공감하면서, 해리 스톡 설리번 Harry Stock Sullivan(1954)은 "최소한의 시간과 말로 당신이 이루고자 하는 것을 성취할 가능성이 매우 높은" 그런 치료를 기대했다(224).

에릭 번Eric Berne(1961)이 주창한 교류 분석은 부분적으로 극적 행동에 바탕을 둔 단기 심리치료의 한 예다. 번은 자아 상태를 어린아이, 부모, 어른의 세 종류로 나누었고, 실제 작업에서 역할 연기를 이용해 내담자들이 사회적 관계 속에서 연기하는 자아 상태를 탐험했다. 그는(1964) 또한 인간의 상호작용을 반복되는 극적 장면으로 개념화하여 게임이라 불렀고, 내담자의 삶에서 무익한 게임을 찾아내 변형하도록 돕고자 했다. 앞서 언급했듯이, 번은 모레노의 영향을 인정하기 싫어했지만, 뉴욕에서 공개 심리극에 참여하면서 직접적인 영향을 받았다(Z. T. Moreno 2006a).

극적 특성이 뚜렷한 또 다른 단기 접근법은 로버트 굴딩과 메리 굴딩 Robert and Mary Goulding(1978)이 개발한 재결정 치료다. 굴딩 부부는 내담자들이 어린 시절의 역기능적인 행동 유형에 고착되어 있다고 보았다. 즉, 과거에 힘들었거나 외상적인 상황에서 살아남는 데 도움을 주었던 태도를 시간이 지난 뒤에도 고수한다는 것이다. 그들은 내담자가 어린아이 역할로 돌아가 그 낡은 행동 패턴을 변형할 수 있는 방법을 찾도록 도왔다. 실제 작업에서는 빈 의자 같은 기법을 사용하거나 어린아이와 부모 역할을 연기하기도 했다. 역할 연기를 통해 내담자들은 과거에 했던 결정을 새롭게 바라보고 변형할 수 있었다. "자기편을 든 여자의 사례"라 불리는 한 예가 있다. 불안하고 걱정이 많은 스물다섯 살 마리아는 여섯 살 때 아버지에게 주스를 쏟았다고 혼이 났던 기억을 떠올렸다. 재결정

치료사는 다음과 같은 지시를 주었다.

> 다시 여섯 살의 당신이 되어 그때 그곳으로 돌아갑니다. 방을 보세요. 카펫에 쏟아진 주스를 비롯해 거기 있는 것들을 찬찬히 자세하게 살펴보세요. 그리고 겁에 질린 여섯 살 소녀인 당신을 느껴 보세요(Hoyt 2003, 370).

그 작업을 하면서 마리아는 어린 소녀뿐만 아니라 아버지의 역할을 연기했고, 아버지가 자기가 생각했던 것만큼 무서운 괴물이 아님을 발견했다. 치료사의 도움을 받아 아이 역할을 하면서, 그녀는 자기편을 들면서 아버지에게 이렇게 말했다. "전 단지 작은 아이일 뿐이에요. 물론 실수는 하죠. 하지만 난 나쁘진 않아요. 그리고 아빤 나한테 소릴 지르면 안 돼요"(Hoyt 2003, 370). 단기 작업을 통해, 마리아는 권위에 의문을 제기하고 단호한 입장을 취할 수 있는 힘을 가진 어른으로 자신의 모델을 새롭게 창조할 수 있었다. 재결정 치료사에 따르면, 문제를 찾아내고, "오늘 무엇을 바꾸려 하나요?"라는 질문에 내담자가 극화를 통해 반응할 수 있게 힘을 줌으로써 치료 과정을 촉진하는 것이 바로 행동 접근법이다.

지금까지 심리치료에서 나타난 행동의 풍부한 역사를 확인했다면, 이제부터는 그 유산의 수혜자인 대표적 행동 심리치료인 심리극과 연극치료를 심도 있게 살펴보도록 하자.

연극치료 개관

심리극의 발전

우리는 앞에서 모레노가 사회측정학, 심리극, 사회극에 대한 개념을 세우고 그 작업을 어떻게 실천에 옮겼는지를 보았다. 모레노는 나아가 정신분석의 개인 치료 모델과 현저한 대조를 이루는 집단 심리치료를 시작하였다. 행동에 기반한 모레노의 작업은 초기 정신분석의 아이디어에 급진적으로 도전하였고, 앞서 살펴본 심리치료사들의 실험들 다수를 구체화했다.

모레노의 유산은 교육자, 작업자, 연구자가 이론과 실제 작업의 고전적 구조를 다음 세대에 잘 전한 덕분에 30년 넘게 온전히 보존되고 있다(예를 들어, Holmes, Carp, and Watson 1994; Karp, Holmes, and Bradshaw-Tauvon 1998; Blatner 2000; Gershoni 2003 참고). 그런 한편에서는(Hare and Hare 1996; Blatner 2000 참고) 역할, 자발성-창조성, 사회측정학에 대한 이론이 체계적이지 않고 경험적 타당성이 결여되어 있다는 주장도 만만치 않게 제기되어 왔다. 그러나 심리극의 주관적이고 심지어 시적인 특성과 미적-영적 비전은 여전히 건재하다.

모레노가 행동 심리치료의 이론과 실제에 미친 영향은 지대하다. 그중 일부를 5장에서 논할 것이다. 연극치료가 여러 사람에 의해 개척된 것과 달리 심리극은 모레노와 그의 부인 제르카 모레노의 손에서 빚어졌다. 그녀는 지금도 심리학계의 핵심 인사이며, 많은 사람이 그의 작업을 특히 그 대상의 측면에서 새로운 방향으로 확장했다(예를 들어 Bannister 1997, 학대당한 아동을 대상으로 함; Hudgins 2002, PTSD를 대상으로 함; Casson 2004, 환청을 듣는 사람을 대상으로 함; Dayton 2005, 중독자를 대상으로 함, 참고). 블래트너(1996, 2000)는 모레노의 역할 이론을 확장하였고, 심리극을 시민 연극의 매우 다양한 접근법과 연결시켰다(Blatner with Wiener 2007 참고). 데이튼(2005)은 모레노의 행동 작업과 마음과 몸, 정서와 인지의 일체성을 말하는 신경과학의 연관 관계를 살펴보았다. 모레노의 핵심 개념이나 기법에 의미 있게 도전한 사람은 거의 없지만, 이후 연극치료의 발달을 예시한 몇 가지 혁신이 나타났다. 여기서 살펴볼 내용은 모레노가 삶 전체를 통해 추구한 두 가지 주제, 곧 창조적 표현을 향한 영적 추구와 관용과 생존을 향한 사회적 추구다.

심리영적 역할

처음 역할 이론을 개발했을 때(1946/1994; Z. T. Moreno 2006a) 모레노는 역할을 세 종류로 구분했다.

1. 몸과 관련된 심리신체적 혹은 생리적인 역할
2. 상상과 관련된 심리극적 혹은 환상 역할
3. 특정 환경에서 다른 사람들과의 관계와 관련된 사회문화적 역할

심리극 연출자 나탈리 윈터스Natalie Winters는 모레노가 심리영적 역할의

범주를 빠뜨렸다고 느꼈다. 그녀는 모레노가 인간은 누구나 날 때부터 자신의 역할과 현실을 창조할 수 있는 잠재력을 갖고 있다고 보고 그것을 신에 견주어 영적 언어로 표현했다는 점에서, 그 역할 범주가 특히 중요하다고 생각했다. 윈터스에게(2000) 심리영적 역할은 모레노의 역할 이론의 핵심 개념인 자발성과 창조성에 관련된다.

모레노는 세 가지 범주별로 특정한 역할의 보기를 들었지만, 그것이 삶에서 어떤 기능을 하는지에 대해서는 충분히 정의하거나 기술하지 않았으며, 그것을 온전한 이론 체계로 세우지도 않았다. 반면, 윈터스(2000)는 심리영적 역할에서 아홉 개의 역할 유형을 찾아내고 거기에 역할 기능의 차원을 덧붙였다. 그에 속한 역할은 상상하는 사람, 중재하는 사람, 기억하는 사람, 받는 사람, 주는 사람, 예술가, 전하는 사람, 믿는 사람, 기도하는 사람이다.

역할 접근법에서 보겠지만, 랜디(1993) 역시 역할 유형과 기능에 대한 설명을 포함한 역할 유형 분류 체계라는 광범한 틀을 개발했다. 윈터스와 랜디가 공유하는 유일한 역할은 예술가다. 윈터스(2000)는 이렇게 말한다. "예술가는 미적 가치에 초점을 맞추고, 관능성, 통찰, 전망, 모두가 나눌 수 있는 기쁨을 불러일으키는 것을 생산한다. 예술가는 고급한 자기와의 연관 속에서 직관적인 본질로부터 작업한다"(21). 모레노와 윈터스를 잇는 다리라고 할 수 있는 랜디(1993)는 예술가의 미적이고 영적인 특질을 연결한다. 그는 예술가를 예민하고 창조적이라고 특징지으면서, 그 역할 유형의 기능을 "창조적 원리를 확증하는 것, 새로운 형태를 꿈꾸고 낡은 것을 변형하는 것이다. 영적 필요와 미적 과정의 책임감 때문에 예술가는 흔히 정서적 대가를 치른다"(241)고 보았다.

2장에서 보았듯이, 모레노는 종교와 사회적 과정을 거부한 점을 들어 프로이트를 비판했다. 전자에 대해 모레노(1946/1994)는 이렇게 썼다. "심리극 연출자는 신이 되어 그 행동을 진지하게 연기하며, 그것을 타당한 치료적 용어로 번역한다"(8). 후자에 대해서는 이렇게 말했다. "그리고 사회극은 집단이 극을 고유한 과정으로서 진지하게 대하도록 하고, 피험자에 대한 프로이트의 비전을 훨씬 뛰어넘어 분석의 범위를 확장하고 심화시켰다"(8). 모레노는 자신의 삶과 작업에서 인간 경험의 전 영역을 포괄하고자 했다. 어린 나이에 영적인 것을 다루기 시작하여, 나이가 들면서는 점차 인간의 사회적 질병을 해결하는 데 더 많은 시간을 투자했다.

사회극

모레노는 1920년대 초반에 처음으로 사회적 주제를 무대에 올렸고, 그 뒤로 20년 넘게 사회극 개념을 발전시켜 왔다. 그에 따르면(1943), "사회극은 다음과 같은 암묵적 가정에 기초하고 있다. 즉, 관객 집단은 이미 사회적 · 문화적 역할에 의해 조직되고, 그 역할은 모두 어느 정도의 문화적 공유물을 담지하고 있다"(438). 스턴버그와 가르시아Sternberg and Garcia(2000a)는 좀 더 좁은 개념을 제시한다. "사회극은 여러 사람들이 특정한 사회적 상황을 자발적으로 극화하는 행동 방법론이다"(196).

모레노는 당시의 가장 중요한 사회적 · 정치적 주제를 즉흥극을 통해 탐험하고자 했다. 그러나 그(1946/1994)의 이상주의적 열정은 또한 사회극을 "해결할 뿐만 아니라 치료할 수 있는 것, 연구할 뿐만 아니라 그 태도를 바꿀 수 있는 것으로 간주했다"(363). 드라마 속에서 배우와 관객 모두가 주인공이 되면서, 그 공간 안에 형성된 집단적 정체성과 사회적 카타르시스를 통해 치료가 가능했던 것이다.

모레노는 사회극과 유사한 실험으로 배우들이 뉴스에 실린 최근 사건을 즉흥적으로 연기하는 '살아 있는 신문Living Newspaper' 작업을 비엔나에서 시작했다. 미국으로 이민한 다음에도 그 작업을 지속하면서, 1948년 할렘의 인종 폭동, 아돌프 아이히만의 추적, 존 F. 케네디의 암살 같은 주제를 둘러싼 더 야심찬 사회극을 상연했다.

사회극을 확장한 또 다른 사람들이 있다. 스턴버그와 가르시아(2000b)는 모레노의 사회극 이론과 구조를 파악하고 그것을 사회측정학과 심리극 작업에 연결했다. 그리고 모레노를 넘어서 발달 장애, 시각 · 청각 장애뿐만 아니라 언어 장애를 포함한 다양한 범위의 인구 집단에 그 작업을 적용하였다. 특히 실어증 집단을 대상으로 명료한 보기를 제공하는가 하면, 사회극 훈련을 교정 분야에 활용하여, 예를 들어 가르시아(Sternberg and Garcia 2000a)는 초기에 가정 위기, 성 범죄 수사, 자살을 다루는 경찰 견습생의 교육을 담당하기도 했다.

모레노의 제자 중 한 사람인 루이스 야블롱스키Lewis Yablonsky 역시 응용 범죄학 분야에서 광범하게 작업하면서 갱단과 청소년 범죄에 대한 글을 썼다. 야블롱스키는 모레노처럼 논쟁의 여지가 많은 정치적 주제뿐만 아니라 사회의 주변부적 요소에도 이끌렸다. 그는 1996년에 비엔나에서 열린 심리치료 세계 대회에서 대규모 사회극을 연출했다. 그는 비엔나가 스승 모레노의 출생지일 뿐만 아니라 프로이트와 히틀러의 고향임을 알고 있었다. 약 1,000명이 넘는 집단을 웜업시키면서 야블롱스키(1998)는 세 사람을 초대하여 모레노와 프로이트와 히틀러의 역할을 하게 했다. 제르카 모레노에게 훈련받고 중국 의학과 심리극을 연계한 책을 쓴(2003) 공슈Gong Shu가 모레노의 역할을 맡았다. 프로이트의 역할은 한 정신분석가가 맡았고, 차우세스쿠 독재 정권 하의 루마니아에서 온 청년이 히틀러의 역할을 맡았다.

세 사람 사이에 열띤 대화가 오고 간 뒤에 관객을 참여시켰고, 거기서 다양하고 강렬한 감정이 표현되었다. 야블롱스키는 유태인 대학살의 상처를 드러낸 사람들의 고통을 심리극으로 다루고 싶은 유혹을 물리치고, 집단의 주제에 초점을 맞추었다. 그리고 네오파시즘적 이념을 지지한 작은 부류에게도 목소리를 낼 수 있도록 함으로써 기대 이상의 훨씬 복합적인 사회측정학을 드러냈다. 기대치 않았던 또 다른 반응은 젊은 층에게서 나온 집단적인 죄책감이었다. 그들 중 일부는 비엔나에서 온 심리치료사들이었는데, 한 사람이 나치 시대에 부모가 저지른 잠재적인 범죄와 전쟁에서 한 역할에 대해 침묵하는 것이 가져온 결과를 지적하며 죄책감을 표현했다.

야블롱스키는 아프리카에서 온 정신과 의사가 노예 제도라는 잔학 행위의 유산과 함께 살아가는 고통에 대해 말했을 때, 사회극이 더 넓은 차원으로 확장됨을 주목했다. 그 남자의 이야기는 미국과 유럽 내 인종차별이라는 현재의 주제와 연결되면서 집단에 카타르시스를 일으켰다. 드라마를 마친 뒤에, 야블롱스키는 프로이트와 모레노가 집단에 가져온 긍정적인 영향력과 히틀러에 집중된 정서적 충격을 돌아보았다. 그에게 히틀러나 차우체스쿠나 노예 상인의 유산은 사회적 조화와 화해를 위한 시도에 어두운 그림자를 드리우는 것이었다.

사회측정학에 대한 새로운 접근법의 마지막 예로 피터 켈러만Peter Kellermann(1998)을 들 수 있다. 그는 사회측정학을 "사회적 탐험과 집단 내 갈등 변형을 위한 경험적인 전체 집단 과정"으로 정의했다. "그러므로 사회극은 대규모 집단을 대상으로 하는 집단 분석에 대한 행동 지향적이고 구조적인 대응부로 간주될 수 있다"(179). 켈러만은 모레노가 지나치게 이상주의적이고, 특히 사회극을 치유적이라 주장하는 것은 지나치게 비논리적이라는 입장을 취한다. 이스라엘 사람인 그(1998)는 사회극 연출자가 심리적 문제뿐만 아니라 "집단 내 충돌"과 "사회의 다양한 하위집단 사이의 증가된 양극화 현상"을 고려할 필요가 있다(31)고 말하면서, 갈등 관리에 대한 통합적인 접근을 요구한다. 모레노와 그 이후의 인본주의적 심리학자들이 프로이트의 공격성 개념을 거부한 것 그리고 본능, 욕동, 유전 구조, 환경과 사회적 요소 등 공격성을 결정하는 복합적 요인을 인식하는 데 실패한 것을 비판하면서, 켈러만은 사회극 작업을 하는 사람들은 인간 본성에 대한 프로이트(1930)의 어두운 통찰을 귀담아 들어야 한다고 주장한다.

> 인간은 사랑받기를 원하는 부드럽고 점잖은 피조물이 아니다. … 오히려 타고난 재능이 곧 공격성의 강력한 공유로 이어지는 피조물이다. 그 결과 그들에게 이웃이란… 고통을 주는 사람, 고문하고 목숨을 빼앗는 사람… 자신의 삶과 지나온 역사의 경험에도 아랑곳 않고 이 주장에 논박할 만한 용기를 가진 사람이 과연 있을까?(111-2). … 많은 사람을 사랑으로 묶어내는 것은 언제나 가능하다. 그들이 공격성을 표출시킬 대상이 남아 있기만 하다면(114).

전반적인 갈등 관리와 평화 조성을 위해 사회극의 통합적 모델을 적용함에 있어, 켈러만(1998)은 3부로 된 접근법을 제공한다. 그는 첫 번째를 위기 사회극이라 부른다. 그것은 가령 주요 정치 인사의 암살이나 폭탄 테러처럼 사회적 의미가 큰 재난적 사건에 대한 반응과 관련된다. 또 다른 예로는 경제적, 사회적 혹은 정치적 격변 같은 장기적인 위기를 들 수 있다. 사회극을 통해 이질적인 집단은 위기를 재연하고, 감정을 표현하며, 상실감과 무력감과 희망을 다루는 보편적인 노력 속에서 결속을 다진다.

두 번째는 정치적 사회극이다. 그것은 사회가 궁극적으로 성장으로 귀결되는 갈등과 위기와 항상 씨름하고 있음을 전제로 한다. 이것은 계급 간 불평등과 사회적 분열의 주제를 다루며, 공동체의 다양한 목소리를 드러내는 것을 목적으로 한다. 그러나 20세기 초반 베르톨트 브레히트와 클리포드 오데츠의 선전 선동극 실험뿐만 아니라 아우구스또 보알의 좀 더 현대적인 연극 실험과 유사한 좌파 이데올로기에 기반한 경우도 드물지 않다.

세 번째는 편견의 주제 그리고 평등권을 위한 소수자의 투쟁과 관련한 다양성의 사회극이다. 이 유형의 사회극은 백인과 흑인, 무슬림과 기독교인, 유태인과 이교도, 장애인과 비장애인 사이에서 벌어지는 일을 상연한다. 다시 말해, 집단 사이의 긴장을 탐험하고 관용을 실현하기 위한 방법을 모색하는 것이다.

이 세 가지 사회극의 야심 찬 목표를 설정한 상태에서, 켈러만은 인간 생존이라는 모레노의 유토피아적 의제가 사회극만으로는 실현될 수 없음을 깨닫는다. 그래서 그는 좀 더 현실적으로 "다양한 사람을 커다란 집단으로 묶어내고 그들 사이에 새로운 소통의 통로를 연다"는, 모레노에게서 영감을 얻은 것이 분명한 목표를 세운다(Kellermann 1998, 46). 켈러만의 작업은 21세기 초의 외상적 사건을 다룬 새로운 책 『사회극과 집단적 외상』(2007)으로 확장되고 있다.

비블리오드라마

영적/시적 감성이 예민하고 상상력이 풍부한 아이였던 모레노는 운명의 의미에 빨려들었고, 열네 살에 예수 상 앞에 서서 비전을 보았다. 자서전(1985)에서 그는 이렇게 썼다. "나는 예수가 돌에서 빠져나와 그곳 켐니츠 사람들을 위해 공원에서 삶을 살아가길 원했다… 켐니츠의 예수 상 앞에 선 나는 내가 특별한 사람이라는 것을, 특별한 사명을 수행하기 위해 이 행성에 온 것임을 깨달았다"(1). 1920년에 모레노는 첫 번째 책인 『아버지의 말씀』을 출간했다. 거기서 모레노는 신의 역할을 입은 자신의 모습을 상상했다. 그 책의 핵심은 이렇게 시작하는 시다.

나는 신이다,
아버지다,
우주의 창조자다.

이것이 나의 말이다,
아버지의 말씀이다.

그리고 그 시는 이렇게 끝난다.

나는 이름 붙여지지 않는다.
나는 존재할 뿐이다.
나는 이름 붙여지지 않았다
당신이 내게 말하기 전까지(49-57).

모레노는 가슴을 뒤흔든 돌연한 계시에 감동을 받았다. 그리고 곤경에 처한 사람들을 돕고자 한 그의 바람과 실천이 꼭 종교를 통하지 않더라도 표현될 수 있음을 알게 되었다. 다른 차원에서 신, 창조자를 은유한다고 볼 수 있는 모레노의 환상적인 체험은 인간의 창조적 능력을 표상한다. 1920년대 초반에 "심리극"이라는 말을 만들어 내기 전에, 모레노(1934/1978)는 "종교적, 윤리적, 문화적 가치를 자발적이고 극적인 형식으로 활성화하는 것"을 "원리극axiodrama"이라고 불렀다(xxvi).

개념이자 방법론으로서 원리극은 오래 전에 심리극과 사회극으로 대체되었다. 그러나 도덕적이고 윤리적인 주제의 탐험과 관련한 글에서 이따금 논제로 등장하기도 한다(Lindkvist 1994 참고). 1970년대에는 비블리오드라마라는 대안적 형식이 개발되었다. 극단적이지는 않지만, 모레노의 영적 뿌리로 되돌아간 그것은 심리극, 사회극 그리고 심지어 원리극과 마찬가지로 역할 연기를 통하되 성서나 마하바라타 같은 경전의 내용을 극화한다(Condon in Blatner 2007 참고). 인간이나 신을 비롯해 노아의 아내처럼 추정된 인물이나 노아의 방주나 예수의 구유 혹은 에덴동산 같은 사물과 공간을 연기하기도 한다.

미국의 비블리오드라마의 개척자 중 한 사람인 피터 피첼Peter Pitzele(1998)은 제르카 모레노에게 훈련을 받았다. 그는 비블리오드라마가 성서의 오래된 이야기와 이미지를 극화를 통해 현재화함으로써 사람들에게 지혜와 위안을 주기 위한 것이라 말한다. 성서의 이야기는 상상의 여지를 많이 품고 있는 서사의 스케치라고 할 수 있는데, 고대로부터 구비 전승되던 구약의 이야기가 "미드라시midrash"라 불리는 글로 씌어진 비평으로 변형되면서 학문적인 해석에 묶이게 되었다. 미드라시는 좀 더 근대적인 형식에서 옛 이야기의 새로운 해석으로 진화되었고, 그런 맥락에서 비블리오드라마는 미드라시의 전통을 되살리는 한 가지 방법이라 할 수 있다.

비블리오드라마 역시 심리극의 고전적인 특징을 고스란히 살려, 서사로 시작해서 연출자, 주인공, 보조자아가 등장한다. 서사는 성서나 다른 경전에서 선택한다. 그리고 작업은 해당 문단을 모두가 읽고 토론하면서 시작된다. 그리고 이야기에 등장하는 인물과 배우를 선택한 다음, 연출자의 안내에 따라 장면을 만들고, 상연이 끝나면 집단은 자신의 삶에서 이야기가 지니는 의미를 성찰한다.

유럽과 미국에서 비블리오드라마는 주로 구약과 신약의 이야기를 대상으로 한다. 피첼은 한 여자가 여자 예언자이자 모세의 누나인 미리암의 역할을 맡아 그 임종 장면을 연기한 작업의 예를 들었다. 피첼(Wilensky 2005 참고)은 극화와 성찰, 비블리오드라마가 영향을 미친 과정을 이렇게 말한다.

> 여자는 남동생들의 작별 인사를 받았다. 그리고 자기와 춤추었던 젊은 여자들의 인사를 받았다. 이윽고 혼자 남은 그녀는 자신의 죽음이 이스라엘 사람들에게 어떤 의미가 있을지 돌아본다. 미리암은 자신이 수맥을 찾는 사람이자 춤추는 사람이자 어머니였음을 알고 있다. 그녀는 자기가 죽고 나면 전통이 지나치게 엄격해지지 않을까, 너무 위계적으로 변하지 않을까 두려워한다. 또한 자연에 대한 배려가 사라지지 않을까 염려한다. 나중에 나는 미리암을 연기한 여인으로부터 편지 한 통을 받았다. 그녀는 자기가 다니는 유태인 회당에서 생태운동을 시작했고, 모임의 이름을 미리암의 자매들이라 지었다고 했다(NP).

이 보기에서는 미리암의 역할을 맡은 한 여자가 초점이 된다. 그러나 대개 비블리오드라마에서는 이야기에 나오는 관계를 탐험하기 위해 많은 사람이 연기에 참여한다. 피첼을 비롯한 여러 사람이 목사, 회중, 종교 학교의 학생 및 행동을 통해 미드라시를 읽고자 하는 집단을 대상으로 꾸준히 작업하고 있다.

재생 연극

재생 연극의 창시자인 조너선 폭스Jonathan Fox는 피첼과 마찬가지로 제르카 모레노에게 심리극 훈련을 받았다. 폭스 역시 고전적인 심리극과 연관되지만, 그와 다른 새로운 형식을 고안했다. 피첼의 작업이 모레노의 영적 대화의 비전과 관련된다면, 폭스의 작업은 『누가 살아남을 것인가?』에서 처음으로 나타난 사회적이고 문화적인 대화에 대한 비전과 연관된다.

폭스는 1975년에 연주자이자 음악 치료사인 조 살라스Jo Salas와 함께 최초의 재생 연극 극단을 만들었고, 그 덕분에 작업에 음악적 요소가 의미있게 덧붙여졌다. 그것은 음악을 통해 생각과 느낌을 자발적으로 표현하는 심리 음악(1946/1994)이라는 모레노의 또 다른 비전의 실현이기도 했다. 재생 연극은 등장한 이후로 성장에 성장을 거듭하여, 2000년에는 30여 개국에 80개의 단체가 활동하고 있음이 확인되었다(2000).

재생 연극은 대본이 없는 즉흥적인 공연 형식이다. 그것은 뉴욕의 교도소 강당, 허리케인 카트리나가 지나간 직후 뉴올리언스의 한 교회, 인도 남부의 길거리, 시드니의 결혼식장, 일본의 정신 질환자 센터를 포함한 수천 군데에서 상연되어 왔다. 사람들이 이렇게 저렇게 구체화된 공간에 모여 자기 경험에서 나온 이야기를 들려주면, 재생 연극을 위해 훈련된 배우와 악사가 소리와 움직임과 대화를 통해 그것을 극적 장면으로 재현한다.

재생 연극은 집단에서 누군가 원하는 사람이 이야기를 하면서 시작된다. 이야기를 하는 사람을 텔러Teller라고 하고, 연출자를 지휘자라 부른다. 지휘자는 텔러를 무대로 나오게 하여 지정된 의자에 앉힌다. 의자 가까이에 일단의 재생 연극 배우들이 앉고, 그 옆에 악사들이 앉는다. 이야기를 들은 다음, 지휘자는 텔러에게 배우들 중에서 이야기에 나오는 인물을 연기할 사람을 선택하라고 한다. 준비가 끝나 지휘자가 "이제 봅시다"라고 말하면, 배우와 악사들이 이야기를 즉흥적으로 극화한다. 장면을 본 뒤에 지휘자는 장면 중에서 고치거나 바꾸고 싶은 순간이 있는지를 텔러에게 확인한다. 때로는 지휘자가 배우들에게 이야기의 어떤 대목을 다시 보여 달라고 청하기도 한다. 그리고 텔러가 생각이나 감정을 나누거나 관객에게 어떻게 보았는지를 물으면서 장면에 대해 비평할 수도 있다. 느낌 나누기를 마무리하면서 지휘자는 텔러에게 인사를 하고, 또 다른 이야기를 들려줄 사람을 초대한다.

재생 연극 집단의 목표는 다양하다. 어떤 사람들은 재생 연극을 치료의 범주에 넣기보다 오락과 계몽과 기쁨이라는 연극적 준거를 충족시킨다는 점에서 미학적 형식에 더 가깝다고 주장한다. 그러나 때때로 재생 연극은 카타르시스와 통합, 이해와 공감이라는 치료적 목표를 분명하게 충족시킨다. 그리고 최선의 경우에 미적 목표와 치료적 목표를 통합하며, 중요한 사회적 혹은 정치적 주제를 탐험하는 사회극의 목표에 근접하기도 한다.

사회적이고 정치적인 주제를 다룬 재생 연극의 예로, 허트와 호스킹Hutt and Hosking(2005)은 전쟁중인 여러 나라에서 작업한 경험들을 숙고하면서, 2000년 군사 쿠데타 직후에 피지에서 한 작업을 떠올렸다. 그들은 "재생 연극이 사람들이 의미 있는 관계를 맺고 마음 깊은 곳에 있는 관심사를 표현할 수 있는 공공의 환경을 조성함으로써 화해에 기여하는 방법"이 되도록 노력했다(NP).

재생 연극을 시작할 때, 지휘자가 집단에게 물었다. "여기 오는 게 어떠셨습니까? 지난 한 주를 한마디로 말한다면 뭐라 할 수 있을까요?" 참여자들이 반응을 했고, 배우들은 그 말들을 움직임과 소리로 변형하여 텔러의 의도의 본질을 재생해 보여 주었다. 그렇게 웜업을 마친 다음에는 이야기로 진행하였다. 피지에서는 쿠데타 이후 몇 달 동안 피지 토착민과 전체 인구의 48%를 차지하는 인도 출신 피지인의 심각한 분리가 초래되었다. 다음은 피지 사람이 들려준 이야기다.

쿠데타가 일어나기 전 몇 주 동안, 라디오에서는 인도 출신 피지인에 맞선 소송 사건에 대한 보도가 이어졌어요. 인도 사람들이 사업을 장악하고 고용과 정부까지 넘보고 있다는 내용이었죠. 저는 그 말을 그대로 받아들였어요. 화가 났고, 그 상황이 분했고, 쿠데타와 일시적인 법의 마비로 흥분 상태에 빠졌죠. 두세 명의 친구들과 함께 인도 사람들에게 "앙갚음"해 주기로 했어요. 우리는 아는 사람이 없는 좀 떨어진 마을을 찾아가서 인도 사람들 집에 돌과 바위를 던졌어요. 반나절쯤 지나자 인도 사람들이 몰려와 긴 나무칼을 휘두르며 우리를 쫓기 시작했지요. 죽을까 봐 무서웠지만 다행히 무사히 도망칠 수 있었어요. 그런데 우리 마을 외곽에 다다랐을 때, 한 인도 남자가 길 한가운데 버티고 서 있는 게 보였어요. 그는 목검으로 길바닥을 두드리고 있었죠. 우리는 다시 크게 겁을 집어 먹고 그를 공격하기로 했어요. 불현듯 그 남자가 잘 아는 사람이라는 게 떠올랐지만, 친구들에게 말을 못했어요. 결국 친구들이 커다란 돌을 집어 남자에게 던졌고, 그는 심한 부상을 당했죠. 전 그제야 정신이 들어 감각을 되찾았어요. 그 남자는 그냥 "인도 사람"이 아니라 내 이웃이었어요. 난 그때 뭔가에 사로잡혀 움직였다는 걸 깨달았고, 너무나 끔찍했어요. 지금도 그 생각을 하면 기분이 정말 나빠요. 이 이야기는 여기서 처음 하는 겁니다(NP).

배우들이 섬세하게 재생한 장면을 보고 사람들은 강렬한 충격을 받았다. 그래서 지휘자는 그에 대한 반응을 나눌 수 있도록 격려했다. 많은 사람이 텔러에게 동일시하면서, 그렇게 고통스러운 기억을 용감하게 꺼냈다는 사실을 격려했다. 후회와 연민이 표현되는 가운데, 편견과 잔인함과 용서에 대한 더 많은 이야기가 나왔다. 배우들은 집단이 가혹한 현실로부터 거리를 둘 수 있도록 이야기를 양식화된 방식으로 재생하려고 주의를 기울였다. 회기가 끝나갈 무렵, 누군가 전에 피지 사람이 가르쳐 준 밥 말리의 노래를 불렀다. 그 노래의 후렴구는 이렇다. "평화, 완벽한 평화. 나는 우리 이웃에게 평화를 열망하네."

이를 비롯해 외상을 경험한 지역에서의 작업 경험을 돌아보면서, 허트와 호스킹(Krondorfer 1995, 133)은 두 가지를 인용한다. 첫 번째는 이런 종류의 작업은 "회복의 작은 순간들을 확증하는 것으로, 거기서 의미는 느낌 나누기와 유해한 기억에 귀를 기울이는 것에서 비롯된다"(Krondorfer 1995, 133 참고). 두 번째는 "화해는 과거의 노여움을 다루는 새로운 방식을 찾을 수 있는 시간과 공간을 창조하는 것이다"라는 개념이다(Villa Vicencio 2001, 1).

재생 연극에서 이 경험의 위력에 대해 쓰면서, 허트와 호스킹은 이야기를 말하고 듣고 상연하는 것의 가치 — 공감과 공동체감을 창조하는 것 — 를 반복하여 강조한다. 조 살라스(2000)는 이것이 많은 재생 연극 관계자에게 분명한 목표를 제공한다고 말한다.

> 당신의 이야기를 당신의 주관적인 지각에 따라 재생함으로써 발생하는 충심어린 긍정과 타당화. 당신이 배우와 관객에게 충분히 들려졌다는 확신. 공적이거나 반半공적인 자리에서 증인과 함께하는 데서 비롯되는 혼자가 아니라는 안도감. 과거의 힘든 경험과 관련한 거리감 혹은 숙달감. 상황에 대한 새로운 시각이나 통찰. 눈물이나 웃음의 카타르시스(290).

재생 연극은 이처럼 이야기를 말하고 극화하는 데 바탕을 둔 양식인 연극치료와 심리극을 다양한 방식으로 연결한다. 살라스가 기술한 목표는 연극치료에도 동일하게 적용될 수 있을 것이다. 연극치료의 역사는 몇몇 개척자들의 이야기다. 비록 모레노가 고유한 행동 심리치료 형식을 발명했지만, 그가 총체적 존재로서 개인과 집단을 치유하는 행동 접근법인 연극치료 전통의 일부임은 분명한 사실이다.

연극치료

1장과 2장에서 살펴본 사람들은 모두 행동 심리치료에 영향을 주었고, 의학과 심리학 분야에서 훈련 받았다는 점을 공유한다. 연극에 전문적인 소양을 갖고 있는 이는 조지 켈리뿐이었다. 초기의 연극적인 실험에도 불구하고(Scheiffele 1995 참고), 모레노의 작업 역시 개인과 집단 치료의 개념을 표현하기 위해 연극을 활용한 심리치료라 할 수 있다.

연극치료 분야의 개척자들은 상당수가 연극 예술이나 교육연극을 배경으로 하며, 일부는 심리학을 비롯한 사회과학에서 훈련을 받기도 했다. 그러나 연극치료는 일반적으로 자기 작업을 인습적인 예술과 오락의 형식 너머로 확장하고 싶어 한 연극 예술가들에게 호소력이 컸다. 초기의 연극치료사들에게 증상 완화에서 변형에 이르는 치료적 목표는 예술과 오락보다 더 중요했다. 일반 연극과 달리, 연극치료는 역할보다 배우를, 페르소나보다는 사람을 우선시하며, 무엇보다 창조적 과정이 가장 중요하다. 무용, 음악, 시, 시각 예술의 창조적 예술 치료 분야와 마찬가지로, 연극치료는 예술을 창조하는 것, 움직임, 소리, 말과 시각적 이미지에서 생산되는 이미지를 통해 진행된다는 점에서 여타 심리치료적 형식과 분명하게 구분된다.

국제적 배경

조직된 전문 분야로서의 연극치료는 1970년대에 영국과 미국에서 굳건하게 뿌리를 내렸다. 그러나 두 명의 러시아 연극 예술가인 니콜라스 예브레이노프와 블라디미르 일친(Jones 2007 참고)이 1920년대 초반에 이미 치료적 연극을 실험했다. 스타니슬라브스키와 동시대를 산 예브레이노프는 극작가이자 연극 연출가로서 연기의 과정을 미학적으로 뿐만 아니라 심리적이고 신체적인 장벽을 극복하는 수단으로 생각했다. 예브레이노프는 표현과 변형의 수단으로서 다양한 페르소나를 취하는 연극성이야말로 인간의 본질이라고 보았다. 그는 자신의 접근법을 연극적인 역할 연기라는 의미에서 공연치료theatrotherapy라 불렀고(Evreinoff 1927 참고), 조지 켈리처럼 새로운 역할을 구축하고 연기하는 데서 오는 치료적 힘을 믿었다.

일친 역시 공연 제작뿐만 아니라 스타니슬라브스키의 배우 훈련과 유사한 방식의 즉흥극에 집중하는 치료적 연극이라는 독특한 접근법을 가지고 있었다. 그는 20세기 초반에 키예프에서 정신 질환자와 작업하면서, 문제가 되는 주제를 찾아내고 극화한 다음 그에 대해 성찰하는 3단계 구조를 적용했다(Petzold 1973; Jones 2007 참고). 그는 극중 인물의 허구적 딜레마와 현실을 사는 배우의 딜레마 사이의 분명한 연관 관계에 주목했다. 일친(1910)은 「환자들 연극을 공연하다: 몸과 마음을 치유하는 길」이라는 논문에서도 나타나듯이, 치료적 연극을 치유의 전인적 형태로 여겼다. 일친은 유럽의 초기 정신분석가들의 아이디어를 접했으며, 1922년에는 부다페스트에서 산도르 페렌치를 만나기도 했다. 그는 또한 모레노의 아이디어에 영향을 받아 『자발성 연극』을 러시아어로 옮기기도 했으며, 1964년에 파리에서 열린 국제 심리극 대회에서 모레노와 만나기도 했다.

아우구스또 보알과 연극치료

그 밖에도 연극치료 분야에 영향을 준 인물은 많다. 하지만 꼭 주목해야 할 사람이 있는데, 그는 브라질의 연극 예술가 아우구스또 보알Augusto Boal(1979)이다. 그가 개발한 억압받는 사람들의 연극은 1970년대 후반 이후로 많은 연극치료사에게 영향을 주어 왔다. 그것은 베르톨트 브레히트의 서사극의 확장으로서, 큰 덩어리의 사회적 주제를 극화하고 관객이 그에 대해 행동하도록 추동하기 위한 정치적인 연극이라 할 수 있다. 많은 연극치료사들이 개인적인 주제뿐만 아니라 사회적이고 정치적인 주제를 변형하기 위한 수단으로 이 분야에 이끌리기 때문에, 보알의 연극은 특별한 호소력을 발휘했다.

그 작업은 관객이 직접 무대로 나와 특정한 관점을 제시함으로써 극적 행동에 개입하는 토론 연극이라는 형식으로 완성되었다. 그리고 시간이 지나면서 토론 연극은 사회적이고 정치적인 주제뿐만 아니라 개인적인 주제를 극화하고 변형하는 욕망의 무지개(Boal 1995)라는 접근법으로 발전되었다. 그리고 그것을 계기로 보알의 작업은 미학적인 연극보다 치료적인 연극을 창조하는 쪽으로 기울기 시작했다.

정치적인 데서 치료적인 연극으로의 전이는 1989년에 보알이 모레노 탄생 100주년을 기념하여 열린 국제 집단 심리치료사 대회에 연사로 초대받으면서 본격화되었다. 그는 연설을 마치고 제르카 모레노와 만나고 나서, 연극과 치료를 연결하는 자기 생각의 윤곽을 그리고 치료적 작업의 사례를 제공하는 『욕망의 무지개』(1995)를 출간했다. 보알은 한때 모레노와 자신을 분리시켰지만, 자발적 행동, 미적 공간, 무대화된 행동, 카타르시스에 대한 생각은 그를 모레노적 전통에 자리하게 한다(Feldhendler 1994 참고).

영국에서 연극치료의 약사

연극치료라는 신생 분야에서 가장 의미 있는 발전은 영국과 미국에서 일어났다. 두 나라의 몇몇 개척자들이 연극치료를 하나의 전문 분야로 이끌었다. 영국의 연극치료는 피터 슬레이드Peter Slade의 작업으로 거슬러 올라갈 수 있다. 배우였던 슬레이드는 아이들의 놀이에 관심을 기울였고, 『어린이 드라마』(1954)에서 몸, 공간, 역할과의 관계의 측면에서 아동의 발달을 이해하는 데 필요한 이론적이고 실제적인 틀을 제시했다. 그리고 작업에서는 어린이 드라마와 아이들이 일상생활에서 하는 자발적인 연기와 대본이 있는 연극을 분명하게 구분했다. 슬레이드는 교육연극이라는 신생 분야의 형성에 지대한 영향을 끼쳤으며, 또한 드라마에 바탕한 아이디어를 아동과 성인을 위한 치료에 적용한 최초의 영국인이기도 하다. 1930년대 후반에 그는 원형 심리학을 배경으로 한 심리치료사 윌리엄 크레머William Kraemer와 함께 다양한 치료 작업을 했고, 1939년에는 영국의학협회에서 최초로 연극치료에 대한 연설을 했다. 「종교와 교육과 치료에서 드라마의 가치」라는 제목의 그 연설은 1940년에 목회 심리학 조합에 의해 출간되었다. 그리고 1959년에 쓴 논문 『사람 되기를 돕는 연극치료』에서 "연극치료"라는 용어를 가장 먼저 사용했다.

1940년대부터 2004년에 세상을 뜰 때까지 슬레이드는 아동을 대상으로 하는 교육연극뿐만 아니라 전쟁 외상, 청소년 범죄, 정신적이고 신체적인 다양한 장애로 고통 받는 사람들을 위한 연극치료에 헌신하였다.

슬레이드의 작업은 메리언 린크비스트에게 강한 영향을 주었다. 그녀는 독특한 연극치료 접근법을 개발한 1세대 연극치료사 가운데 한 명이다. 린크비스트는 병원과 시설로 공연 단체를 초대해 환자들에게 즐거움을 주는 아이디어를 냈다. 1964년에는 연극치료를 학문으로서 가르치고 연극치료사를 양성하는 데 전념한 첫 번째 조직 중 하나인 세서미 스쿨을 건립했다. 린크비스트(1998)는 자폐 자녀를 둔 엄마로서의 개인적 경험을 바탕으로 작업을 진행하였고, 나중에는 정신분열증 환자들의 움직임과 드라마를 연구했다. 세서미를 세우면서 그녀는 피터 슬레이드의 어린이 드라마 작업, 루돌프 라반의 무용과 움직임, 융의 원형 심리학을 통합하는 훈련 프로그램을 개발했다.

수 에미 제닝스Sue Emmy Jennings는 영국의 개척자들 가운데 가장 많은 열매를 맺었다. 그녀는 배우이자 무용수로 일을 시작한 이래로 교육연극 분야에서 광범한 작업을 펼쳤다. 피터 슬레이드의 작업에서 확장을 거듭하던 교육연극은 1960년대에 영국의 교육 제도 안으로 편입되었다. 하지만 도로시 히스콧Dorothy Heathcote과 개빈 볼턴Gavin Bolton 같은 이들은 인습적인 교육연극 접근법에 도전하면서, 당시 사건에 바탕을 둔 즉흥적 이야기와 주도면밀한 역할 연기의 형식을 실험했다. 두 사람은 인지적 차원에서 드라마를 통해 문제 해결 전략을 개발하던 교육연극 전문가 세대에게 영향을 미쳤다.

특별한 욕구를 가진 많은 아이들이 온당한 대접을 받지 못함에 주목한 제닝스는 고든 와이즈먼Gordon Wiseman과 함께 장애 아동을 대상으로 작업하면서 임상 드라마 그룹이라는 센터를 열었다. 그리고 그것을 기점으로 다양한 대상, 연령, 문화, 국적으로 확장된 필생의 작업을 시작했다. 제닝스는 특히 전문 기구 설립을 통해 연극치료를 독자적인 분야로 자리잡게 하는 데 크게 기여했다. 그중 가장 유명한 것은 1976년에 창립된 영국연극치료사협회(BADTh)이며, 그 밖에도 여러 대학과 사설 연극치료 프로그램뿐만 아니라 그리스, 이스라엘, 노르웨이, 루마니아 등지에도 시설을 설립했다.

제닝스는 정서적 외상, 장애, 교정, 불임 분야에서 연극치료를 주도함으로써 다른 사람들에게 영향을 주었을 뿐만 아니라 다산의 사고가로서 강의와 저작을 통해 연극치료의 이론과 실제에 공히 기여했다. 그녀가 만든 체현, 투사, 역할(EPR) 모델은 연극치료 분야에서 아주 유명하다. 그것은 초기의 체현 경험에서 시작해서 사물에 자기를 투사하는 단계로 확장되어 나중에는 역할을 연기하는 것으로 이어진다는 극적 발달 단계이며, 최근에는 신경과학의 발달을 수용하여 드라마가 인간 발달의 핵심에 있다는 개념을 축으로 자신의 모델을 다듬고 있다. 그리고 배우이자 스토리텔러라는 자신의 뿌리로 돌아갔고, 동시에 루마니아에서 집시를 대상으로 하는 프로그램을 개발하고 신화의 여신에 대한 연구를 진행하고 있다.

피터 슬레이드와 메리언 린크비스트와 수 제닝스에게 배운 두 번째 세대는 다양한 방향으로 연극치료를 확장해 왔다. 알리다 거시Alida Gersie (1991, 1997; Gersie and King 1990)는 비교 신화학을 배경으로 치료적 스토리 메이킹이라는 접근법을 개발하여, 신화를 소재로 난민과 비행 청소년뿐만 아니라 상실을 경험한 사람을 포함한 여러 대상과 작업하고 있다. 필 존스(2007)와 존 캐슨(2004)은 연극치료를 역사적으로 연구했고, 환청을 듣는 정신증 성인과 정서 장애 아동을 대상으로 한 작업을 기술했다. 목사이자 연극 예술가로 훈련받은 로저 그레인저Roger Grainger(1990, 1995)는 조지 켈리의 구성주의에 바탕을 둔 이론과 실제 작업을 개발하였다. 그레인저(1990)는 정신분열증 환자를 대상으로 한 연극치료 과정을 체계적으로 기술하였을 뿐만 아니라 모레노, 윈터스, 피첼의 연장선상에서 연극치료의 영적 차원을 연구했다.

수 제닝스의 학생이자 동료인 앤 캐터넉Ann Cattanach(1993, 1994, 2003)은 외상을 입은 아동을 대상으로 한 놀이 치료 분야에서 혁신적인 연구를 수행했고, 그럼으로써 학대받고 방임당한 아동과 청소년을 대상으로 작업하는 연극치료사들에게 모델을 제공했다. 그 밖에도 여러 사람이 스승의 작업을 새로운 방향으로 확장함으로써 영국 연극치료의 초기 발전에 기여하였다. 그 예에는 심리극에서 도로시 랭글리Dorothy Langley(1989), 그로토프스키의 초연극적 아이디어를 연극치료에 적용한 스티브 미첼Steve Mitchell(1996), 섭식 장애 환자, 난민, 이주노동자를 대상으로 작업하는 디티 독터Ditty Dokter(1994, 1998)가 포함된다.

1977년 이후 영국연극치료사협회는 『연극치료』를 출간하고 있으며, 세서미 역시 독자적인 저널을 발간하고 있다. 다음은 영국연극치료사협회 웹사이트에 올라와 있는 연극치료의 정의다. "연극치료는 드라마와 치료의 치유적 양상을 치료 과정으로서 의도적으로 사용하는 것에 주로 초점을 맞추고 있다. 그것은 창조성, 상상력, 학습, 통찰과 성장을 촉진하기 위해 행동 방법론을 사용하는 놀이와 작업의 방식이다." 또 그 웹사이트에는 연구 작업 게시판이 있어서 킴 덴트-브라운Kim Dent-Brown이 연극치료 분야에서 진행 중이거나 완결된 연구를 수집한다.

피터 슬레이드가 2004년에 운명을 달리했고, 연극치료의 첫 줄에 선 많은 사람들, 수 제닝스, 메리언 린크비스트, 알리다 거시, 앤 캐터넉을 포함한 1세대가 적극적인 학술 작업에서 물러났다. 하지만 여전히 연구와 교육의 끈을 놓지 않고 있으며, 개척 정신을 이어받은 새로운 세대가 행동 접근법을 보완할 또 다른 길을 모색하고 있다.

미국에서 연극치료의 약사

미국의 연극치료는 다양한 분야에서 개별적으로 작업하던 사람들이 연극의 치유적 가능성에 대해 유사한 발견을 하면서 시작되었다. 수 제닝스 같이 연극을 하던 사람들이 있었고, 피터 슬레이드나 메리언 린크비스트처럼 연극과 교육연극을 배경으로 하는 사람들도 있었다. 그리고 다른 관련 분야에서 온 사람들이 있어 다소 절충적인 혼합체를 형성하였다.

미국에서 심리극과 별개로 연극치료를 직접 언급한 것은 1945년에 모레노의 연구소의 출판사인 비콘 하우스에서 출간된 루이스 바바토Lewis Barbato(1945)의 논문 「연극치료」에서다. 그는 해군 소령으로서 콜로라도 덴버의 종합병원 신경정신과에서 행해진 일련의 치료적 개입을 설명했다. 그 작업은 연극 연출가, 연기 경험이 있는 정신과 간호사, 속기사로 구성된 팀에 의해 진행되었다. 그들은 제2차 세계대전에 참전한 군인들이 전쟁 외상과 관련된 정신증적이고 신경증적인 증상을 극복하도록 돕고자 했다. 논문에 나타난 작업 방식은 재생 연극과 심리극 및 그 밖의 다양한 연극치료 형태에서 실행되고 있는 것과 크게 다르지 않을 만큼 매우 현대적이며, 나중에 등장한 월피와 라자루스의 인지 행동 접근법을 암시하는 언급도 있다.

예를 들어, 전쟁에서 겪은 외상 경험을 재연하면서 점차 상처에 둔감해지도록 하는가 하면, 가정이나 직장으로 돌아갔을 때를 준비하면서 행동 연습의 형식으로 작업하기도 했다. 속기사가 대화와 행동을 기록하였고, 환자들은 그것을 좀 더 적절한 역할 행동으로 바꾸어 재연하였다. 그것은 타고난 성향과 반대되는 유형의 역할과 감정을 연기하도록 권한 점에서 조지 켈리의 고정 역할 치료에 상응한다. 앞으로 보겠지만, 역할과 반대역할의 사용은 연극치료의 역할 접근법의 표식이 된다.

이 논문이 발표된 지 34년 만에 그리고 영국연극치료사협회보다 3년 늦은 1979년에 전미연극치료협회(NADT)가 설립되었다. 창립자 중에는 비엔나 출신으로 1930년대부터 배우로 활동하였으며 전후 스위스에서 강제수용소 생존자를 대상으로 글쓰기와 드라마와 공연을 통해 작업해 온 거트루드 셰트너Gertrud Schattner가 있다. 그녀(1981)는 살고자 하는 의지를 되찾을 수 있도록 많은 사람들에게 수용과 자극을 제공하는 공연 작업에 힘썼다. 전쟁 직후에는 미국으로 이주하여 심리치료를 공부했고, 어린이 연극과 연극 게임 그리고 종국에는 연극치료를 통해 도움이 필요한 다양한 대상과 작업해 왔다.

전미연극치료협회의 또 다른 창립자인 라먼 고든Ramon Gordon은 연출자이자 극작가로서 전과자와 수감자를 위한 극단인 셀 블록 시어터를 만들었다. 세 번째는 언어 치료사, 크리에이티브 드라마 전문가, 정신분석가로 훈련 받았고 자발적 드라마에 대한 열정을 간직한 심리극 연출자이기도 한 엘리너 어윈Eleanor Irwin이다. 그녀는 정신분석 작업과 더불어 모든 작업에서 놀이와 드라마에 관한 방대한 지식을 통합했다.

데이비드 리드 존슨David Read Johnson 역시 전미연극치료협회의 초기 창립자 중 한 사람이다. 1970년대 중반에 예일대 임상 심리학과 대학원생으로 연극과 무용치료를 경험한 그는 연극치료에 의미 있는 연구를 수행하며 발달적 변형이라는 독특한 접근법을 개발했다. 당시에 두각을 나타낸 또 다른 사람으로는 연극과 교육연극을 배경으로 한 교육자인 바버러 샌드버그Barbara Sandberg를 들 수 있다.

이들이 만나 의견을 나누면서 심리극과 별개로 유사한 작업을 하는 사람들을 찾게 되었고, 그 과정을 통해 연극치료라는 새로운 분야가 윤곽을 잡아갈 수 있었다. 사실상 짧은 역사 속에서 심리극 캠프에 속한 사람들 가운데 일부는 연극치료를 이웃으로 포용하기도 했다. 그리고 시간이 지나면서 애덤 블래트너나 니나 가르시아처럼 심리극계의 저명한 인물이 행동 치료라는 넓은 맥락 안에서 심리극의 정체성을 구축했다.

엘리너 어윈과 데이비드 리드 존슨처럼 미국의 개척자들 가운데 일부는 거트루드 셰트너와 리처드 코트니가 1981년에 편집한 최초의 연극치료 선집인 『치료에서의 드라마』(2권)에서 모습을 드러냈다. 흥미롭게도 그 책에 실린 글은 대부분 피터 슬레이드, 브라이언 웨이, 넬리 맥캐슬린, 리처드 코트니를 포함하여 교육연극 전문가들이 쓴 것이었다. 그것은 연극치료가 교육연극과 긴밀하게 연계되어 있고, 여전히 고유한 정체성을 충분히 획득하지 못했음을 의미하는 것이기도 했다. 실제로 책의 제목을 정하는 데도 논란이 있었다. 일부는 독자성을 주장하면서 『연극치료』라 하기를 원했고, 또 다른 사람들은 아직 시기상조임을 강조하면서 『치료에서의 드라마』를 추천했다. 초기 개척자 중에는 예술로서의 연극에 기반을 둔 사람이 별로 없었고, 그나마도 수 제닝스나 브라이언 웨이나 리처드 코트니처럼 영국인이었다(영국 출신인 코트니는 당시 캐나다 시민권자였다).

그러나 2000년에 미국 연극치료 분야의 핵심 인물의 선집인 『현대 연극치료 접근법』이 출간되면서, 연극치료는 안착하게 되었다. 거기에 글을 쓴 사람은 모두 자신을 연극치료사라 말했다. 교육연극을 배경으로 하는 사람이 일부 있긴 하였지만, 그들 역시 임상 대상과의 작업에 초점을 맞추었다. 다음 세대의 연극치료사들에게 미친 영향력을 근거로 이 책에 소개된 개척자들을 간단하게 살펴보도록 하자.

이 책에서 가장 주목받은 인물로는 엘리너 어윈, 로버트 랜디, 르네 에무나, 데이비드 리드 존슨을 꼽을 수 있으며, 그들 모두 전미연극치료협회나 두 개의 연극치료사 양성 과정을 설립하고 유지하는 데 기여했다. 앞서 언급했듯이, 어윈(2000b)은 정신분석 경험을 통합하여 정신분석적인 연극치료 접근법을 창조했다. 그녀(2000a)는 연극치료의 목표를 "인성을 변화시키는 것이며, 그것은 기능의 무의식적 측면을 다루는 것이다"라고 구체화했다(28). 어윈이 1장에 소개된 정신분석가를 인용하지 않는다는 사실은 흥미롭다. 대신 그녀는 존 바울비의 애착 이론과 대니얼 스턴의 유아 연구, 마거릿 말러와 도널드 위니컷의 대상관계 이론, 하인즈 코헛의 자기 심리학을 포함한 정신분석학에서의 최근의 발전을 언급한다. 그 뒤에 쓴 글(2005)에서는 대상관계 심리학을 이론적 중심이라 밝히면서 놀이와 자기 발달과 창조성을 연결하는 위니컷에 동의한다. 그리고 위니컷(1971)의 다음의 말을 빌어 연극치료를 지지한다. "아동이나 성인이 창조적일 수 있고 인성 전체를 사용할 수 있는 것은 놀이에서고, 놀이에서만 가능하다. 그리고 개인은 창조적인 것에서만 자기를 발견할 수 있다"(54).

어윈은 놀이 치료와 인형극을 활용하여 주로 아동과 작업했다. 그녀는 바구니에서 특정한 인형을 고른 다음 그 인형이 되어 현재의 문제를 표현하게 하는 인형 인터뷰라는 진단 도구를 개발했다(Irwin 1985 참고). 어윈은 일레인 포트너와 로절린드 킨들러를 포함하여 정신분석과 연극치료의 통합을 연구한 창조적 예술 치료사들에게 영향을 주었다.

데이비드 리드 존슨은 임상 심리학자로 훈련받았고, 연극치료에 관한 논문으로 박사 학위를 받았다. 그는 1970년대의 아방가르드 연극, 그중에서도 특히 아르토와 그로토프스키를 연구했고, 즉흥 전문 극단과 작업을 하기도 했으며, 영국에서 피터 슬레이드의 작업을 바탕으로 한 교육연극을 공부했다. 예일 심리치료 연구소에서 일하면서 연극치료적인 작업을 시도했고, 무용치료사인 수전 샌델과 함께 움직임과 드라마를 통합하는 과정을 탐험하였다. 그 과정의 산물로서 연극과 심리학을 독특하게 통합한 접근법이 바로 발달적 변형이다.

특히 메리언 체이스를 중심으로 한 움직임/무용 치료에 대한 관심 그리고 예지 그로토프스키의 연극적 실험에 대한 관심은 장 피아제, 도널드 위니컷, 대니얼 스턴의 발달심리학과 대상관계 심리학에 대한 관심과 꾸준히 병행되었다.

뉴욕에 자신의 작업을 위한 연구소를 세우면서, 존슨은 발달적 변형을 시행할 20명가량의 연극치료사를 길러냈다. 그리고 정신 질환 노숙인(Schnee 1996; Galway, Hurd and Johnson 2003), 베트남전 참전군인(Dintino and Johnson 1996; James and Johnson 1996), 노인(Johnson, Smith, and James 2003), 성학대 아동(James, Forrester, and Kim 2005)을 포함한 다양한 대상과의 작업을 글로 썼다.

르네 에무나Renee Emunah는 샌프란시스코에 있는 캘리포니아 통합 학문 연구원에서 연극치료 프로그램을 만들어 이끌고 있다. 그녀는 영국 세서미에서 연극치료를 공부했고, 초기의 연극치료 교재 중 하나를 쓴 오드리 웨더드Audrey Wethered(1973)의 영향을 받았다. 또한 심리극과 연극 훈련을 받은 에무나는 그 절충적인 배경으로부터 이론과 실제 양면에서 통합적인 접근법을 개발했다. 그녀는 이론적으로 가장 영향을 많이 받은 사람으로 에릭 에릭슨과 인본주의 심리학자인 에이브러햄 매슬로우와 칼 로저스를 꼽는다.

에무나는 연극치료 분야에서 가장 영향력 있는 책 중 하나인 『현실을 위한 연기』(1994)를 집필했고, 거기서 그녀를 대표하는 정서 장애 청소년과의 작업을 기술하면서 통합 5단계 모델을 체계화했다. 에무나의 모델은 어린이 드라마, 연극, 심리극, 의식의 양상을 잘 통합한다. 단계 I은 극적 놀이로 참여자들이 신뢰를 쌓고 자발성을 일깨우도록 어린이 드라마와 연극 게임을 사용한다. 단계 II는 장면 작업이다. 그것은 참여자들이 역할과 허구 장면을 통해 감정 표현 능력을 키우는 데 주력한다. 단계 III은 역할 연기로 현재의 개인적 주제를 살펴보는 데 초점을 맞춘다. 그리고 역할과 역할들 사이의 유연성과 관련하여 자기에 대한 자각을 구축한다. 단계 IV는 최종 상연이다. 이때는 참여자가 심리극적인 방식으로 자신의 핵심 주제를 탐험하여 그 결과를 때로 자기 노출적 공연으로 공개하기도 한다.

마지막인 단계 V는 극적 의식의 단계로, 참여자들은 놀이, 장면 작업, 역할 연기, 상연의 모든 과정을 통합한다. 여기서는 이전 단계를 살펴보고 타당화하며 전체를 기념하는 것이 특징이다. 에무나는 캘리포니아에서 자신과 공부하는 학생들 및 전 세계에서 열리는 워크숍과 훈련에 참여하는 학생들에게 영향을 주고 있다.

『현대 연극치료 접근법』에 실린 사람 중에는 페니 루이스처럼 무용치료사이자 연극치료사인 사람도 있고, 스티븐 스노우처럼 연극 예술가로 경력을 시작하여 융의 원형 심리학에 깊이 영향 받은 사람도 있다. 스노우(2000)는 콘코디아 대학에서 캐나다 최초로 연극치료 프로그램을 시작하였으며, 의식과 샤머니즘의 극적 본질을 조명한 인류학자(Eliade 1961; Turner 1982 참고)뿐만 아니라, 리처드 셰크너(1985)처럼 공연에 인류학적 시각을 적용한 사람들의 영향을 강조한다.

니나 가르시아와 데일 뷰캐넌이 쓴 심리극과 팻 스턴버그와 니나 가르시아가 쓴 사회극에 대한 글에서 나타나듯이, 모레노는 『현대 연극치료 접근법』에서 소개된 연극치료사들에게 광범위한 영향을 미쳤다. 재생연극도 조 살라스가 쓴 장에서 소개된다.

연극치료와 이야기 치료를 조합하는 위치에서 팸 던Pam Dunne(2000)은 마이클 화이트Michael White(1990; White and Epson 1998)의 작업을 자주 인용한다. 던은 이 책에 소개된 다른 사람들과 마찬가지로 연극 예술가이자 드라마 교육자로 경력을 시작했고, 그 뒤에 심리극, 연극치료, 심리학을 공부하면서 절충적인 작업을 진행하였다. 그리고 현재는 서사 드라마narra-drama라는 특정한 접근법에 초점을 맞추면서, 로스앤젤레스에 있는 자신의 훈련원에서 많은 연극치료사를 배출하고 있다.

로버트 랜디는 뒤에서 자세하게 논의할 역할 이론과 역할 접근법으로 주목받고 있다. 그 역시 다른 동료들처럼 정신분석과 연극과 교육연극에서 영향을 받았다. 그는 정신분석을 소비자로서 처음 경험하였고, 비엔나 의과대학 졸업생이자 카를 융의 제자인 에드워드 C. 휘트먼트와 함께 원형 심리학적 분석의 시기를 거치면서 초기 분석가들과 연관을 맺었다. 휘트먼트의 다소 비교秘教적인 정향성과 싸우면서도, 그는 무의식의 원형과의 관계 속에서 치료적 체계를 이해하는 법을 배웠다.

그는 또한 모레노에게서 직접 사사한 루이스 야블롱스키와 짐 색과 함께 심리극을 공부했으며, 프리츠 펄스의 제자인 조지 브라운에게 게슈탈트 치료를 배웠다. 연극에서는 배우, 연출자, 극작가로 작업하면서 셰익스피어 시대의 드라마, 실험 연극과 퍼포먼스를 공연했다. 그는 스타니슬라브스키의 심리적 연기법과 1930년대의 급진적 좌파 운동의 정치적 감수성에 영감을 받은 극단인 그룹 시어터를 연구하면서 단원들과 함께 견습 생활을 하기도 했다. 베르톨트 브레히트의 여러 희곡을 연출하면서 연극적 거리를 이해하게 되었고, 그것이 사회학자 톰 셰프가 소개한 미적 거리(Scheff 1979 참고)의 모델과 만나 모양새를 갖추면서 연극치료에서의 거리조절 이론으로 귀결되었다.

그리고 드디어 랜디는 교육연극의 핵심 인물인 리처드 코트니, 도로시 히스콧, 개빈 볼턴을 만나 훈련을 받게 되었다. 코트니가 1968년에 펴낸 『놀이, 드라마, 사고』, 그리고 그와의 일련의 인터뷰는 랜디로 하여금 드라마와 연극을 심리학과 여타 사회과학 분야와 이어진 연계 학문으로 보게 해주었다. 도로시 히스콧에게서 드라마를 통해 동시대의 사회적 주제를 근본적으로 탐험하기 위해 시간과 공간의 경계를 확장한다는 아이디어를 얻었고, 개빈 볼턴을 통해 역할과 이야기로 의미를 만드는 과정을 배웠다.

랜디는 에무나처럼 뉴욕 대학에 연극치료 대학원 프로그램을 만들어 많은 학생을 가르쳤고, 그중 일부는 동료로서 함께 일하게 되었다(예를 들어 Landy, Luck, Conner, and McMullian 2003; Landy, McLellan, and McMullian 2005 참고). 뉴욕시에 예술치료사 양성 과정인 창조적 대안 센터를 창립하여 예술감독 에밀리 내쉬와 함께 운영하면서, 그의 영향력은 창조적 예술 치료, 정신 건강 분야, 연극에까지 확장되고 있다.

극적 치료의 세 가지 접근법

모레노, 슬레이드, 제닝스, 거시, 어윈, 존슨, 에무나, 랜디를 비롯한 여러 사람의 작업을 포함하는 연극치료 분야를 명확하게 정의하기는 쉽지 않다. 앞서 보았듯이, 영국연극치료사협회와 전미연극치료협회를 비롯하여 그 밖의 많은 사람이 연극치료를 정의했다. 하지만 어떤 것도 그 자체로 연극치료의 정체를 완벽하게 포획하지는 못한다. 하지만 다른 접근법에 비해 이론과 임상 실제와 연구의 측면에서 체계를 갖추었다고 할 수 있는 세 가지를 들 수 있다. 첫째는 심리극이다. 심리극은 그 자체로 하나의 분야이지만, 연극치료라는 더 큰 틀로 볼 때 행동 심리치료 혹은 극적 심리치료의 하위 영역으로 간주할 수 있을 것이다. 모레노와 그의 부인 제르카 모레노의 광대한 산물과 그동안 축적된 기술적이고 실험적인 연구의 두터운 층을 고려할 때, 심리극은 분명히 이 분야에서 가장 선두적인 접근법 중 하나임에 틀림없다.

다른 두 가지는 최소한 미국에서는 기술적이고 실험적인 논문에서 가장 많이 등장한 역할 이론/역할 접근법과 발달적 변형이다. 전자는 25년 넘게 뉴욕 대학을 중심으로 발전해 왔고, 후자는 뉴욕에 있는 사립학교와 세계 여러 곳의 센터를 중심으로 실행되고 있으며, 그 창안자와 학생들이 여러 형태의 글로 두 접근법을 알려 왔다. 영국의 경우에도 세서미 접근법, 제닝스의 EPR, 거시의 스토리메이킹을 중요한 세 개의 머리로 꼽을 수 있지만, 거기에는 연구 작업과 치료사 양성 과정이 충분히 자리 잡히지 않은 듯하다.

이제 다음 세 장에서는 역할 이론/역할 접근법, 심리극, 발달적 변형을 그 역사적 배경과 접근 방식 중심으로 깊이 있게 살펴볼 것이다.

역할 이론과 역할 접근법

개관

1965년에 제작된 기록 영화 〈심리치료의 세 가지 접근법〉은 당시 가장 유명한 심리치료사 중 세 사람인 칼 로저스, 앨버트 엘리스, 프리츠 펄스의 작업을 다루었다. 영화에서는 세 명이 각자 자신의 접근법을 설명하고, 글로리아라는 내담자와 한 회기를 작업한 다음 그 결과를 돌아보았다. 영화의 결론 부분에서, 제작자이자 심리치료사인 쇼스트롬은 내담자를 인터뷰하면서 가장 끌리는 접근법이 무엇이냐고 물었다. 그녀는 펄스가 가장 자극적이라고 느꼈고, 그것은 기법보다 밀고 들어오는 그의 성격 때문이라고 말했다. 그러나 잠시 접근 방식에 대해 생각해 본다면, 세 가지 중 펄스의 게슈탈트 치료가 몸, 감정, 역할에 자기의 일부를 투사하는 데 초점을 맞추는 유일한 행동 접근법임을 알 수 있다.

영화 제작자인 쇼스트롬 역시 그 비위를 건드리는 성격과 내담자에게 강한 반응을 이끌어내는 능력 때문에 펄스를 선택했을 것이다. 혹은 로저스와 엘리스처럼 대화와 인지적인 의사 결정에 의존하는 접근법과 다르다는 점에서 캐스팅했을지도 모른다. 그 영화는 제작된 지 40여 년이 지난 지금도 미국의 심리치료 교육에 광범한 영향을 미치고 있다. 심리치료의 역사와 과정을 가르치기 위한 모델로서 대학에서 꾸준히 상영되고 있다. 그리고 게슈탈트 치료의 영향력은 쇠락하고 있지만, 그 덕분에 영화를 보는 학생들은 행동을 통한 심리치료적 접근이 타당함을 배우고 있다.

2005년, 극적 행동을 사용한 심리치료를 보다 큰 심리치료 공동체에 알릴 방법을 모색하던 중에 랜디는 쇼스트롬의 아이디어를 차용하여 〈연극치료의 세 가지 접근법〉이라는 영화를 제작하였다. 세 명의 연극치료사를 캐스팅하여 데릭이라는 참여자와 작업하는 것을 촬영했다. 영화에서 각 연극치료사는 자신의 접근법을 소개하고, 참여자와 작업을 한 다음 회기를 성찰하였다. 쇼스트롬의 영화와 달리, 랜디가 새롭게 추가한 것은 연극치료를 전공하는 대학원생들이 매 작업을 지켜보면서 참여자와 치료사를 인터뷰한 것이다. 그리고 그는 전체 과정을 마무리하면서, 쇼스트롬이 했던 것처럼, 데릭에게 어떤 접근법이 가장 끌렸는지를 물었다.

쇼스트롬의 영화는 상당한 후속 연구를 이끌어냈고, 그중 가장 포괄적인 것으로는 글로리아에게 세 사람의 성격이 미친 영향을 분석한 『정서의 숨겨진 재능』(Magai and Haviland-Jones 2002)을 들 수 있다. 랜디의 영화 역시 각 접근법의 심리적, 문화적, 방법론적 영향을 탐구하는 여러 편의 논문을 생산했다.

이제 이 세 가지 접근법을 심도 있게 탐험할 것이다. 일단 상기한 역사적 틀거리 안에서 각 접근법이 차지하고 있는 위치를 살핀 다음, 기본 전제, 개념, 치료 목표, 치료사의 역할, 건강과 질병에 대한 관점, 진단과 평가 방식을 구체화하면서 각 접근법의 이론을 점검하고자 한다. 그리고 데릭과의 작업 과정에 대한 기록을 바탕으로 그 실제를 살피고, 마지막으로 감정과 거리, 허구와 현실, 말과 몸, 행동과 성찰, 직접적 접근과 간접적 접근, 전이와 역전이의 대극성에 근거하여 각 접근법의 특징을 명료화하고자 한다.

참여자 데릭(가명)은 총 4회기 작업에 동의했다. 역할 접근법 1회기, 심리극 1회기, 발달적 변형 1회기, 대학원생과의 후속 토론 1회기. 아프리카계 미국인인 그는 촬영 당시 30살이었다. 도시 노동계층의 이민자 부모 밑에서 자랐고, 남동생이 한 명 있었다. 아버지의 수입은 원래 적었는데, 그나마도 도박으로 대부분을 날려버렸기 때문에, 괜찮은 먹거리나 생필품을 사기도 힘들 만큼 형편이 좋지 않았고, 어머니가 아버지의 빈자리를 메우기 위해 하녀로 일했다.

어린 시절 내내 데릭은 화난 아버지의 폭언을 들으며 자랐다. 그는 아내를 신체적으로 학대했고, 때로는 아이들에게도 그랬다. 데릭과 엄마와 동생은 아버지의 폭력을 막을 수는 없었지만, 서로를 지지하고 위로하려 애썼다. 어린 데릭은 늘 불안하고 겁에 질려 있었다. 때로는 지나치게 검거나 거꾸로 너무 백인같이 느껴져, 흑인이라는 자기 정체성에 익숙해지려 노력했다. 학교에서는 너무 까맣다고 친구들에게 놀림을 받았지만, 자기보다 약한 친구들에게는 당한 그대로 분풀이를 하기도 했다. 대신 그는 학교 공부에 매달려 대학에 들어갔고, 졸업 후 석사 과정에 진학했다. 데릭은 그 긍정적 힘과 성공을 기독교 신앙과 엄마의 사랑, 그리고 아내와의 안정되고 충실한 관계 덕분이라고 말했다. 최근 몇 년 사이에 아버지는 급격하게 달라져서 폭력적이고 방탕한 습관을 버리고 종교에 귀의했다고 데릭은 말했다.

역할 이론

역사적 배경

데릭의 첫 번째 회기는 역할 접근법으로 행해졌다. 그것은 이 책의 저자인 로버트 랜디가 개발한 접근법으로 역할 이론에 대한 이해를 확장한 것이다. 랜디의 역할 이론은 모레노와 20세기 초반 사회학자들의 업적에 바탕을 두고 있지만, 초기 정신분석에서도 뚜렷한 선례를 찾을 수 있다. 치료 과정의 심리적 영향력을 처음으로 세목화한 프로이트는 환자가 전이로써 과거의 역할 관계를 치료사에게 투사함을 이해했다. 프로이트는 전이를 연극의 언어로 설명하지 않았지만, 1925년에 그의 동료인 페렌치와 랑크는 행동 치료를 기술하기 위해 연극을 끌어들였다. 앞서 인용했듯이(Ferenczi and Rank 1925/1986), 그들은 이렇게 썼다.

> 분석가는 환자의 무의식을 위해 가능한 모든 역할을 연기한다. … 특히 중요한 역할은 아버지와 어머니의 부모 역할이다. 분석가는 그 두 역할을 지속적으로 교체한다(41).

랑크는 창조의 능력을 건강한 표현과 변형의 수단으로 사용하는 신경증적 인물로서 예술가의 역할을 포용하면서 정신분석의 경력을 시작했다. 그는 작업하는 동안 내내 그 역할에 의지했고, 통합과 변형을 위한 복합적 투쟁을 설명하기 위해 영웅이라는 또 다른 원형적 역할을 맡았다. 랑크는 정신분석계의 내밀한 동아리에서 추방되어 젊은 나이에 죽었지만, 이 두 역할은 그에게 위안을 주었을 것이다. 예술가와 영웅은 분명히 존재의 극적이고 원형적인 개념을 포용한 모든 형식의 심리치료에 현존하는 유산을 제공했다.

정신분석의 초기 역사는 치료적인 역할 연기의 다양한 예를 제공한다. 1장에서 우리는 페렌치와 라이히가 상호 분석과 인물 분석을 통해 역할 연기와 역할 바꾸기를 실험한 것을 보았다. 2장에서는 역할로 치료 작업을 한 정신과 의사 피에르 자네Pierre Janet를 이야기했다. 심지어 주요한 삶의 위기를 해결하려는 융의 시도 역시 아동기 역할로의 퇴행과 오브제로 상상의 세계를 창조하는 것과 관련되었다. 이 접근법은 에릭 에릭슨의 후기 작업과 1930년대와 1940년대에 헨리 머레이의 작업에서 되풀이된다. 그들은 극적 산물 검사와 다른 투사 검사에서 피험자의 연기를 관찰함으로써 역할에 투사된 인성 기능을 탐험하였다. 특히 머레이는 제2차 세계대전시 이중 첩자로 보낼 사람을 선별하기 위해 허구적 역할과 이야기를 활용했다.

켈리와 펄스와 번 역시 역할에 대한 이해에 기여했다. 상전과 하인을 이용한 펄스의 작업은 역할과 반대역할 작업의 전조였다. 켈리의 고정역할 치료 작업은 훗날의 연극치료를 예시했을 뿐만 아니라 투사적인 '역할 구성체 목록 검사'(레퍼토리 그리드)는 또한 사십여 년 후에 랜디가 개발한 역할 프로파일과 유사하다.

그러나 역할 이론을 착상함에 있어 가장 중요한 인물은 모레노였다. 역할 이론을 충분히 실현하지는 못했지만, 그럼에도 불구하고 그는 역할을 심리극의 핵심으로 간주했다. 다음 장에서 모레노의 심리극을 심층적으로 다룰 것이므로, 여기서는 행동 심리치료의 이해에서 역할이 차지하는 비중과 그것이 랜디의 역할 이론에 미친 영향에 주목하는 것이 중요하다. 모레노(in Fox 1987)는 이렇게 말했다.

> 이 접근법의 저변에 깔린 개념은 인간이 역할 연기자라는 것, 사람은 누구나 행동을 지배하는 특정 범주의 역할로 그 특성을 나타낸다는 것, 그리고 문화 역시 그 구성원에게 다양한 성공 정도를 부과하는 일련의 특정한 역할로 특징지어진다는 것에 대한 인식이다(65).

모레노에게 역할은 심리적이면서 동시에 사회문화적인 구성체였다. 그의 역할 개념은 임상 상황에서 개발된 것이면서 동시에 연극에 근거한다는 점에서 20세기 초반의 사회학자들의 견해와 구별된다. 모레노의 언어는 역할과 반대역할, 역할 연기자, 역할 연기에 대한 랜디의 이해의 버팀목이 되었다.

인습타파주의자인 모레노의 면모는 다음과 같은 말에서도 나타난다(in Fox 1987). "미국의 많은 사회학자들이 역할의 개념을 독점해 왔다"(62). 그러나 그들은 연극으로서의 삶의 은유를 대중화하고 사회적 사건을 극적 관점에서 분석하는 데 지대한 영향을 미쳤다.

찰스 쿨리(1922), 조지 허버트 미드(1934), 랠프 린튼(1936), 어빙 고프먼(1959), 시어도르 사빈(1962; Sarbin and Allen 1968), 토머스 셰프(1979)가 바로 그런 사회학자들이다. 쿨리에서 미드를 거치면서 다양한 역할로 구성된 다면적 인성이라는 아이디어가 출현했다. 쿨리의 핵심 은유는 거울-자기, 즉 사회적 세계 속에서 타자들의 반영으로서의 자기 개념이다. 미드는 일상 현실의 배우들이 사회로부터 개인적이고 집단적인 역할 모델을 취하여 그 모델이 자신에게 행한 바대로 자기 자신을 대하는 법을 배운다고 보았다. 고프먼은 개인과 집단의 상호작용을 극적 상연으로 상상한다는 점에서 쿨리와 미드를 넘어섰다.

1940년대에 모레노와 함께 연구한 사빈은 "역할 상연"이라는 용어를 만들었다. 역할 상연은, 첫째, 맡아 연기할 수 있는 역할의 개수와 관련된다. 랜디는 후에 이 아이디어를 역할 유형 분류 체계를 개발할 때 활용하였다. 그것은 또한 특정한 역할을 연기한 시간뿐만 아니라 개인의 연기 스타일 혹은 유기적 몰입과 관련되며, 해당 역할을 통해 표현된 정서의 정도와 직결된다. 사빈(Sarbin and Allen 1968)은 역할 연기의 스타일을 전혀 몰입하지 않은 데서 무심한 연기, 의례적 연기, 집중한 연기, 최면에 걸린 듯한 연기, 연극성 인격 장애, 황홀경, 요술, 마법에 이르는 연속체로 정식화했다.

토머스 셰프는 역할 연기에서 정서적 몰입의 아이디어를 확장하여 감정과 거리의 연속체를 구상했다. 그는 사회학자였지만 정신분석과 심층심리치료뿐만 아니라 드라마와 연극 분야에도 학문적으로 밝았다. 그는 브로이어와 프로이트의 초기 최면 실험에서 1960년대에 원초적 비명과 행동화의 형식을 취한 급진적인 실험에 이르기까지 심리치료에서 카타르시스가 발달한 과정을 잘 알고 있었다. 그는 카타르시스를 감정 표현의 결여를 특징으로 하는 억압 상태인 분리와 감정의 과도함을 특징으로 하는 밀착의 두 극단 사이에 있는 균형 잡힌 상태로 보았다. 셰프(1981)에게 있어, 분리적인 사람은 과거를 기억하고, 밀착적인 사람은 과거를 거듭 산다. 그는 거리의 연속체 위에 있는 중간 지점을 미적 거리로 명명했다. 그것은 정서와 함께 과거를 기억하되 감정에 지나치게 압도되지 않는 상태, 강렬한 감정 표현이 인지적 성찰에 의해 길들여지는 상태다. 분리와 미적 거리와 밀착의 패러다임은 역할 이론의 발달에 기여한 바가 매우 크다.

랜디의 역할 이론은 사회학의 아이디어를 바탕으로 연극적 영향력을 흡수한다. 현대 연극은 어떻게 역할을 연기해야 하는가에 대한 질문 속에서 거리조절 패러다임과 꼭 들어맞는 이론을 내놓았다. 우선 20세기 초반 모스크바 예술극장의 연출자였던 스타니슬라브스키(1936)는 극적 자극과 관련된 배우의 실제 감정을 회상한다는 정서 기억에 기반한 방법론을 개발했다. 스타니슬라브스키는 배우가 무대에서 극적 순간을 마치 실제인 듯 살기를 원했다. 그리고 그 순간의 진실은 역할의 현재와 배우의 과거를 정서적으로 연결함으로써 표현되었다. 스타니슬라브스키는 프로이트의 영향을 받아 무의식의 역동에 열린 직관적인 배우를 양성하고자 했다. 정신분석의 언어로 말한다면, 원초아의 감정적으로 날것인 경험을 현실에 굳게 발붙인 자아가 중재하도록 한 것이었다.

시간이 지나 러시아 심리학자 이반 파블로프의 아이디어를 수용하면서, 스타니슬라브스키는 회상된 정서보다 배우의 신체적 행동에 더 초점을 맞추게 되었다. 그러나 그의 초기 작업은 미국 배우들에게 지대한 영향을 끼쳤고, 그들은 스타니슬라브스키의 정서적 접근법을 끌어와 심리적 사실주의에 대한 미국적 갈망을 추구했다. 스타니슬라브스키의 초기 접근법은 정서가 지성보다 우위를 차지하는 셰프의 밀착 개념에 견줄 수 있다.

또 다른 접근법은 베르톨트 브레히트의 서사극이다. 그것은 연극이 꾸며낸 허구임을 그리고 무대와 세상, 배우와 역할, 배우와 관객, 감정과 생각의 분리를 의식적으로 자각하게 하는 낯설게 하기를 핵심으로 한다. 브레히트의 목표는 연극에서 심리적인 부분을 덜어내고 사회정치적인 측면을 부각시키는 것이었다. 그의 연극은 세상을 변화시키려 했다는 점에서 모레노의 사회극과 유사한 혁명적인 연극이었다. 브레히트는 배우가 인물의 딜레마를 결정하는 사회적 조건을 고려하고, 역할을 살아 숨쉬는 인간보다 해결해야 할 문제로 제시하도록 권했다. 전형적인 인물, 가면과 인형, 과장된 무대와 소도구를 사용하여 브레히트는 생각하는 연극 그리고 관객이 인물의 정서에 쉽게 동일시하지 않고 거리를 두도록 고안된 연기 스타일을 창조하였다. 그에게 이상적인 관객은 개인적인 사건에 정서적으로 동일시하기보다 일반적인 조건에 대해 지적으로 분노하는 분리적인 사람이다. 역할 이론은 스타니슬라브스키보다는 브레히트에 더 가깝지만, 더 엄밀하게는 감정과 생각이 모두 활성화되는 미적 거리의 경험을 목표로 한다. 모레노 식으로 말하면, 역할 접근법은 심리극과 사회극의 요소를 혼합한 것이다.

역할 이론의 기본 전제

역할 이론은 삶이 극적이라는 전제에서 시작된다. 다시 말해, 존재의 핵심이 극적 행동이라는 것이다. 극적 행동은 뜨거운 것에 닿으면 재빨리 손을 움츠리고 위험한 자극에 맞서거나 도망하는 반응과 같이 반사적이고 본능적인 행동과 다르다. 극적 행동은 최초의 자극에 대해 일정 정도의 거리와 역할의 중개를 내포한다. 뜨거운 것에 손을 오래 대고 있으면 화상을 입을 것이다. 그럴 경우, 우리는 뭔가 행동을 취하게 되는데, 그때 나오는 행동이 바로 역할과 관련된다. 가령 우리는 고통을 부인하면서 순교자를 연기할 수 있고, 의사에게 도움을 구하는 환자를 연기할 수도 있는 것이다. 그러나 행동과 역할의 관계는 상호적이다. 역할은 행동에서 비롯되고, 행동 역시 역할에서 연유한다.

역할 이론은 무대로서의 삶과 배우로서의 사람이라는 은유인 *theatricum mundi*를 포용하며, 인간이 이중의 존재를 산다는 것을 대전제로 한다. 이중의 삶을 처음으로 말했다고 할 수는 없지만, 셰익스피어는 『끝이 좋으면 다 좋아』의 자크를 통해 그것을 많은 사람들 입에 오르내리게 했다. "모든 세상은 무대다." 사회학자 어빙 고프먼은 『일상생활에서의 자기표현』에서 이 아이디어를 사회로 끌어들여, "물론 모든 세상이 무대는 아니다. 그러나 그렇지 않은 결정적인 방식을 구체화하기란 쉽지 않다"(72)고 말했다.

극적 세계관은 대부분 주인공과 반대 인물 혹은 자기와 타자의 관계를 함축한다. 그 관계는 가해자가 순결한 자를 공격하는 것처럼 겉으로 드러날 수도 있고, 가해자에게 어떻게 반응할 것인가를 결정하는 것처럼 안에서 일어날 수도 있다. 극적 행동은 상대를 장애물로 여기는 두 인물 사이의 갈등이나 긴장에 의해 추동된다. 역할 이론에서는 이 두 인물을 역할과 반대역할이라 부른다.

삶이 극적이라는 측면에서, 인간은 태생적으로 역할 취득자이며 역할 연기자다. 역할을 맡는다는 것은 역할 모델의 특질을 내면화함을 의미하며, 역할을 연기한다는 것은 그 모델과 유사한 방식으로 행동함을 뜻한다. 나아가 내면화와 외현화, 역할과 반대역할의 상호작용 속에서 개인은 그 모순과 씨름한다. 인간은, 인지 부조화 이론에서 말하듯, 모순을 해결하고자 움직이는 것이 아니라 모순 속에서 살아가는 방식을 찾아내야 한다. 극적 세계관은 삶의 불가피한 이중성에 대한 수용과 모순적인 경향성과 역할들 사이에서 균형을 추구하는 인간의 분투를 반영한다.

역할 이론의 기초가 되는 마지막 전제는 개인이 핵심 자기 혹은 단일한 무엇이 아니라 대응부와의 관련 속에 존재하는 다중적 역할이라는 사실이다. 그러므로 역할 이론은 인본주의적이기보다 탈근대적이다. 개인의 핵심에는 본질적으로 선하고 온전한 신이나 그에 준하는 체계 대신 신들의 본질적인 한 가지 특징 — 낡은 것에서 새 생명을 창조하고, 상상의 행동을 통해 무에서 유를 창조하는 것 — 을 연기할 수 있는 인간의 잠재력, 하나의 원리가 있을 뿐이라 보기 때문이다. 역할 이론에서는 거짓 자기도, 거짓 역할도 없다. 모든 역할이 실제적이며 연기할 만하다. 또한 역할은 본질적으로 무도덕적이며, 다른 사람과의 관계 속에서 연기될 때 비로소 도덕적 무게를 획득한다.

영화에서 랜디(2005)는 인간이 다양한 역할을 연기함으로써 온전성에 근접할 수 있다고 한다. 융의 개성화나 펄스의 배경과 전경의 통합과 동일한 맥락에서 그는 이렇게 말한다. "온전해지는 것은 동시에 많은 것 — 설사 그것들이 서로 모순되고 불협화음을 일으킨다 해도 — 이 되는 것이다."

역할 이론의 기본 개념

역할과 반대역할

역할 이론은 역할 개념에서 시작한다. 역할은 본래 대사를 적어놓은 두루마리를 가리키는 말에서 유래되었고, 시간이 지나면서 그 대사를 말하는 인물과 연결되었다. 연극과 역할 이론에서 "역할"과 "인물"이라는 용어는 흔히 넘나들며 사용된다. 서구 연극사를 비롯한 전통 문화 전반에 걸쳐 역할은 충분히 구체적으로 묘사된 인간보다는 인물 유형을 나타내는 원형적인 것으로 인식되어 왔다. 역할을 복합적인 인물로 받아들이는 관습은 연극에 심리적 사실주의가 출현한 19세기 말에 비로소 등장했다.

역할은 무대에 있는 배우와 일상 현실의 배우 모두를 특징짓는 핵심 개념이다. 후자의 의미에서 역할은 개인의 총체성보다 특정한 특질을 나타내는 인성의 구조체라고 할 수 있다. 이 같은 이해는 참여자가 총체적인 자기보다 자신의 일부를 탐험하고자 할 때 도움이 된다.

역할의 사회학적이고 연극적인 의미는 연극치료에서 서로를 보완한다. 연극치료에서 역할은 개인이 마음으로나 실제 세계에서 행동할 때 활성화되는 인성의 여러 부분 중 하나를 말한다. 역할은 전형보다는 원형에 가까우며, 다른 유형과 구별되는 특정한 행동 유형을 나타낸다. 연극에 나오는 영웅과 악당처럼, 영웅적이고 비겁한 역할은 연극치료에서 특정한 기능을 수행하며 특정한 감정과 거리로써 연기된다.

역할은 소위 반대역할이라 불리는 그 대응부와 연결됨으로써, 상황에 따라 한쪽이 전면에 부각되었다가 또 후면으로 물러나면서 흐르는 한 쌍을 이룬다. 반대역할은 악당과 영웅처럼 단순히 반대되는 것을 말하지 않으며, 오히려 특정 역할의 배후에 있는 특질이라 할 수 있다. 예를 들어, 참여자가 어머니 역할을 매우 영웅적이지 못하다고 여긴다면, 그때 영웅의 반대역할은 어머니가 될 수 있다. 이 역동은 미녀와 야수에서처럼 보편적 특성을 갖지만, 한편으로는 미녀의 반대역할로 야수가 아닌 다른 역할을 생각하는 것이 가능한 만큼 주관적인 측면도 있다.

역할과 반대역할의 역동은 융의 대극성 개념으로도 이해할 수 있다. 융은 내향성과 외향성이 사고와 감정, 감각과 직관의 네 가지 기능과 상호작용한다고 말한다. 랜디는 융의 복합적인 성격 유형 분류 체계에서 역할 유형 분류 체계라는 역할 유형학을 정립하는 아이디어를 얻었다.

역할 유형 분류 체계

역할 유형 분류 체계는 연극 및 치료와 일상생활에서 활용할 수 있는 많은 역할을 체계적으로 관찰한다. 역할 유형은 융이 말한 원형의 일부, 곧 푸에르 혹은 어린아이, 영혼 인도자 또는 영적 안내자, 소녀, 현명한 노인, 영웅과 유사하다. 융은 신화, 예술사, 인류학, 고고학, 연금술, 신학과 철학 관련 서적을 읽으면서 원형을 추출하였다. 랜디는 연극 예술을 연극치료의 가장 본질되는 뿌리로 여겼기 때문에, 원형적 역할의 저장고로서 연극에 관심을 돌려 고전기, 근대, 현대에 이르는 수백 편의 희곡을 읽고 거기서 반복적으로 등장하는 인물을 뽑아냈다. 랜디는 융의 네 가지 기능을 신체적, 인지적, 정의적情宜的, 사회적, 영적, 미적인 여섯 가지 영역으로 확장했다. 정의적 영역과 인지적 영역은 융의 감정과 사고 기능과 유사하고, 신체적이고 미적인 영역은 감각과 직관 기능과 유사하지만, 나이와 성적 취향, 외모, 건강뿐만 아니라 창조성을 섭렵하는 훨씬 넓은 개념이다. 랜디가 추가한 사회적 영역과 영적 영역은 서로 꼭 대극을 이루지는 않지만, 폭군과 성인 같은 모순되는 역할 유형을 포함하기도 한다.

역할 특징, 기능, 스타일

역할 유형 분류 체계에서 랜디(1993)는 84가지 역할 유형과 74가지 하위 유형을 구별하여 나누고 묶었다. 역할 유형은 첫째 그 특질이나 구분되는 특성에 의해 조직되고, 그 기능에 따라 명세화된다. 러시아 민담에 대한 고전적인 연구로 유명한 프롭은 인물 기능을 이렇게 정의한다(1968). "행위의 과정에 대한 그 의미의 관점에서 정의되는 인물의 행동"(21).

마지막으로, 랜디는 역할을 그 스타일로 분석한다. 연기 스타일은 "역할이 극화되는 행동적 형식을 말하며, 현실에 기반한 재현적 스타일, 추상적이고 제시적인 스타일 혹은 그 사이 어딘가에 있는 스타일로 나눌 수 있다"(Landy 1993, 169). 현실에 기반한 연기가 상대적으로 많은 감정을 내포한다면, 제시적인 스타일은 인지에 더 치우친다. 그러므로 제시의 스타일은 앞서 말한 거리조절 모델과 잘 어울린다. 분리는 가장 양식화된 인지적 형식이고, 밀착은 가장 덜 양식화되고 가장 감정적인 형식이다. 그 가운데 있는 미적 거리에서는 정서와 인지가 공히 작동하고, 연기 스타일은 사실주의와 추상의 특질을 모두 띤다.

역할, 반대역할, 안내자

영역들이나 각 영역에 속한 역할은 그 반대역할과 고정된 쌍으로 존재하지 않으며, 분류 체계에 속한 어떤 역할과도 대극을 이룰 수 있다. 융의 균형 개념에 상응하면서, 역할 이론은 역할과 반대역할의 다리로 기능하는 제3의 극적 형식을 상정한다. 그것은 안내자라 불린다. 역할 이론은 구조적으로 고전 서사시와 비극의 형식을 집약한다. 여정에 오른 영웅 혹은 주인공, 주인공의 여정을 방해하는 악당 또는 반대 인물, 그리고 영웅이 위험을 통과해 나아가도록 돕는 신이나 안내자 인물이 그것이다. 한 예로 오디세우스를 들 수 있다. 그는 트로이에서 이타카를 향해 떠났고, 도중에 여러 악한 인물의 방해를 받지만, 아테나 여신의 안내를 받아 고향으로 돌아간다. 단테가 그린 지옥으로의 하강은 수많은 공포의 순환이지만, 다른 한편에서는 그 과정 내내 죽은 시인 버질의 인도가 함께한다. 자각을 향한 리어왕의 여정 역시 그의 맹목적 시야와 주변을 둘러싼 악인들로 인해 어려움에 빠지지만, 코딜리어의 확고부동함이 그 장애물을 우스꽝스럽게 바꿔버린다.

역할 이론에서, 안내자는 통합의 가능성을 제공함으로써 역할과 반대역할을 묶어 주는 전이적 인물이다. 그것은 또한 비극에서처럼 주인공이 두려움이나 저항과 타협하려는 심리적 위험을 딛고 앞으로 헤쳐 나아가도록 하는 기능을 한다. 실제 작업에서, 치료사는 안내자의 특징과 기능을 취한다. 참여자가 안내자의 능력을 내면화하여 회복의 여정을 스스로 안내할 수 있을 때까지 안내자 인물로서 개입하는 것이다.

분류 체계에 속한 역할은 모두 역할, 반대역할, 안내자의 구조 안에서 작동한다. 바보 광대 역할이 주인공/역할이 될 수도 있고, 반대 인물/반대역할이 될 수도 있으며, 안내자가 될 수도 있다.

역할 체계

역할 체계는 배우가 일상생활의 어떤 순간에도 연기할 수 있는 역할의 총체를 말한다. 다양한 역할을 소화할 수 있는 전문 연극배우처럼, 일상 현실의 주인공 역시 여섯 영역의 역할을 고루 연기할 수 있는 능력을 갖고 있다. 그것은 일부 역할이 서로 모순되는 듯 보이는 경우에도 변함없는 사실이다. 투옥된 살인자가 자애로운 아버지일 수도 있는 것이다.

인성의 표현인 역할 체계는 쉽게 연기할 수 있는 역할과 심리적, 사회적 혹은 환경적 요인 때문에 연기하기가 상대적으로 어려운 역할로 구성된다. 가령 새로운 관계나 자연재해 같은 특별한 상황에서는 잠자던 역할이 깨어나곤 한다. 그러나 그 경우에도 평소에 자주 사용되는 역할과의 관계 속에서 나타나기 마련이다. 역할 체계에서 역할은 역동적이고, 새로운 것이든 오래된 것이든 할 것 없이, 모든 역할은 그 대응부를 찾는 경향이 있다. 건강하고 유동적인 역할 체계를 갖춘 사람은 역할들 사이의 역설을 잘 견뎌낼 것이다. 그러나 역할 체계의 통합성이 떨어지면, 역할과 반대역할이 심한 부조화를 빚어내고, 그에 따라 반대역할이 의식에서 배제될 수 있다. 그렇게 거부당한 역할은 억압되기 마련이며, 융이 말한 대로 의식 밖에 있는 마음의 어두운 곳에서 힘을 행사하는 그림자 인물이 될 수 있다.

역할 체계는 동시에 여러 차원에서 존재한다. 개인 내에서, 사람들 사이에서, 그리고 사람들과 자연적이고 초자연적인 세계 사이에서 위치하기 때문에 정교하고 엄청난 그물망을 형성한다. 그리고 그 그물망을 담는 것이 바로 역할 체계다. 그것은 정체와 변화, 생물학과 심리학, 내면과 외부의 필요에 반응하면서 변화해 나가는 역동적 작업이다.

역할과 이야기

역할은 극적 과정에서 가장 본질적이고 더 이상 나눌 수 없는 것이다. 텍스트와 서브텍스트, 장경spectacle과 무대, 소리와 움직임의 요소는 결정적이지 않다. 극적 행동은 연극과 일상에서 말없이, 소리와 움직임 없이, 텍스트와 서브텍스트와 콘텍스트 없이도 얼마든지 일어날 수 있기 때문이다. 특정한 연극적, 신경학적, 심리적 조건에 따라 이들 요소가 모두 배제될 수 있지만, 자신을 다른 공간에 있는 다른 사람으로 상상할 수만 있다면 드라마와 그를 통한 변화의 희망은 존재한다.

일반적으로 말하면, 드라마는 배우가 역할을 취하면서 발생한다. 배우는 일단 역할을 맡으면 역할에 바탕을 둔 이야기를 하면서 자기 자신을 표현한다. 역할이 극적 행동의 형식이라면, 이야기는 그 내용이다. 역할은 이야기에 선행하지만, 이야기 속으로 움직일 때 보다 온전한 의미와 사회적 기능을 수행한다. 이야기는 역할 속에 있는 배우의 서사다. 그것은 직업 배우든 단순히 특정한 역할의 관점에서 일상사를 말하는 사람이든 마찬가지다. 예를 들어, 한 사람이 하루 동안 어머니, 지식인, 아내, 자매, 독실한 신자, 예술가의 역할로 수많은 이야기를 할 수 있다. 역할이 자기와 반대역할로부터의 이탈을 함축하듯이, 이야기는 실시간의 사건으로부터의 거리를 내포한다. 이야기는 어떤 경험이 일어난 후에 사건을 이해하는 하나의 방식으로서 발생한다. 혹은 누군가의 죽음처럼 아직 일어나지 않은 사건이나 죽은 연인과 다시 만나기를 소원하는 것처럼 절대 이루어질 수 없는 것에 대한 기대 속에서 나타날 수도 있다. 이야기는 일반적으로 이야기와 화자를 타당화할 수 있는 또 다른 사람을 대상으로 발화되며, 혹 그 대상이 실재하지 않는다 해도 문제되지 않는다. 역할 이론에 바탕한 연극치료 작업에서, 참여자는 역할에 동일시하고 그 역할에 대하여 그리고 그 역할을 통해서 이야기를 한다.

치료 목표

이런 방식으로 작업하는 것의 목적은 참여자가 균형을 향해 나아가도록 돕기 위함이다. 그것은 문제가 되는 역할이 전이적인 안내자 인물의 도움을 받아 적절한 반대역할과 통합되는 것을 말한다. 참여자가 역할, 반대역할, 안내자를 연기하면서 이 목표에 도달한다 해도, 그 치료적 혜택은 과정이 내적 요소를 가질 때 그리고 참여자가 역설적 현실을 사는 데서 야기되는 불협화음을 견뎌낼 수 있을 때 성취된다. 역할 접근법의 치료적 개입에 적용된 이 목표를 랜디(2005)는 영화에서 이렇게 말한다.

> 역할 접근법의 목적은 개인, 집단, 지역사회가 공허함과 불균형과의 자연적인 싸움을 수용하고 훈습함으로써 충만하고 균형 잡힌 삶을 살 수 있도록 돕는 것입니다. 온전성은 다양한 역할을 연기할 수 있는 능력, 다양한 이야기를 말하고 연기할 수 있는 능력, 그리하여 궁극적으로는 가장 진실한 하나의 역할과 이야기뿐만 아니라, 어떤 역할과 이야기에서도 가치를 발견할 수 있는 능력에서 비롯됩니다.

치료사의 역할

역할 이론에 따르면, 치료사는 참여자에게 필요한 이야기와 역할로 그를 이끄는 안내자 인물로 기능한다. 나아가 참여자가 안내자를 내면화하는 방법을 찾아 궁극적으로는 그것을 자기 것으로 만들도록 돕는다.

연극적으로 말한다면, 치료사는 참여자가 여러 가지 역할을 스스로 연기하도록 독려하면서 공감적인 태도를 유지한다는 측면에서 배우보다는 연출가에 가깝다. 그러나 개인 작업에서는 참여자와의 관계에서 상보적인 역할을 맡기도 한다. 예를 들어, 참여자가 아들로서 아버지와의 관계를 탐험한다면, 치료사가 아버지 역할을 맡아 연기할 수 있다. 특히 참여자가 요구하거나 혼자서 두 가지 역할을 연기하기 힘들 때는 치료사가 장면으로 들어간다.

페렌치의 상호 분석만큼 강렬하지는 않더라도, 역할 속에서 치료사와 참여자가 주고받는 상호작용은 분명히 상호 관계를 함축한다. 참여자와 함께 역할을 연기할 때, 치료사는 자신이 또 한 명의 배우임을 자각하면서 미적 거리를 유지해야 한다. 역할 안팎으로 들고남으로써 치료사는 이를 예증할 수 있다. 참여자와 역할로 작업하는 동안, 치료사는 해당 회기의 주제와 초점을 잃지 않도록 특히 역전이적 감정을 잘 알아차릴 필요가 있다. 그런 감정은 몸이나 정서 표현을 통해 역할 속에서 참여자에게 전해져 영향을 줄 수 있다.

전이와 관련하여, 집단과 작업하는 치료사는 전이를 참여자를 위한 전이적 인물을 담지하고 있는 집단에 옮기기 위해 애쓴다(이 과정에 대한 충분한 논의를 위해서는 Eliaz 1988을 참고하시오). 개인 작업에서는, 전이적 인물을 역할로 볼 수 있고, 앞서 아버지 역할을 하는 치료사의 예처럼 그것을 직접 연기하거나 빈 의자와 같이 참여자가 구체적으로 느낄 수 있는 대상으로 외화함으로써 형식을 부여할 수 있다.

그러나 데릭과의 회기에서 나타나듯이, 역할 접근법을 쓰는 치료사는 참여자 스스로 모든 역할을 연기하도록 격려하는 경향이 있다. 치료사는 참여자와 지나치게 거리를 두지도 않고 지나치게 얽혀들지도 않으면서 연출자의 입장을 유지하는 것이다. 거리조절의 패러다임을 적용함에 있어 언제 얼마만큼의 거리에 있을지를 결정하는 것은 치료사의 몫이다. 앞 장에서 랜디(2000)는 그것을 판단할 수 있는 두 가지 근거를 제시했다.

1. 친밀함과/이나 분리를 다룰 수 있는 참여자의 증상과 능력.
2. 회기 안에서 역전이적 반응을 효율적으로 처리하고 감정을 수용할 수 있는 치료사의 능력(61).

마지막으로, 역할 접근법에서 치료사는 참여자가 분열된 역할을 통합하도록 돕는 안내자일 뿐 아니라 역할 및 반대역할과 씨름하는 모습을 곁에서 지켜보면서 비판적이지 않은 자세로 수용하고 확증하는 목격자이기도 하다. 목격자는 본질적으로 영적인 의미에서 안내자를 개념화하는 또 다른 방식이다. 안내자이자 목격자로 정의되는 치료사는 참여자에게서 일정한 거리를 두고서 전이를 촉진하고 저항을 자극하여 그 내용을 해석하는 분석가와는 매우 다르다. 고전적인 냉담한 분석가는 대상관계적 모델(예를 들어, Mitchell and Greenberg 1983, Fonagy 2001)과 실존적 모델(Yalom 1980)에 자리를 내주었다. 이 새로운 치료사의 모델은 신이 아닌 안내자나 목격자로서 치료사의 적극적이고 인간적인 자세를 강조한 랑크나 페렌치의 이론과 더 잘 어울린다.

건강과 질병에 관한 관점

역할 이론의 관점에서, 건강한 개인은 사는 동안 다양한 역할을 취하여 어느 정도 능숙하게 연기할 수 있는 사람이다. 건강은 조화롭지 못한 역할의 모순 속에서 살 수 있는 능력을 요한다. 그것은 또한 불균형의 힘든 순간을 헤쳐 나가도록 돕는 안내자의 존재에 관한 문제이기도 하다. 건강한 개인은 경험을 이야기로 변형할 수 있고, 이야기를 적절한 청자들에게 들려줄 수 있으며, 또 내면과 외부 세계의 변화하는 조건에 따라 이야기를 바꿀 수 있는 능력이 있는 사람이다. 건강은 집단 속에서 삶의 이야기를 말하고 바꿀 수 있는 능력뿐만 아니라 균형 잡히고 역동적이며 상호작용적인 역할 체계의 창조에 의해 결정된다. 목표로서의 균형은 절대적인 것이 아니며, 심리내적이고 대인적인 안정성에 대한 상대적인 기준이다.

질병은 역할 체계가 불균형할 때 발생한다. 그것은 적절한 반대역할과 분리된 채 부유하는 역할이 지나치게 많음을 뜻한다. 어떤 사람들은 구애하듯 역할을 수집하면서, 효율적으로 과정을 처리하기보다 더 많은 직업과 연인과 친구와 신념과 정서적 경험을 취하는 데 주력한다. 그것은 특정한 역할과 반대역할의 연계가 빈약함을 반영하는 것일 수 있다. 가령 학대하는 아버지 밑에서 자란 아들이 또래를 상대로 폭력적인 친구를 연기하는 것이다. 마지막으로 불균형은 한 가지 역할 혹은 관련된 일군의 역할에 고착되어 반대역할을 배제할 때 나타난다. 특정한 신념이나 극단적이고 맹목적인 관계에 투신하는 사람들이 그 보기다. 물론 모든 역할이 선택의 대상은 아니며, 선천적인 장애나 질환 또는 특별한 재능이 분명히 있다. 그때 균형은 자기 자신을 주어진 장애나 능력의 한계를 넘어서 인식할 수 있는 능력, 그리고 자신의 다른 부분과 접촉할 수 있는 능력, 그리하여 자기와 비슷한 사람들뿐 아니라 다른 사람들과 만날 수 있는 능력을 함의한다. 반대로 불균형은 자기 자신의 감옥에 갇힌 일차원적인 사람을 만든다.

진단과 평가

랜디(2001a)는 역할 이론과 이야기에서 비롯된 두 가지 진단 도구를 개발했다. 먼저, '이야기를 해주세요(TAS)' 는 피험자에게 이렇게 말하면서 시작한다.

> 저에게 이야기를 하나 들려주세요. 이야기는 실제 삶에서 겪은 것을 바탕으로 할 수도 있고, 완전히 꾸며낼 수도 있습니다. 한 명 이상의 인물이 등장하면 됩니다.

말로 표현하기가 힘든 경우에는 움직임이나 인형을 통해 이야기를 할 수 있다. 스토리텔링을 마친 다음에는 이야기에 나오는 인물을 명명한다. 검사자는 질문을 하면서 피험자가 각 인물의 특징, 기능, 스타일을 명시하는 능력, 이야기의 주제를 구체화하는 능력, 이야기와 일상 현실을 연관 지을 수 있는 능력을 평가한다.

역할에 바탕을 둔 두 번째 진단 도구는 역할 프로파일이다. 랜디(2001b ; Landy et al. 2003)는 역할 유형의 측면에서 피험자가 자기 자신을 어떻게 보는지를 파악하기 위해 70개의 역할 카드를 이용한 검사를 개발했다. 그것은 이렇게 시작된다.

> 이 검사는 사람의 성격이 연극, 영화나 이야기에서 흔히 볼 수 있는 역할로 이루어져 있다는 전제 아래 당신의 성격을 알아보기 위한 것입니다. 카드 한 묶음을 드릴 텐데, 거기에는 영화와 연극 혹은 이야기에 나오는 인물 유형의 이름이 적혀 있습니다. 카드를 고루 섞어 주세요. 그런 다음 네 가지 범주에 따라 한 장씩 카드를 분류하면 됩니다. 커다란 카드에 적힌 범주는 이렇습니다. 나는 이것이다, 나는 이것이 아니다, 나는 이것인지 아닌지 모르겠다, 나는 이것이 되고 싶다. 가능한 한 빠른 속도로 느낌에 따라 분류하시면 됩니다.

피험자가 카드 분류를 마치면, 몇 가지 질문으로 역할 선택을 성찰할 수 있는 능력을 확인한다. 그리고 카드 분류의 형식과 내용을 고려하여 분류 방식, 시간과 공간 사용 방식, 각 범주에 배당된 역할의 양, 범주 사이의 균형과 불균형, 특정 역할에 대한 정서적 반응, 역할들 사이의 연관 관계 등을 살펴 피험자의 반응을 진단한다.

랜디는 또 역할 체크리스트라는 더 간단한 도구를 개발했다. 그것은 56개의 역할을 네 개의 범주 — 나인 것, 내가 되고 싶은 것, 나를 방해하는 것, 나를 도울 수 있는 것 — 로 나누어 종이 한 면에 표시하게 하는 것이다. 이들 범주는 우리의 삶을 목적지(내가 되고 싶은 것)를 향해 가는 영웅의 여정(나인 것)으로 보는 랜디의 이해와 일치한다. 영웅의 여정은 그

길에 잠복해 있는 장애물(나를 방해하는 것)로 인해 어려움을 겪으며, 장애물을 넘어 앞으로 나아가기 위해 영웅은 안내자(나를 도울 수 있는 것)의 도움을 필요로 한다. 피험자는 각 역할을 가장 어울리는 범주에 체크하면 된다.

이 진단 도구들은 아직까지 신뢰성과 타당성을 엄격하게 검증받지는 못했지만, 상대적으로 가장 충분히 개발된 역할 프로파일은 다양한 참여자를 대상으로 꾸준히 활용되어 왔다(Tangorra 1997; Landy 2001b; Landy et al. 2003).

역할 접근법

역할 접근법은 참여자가 필요한 역할과 이야기를 창조하여 그 안에서 자신의 딜레마를 탐험하면서 역할 이론에서 자연스럽게 확장된다. 역할 접근법이 선형적으로 진행될 필요는 없지만, 랜디(1993, 2000)는 다음 여덟 단계를 통해 기본적인 길잡이를 제시한다.

1. 역할 불러내기
2. 역할 이름 짓기
3. 역할을 연기/훈습하기
4. 반대역할과 안내자 역할과의 관계를 탐험하기
5. 역할 연기를 성찰하기: 해당 역할의 특징, 기능, 스타일을 찾아내기
6. 가상의 역할을 일상 현실과 연관 짓기
7. 역할을 기능적인 역할 체계로 통합하기
8. 사회적 모델링: 참여자의 행동이 사회적 환경 속에서 다른 사람들에게 영향을 미치는 방식을 발견하기

치료 작업은 참여자 혹은 집단이 역할을 불러내도록 독려하는 웜업으로 시작된다. 일단 역할이 떠오르면, 거기에 이름을 붙인다. 이름 짓기는 해당 역할에 구체성을 부여하고 그 특징과 기능을 찾아낼 수 있는 가능성을 열어준다. 세 번째로 치료사는 참여자가 역할과 이야기를 창조하는 단계로 나아가도록 돕는다. 스토리텔링 자체로 충분할 수도 있지만, 많은 경우에 이야기는 말과 움직임을 통해 극적 장면의 형식으로 전환된다. 이 과정에서 치료사는 적절한 순간에 참여자가 반대역할과 안내자 역할을 찾아내도록 격려한다. 하지만 이 작업이 반드시 단일 회기 안에 일어나야 하는 것은 아니다.

이어지는 5단계와 6단계에서는 역할 연기와 장면 작업에 대한 성찰을 나눈다. 이 시점에서 참여자는 역할을 벗는다. 다시 말해, 드라마의 허구에서 나와 일상 현실의 현재로 옮겨가는 것이다. 역할 벗기는 극적 경험의 역설, 곧 배우와 역할의 연속성을 전제한다. 허구적 역할을 떠나보내면서, 배우는 상대적으로 덜 명확하게 양식화된 평행 우주 속에서 삶을 집약한다. 역할 안팎에서의 작업은 매우 복합적이고 심지어 혼란스럽기 때문에, 치료사는 참여자가 각 인물을 충분히 역할 벗기 하도록 돕는다. 지나치게 역할에 몰입하면 참여자는 쉽게 거리를 상실하고, 그래서 역할 연기를 돌아보는 데 문제가 생길 수 있다.

경험을 성찰하는 것은 역할 접근법의 인지적인 부분이며, 그런 측면에서는 정신분석이나 인지 치료와 가깝다. 극적 작업에 대한 성찰은 둘로 나눌 수 있다. 하나는 역할을 허구로 고려하여 그 특징, 기능, 감정과 거리의 측면에서 의미를 부여하려는 시도와 관련된다. 두 번째는 허구의 역할과 참여자의 일상생활을 연계하는 것이다. 허구가 현실을 반영하므로 이야기에 등장한 영웅과 악마는 일상의 삶에서 해당 개인의 영웅적이고 악마적인 부분을 나타낸다.

성찰에 이어, 참여자들은 치료사와 대화를 하면서 역할들 사이의 통합을 발견하곤 한다. 그러나 통합이 반드시 대화 속에서 성취되어야 하는 의식적인 과정은 아니다. 그것은 흔히, 참여자가 과정을 신뢰할 때(McNiff 1988 참고), 무의식적 경험에 자신을 열어둠으로써 무의식적으로 일어난다(Ormont 1992 참고).

마지막 단계인 사회적 모델링은 긍정적이고 통합적인 치료 작업의 효과와 관련된다. 역할의 변화 혹은 역할-반대역할-안내자의 새로운 구도 속에서, 참여자는 기존의 관계에 새로운 방식으로 반응하게 된다. 그리고 새로운 일련의 역할 행동을 모델링하면서 다른 사람들에게 긍정적인 역할 모델로 기능한다. 앞서 말했듯이, 이 단계들이 반드시 순서대로 일어나지는 않는다. 어떤 사람은 삶에서 문제가 되는 역할을 성찰하는 것으로 시작해서 극적 행동으로 들어가기도 하고, 곧바로 장면으로 들어가서는 후반부까지 역할에 이름을 붙이지 못하는 사람도 있다. 어떤 참여자들은 경험을 추상화하는 데 어려움을 겪으며 극적 현실로 이동하는 데 저항하기도 한다. 역할 접근법의 의미는 참여자가 어디에 있든 거기서 그를 만나 그의 속도와 준비된 정도에 맞추어 단계를 진행시켜 나가는 데 있다.

발달적 변형을 사용하는 연극치료사들은 놀이와 드라마를 통해 치유가 충분히 일어나며, 드라마 밖에서 진행되는 인지적 성찰이 변화의 필수 요건은 아니라고 믿는다. 하지만 역할 접근법의 관점에서 극화 작업을 언어로써 성찰하는 것은 해당 주제를 충분히 훈습하는 중요한 단계다. 최근 신경과학의 연구 결과도 심리치료를 통해 마음과 몸과 감정이 통합되는 신경생물학적 과정을 증명함으로써 이 관점을 일관되게 뒷받침하고 있다(예를 들어, Demasio 1999; Cozolino 2002를 참고).

데릭과의 작업

다음은 역할 접근법 회기의 촬영 내용을 기록한 것으로, 중복을 피하는 선에서 최소한으로 편집하였다. 참여자는 데릭이고, 랜디가 치료사다. 회기를 마친 다음에는 데릭과 랜디가 잠시 그 과정을 돌아보았다. 그리고 전체 작업을 감정과 거리, 허구와 현실, 말과 몸, 행동과 성찰, 직접적인 접근과 간접적인 접근, 전이와 역전이의 몇 가지 대극성에 근거하여 검토할 것이다.

로버트: 안녕하세요, 데릭?

데릭: 네.

로버트: 이제부터 약 40분 동안 작업을 하게 될 겁니다. 그런 다음 그것에 대해 살펴볼 거예요. 이 작업은 역할 접근법에 관한 것이 될 겁니다. 그리고 아시겠지만 우리가 하는 것은 상당히 내밀하고 개인적인 작업이 될 수 있습니다. 그런데 우리 둘 말고도 사람들이 많지요. 이 학생들이 작업을 지켜본 다음 나중에 질문을 할 겁니다. 그리고 여기에는 카메라맨과 카메라가 있어요. 이런 상황이 어떻게 느껴지십니까?

데릭: 약간 신경이 쓰이네요….

로버트: 카메라와 학생 중 어느 쪽이 더 그렇지요?

데릭: 카메라요.

로버트: 카메라가 어떻게 느껴지세요?

데릭: 전 카메라로 찍으면 잘 나오질 않아요.

로버트: 아, 카메라에 비치는 게 마음에 들지 않는군요.

데릭: 정말 솔직하게 말하면, 전 얼굴이 너무 검어서 이밖에 안 보일 거예요.

로버트: 좋아요. 그러니까 피부색과 관련된 문제네요.

데릭: 네.

로버트: 아. 그럼 카메라가 되어서 "난 카메라야, 데릭을 촬영하고 있지. 난 그 사람을 담을 거야"라고 말한다고 상상해 볼까요? 그리고 어떻게 되는지 보지요.

데릭: 나는 카메라야. 데릭을 찍으러 여기 왔지. 말 그대로, 또 비유적으로. 데릭을 찍어.

로버트: 데릭을 찍다.

데릭: 네. 내가 할 일은 데릭을 최대한 노골적으로 보여 주는 거죠.

로버트: 그러니까 당신은 약간 거친 카메라군요.

데릭: 그래요.

로버트: 근데 왜 그를 가능한 나쁘게 보이게 하고 싶은 거죠?

데릭: 데릭 스스로 그렇게 느끼고 있다는 걸 알기 때문이죠.

로버트: 그러니까 그가 느끼는 방식대로 그를 찍을 작정이다….

데릭: 나는 그러니까… 그의 마음을 읽어요. 마음을 읽는 카메라죠.

로버트: 데릭은 마음을 읽는 카메라인 당신이 자기를 이빨만 보이도록 아주 시커멓게 찍을 거라고 생각하고 있어요. 데릭을 검게 보이게 하고 싶은가요?

데릭: 그런 마음이 있어요. 하지만 그가 편안하길 바라기도 해요.

로버트: 그러면 그가 좀 더 편안해질 수 있도록 카메라인 당신이 해줄 수 있는 말이 있을까요?

데릭: 자연스럽게 하면 됩니다.

로버트: 여기 의자 하나를 가져왔습니다. 잠시 동안 데릭이 저기 앉아 있다고 하지요. 당신이 그를 좀 편안하게 만들어 주세요. 도움이 될 만한 말을 해주시면 됩니다.

데릭: 긴장 풀어요, 데릭. 당신은 그렇게 형편없지 않아요. 거지 같은 것들은 이미 지나왔어요. 그러니까 그냥 편하게 있어요.

로버트: 데릭의 검은 피부와 하얀 이에 대해서는 어떻게 생각하세요? 그에 관해 해줄 말이 있다면 어떤 것일까요?

데릭: 당신은 치아에 자부심을 가져야 합니다. 정말로 희고 반짝이잖아요. 또 피부에서 발산되는 광채를 자랑스러워하세요. 마음 편히 가져요. 긴장 풀고. 내가 그럴싸하게 보이도록 만들어 줄 테니까.

[두 사람 모두 심호흡을 한다.]

로버트: 그거 좋네요.

데릭: 그런가요?

로버트: 네. 충분히 말하셨나요? 그렇게 말하고 나면 데릭이 좀 편안해질까요?

데릭: 네. 그 정도면 될 거예요.

로버트: 좋습니다. 그럼 이제 카메라 역할은 보내고, 다시 데릭으로 돌아오세요. 의자도 치우지요. 어떠셨습니까?

데릭: 처음엔 신경이 약간 날카로웠는데, 카메라가 나를 진정시킬수록 점점 편안해졌던 것 같아요.

로버트: 이제 그 메시지를 스스로 말해 볼 수 있을까요?

데릭: 지금 말해야 하나요?

로버트: 네. 지금 말해 보세요.

데릭: 데릭, 마음 편히 가져.

로버트: 좋습니다.

[두 사람 모두 심호흡을 한다.]

로버트: 지금 몸의 느낌이 어떤가요?

데릭: 이 주변이 약간 긴장되어 있어요. [데릭은 어깨를 움직인다.]

로버트: 좀 풀어줄까요?

데릭: 네, 웜업이 좀 필요해요.

로버트: 저도 할 말이 있습니다 — 의자를 다시 끌어다 놓는다. 저도 카메라 앞에서는 긴장이 됩니다. 보시다시피 전 너무 하얗거든요. 허여멀겋게 나오지 않으면 좋겠어요. 맙소사. 당신이 웜업을 도와줄 수 있나요?

데릭: [팔을 들어올리며] 여긴 냄새가 좀 안 좋네요….

[두 사람은 온몸을 늘인다.]

로버트: 어떠세요?

데릭: 훨씬 나은데요.

로버트: 좋군요. 이제 다시 앉을까요? 그러니까… 벌써 두 가지를 말했어요… 하나는 카메라의 입장에서 어두운 피부색 혹은 하얀 이를 찍는 것이고, 또 암내에 대해 이야기했어요. 그것을 기억하도록 하고, 자… 그게 똑같이 남아 있는지 아니면 바뀌는지를 두고 보지요. 그리고 자기 자신에게 말할 수 있다는

걸 잊지 마세요. 그 목소리는 "맘 편히 먹어"라고 할 것이고, 또다시 나타난다면 "지나가게 내버려 둬"라고 말할 겁니다. 오늘 다루고 싶은 주제를 가져와주십사 부탁드렸지요? 다른 두 치료사와도 같은 주제로 작업하게 될 겁니다. 주제를 직접 말하는 대신, 하나의 이야기로 생각하고 그 이야기의 제목을 말씀해 주시겠어요?

데릭: 남자와 그 아버지의 싸움.

로버트: 남자와 그 아버지의 싸움. 좋습니다. 이제부터 남자와 그 아버지의 싸움이라는 제목의 이야기를 하는데, 그 이야기에 세 인물이 나온다면 누가 될까요?

데릭: 아버지, 아들, 그리고 고통이요.

로버트: 아버지와 아들과 고통. 좋습니다. 지금 이야기를 만들 수 있을까요? 가고 싶은 곳은 어디든 갈 수 있습니다. 그런데 이야기를 약간 동화처럼 만들어 주세요. "옛날 옛적에 누가, 누가 살았데요"라는 식으로요.

데릭: 옛날, 옛날 한 작은 집에 아버지와 아들이 살았습니다. 언제나 할일이 많았지요. 아들은 아버지를 행복하게 하는 것이라면 뭐든지 하려고 애썼습니다. 하지만 아버지는 고통과 어울려 다니느라 너무 바빴습니다. 고통은 이웃에 사는 나쁜 남자였습니다. 고통이 한 것이라고는 아들을 상처 입히고 저주하고 때리는 게 전부였지만, 아버지는 고통과 돌아다니는 것밖에 몰랐습니다. 그것이 싫을 때도, 의지하고 매달릴 사람이 필요했기 때문이지요. 그래서 아들은 늘 집에 있었습니다. 최고의 아들, 착한 아들이 되려고 노력했지요. 실패하거나 실수할 때도 있었습니다. 항상 아주 착하지는 않았지만, 아버지를 기쁘게 해드리려 애썼습니다. 어느 날이었습니다. 아버지는 뭔가에 화가 나 있었어요. 집으로 왔고, 아들이 있었지요. 아버지는 고통을 집으로 데려오기 시작했어요. 고통은 아들을 아무 짝에도 쓸모없는 애물단지라 욕하고, 시골구석에 처박혀 있는 군대에나 가버리라고 저주했습니다. 아들은 집 안에서 숨을 만한 곳을 찾다가 따뜻한 난방기 옆으로 갔어요. 거기서 아버지에게 들키지 않기를 바랐지요. 하지만 아버지는 어김없이 아들을 찾아냈고, 또 고통과 함께 쏘다녔

습니다. 고통은 아버지를 늘 따라다니는 고약한 개자식이었죠. 둘은 숨은 아들을 찾아내 흠씬 두들겨 팬 다음, 엿 같은 놈이라 욕하고, 별 일도 아닌데 화를 내면서 삿대질을 하고 뺨을 때렸습니다. 하지만 아들의 귀에는 휘파람 소리 같은 난방기의 날카로운 소음밖에 들리지 않았습니다. 그 소리를 들어보신 적이 있는지 모르겠네요. 난방기 소리는 정말로 쉬이이이 하는 휘파람처럼 들린답니다.

로버트: 아, 네.

데릭: 아들은 아버지의 소리에 귀를 기울였지만, 들리는 건 고통의 더러운 욕설뿐이었죠. 그래서 난방기의 쉬이이 소리만 기억하게 되었어요. 아들은 그렇게 아버지와 고통의 욕지거리를 들으며 몇 년을 보내야 했습니다. 넌 이래, 넌 저래, 넌 검둥이 개새끼야. 아들은 무엇이든 스스로 하는 법을 배워야 했고, 밖에 나가 나무하는 법도 혼자 익혔습니다. 그는 아버지 되기 혹은 적어도 남자의 모양새를 갖춰야 했지요. 하지만 고통이나 아버지는 어떤 것도 가르쳐주지 않았습니다. … 어느 날 아들은 산을 올려다보았습니다. 그리고 어린 시절에 언젠가는 저 산에 올라갈 거라 말했던 걸 떠올렸지요. 그리고 드디어 그날이 왔습니다. 이제 아버지 혹은 남자가 된 아들은 산에 오르기 시작했습니다. 하지만 고통이 그의 뒤에 바짝 붙어 "넌 아무 짝에도 쓸모없어, 넌 버러지 같은 놈이잖아, 집에서 나가버려, 나무 하나도 제대로 못하는 놈. 심부름도 똑바로 못하는 녀석아." 같은 같잖은 소리를 속삭여댔기 때문에 자꾸만 넘어졌지요. 아들은 드디어 산꼭대기에 이르렀습니다. 거기서 또 난방기의 쉬이이 소리를 들었습니다. 쉬이이이… 죽을 만큼 지쳤고, 팔다리에 아무 감각이 없었지만, 그래도 산에 오르기를 멈추지 않았습니다. 그러던 어느 날, 아버지가 마음을 다잡고 고통과 어울려 다니는 것을 그만두었습니다. 고통이 해준 게 아무것도 없음을 깨달았던 거죠. 그는 아들을 바라보았고, 그 하루가 그저 행복했습니다. 끊임없이 산을 오르는 아들. 아들은 그 말을 기다리고 있어요. 그에게 필요한 건 아버지의 말 한마디뿐이었습니다. 하지만 한 번도 듣지 못했고, 그래서 아들은 끊임없이 산에 오르며 떨어지기를 반복하고 있습니다. 이것이 이야기의

끝입니다.

로버트: 그 한마디가 뭐지요?

데릭: 미안하다.

로버트: 그러니까 이 이야기에는 세 명의 인물이 나옵니다. 아버지, 아들, 고통. 고통은 이야기 말미에 어디에 있나요?

데릭: 고통은 조각조각 흩어져요. 고통은 이제 아버지 곁에 있지 않아요. 한 줌 정도가 아들과 함께 산에 오르려 하지요.

로버트: 고통과 아버지 사이에 모종의 분리가 생긴 건가요?

데릭: 네. 헤어졌어요. 아버지가 더는 고통과 어울려 다니지 않겠다고 결정했거든요.

로버트: 어떻게 그런 변화가 일어났을까요?

데릭: 고통이 해로우니까요.

로버트: 하지만 정말 오랜 시간 동안 고통과 함께 해왔잖아요. 무엇이 아버지로 하여금 고통이 해롭다는 걸 깨닫게 했을까요?

데릭: 높은 존재… 그리고 산을 오르는 아들을 바라본 것. '이제 더 이상 이 어릿광대와 어울리지 말아야지. 그가 내 머릿속뿐만 아니라 아들까지 망쳐버리고 있어' 라고 깨달은 게 바로 그때였어요.

로버트: 고통은 조각나긴 했지만, 여전히 아들을 뒤쫓고 있습니다.

데릭: 네, 그도 산에 올라가려 해요. 그래서 여러 조각으로 흩어진 거죠. 이야기에서 빼먹은 대목이 있어요. 고통도 산을 오르려 했어요.

로버트: 누가 산에 오르려 했다구요?

데릭: 고통이요. 어쩌다 아들을 따라간 게 아니었어요. 아들은 고통을 발로 걷어찼어요. 죽이려고요. 그리고 정말로 고통의 일부가 죽었어요. 가장 만족스런 것 중 하나죠.

로버트: 누구한테 만족스러운 것일까요? 아들? 좋습니다. 그럼 제가 이야기에 개입을 하겠습니다. 아들에게 듣고 싶은 게 있어요. 고통이 조각나기 시작할 때 아들의 독백을 해주세요. 당신이 아들이라고 잠시 상상해 보십시오 — 산에

있을까요?

데릭: 정상 가까이에 있을 거예요.

로버트: 아들이 되어서 움직여 볼까요? 좀 높은 데 올라서고 싶으세요? 어떻게 할까요?

[데릭은 의자에 무릎을 꿇고 앉는다.]

로버트: 그럼 고통은 어디 있지요?

데릭: [자기 뒤를 가리키며] 여기 있어요, 바로 뒤에요.

로버트: 의자를 쓸까요?

데릭: 네. 거기에 두세요.

로버트: 당신은 아들입니다. 그리고 지금 이 순간에 벌어지는 일을 보고 있습니다. 저는 당신이 보는 것을 들을 겁니다. 보이는 것을 말해 주세요.

데릭: 저리 가, 씨발 새끼야! [발로 차며] 그가 아주 세게 잡고 있어요. [의자를 밀쳐낸다. 웃는다.] 그는 맥을 못 추고 쓰러졌어요. 그게 다 소문이 나겠지요. 기진맥진 나자빠졌어요. 저 의자를 망가뜨려도 된다면, 아주 박살을 내버릴 거예요.

로버트: 지금은 그렇게 하기가 어렵지만, 의자가 여러 개 있으니까 어떻게 하고 싶은지를 보여 주세요. 여기 이 의자들이 고통의 조각들이라고 합시다.

데릭: [의자를 배치한다.] 거기요, 네.

로버트: 좋습니다. 아들로서 계속 갈게요. 무슨 일이 일어나나요? 무엇이 보이나요? 어떤 생각이 들지요? 느낌은?

데릭: 고통에서 더 멀어지고 싶다고 생각하고 있어요. 그게 내 느낌이기도 하구요. 고통이 산에 오르는 걸 도와주는 면도 약간은 있다고 생각해요. 그래서 할 수 있다면 이걸 진짜로 옮길 거예요. [의자들을 옮긴다.] 닿지는 않지만 내가 산에 오르는 걸 도와주기 때문에 가까이 놓았어요.

로버트: 좋습니다. 그러면 그 고통 조각에게 당신 생각을 말해 보시겠어요?

데릭: 네가 아버지와 날 망쳐놓았기 때문에 난 네가 밉다. 하지만 계속 움직이려면 네가 필요해. 아냐. 난 네가 필요하지 않아, 혼자서도 얼마든지 계속할 수

있으니까. 하지만 가끔씩 널 보는 게 도움이 될 거야. 산산이 부서져서 흔적조차 없다 해도 아무렇지 않을 테니까.

로버트: 그 의자에 앉으세요. 그리고 고통의 역할을 입으십시오. 방금 아들이 한 말을 들었죠? 고통은 어떻게 반응할까요?

데릭: 네가 정말 그렇게 멀리 갔다고 믿니? 사랑 때문에 거기까지 갈 수 있었다고 생각해? 네가 올라가도록 몰아댄 내가 있었기 때문이야.

로버트: 넌 나의 일부를 필요로 한다….

데릭: 인생에서 멀리 가려면 네겐 내가 필요해. 네가 뭘 할 수 있는지 일깨우면서 계속해서 최선을 다하려면 내가 필요하다고. 내게서 도망치려 아무리 애써도 난 이미 너의 일부야. 나를 받아들여. 그러면 모든 게 잘 될 거야. 하지만 모든 게 최고라고 느껴지는 순간을 기억해. 내가 한마디 말을 속삭여 줄 테니.

로버트: 좋습니다. 이제 그 역할을 벗도록 하지요.

데릭: 주님 감사합니다.

로버트: 몸을 흔들어서 털어내세요. 장면에 아버지가 빠졌네요. 아까 한 말이 아주 중요한데, 뭐였지요?

데릭: 미안하다.

로버트: 그래요. 만일 아버지가 되어 그 말을 하거나 아들로서 그 말을 듣는 것 중 하나를 택한다면, 어느 역할을 하시겠어요?

데릭: 아들이 되긴 싫어요.

로버트: 그 말을 듣는 아들이 되기 싫다고요?

데릭: 음. 아버지가 되고 싶어요.

로버트: 아버지가 되길 원하는군요. 좋습니다. 아들을 어딘가에 배치해 보지요. 아들을 나타내는 의자를 하나 골라 알맞은 자리에 놓아주세요. 당신이 불러오지 않는 한 이제 고통은 퇴장할 겁니다.

데릭: 아뇨, 여기에 둘래요.

로버트: 네. 고통 전부 아니면 한 조각?

데릭: 한 조각이요.

로버트: 알겠습니다. 고통 한 조각. [의자 세 개를 가지고 와서] 그러니까 이게 아들이고, 이건 고통이고, 저건 아버지입니다. 아들은 산 위에 있나요, 아래에 있나요?

데릭: 산 밑에 있으면 좋겠는데, 지금은 바로 내려올 수 없으니까 산 위에 있는 걸로 할게요.

로버트: 산 위에 있군요. 그럼 움직이나요, 아니면…

데릭: 계속해서 움직이고 있어요.

로버트: 그러니까 아들은 움직이고 있고 고통도 그와 함께 있군요.

데릭: 네.

로버트: 그럼 아버지는 어디 있을까요?

데릭: [웃는다.] 좋은 질문이에요. 음. 여기 뒤에요.

로버트: 좋습니다. 혹시 제가 여기 약간 뒤에서 당신과 함께 있어도 될까요?

데릭: 얼마든지요.

로버트: 잘 모르겠어요. 아마도 아버지를 연기하는 게 쉽지 않을 것 같아서요.

데릭: 그래도 아들보다는 더 쉬울 걸요.

로버트: 좋습니다. 그러면 저는 여기 있어야겠네요. [아들을 나타내는 의자로 다가간다.] 아마도 이쪽이 더 도움이 필요할 것 같아서. 더 나은가요? 아니면 당신과 함께 있을까요?

데릭: 돌아오세요.

로버트: 알겠습니다. 그러니까 나는 당신이 아버지로서 아들이 원하는 것을 주길 바랍니다. 한마디 말이죠. 하지만 그 말은 무심결에 튀어나오는 것보다 준비할 필요가 있을 것 같아요.

데릭: 네, 안 그러면 가짜처럼 들릴 거예요.

로버트: 그러니까 진정으로 느껴지게 해야 합니다. 어떻게 하실 거죠?

데릭: 편지를 쓸게요.

로버트: 그러면 되겠군요. 여기 칠판이 있습니다. 분필을 드릴게요.

데릭: 네.

로버트: 편지를 쓸까요?

데릭: 네.

로버트: 좋습니다. 여기 분필이 있어요.

[데릭은 칠판에 글을 적는다.]

미안하다, 아들아.

집에 고통을 데려왔던 모든 것이.

추신. 네가 자랑스럽단다.

그리고 넌 훌륭한 남자다.

[남자에 여러 번 밑줄을 긋는다.]

로버트: 좋습니다.

데릭: 숨을 쉬고 있네요. 숨 못 쉬고 있을 줄 알았는데.

로버트: 숨을 못 쉬고 있을 거라 생각했다고요? 그럼 숨을 멈춰야 하나요?

데릭: 아뇨, 난 당신이 곁에 있길 원해요.

로버트: 알겠습니다. 당신 곁에 있을 겁니다. 살아서 당신 옆에 머물 겁니다. 편지를 쓰셨어요.

데릭: 죄송해요, 고쳐도 될까요?

로버트: 얼마든지요. 하고 싶은 대로 하십시오.

데릭: ["모든"이라는 단어를 지운다.] 맙소사, 학교 가서 다시 배워야 할까 봐요.

로버트: '모든' 은 아주 크지요. 난 그 말을 "미안하다 아들아 모든 게"라는 의미로 생각한 것 같아요. 모든 것이라는 의미였나요?

데릭: 네. [칠판에 '모든' 을 다시 적고 그 위에 동그라미 표시를 한다.]

로버트: 할 일이 한 가지 더 있습니다. 아버지로서 아들에게 메시지를 전해주세요.

데릭: 제 생각엔 편지를 읽을 것 같아요.

로버트: 그렇게 하셔도 좋습니다. 어떻게 읽고 싶으세요? 감정을 실어서, 아니면 쿨하게? 아님 감정을 모두 빼고?

데릭: 쿨하게.

로버트: 쿨하고 침착하게. 좋습니다.

데릭: 아들아 고통을 집에 데리고 와서 미안하다. 그 모든 것이. 추신. 나는 네가 자랑스럽단다. 너는 훌륭한 남자다. 그리고 이건 진심이다.

로버트: 그리고 뭐라고요?

데릭: 진심이라고요.

로버트: 그것도 적어보시겠어요?

데릭: ["진심이다"라고 쓴다. 그리고 "나를 용서해 다오"라고 적는다.] 죄송합니다. 그냥 저절로 나와서요.

로버트: 아주 좋습니다. 아까 읽을 때보다 양이 많아졌네요. 편지를 다시 한 번 읽어볼까요? 원한다면 이번에는 분위기를 바꿔서 좀 더 감정적으로 해볼 수 있습니다. 꼭 그래야 하는 건 아니고요.

데릭: [침착하고 쿨하게] 아들아 고통을 집에 데리고 와서 미안하다. 그 모든 것이. 추신. 나는 네가 자랑스럽단다. 너는 훌륭한 남자다. 그리고 진심이다. 나를 용서해 다오.

로버트: 한 번만 더해 볼까요? 대신 이번에는 여기 아들이 있습니다. 그리고 여기에 고통이 있어요. 고통의 일부죠. 아들을 따라다니는 고통. 이거 맞지요?

데릭: 네.

로버트: 이제 한 단계 더 나아갑니다.

데릭: 읽으면 되나요?

로버트: 네. 좀 더 감정에 접촉한 배우로서요.

데릭: 아들아 고통을 집에 데리고 와서 미안하다. 그 모든 것이. 추신. 나는 네가 자랑스럽단다. 너는 너무나 훌륭한 남자다. 그리고 이건 진심이다. 나를 용서해다오… 그게 널 자유롭게 할 거야.

로버트: 네. 한 번 더 해볼까요?

데릭: 뭐죠, 노래하길 바라시나요?

로버트: 노래하고 싶으세요? 저도 노래를 생각했답니다.

데릭: 정말요? [장난스럽게 노래를 부른다.] "아들아 고통을 집에 데리고 와서 미안하다. 그 모든 것이. 추신. 나는 네가 자랑스럽단다. 너는 너무나 훌륭한 남자다. 그리고 이건 진심이다. 나를 용서해 다오." 오래된 흑인 영가예요. 뭔가 느낌이 있는 노래죠.

로버트: 이제 좀 다른 방식으로 접근하려고 합니다. 하지만 제자리로 다시 돌려놓을게요. 저 의자에 앉아서 고통과 여기 있는 아버지를 마주볼 수 있을까요? 이제 아들이 되는 겁니다. 말은 하지 않아도 됩니다. 내가 편지를 읽어 주면 들을 수 있겠어요?

데릭: 네.

로버트: [천천히 감정을 느끼며 읽는다.] 아들아 고통을 집에 데리고 와서 미안하다. 그 모든 것이. 추신. 나는 네가 자랑스럽단다. 너는 너무나 훌륭한 남자다. 그리고 이건 진심이다. 나를 용서해 다오.

데릭: [데릭은 감정에 북받친다.] 여기서 울지 않을 거예요.

로버트: 좋습니다. 이제 무얼 할지 말씀 드릴게요. 심호흡을 한 번 하세요. 이제 더 이상 아들이 아닙니다. 역할을 벗으세요. 일어나서 의자를 멀리 치우세요. 그것을 그냥 의자로 만듭니다. 이것도 이제 고통이 아닙니다. 우리 둘이 나란히 앉을 겁니다. 이제 몇 분밖에 남지 않았거든요. 그건 그렇고, 괜찮으세요? 작업은 어디쯤 가고 있나요?

데릭: 양쪽 어깨 사이에 걸려 있어요.

로버트: 지금도 거기에 있나요?

데릭: 음. 흘려 보내려고 노력 중입니다.

로버트: 숨 죽이지 마세요. … 숨을 참고 있지 마세요. 흐르게 놓아두십시오. 이 이야기는 동화풍이지만, 현실과 아주 가깝게 느껴집니다. 당신의 일상 현실과 어떻게 관련되나요?

데릭: 나 데릭으로서요?

로버트: 네.

데릭: 글쎄, 이야기와 똑같다고 할 수 있죠… 저도 똑같았어요.

로버트: 산에 오르는 거 말인가요?

데릭: 산에 오르려고 애쓰고 있지요. 난방기 옆에 숨었어요. 아직도 그 쉬쉭 소리가 들려요.

로버트: 난방기는 이 이야기에서 아주 아름다운 인물이었습니다.

데릭: 네, 편안했지요. 그리고 따뜻하기도 했을 거예요.

로버트: 쉬쉭 소리도 편안했나요?

데릭: 쉬쉭 소리는 편안했어요. 전 쓰레기차와 쉬쉭 거리는 난방기 소음을 들으면 잠이 와요.

로버트: 당신을 달래주는 소리군요.

데릭: 네. 그리고 비요. 빗소리를 들으면 늘 아늑해져요. 비슷한 종류죠.

로버트: 아버지와 아들에게 달라붙어 있는 고통의 일부를 통합하는 안내자가 있다면 난방기 같은 인물일 거란 생각이 듭니다.

데릭: 네, 이제 아들은 아버지가 가지고 들어와 절대 내버리지 못했던 그 모든 고통을 계속해서 꼭 붙들어야 합니다. … 남자가 되기 위해 산에 오르려 애쓰면서 고된 시간을 겪겠지요.

로버트: 여기서 작업을 맺는 게 좋을 듯합니다. 전체를 돌아볼 수 있는 명료한 지점이라고 생각됩니다. 수고하셨습니다.

데릭: 제게도 좋은 경험이었습니다.

회기에 대한 성찰

대극성을 논하기에 앞서, 회기를 마친 뒤 랜디와 데릭이 돌아본 바를 일부 살펴보도록 하자. 랜디는 데릭이 처음에 내놓은 자기모멸적인 이미지를 어떻게 다룰 것인지 그리고 그가 좀 더 균형 잡힌 자리로 옮겨가도록 어떻게 안내할 수 있을지가 첫 번째 과제였다고 말했다. 그는(2005) 그것을 역할 이론의 관점에서 개념화했다.

> 그가 문제를 아버지와 아들의 주제로 구체화하고 고통이 세 번째 역할로 등장했을 때, 나는 이 작업을 역할, 반대역할, 안내자의 관점에서 생각할 수 있었다. 나는 아들이 여정을 떠나는 영웅으로서 가장 중요한 역할이라고 보았다. … 데릭은 이야기에서 산으로 떠난다. 내가 본 반대역할은 아버지였고, 고통은 어떤 측면에서 안내자였다. 때로 안내자는 부정적인 인물로 나타나기도 한다.

랜디는 치료사로서 자기 임무가 데릭을 위해 일관되고 긍정적인 안내자 인물로 남아 있는 것이었다고 기록했다. 그는 데릭에게 장면 속에서 자기가 가까이 있기를 원하는지 묻기도 했다. 그렇게 하면 데릭이 상징적인 산을 오르는 힘든 여정에 더 힘을 낼 수 있을 것이라 생각했기 때문이다. 안내자 인물로서, 랜디는 보다 긍정적이고 변형된 아버지의 대역이 될 필요가 있었다. 데릭은 그 이미지를 아버지가 고통을 떠나 보내고 산을 오르는 아들의 여정을 지지하는 모습으로 표현했다. 허구 속의 아버지가 한 참회의 말을 내면화하고 나서, 데릭은 진짜 아버지의 영적 변형을 자각할 수 있었다.

랜디는 또한 이야기의 구조와 용서를 구하는 어려운 말을 편지로 쓰고 노래한 것이 데릭으로 하여금 결국에는 아들 역할을 입고 아버지로부터 한 번도 들어본 적 없는 말을 수용하도록 적절한 거리를 제공했다고 기록했다.

역할 접근법의 목표인 균형에 관하여 랜디(2005)는 이렇게 말했다.

> 그가 아버지로서 아들에게 참회의 말을 할 수 있다면, 아들로서 그 말을 수용할 수 있다면, 그리고 고통이 되어 아버지와 아들 사이에 있을 수 있다면, 균형이 성취될 것이라 믿었다. 데릭이 산에서 고통을 영원히 추방하지 않은 게 흥미로웠다. 하지만 그는 고통을 조각냈고, 그중 하나만을 마치 그것이 안내하는 에너지를 지닌 양 데리고 다녔다… 나는 마지막에 고통의 중재를 통해 아버지와 아들 사이에서 모종의 균형과 통합이 성취되었다고 본다. 그것은 안내자

의 중재로 역할과 반대역할의 균형을 향해 나아가는 접근법의 결과다.

랜디에게 난방기와 그 쉬쉬 거리는 편안한 소리는 데릭을 위한 안내자 인물의 또 다른 형식이었다. 고통과 학대로부터 태어났고 그 두려운 경험을 마비시키는 기능을 했지만, 난방기는 "침착함의 표지가 되었을 때, 고통을 훈습하는 방식이 되었을 때, 그리고 아버지의 유산으로서 고통이 자신의 일부라는 사실과 화해할 때 변형된 듯 보였다"(Landy 2005).

마지막에 대학원생들이 안내자 인물에 대해 질문했을 때, 랜디는 비평적인 시선으로 카메라를 언급했다. 그는 회기를 시작할 때 데릭이 자라면서 또래들에게 놀림 받았듯이 카메라가 자신을 지나치게 검은 존재로 모질게 판단할지 모른다고 우려한 부분에 주목했다. 그러나 데릭은 부정적인 이미지를 전환시켜 카메라를 긍정적으로 볼 수 있었고, 실제 작업에서도 종국에는 아버지의 눈을 통해 자기 자신을 긍정적으로 바라보게 되었다. 안내자에 대한 마지막 성찰로서 랜디(2005)는 이렇게 말했다.

> 부정적인 안내자가 긍정적인 안내자가 되었다. 만일 카메라가 안내자라면… 그것은 다른 사람들이 우리를 어떻게 보는가, 그리고 우리가 우리 자신을 어떻게 보는가에 대한 표상일 것이다. … 안내자는 우리가 우리 자신을 있는 그대로 볼 수 있도록 돕는 인물이다. 우리는 진정으로 아름다운가? 아니면 정말로 아름답지 않은가? 아마도 우리는 두 가지 다일 것이다. 만일 우리가 우리의 모습 그대로를 사랑할 수 있다면… 그때 비로소 안내자는 그 소임을 다한 것일 테다.

데릭(in Landy 2005)은 회기를 돌아보면서, 아버지로부터 참회와 사랑의 말을 들었던 경험이 매우 강렬했다고 말했다. "들리는 말이 믿기지 않았어요. 마치 심장에 산소가 공급되지 않는 것 같았어요." 허구와 일상 현실을 연관 지으면서, 데릭은 아버지에게 그런 말을 절대 들을 수 없을 거라며 슬퍼했다. 그러나 "나의 큰 부분은 그 사실과 이미 화해했습니다" 라고도 말했다.

촬영을 마치고 일 년 후에 데릭은 작업 과정을 다시 한 번 돌아보았다. 그는 "아버지야말로 아버지가 필요했다"는 깨달음과 함께(Derek 2006), 아버지에게 전혀 기대치 않았던 연민을 느끼게 되었다고 말했다. 나아가 아들 역할을 성찰하면서 이렇게 말했다.

> 남자 치료사가 나와 역할을 바꾸어 내가 칠판에 쓴 말을 아버지로서 읽어 줄 때, 전에는 한 번도 느껴본 적 없는 감정이 올라왔어요. 그것은 내가 어린아이일 때도, 십대에도, 청년일 적에도 가져보지 못한 긍정의 감정이었죠. 아버지한테 그토록 듣고 싶었던 말, 아마 그 말은 천 개의 상처를 치유할 수 있었을 겁니다. 그걸 듣는 경험은 정말 좋았어요.

회기 말미에 데릭은 적어도 이야기에 등장한 역할들과는 화해를 했다. 고통은 통제할 수 있는 크기로 조각을 냈고, 아버지에게서 늘 갈망했던 말을 들었다. 산에 올랐고, 달래주는 안내자 인물을 만났다. 현실에서는 아버지의 대리인인 로버트와 긍정적인 연계를 형성했다. 그는 자신을 강하고 아름답다고 보았다. 그는 아버지와 아들의 관계뿐만 아니라, 백인 사회에서 흑인 남자라는 정체성에 관해 해야 할 작업이 많음을 인식했다. 그는(Derek in Landy 2005) 말했다. "색깔 콤플렉스는 여전히 남아 있어요. 그것은 아버지/아들의 주제와 거의 직접적으로 연관되어 있습니다." 다음 두 회기에서 그에 관한 작업이 이어졌다.

일 년 뒤에 다시 만났을 때, 데릭은 자신이 아버지의 역할 모델이 되었음을 깨달았고, 그것은 역할 접근법의 최종 단계인 사회적 모델링에 해당하는 변화였다. 데릭(2006)은 말했다. "이야기에서 아버지는 내가 산에 오르는 것과 삶에서 많은 것을 이뤄내는 것을 지켜보았어요. 그리고 전 실제로도 고통에서 벗어나 성장하는 법을 제시하는 아버지의 역할 모델이 되었답니다."

대극성

감정과 거리

역할 접근법은 강한 감정을 담아내기 위해 역할과 이야기의 안전함에 의존하는 간접적인 접근법이다. 세 가지 연극치료 접근법 가운데 가장 거리를 두며 가장 포용력이 있기 때문에, 정서적 외상을 경험한 참여자들에게 특히 유용하다. 참여자들이 자신의 실제 딜레마를 창조된 허구에 투사한 다음 나중에 허구와 현실의 연관 관계를 성찰할 수 있게 한다는 점에서 그렇다. 어린 시절에 정서적 외상을 경험했고 가해자 — 아버지 — 를 향한 강한 감정을 수용할 수 있도록 안전함을 요구했다는 점에서 데릭 역시 같은 경우라 할 수 있다.

역할 접근법으로 작업할 때, 참여자들은 흔히 카타르시스를 경험하며, 특히 허구와 현실의 연관 관계를 자각할 때 그렇다. 이러한 자각은 극화 과정에서 무의식적으로 일어날 수도 있고, 성찰을 하면서 좀 더 의식적으로 발생하기도 한다. 그러나 카타르시스의 형식은 정서와 인지를 통합한다는 점에서 독특하다. 연기 과정에서 발생한 감정이 그에 대한 성찰에 의해 균형을 찾는다. 배우는 자기가 연기하고 있음을 한순간도 잊지 않으며, 그렇기 때문에 연기자와 관찰자의 두 가지 역할을 동시에 취할 수 있다. 일반적으로 말해, 역할 접근법을 취하는 치료사는 감정에 압도되거나 지적으로 소외되지 않는 감정과 사고의 균형 상태를 촉진하기 위해 작업한다.

데릭은 아들 역할을 맡아 치료사가 아버지로서 읽어 주는 참회의 말을 들었을 때 이 균형을 경험하였다. 그리고 아들 역할을 벗으면서 "여기서 울지 않을 거예요"라고 말했다. 감정과 더 깊이 접촉하는 데서 스스로 거리를 두기로 한 데릭의 선택은 여러 가지 방식으로 설명될 수 있다. 먼저, 그것이 지켜보는 집단이 있는 데서 처음으로 촬영한 회기였고, 카메라에 비칠 모습을 가지고 작업을 하긴 했지만, 데릭이 연극치료 작업에 충분히 웜업이 되지 않았다고 볼 수 있다. 또한 치료사가 남자였다. 물론 전에 로버트를 믿을 만하고 품이 넓은 사람으로 경험했지만, 어린 시절의 아버지에 대한 두려움을 지금 눈앞에 있는 로버트에게 전이했을 수 있다는 것이다. 마지막으로, 역할과 이야기로 작업하는 방식이 드러내지 않고 담아두고 싶은 데릭의 욕구를 만족시켰다고 할 수 있다. 그는 그 뒤에도 두 회기가 남아 있음을 알고 있었고, 그래서 더 안전한 거리에 머물고자 했던 것이다.

허구와 현실

역할 접근법은 참여자가 상상으로 작업하기를 요구한다. 즉, 허구의 세계를 창조하고 그 안에 살기를 시도하는 것이다. 대부분의 전통적이고 심리역동적인 치료 형식들 역시 동일하다고 말할 수 있을 것이다. 샤머니즘에서는 의식 참여자가 신들의 치유력과 접촉하면서 현실의 경계를 초월한다. 그리고 고전적인 정신분석에서도 자유연상은 내담자를 일상에서 무의식적 이미지의 영역으로 이끌고 간다. 영웅과 어린이와 예술가의 신화적 능력을 끌어안았던 융과 랑크 같은 사람들 역시 내담자가 상상을 통해 작업하기를 독려했다.

그러나 역할 접근법은 치료적 경험의 형식과 내용으로 역할과 이야기를 의식적으로 사용한다는 점에서 이전의 접근법과 구별된다. 그 작업은 장애물을 통과하고 안내자의 도움을 구하면서 미지의 목적지를 향한 여정에 오른 영웅의 극적 경험에 기반을 둔다. 최상의 경우에, 역할 접근법은 고전적인 연극으로 기능한다. 즉, 관객을 처음에는 현실과 별로 다르지 않은 허구적 세계로 초대하는 것이다. 오락뿐만 아니라 계몽으로서도 성공적일 경우에 공연은 현실에 대한 고양된 감각을 제공한다.

행동 속에서 완전한 치유가 일어난다고 보는 창조적 예술 치료의 형식과 달리, 역할 접근법은 참여자가 드라마의 허구와 일상 현실의 의식적인 연관 관계를 발견하도록 돕는다. 역할 접근법에서 역할과 자기, 무대와 세계는 서로를 반영할 뿐만 아니라 보다 온전해지기 위해 타자와의 통합을 필요로 한다. 고통의 유산과 산으로의 여정을 담은 데릭의 이야기는 은유 이상이다. 그것은, 제임스 힐먼(1983a)의 언어 속에서, 변형된 현실로 이어지는 고리, 곧 치유적 허구다.

말과 몸의 표현

연극의 텍스트는 대사 형태로 쓰여 있기 때문에, 즉흥을 기반으로 한 대부분의 연극치료 형식 역시 말을 통할 것이라 기대된다. 역할 접근법은 장면 작업뿐만 아니라 역할과 이야기를 준비하는 데서도 말을 쓰며, 그 표현의 양과 질은 치료사와 관련하여 참여자의 요구에 의존한다. 데릭의 경우에 이야기 앞뒤에 상당한 대화가 있었다. 또 이야기를 하고, 극화하고, 그에 대해 성찰하면서도 꽤 많은 말을 주고받았다.

스토리텔링을 한 다음에 데릭은 몇 가지 역할을 맡아 말과 행동으로 연기했다. 처음에는 아들로서 고통에 대해 생각하는 것으로 시작했다. 그런 다음 매우 신체적인 방식으로 고통과 싸웠고, 마지막으로 고통에게 직접 말을 했다. 생각과 행동과 말로 이미지를 다룸으로써 그는 고통을 커다란 덩어리에서 아주 작은 조각으로 바꿀 수 있었다. 그는 그렇게 융이 말한 것과 유사한 적극적 상상을 경험했다.

데릭은 고통의 역할을 말과 말이 아닌 방식으로 표현했고, 그 과정을 거치면서 고통을 안내자로 보는 데까지 나아갔다. "네가 올라가도록 몰아댄 내가 있었기 때문이야." 그리고 데릭은 아버지의 역할을 맡았지만, 아들에게 참회의 말을 할 수 없었기 때문에, 대신 칠판에 글로 적은 다음 그것을 큰 소리로 읽었다. 그리고 치료사는 좀 더 정서적이고 비언어적인 표현 방식을 찾아보라고 격려했다. 아버지로서 감정에 더욱 몰입하도록 요구받자, 그는 또 다른 표현 수단을 찾았다. 그 말들을 우스꽝스럽게 노래함으로써 표면 아래의 난해한 감정으로부터 거리를 두었다.

마지막으로 아들 역할을 연기해 보라고 하자, 그는 매우 집중하면서 조용해졌고, 참회의 말들 배후에 있는 감정과 함께 화해와 용서의 가능성을 느꼈다. 바로 그때가 작업이 가장 고양된 지점이다. 역설적이지만, 데릭은 "여기서 울지 않을 거예요"라고 말하면서도 온전히 그 순간에 머물렀다.

역할 접근법은 말에 상당히 기댈 수 있다. 하지만 동시에 참여자들이 역할에 깊이 들어가 감정에 몰입하면서 쉽게 비언어적인 연기로 옮겨간다. 역할 접근법은 또한 자폐 스펙트럼이나 선택적 함묵증을 보이는 어린이 또는 긴장성 정신분열증 성인에게도 효과적일 수 있다. 말을 쓰기 힘든 경우에는 움직임과 놀이를 통해 역할을 불러내고 극화할 수 있다. 앞 장에서 언급한 특정한 기법들, 가령 세상 기법, 모래 놀이, 인형극, 에릭슨의 극적 산물 검사 등은 역할 접근법을 통한 투사적 표현 형식이라고 할 수 있다.

행동과 성찰

극적 행동은 말과 몸을 공히 통한다. 회기를 시작할 때 호흡을 하고 몸을 푸는 부분이 가장 비언어적이라고 할 수 있다. 마찬가지로, 데릭이 눈물과 싸우면서 "여기서 울지 않을 거예요"라고 말할 때도 그는 온전히 극적 행동에 참여한다. 앞서 언급했듯이, 극적 행동은 역할의 존재 그리고 초기 자극에서 어느 정도 거리를 취하느냐에 따라 달라진다. 그것이 분석이나 해석 또는 성찰과 다른 게 있다면 현재에 자발적으로 일어난 사건이라는 점이다. 생체에너지적 치료의 후기 작업에서, 우리는 빌헬름 라이히가 행동을 충분히 끌어안으면서 분석으로부터 멀어지는 것을 본다. 근원적이고 카타르시스적인 방식으로 작업하는 사람들(예를 들어, Janov 1970 참고)은 치료적 변화를 끌어내기 위해 오직 행동에 의존한다.

역할 접근법은 행동과 성찰을 모두 포용한다. 회기 내내 데릭은 역할 접근법의 단계에 따라 주요한 세 역할을 불러내어 이름 짓고 이야기와 장면 작업을 통해 그것을 훈습하면서 행동한다. 그리고 회기가 끝나가면서는 아들 역할을 벗고 극적 행동을 성찰한다. 그의 첫 번째 성찰은 신체적이다. 그는 로버트에게 드라마 경험이 "양 어깨 사이에 끼어 있다"고 말한다. 그리고 "아버지와 아들과 고통"이라는 이야기가 자기 삶의 "축약된 형태"임을 깨닫는다. 마지막에 데릭(in Landy 2005)은 이야기로 돌아와 이렇게 진지한 성찰을 내놓는다. "이제 아들은 아버지가 가지고 들어와 절대 내버리지 못했던 그 모든 고통을 꼭 붙들어야 합니다. … 남자가 되기 위해 산을 오르려 애쓰면서 고된 시간을 겪겠지요." 성찰은 해결과 다르다. 그것은 참여자가 자신의 행동을 신중하게 돌아보고 그것을 현재로 옮겨오게 한다. 행동은 그렇게 균형을 이끌어낼 수 있다.

지시적 접근과 비지시적 접근/전이와 역전이

역할 접근법에서 치료사는 연출가와 다소 유사하다. 그들은 행동을 안내하고, 참여자가 역할을 맡아 연기하고 이야기를 하고 장면을 만들며 전체 작업을 성찰하는 데 필요한 명확한 구조를 제공한다. 경우에 따라서는 참여자와 함께 역할을 연기하기도 하지만, 그 안에서도 행동을 연출한다. 예를 들어, 데릭에게 참회의 말을 읽어 주기로 했을 때, 랜디는 아버지의 역할을 입었고, 그럼으로써 데릭이 아들로서 그 말을 들을 수 있었다.

감정적으로 초연하고 분리된 분석가라는 초기의 모델은 어떤 연극치료 형식에서도 찾아보기 어렵다. 역할 접근법뿐만 아니라 다른 접근법은 순수하게 전이와 역전이라는 정신분석적 관점에서 작동하지 않는다. 치료사가 참여자의 드라마에서 배우가 되기도 하며, 그래서 객관성이 다소 희석되는 것이 사실이다. 연극치료에서의 전이를 연구한 엘리아즈(1988)는 연극치료사들에게 집단으로 작업하기를 권한다. 치료사를 향한 전이가 집단에게로 방향을 바꾸게 함으로써, 집단이 스스로 전이를 담지하고 훈습하도록 하라는 것이다.

이론상으로는 치료사가 지시적일수록 전이가 발생할 확률은 낮아진다. 역할 접근법은 심리극의 매우 지시적인 접근과 발달적 변형의 외견상 비지시적인 접근 사이에 있다고 할 수 있다. 데릭과의 회기에서, 랜디는 역할 접근법의 단계를 이행하는 데서는 확실히 지시적이었다. 그러나 데릭이 참회의 편지를 쓰고 노래하고 산에 올라갈 때는 지시적이기보다 공감적인 목격자로 기능했다.

회기에서, 랜디는 데릭이 자기에게 아버지를 전이한다는 점을 잘 알고 있었다. 하지만 그는 전이를 허구의 아버지 역할로 옮기기를 선택했다. 그는 데릭의 실제 아버지가 되지 않는 대신, 데릭이 드라마를 통해 창조한 아버지를 연기한 것이다. 그리고 데릭에게 교정적인 경험을 제공하기 위해 학대하는 아버지를 자애롭고 수용적인 아버지로 변형했다. 많은 초기 정신분석가들과 달리, 랜디는 전이를 진행시키기 위해 데릭을 절망에 빠뜨리는 대신 산에 오르는 여정 내내 데릭을 안내했다.

정신분석에서 전이는 과거의 경험을 다시 연기하는 극적 순간으로 간주될 수 있으며, 극화와 동시에 분석의 내용이 된다. 최근에 정신분석에서 이론적인 발달은 실제로 극화라 불린다. 그것은 전이와 역전이의 고양된 순간을 혼습하는 것과 관련된 상관적 접근법이다(예를 들어, Johan 1992; Field 2006). 역할 접근법을 통한 전이는 정신분석과 달리 참여자의 삶에서 해결되지 않은 관계를 세 가지 형식으로 극화한다. 진짜 아버지에게서 나타나는 현실적 형식, 아버지를 치료사에게 투사하는 전이적 형식, 이야기에 등장하는 아버지의 허구적 형식. 이 세 번째 허구적 형식 안에서 치료사는 참 만남과 수용에 대한 참여자의 욕구를 가장 자유롭게 반영할 수 있다.

역전이에 관해서는, 일단 치료사가 참여자와 함께 역할 연기에 들어가면 개인적인 주제가 나타날 수밖에 없다. 아버지와 관련된 랜디의 개인적 주제는, 학대와 관련된 것은 아니지만, 용서와 사랑을 표현할 수 있는 기회를 놓친 데 대한 후회로 가득 차 있다. 또한 랜디는 아버지로서 아들에게 긍정적인 감정을 갖고 있고, 그것은 아들로서 그의 아버지에게 느끼는 것보다 훨씬 강력한 끈이었다. 그래서 아버지 역할을 맡았을 때, 그는 충분히 좋은 아버지로서의 경험을 끌어내 그 감정을 데릭의 아버지를 연기하는 데 사용했다.

랜디는 경우에 따라 아버지 역할로 장면 안에서 행동을 연출했지만, 대부분은 밖에서 좀 더 공감적이고, 비판적이지 않은 인물로 있었다. 그런 측면에서 랜디는 칼 로저스(1951)가 말한 비지시적이며 인본주의적인 자세를 잘 보여 주었다. 곧 참여자를 무조건적으로 수용하고 존중하며, 그가 자신만의 여정에 오르도록 강화하는 방식으로 참여자의 말을 마주 따라하는 것이다. 내부에서 연출을 하든, 외부에서 좀 더 비지시적인 자세를 취하든, 랜디는 충분히 좋은 안내자를 구현하려 노력했다. 충분히 좋은 안내자란 참여자가 분열된 역할을 통합하도록 돕고, 자녀를 효율적으로 안내할 능력이 부족했던 과거의 양육자와의 관계에 대한 대안을 제공하기 위해 노력하는 사람을 말한다.

심리극

데릭의 두 번째 회기는 심리극이었다. 연출자는 심리극 분야의 저명인사인 니나 가르시아였다. 그녀는 J. L. 모레노의 유수한 제자에게 훈련받은 2세대 연출자로서, 스턴버그와 함께 사회극에 관한 책(Sternberg and Garcia 2000b)을 저술했으며, 심리극에 대한 여러 논문과 글을 쓴 바 있다. 데릭과의 작업을 논하기 전에 심리극을 몇 가지 측면에서 살펴보도록 하자.

역사적 개관

우리는 2장과 3장에서 모레노의 심리극, 사회측정학, 사회극 작업을 역사적으로 살펴보았다. 모레노는 현대적인 행동 심리치료 접근법을 개발하고 정의한 최초의 인물이라 할 수 있다. 그는 비엔나 동기생들이 정신분석에서 이룬 성취를 잘 알고 있었지만, 그 흐름을 좇거나 모방하지 않았다. 가장 거리낌 없고 혁신적이었을 당시, 모레노는 한낱 인간이면서 동시에 창조자인 신의 역할을 연기했다. 그것은 『아버지의 말씀』(1920)과 『누가 살아남을 것인가?』(1934/1978)라는 책의 제목에도 고스란히 나타난다.

모레노의 생애와 업적에 대한 출처가 의심스러운 이야기 대신, 그가 쓴 회고록의 일부를 살펴보자. 그는(1946/1994) 자신의 작업을 온전히 행동 심리치료의 맥락에 두면서 이렇게 말했다.

> 1914년, 비엔나에는 정신분석에 대한 두 가지 반명제가 있었다. 하나는 개인 대 억압된 집단의 반항이었고, 그것은 정신분석을 넘어 "집단 정신분석"으로 첫 걸음을 내딛었다. … 또 다른 하나는 억압된 배우의 말에 대한 반란이었다. 그렇게 정신분석을 넘어 "심리극"으로 두 번째 걸음을 내딛었다. 태초에 존재가 있었다. 태초에 행동이 있었다(1).

행동, 치유의 형식으로서 극적 행동의 순간에 대한 강조는 행동 심리치료의 역사에 그가 가장 공헌한 바라 할 수 있다. 정신과 의사지만 연극에 관심이 많았던 그는 치료 과정을 연극적 관점에서 언급하기도 했다. 또한 그는 카타르시스를 행동과 삶의 모방으로 정의한 아리스토텔레스의 관점을 반박하며 이렇게(1946/1994) 말했다.

> 심리극은 드라마를 삶과 행동의 모방이 아니라 그 확장으로 정의한다. 모방하더라도 초점은 모방되는 대상보다 유연한 사회적 환경… 내에서 해결되지 않은 문제를 재현하는 기회에 주어진다(15).

정신분석 또한 전이 속에서 해결되지 않은 문제를 재현한다. 그러나 자유연상은 모레노가 보기에 "말들의 전투"(1946/1994, 11)였다. 프로이트가 자유연상으로 사고의 자유를 추구했다면, 모레노는 심리극으로써 몸과 감정을 통한 표현의 자유를 성취하려 했다. 앞서 보았듯이, 많은 초기 정신분석가들은 신체적이고 감정적인 행동을 저항의 형식인 행동화로 몰아붙이기에 급급했다. 모레노(1946/1994)는 용감하게 그 까닭을 다음과 같이 설명했다. "행동은 위험해 보였다. 왜냐하면 쉽게 과도함과 무정부

주의로 귀결될 수 있었기 때문이다"(11).

프로이트와 모레노 사이에 놀이와 이미지와 감정 표현의 치료적 가능성을 인식한 융과 랑크와 페렌치가 있었다. 그리고 라이히와 로웬과 펄스의 작업은 몸을 통한 치유의 가능성을 제시한다. 그러나 행동이 말에 선행하고 치유 방법으로서 말보다 효과가 크다는 생각을 예증하고 확산시키기까지는 반세기가 넘는 모레노의 꾸준한 노력이 필요했다.

심리극의 기본 전제

인간성에 대한 모레노의 이미지는 삶의 개인적, 대인적, 초개인적 양상을 포괄하는 광범하고도 넓은 것이다. 더구나 심리극적 세계관은 생존이 자발성, 창조성, 문화적 관습의 상호작용에 의존한다는 것을 강조한다. 모레노는 예술과 기술, 사회적, 정치적, 경제적 제도를 포함하는 해당 문화의 관습적 구조와 산물을 일러 "문화유산"이라 했다.

모레노(1946/1994)의 비전은 적극적으로 우주를 창조한 예술가로서의 신神에서 시작된다. "그것은 착상의 순간에서 세상과 자기 자신을 창조하기까지 안식일 이전의 신의 상태다"(32). 신, 곧 창조자는 인간적 창조력의 은유이며, 모레노에게 창조적 잠재력의 해방은 심리극을 통해 일어난다.

심리극에서, 창조는 늘 지금 여기에서 진행된다. 그것은 즉흥극이 희곡을 상연하는 것과 다르듯이, 이미 창조된 것과 질적으로 구별된다. 모레노(1946/1994)는 생생한 은유의 측면에서 창조 행위를 이렇게 말했다. "창조자는 달리는 사람과 같다. 달리는 사람에게 그가 이미 지난 길과 그 앞에 놓인 길은 질적으로 하나다"(35). 이는 과거와 미래가 경험이라는 현재의 순간 속에서 만난다고 가정한다.

시간의 차원에 덧붙여, 모레노의 철학 체계는 극화된 행동의 위치로서 공간에 대한 이해를 포함한다. 모레노에게 와서 카우치의 이미지는 무대의 그것으로 바뀐다. 그는 심리극의 공간을, 말 뜻 그대로 풀면 태생지를 의미하는, **로쿠스 나센디** *locus nascendi*라고 명명했다. 그 은유적인 공간에서는 무슨 역할도 연기할 수 있고, 어떤 행동도 허구라는 한계 안에서 안전하게 극화할 수 있다. 행동이 일어나는 장소는 모레노가 디자인한 심리극 무대가 될 수도 있고, 길 한쪽이나 공원 또는 교실이 되기도 한다.

모레노의 철학 체계의 세 번째 차원은 잉여 현실이다. 잉여 현실은 오감의 영역을 넘어선 상상의 경험을 지칭한다. 모레노는 노동자로부터 초과분의 수입을 착취하는 자본주의적 관행을 일컫는 카를 마르크스의 잉여가치라는 말에서 힌트를 얻었다. 사람들은 삶에서 충분히 표현할 수 있는 기회를 자꾸만 놓치는데, 심리극이 창조하는 잉여 현실에 참여하는 사람은 삶의 방향을 바꿀지도 모르는 새로운 행동을 시도하면서 자기 자신을 표현할 수 있다. 드라마의 허구는 현실에 잉여 차원을 더하며 현재를 고양시킬 뿐만 아니라, 잠정적으로 현실을 수정한다.

마지막 차원은 코스모스다. 모레노는 우주적 차원이 개인의 운명을 결정함에 있어서 개인의 우선성에 주목한 프로이트와 사회적이고 경제적인 요인의 우선성에 주목한 마르크스 사이 어딘가에 위치한다고 말했다. 그가 말한 우주적 인간은 개인적이고 사회적이며 영적인 역할과 모든 가능성을 상상할 수 있는 사람을 가리킨다. 모레노(in Fox 1987)는 신을 종교적 인물이 아닌 연극적 인물로 전환시키면서 우주에 대한 논의를 독특하게 가름한다.

신의 이미지는 모든 인간 ― 간질병 환자, 정신분열증 환자, 창녀, 가난한 사람과 거부당한 자 ― 을 통해 형태와 몸을 취할 수 있다. 그들 모두가 영감의 순간에는 언제라도 무대에 올라 우주가 그들에게 선사한 의미를 보여 줄 수 있다. 어린아이들에게 그러한 것처럼, 신은 언제나 우리들 사이에 그리고 우리들 안에 있다. 신은 하늘에서 내려오는 대신 무대 문을 통해 들어온다(12).

모레노(1946/1994)의 세계관에서 예술가와 창조자는 최상의 존재, 곧 다윈적 의미에서 살아남도록 예정된 존재다.

> 보존된 산물에 집착하는 종족은 사멸할 것이다. 그러므로 다윈의 "적자생존"은 지나치게 협소한 시각임이 밝혀질 것이며, 종국에는 창조자의 생존으로 대체될 것이다(46).

심리극의 기본 개념

표면적으로 심리극은 연극치료에 비해 덜 연극적인 듯 보인다. 그러나 모레노는 연극적인 용어로 생각하고 말했으며, 개념적 틀 역시 드라마에 바탕을 둔 아이디어를 포함하였다. 1940년에 심리극의 연극적 기초를 고심하면서, 모레노(in Fox 1987)는 이렇게 썼다.

> 심리극의 치료적 측면은 그 미적 측면과 분리될 수 없다. … 치료적 연극에서는 이름 없는 평범한 사람이 예술 작품에 접근하는 위대한 존재가 된다. … 그의 자아는 미학적 원형이 된다. 즉, 인류의 재현으로 화하는 것이다. 심리극 무대에서 그는 영감의 상태에 들어간다. 즉, 그가 극작가가 되는 것이다(59).

다음은 모레노의 치료적 연극을 설명하는 주요 개념이다. 그는 연극치료에 기반한 역할 이론을 반세기 앞질러, 장차 나타날 행동 접근법의 개념적 모델을 제시한다.

역할

역할을 "자기의 실제적이고 접촉가능한 형식"(153)이라 한 모레노(1946/1994)의 유명한 정의는 심리학적이다. 처음으로 역할을 정의했을 때, 그는 공연 대본을 적은 고대의 두루마리를 나타내는 그리스어와 라틴어에서 그 연극적 기원을 찾아 언급하였다. 햄릿이나 파우스트처럼 희곡에 나오는 인물을 들어 몇몇 연극적 보기를 제시했으며, 집단 역동에 관심을 둔 탓에 다양한 사회적 역할을 언급하였다. 몇 가지 관점을 종합할 때, 모레노(1946/1994)는 역할을 두 가지로 정의했다. 즉, "개인이 다른 사람이나 대상이 관련된 특정한 상황에 반응하는 특정한 순간에 취하는 기능적인 형식"(iv), 그리고 "개인이 겪은 특별한 작용 범위에서 모든 상황의 최종적인 결정화"(153).

역할 이론을 구축하면서 모레노는 역할을 세 종류 — 사회적 역할, 몸과 관련된 심리신체적 역할, 개인의 심리적 측면과 관련된 심리극적 역할 — 로 구분했다. 이 세 범주는 랜디의 역할 분류 체계에서 사회적, 신체적, 정의적 영역과 상응한다. 모레노는 세목화된 역할을 체계적으로 분류하지는 않지만, 역할의 일반적인 기능에 대해서는 "사회적 세계로부터 무의식으로 들어가 거기에 형태와 질서를 부여하는 것"(Moreno 1946/1994, v)이라 말한다. 랜디의 경우에는 역할 유형마다 특정한 기능이 있다고 본다.

모레노는 또한 반대역할에 대해 언급했는데, 사람들은 그것으로부터 그들의 사회적 세계에서 타자를 본다. 그것은 대립되는 역할들 사이에서 알아차리게 되는 자기-지각과 관련된 랜디의 반대역할과는 다른 개념이다. 모레노에게 자아란 개인의 역할의 총체성과 역할 관계의 패턴이다.

제르카 모레노(1944)는 전쟁 동안 군인과 작업한 것을 토대로 심리극의 관점에서 처음으로 역할을 개념화한 책(1942)을 썼다. 거기서 역할을 명확히 규정하지는 않았지만, 심리극에서 나타난 개인의 역할을 분석하는 구조를 창조했다.

텔레

모레노는 정신분석의 전이와 "텔레"를 구분한다. 전자는 현재 치료사에게 과거의 환상을 잠정적으로 투사하는 것이며, 후자는 참여자와 치료사의 긍정적이고 영구적인 관계의 표지를 일컫는다. 그는(1946/1994) "텔레"를 이렇게 말한다. "서로에 대한 느낌들, 집단을 하나로 뭉치는 시멘트"(xi). 텔레를 관찰함으로써 개인은 치료사와 참여자 그리고 집단 성원 전체의 친화와 분리 정도를 측정할 수 있다.

자발성

모레노(1946/1994)는 자발성을 "새로운 상황에 능숙하게 반응하거나 익숙한 상황에 새롭게 반응하는" 능력이라고 정의했다(xii). 자발성은 행동하고자 하는 준비됨이며, 행동적인 방법 특히 심리극의 훈련을 통해 변화된다. 자발성은 창조성과 직결된다. 창조성의 캐논을 묘사하면서, 그는 문화유산과 두 개념을 상관시킨다. 『누가 살아남을 것인가?』에서 모레노는 문명의 미래는 문화유산에 적절한 자발성과 창조성을 가지고 반응할 수 있는 사람들에게 속한 것이라고 말했다.

카타르시스

모레노는 아리스토텔레스의 카타르시스를 무대에 있는 배우에 동일시하는 관객에게 일어나는 감정적 방출로 설명했다. 그렇게 보면, 아리스토텔레스적인 카타르시스는 드라마를 처음 접할 때 일어나는 현상이다. 다시 말해, 감정 표출을 가능케 하는 것은 극적 행동의 놀라움과 새로움이므로, 관객이 희곡에 친숙할수록 카타르시스 효과가 떨어진다고 말할 수 있다. 그런 맥락에서 모레노는 카타르시스를 자발성 개념과 연결지어 이해했다. 극적 행동이 새로울수록 카타르시스적인 반응 역시 자발적이라는 것이다.

모레노는 심리극의 배우가 삶의 경험을 직접적이고 자발적으로 재연하는 것을 강조하면서, 카타르시스를 관객 중심에서 배우 중심의 것으로 재규정하였다. 그는 또한 화산의 비유로써, 연극배우가 화산 폭발 장면을 담은 영화를 보는 것이라면, 심리극의 배우는 산 밑에서 화산 폭발을 지켜보는 것과 같다고 둘을 비교했다. 카타르시스 개념이 확장됨에 따라, 모레노는 카타르시스적인 반응이 주인공뿐만 아니라 보조자아와 주인공의 딜레마에 동일시하는 관객에게도 일어남을 알게 되었다.

마지막으로, 모레노는 카타르시스를 소거와 통합의 두 유형으로 구별하였다. 소거로서의 카타르시스는 강렬한 극적 자극과의 관계 속에서 감정이 방출되는 아리스토텔레스적 의미에서의 배설의 순간을 말한다. 심리극에서 주인공은 극적 행동을 통해 고통스러운 경험과 관련된 감정을 방출하면서 쉽게 소거의 카타르시스를 경험할 수 있다. 특히 주인공이 밀착된 경우에는 집단 내의 관계나 내면의 삶과 연관성 없이 감정의 고양된 표현이 일어날 수 있다. 통합의 카타르시스는 자기와 집단을 연결한다. 그것은 셰프와 랜디가 말하는 미적 거리와도 가까운 통찰의 순간이다. 그것은 주인공이 드라마에서 강렬한 감정을 표현할 수 있고 그것을 다시 집단 과정과 일상 현실에 되비추어 연관지을 수 있을 때이다. 모레노에게 성공적인 카타르시스는, 그것이 감정의 배출이든 생각과 감정의 통합이든, 자발적으로 행동할 수 있는 능력으로 특징지어진다.

행위 갈망

행위 갈망은 행동으로 표현하고자 하는 욕구로서 생물학적인 기반을 갖는다. 모레노는 행위 갈망이 불균형에서 시작되며, 미해결 과제를 완결하고자 하는 욕구에 의해 추동된다고 본다. 가르시아와 뷰캐넌(2000)에 따르면, "행위 갈망은 표현, 이해, 상황이나 관계에서의 숙달을 향한 강렬한 욕구 혹은 욕망이다"(177). 데이튼(2005)은 행위 갈망과 정신분석에서 말하는 반복 강박이 다르다고 말한다. 정신분석적 치료에서 내담자는 외상적 경험을 반복하면서도 그 강박적인 욕구를 알아차리지 못한다. 그러나 행위 갈망을 극화하면, 그것을 의식적으로 경험하고 보조자아와의 관계 속에서 욕구를 만족시킬 수 있는 기회를 얻는다.

보조자아

심리극 회기에서 참여자는 주요 자아 혹은 주인공이라 불린다. 모레노는 주인공이 흔히 자기 자신과 중요한 타인들 사이에서 생긴 딜레마를 해결하지 못하는 경우가 많다는 데 주목했다. 그래서 그것을 말로 설명하기보다 주인공이 집단원 가운데 해당 인물을 나타내는 보조자아와 작업하도록 했다. 모레노(in Fox 1987)는 보조자아를 "그 자리에 없는 사람, 망상, 환각, 상징, 이상, 동물, 대상의 재현이다. 그리고 보조자아는 주인공의 세계를 현실적이고 구체적이며 접촉가능하게 만든다"고 말했다(9).

모레노는 관계의 극적 특성으로 인해 주인공과 보조자아 사이에 신체 접촉이 빈번히 일어난다는 점에 주목했다. 그러면서 치료 과정에서 비학대적인 접촉이 갖는 중요성을 간과한 정신분석가들로부터 스스로 한 걸음 더 거리를 두었다.

사회측정학

모레노는 집단 안에서 그리고 집단들 사이에서 일어나는 역동을 이해하는 수단으로 사회측정학을 개발했다. 제르카 모레노(2006b)에 따르면, 그는 사회측정학을 "다른 작업을 모두 그 아래로 품을 수 있는 우산으로 간주했다. 그는 행동 사회측정학을 통해 사회를 전반적으로 재구성하고자 했다." 모레노는 『심리극』 제1권이 나오기 12년 전인 1934년에 출간된 『누가 살아남을 것인가?』에서 그것을 위한 초기 계획의 상당 부분을 공식화했다.

모레노에게 사회측정학은 주어진 실제 삶의 사회적 상황에서 상호 타당한 규준에 대한 이해에 입각한 과학이었다. 예를 들어, 기숙 치료 시설의 사회측정학적 역동을 파악하기 위해, 룸메이트로 누가 가장 마음에 듭니까? 식당에서는 누구 옆자리에 앉고 싶은가요? 부엌에서 같이 일하고 싶은 사람은 누구인가요? 등을 묻고, 거기서 얻은 상호 반응을 도표화하여 사회적 역동을 재조직하는 최적의 방안을 제시했다.

모레노는 또한 집단 내의 사회적 관계를 측정하는 몇 가지 도구를 개발했다. 그중 일부는 다음 진단 항목에서 다룰 것이다. 여기서는 진단 도구보다 임상 작업의 기법으로 활용되는 몇 가지 자기-지시 활동을 살펴볼 것이다. 어떤 형태든 사회측정학이 제대로 진행되려면, 사회적 관계가 뚜렷이 나타날 만큼 충분한 상호작용이 전제되어야 한다.

한 가지 도구는 사회적 원자다. 개인과 그가 관계 맺는 중요한 타인을 다룬다는 점에서 모레노는 이것을 가장 작은 사회측정학 단위로 보았다. 사회적 원자는 일종의 도표로, 사람을 나타내기 위해 원이나 삼각형을 사용하고, 가족이나 일터에서 자기와 타자의 관계를 화살표로 나타낸다. 가르시아와 뷰캐넌(2000)에 따르면, 이 도구의 목적은 "정보를 모으고, 기능 수준을 진단하며, 참여자와 함께 치료 목표를 설정하고, 개입을 이뤄내는 것"이다(167).

또 다른 사회측정 기법은 역할 도표다. 자기가 일상생활에서 연기하는 역할을 도표의 형식으로 기술하는 것이다. 세 번째, 스펙토그램은 좀 더 행동적인 기법이다. 가령 진행자가 '자기에 관한 정보를 공개하는 것이 얼마나 편안한가요?' 라고 물으면, 참여자들은 그에 반응하여 일직선상에서 알맞은 자리를 찾아가면 된다. 일직선은 방을 가로지르는 상상의 선이 될 것이며, 그 한 끝은 아주 편안함을 나타내고, 반대쪽 끝은 아주 불편함을 나타낼 것이다. 이와 유사한 기법으로 로코그램이 있다. 그것은 질문에 대한 답으로 해당 공간을 찾아가게 하는 방식이다. 이를 테면, '자기가 어느 발달 단계에 해당한다고 느끼나요 — 어린이, 청소년, 어른, 노인 중에서?' 라고 물은 다음, 네 구역을 지정하여 해당하는 곳으로 모이게 하는 것이다. 스펙토그램이나 로코그램 모두 일단 참여자들이 자리를 잡으면, 그 선택에 대한 이유를 나누도록 한다.

아동 발달 단계

기본 개념에 대한 소개를 마치기 전에, 모레노의 아동 발달 이론에 기초를 둔 세 가지 심리극 기법을 살펴보자. 모레노(in Fox 1987)는 아동 발달을 정체 형성, 자기 인식, 타자 인식의 세 단계로 나눈다. 정체 형성의 첫 번째 단계는 분신과 연결된다. 그(in Fox 1987)는 분신의 영적 기초를 농담처럼 이렇게 설명한다. "나는 늘 신이 우리를 두 번 창조했다고 생각해 왔다. 한 번은 우리를 위해 이 세상에 살도록 창조했고, 다른 한 번은 자신을 위해 살도록 창조했다고 말이다"(130). 제르카 모레노(2006b)는 분신은 심리학보다 도스토예프스키나 모파상 같은 작가에게서 아이디어를 얻은 것이라고 말했다. 그는 특히 모파상이 방에 들어섰을 때 책상에 앉아 글을 쓰고 있는 자기 자신을 보았다는 일화에 충격을 받았다.

심리극에서 분신이란 주인공의 내면의 삶을 나타내는 사람이다. 모레노는 엄마와 아이의 분신 관계에 주목하면서, 그것이 정체성의 모체, 곧 두 개체가 분화되지 않고 하나인 시기라고 말한다. 가르시아와 뷰캐넌(2000)은 이때 엄마가 아이의 분신이 되어 주는 것이 매우 중요하다고 말한다. "모레노는 신생아가 기능적으로 발달하기 위해서는 분신을 거느려야 한다고 믿었다"(174). 엄마가 아이의 소리와 움직임을 분신처럼 따라함으로써 아이에게 명확하고 안전한 정체감을 제공한다는 것이다.

두 번째 단계인 자기 인식은 하나였던 것이 둘로 나뉘고, 엄마가 아이를 마주 따라할 때 발생한다. 그러니까 마치 "난 나와 분리된 너 자신으로서 너를 본단다"라고 말하듯이, 아동의 행동을 정확하게 재연하는 것이다. 그리고 심리극 기법으로서 거울은 주인공이 자기 자신을 보다 명확하게 볼 수 있도록 보조자아가 그 행동을 따라하는 것을 말한다.

세 번째 단계인 타자 인식은 엄마와 아이의 역할 바꾸기와 관련된다. 그것은 다른 사람의 역할을 취할 수 있는 아동의 능력과 직결되며, 자기의 심화된 차별화로 이어진다. 심리극에서는 주인공과 보조자아가 타자의 상황을 내면화하기 위해 서로 역할을 바꾸며, 그럼으로써 자기감sense of self을 보다 발전시키게 된다.

아동은 이렇게 분신의 존재로 집약되는 의존과 연계의 상태에서 거울 단계로 요약되는 독립과 분리의 단계를 거쳐 역할 바꾸기 단계로 구별되는 상호 의존의 상태로 옮겨간다. 충분히 좋은 분신되기와 마주 따라하기와 역할 바꾸기를 통해 안정된 자기감을 발달시킴으로써 실제 엄마와 재현적인 엄마의 뚜렷한 경계를 창조하는 것이다.

치료 목표

모레노에게 최우선의 치료 목표는 개인, 집단, 사회 내에서 생존을 영속

케 하면서 자발성의 성장을 촉진하는 것이었다. 자신의 창조적 산물을 신의 그것에 비유하면서 모레노(1920)는 이렇게 썼다. "신은 자발성이다. 그러므로 계명은 이것이다. '자발적이어라!'"(xviii).

모레노는 그 목표를 정서, 행동, 인지, 영성의 네 영역으로 나누어 개념화하였다. 이는 그의 치료적 첫걸음이자 그의 ABC였다. 정서 영역의 목표는 소거와 통합의 카타르시스를 통해 감정을 표현하는 것이었다. 가르시아와 뷰캐넌(2000)은 '카타르시스는 눈물과 웃음으로 표현될 수 있다'고 말한다.

그들에 따르면, 행동상의 목표는 "사람들이 새롭고 좀 더 만족스러운 방식으로 상황을 다룰 수 있게 하는 것"이다(176). 이 목표는 월피와 라자루스(1966)와 키퍼(1996)가 심리극에서 구체화한 행동 연습과 유사하다. 인지 영역의 목표는 통찰, 곧 심리극의 행동에 참여함으로써 딜레마를 이해하는 것이다.

마지막으로, 영성의 목표는 보편적인 인간성, 대인적이고 개인적이며 집단적이고 우주적인 차원에서 사람들 사이의 깊은 연결을 경험하는 것과 관련된다. 이 영적 목표는 모레노와 동시대인인 마르틴 부버에게서 잘 나타난다. 그는 인간과 신의 관계를 인간들 사이의 관계에 적용하는 나와 너의 철학을 말했다. 두 사람은 서로 잘 알았고, 1920년대에 부버가 모레노의 문학 잡지인 『수호신*Daimon*』에 글을 싣기도 했다. 제르카 모레노(2006b)는 부버가 인간적 만남(Begegnung)의 의미에 대한 글에서 모레노의 언어를 사용할 정도로 모레노에게 직접적인 영향을 받았다고 주장한다. 모레노는 1915년 초에 『만남에의 초대*Einladung zu einer Begegnung*』라는 일련의 글을 쓴 바 있고, 그로부터 9년 뒤에 부버가 『나와 너*I and Thou*』를 출간했다.

치료사의 역할

역할 접근법에서와 마찬가지로, 치료사는 일차적으로 연출자이며, 모레노는 그 개념을 주로 썼다. 모레노는 주인공이 저항하는 것이 당연하다는 것과 주인공과 연출자 사이의 주도권 다툼이 강렬할 수 있음에 주목했다. 모레노(in Fox 1987)는 다음과 같이 썼다.

> 두 사람 모두 자발성을 끌어내야 하고 자기 자원을 숙련되게 사용해야 한다. 삶 자체에 관계와 상호작용을 조형하는 긍정적인 요인이 존재한다: 자발성, 생산성, 웜업 과정, 텔레와 역할 과정(16).

모레노가 보기에, 치료사는 주인공과 같이 본활동을 위한 웜업 과정을 거쳐 자발성의 상태로 나아간다. 일단 웜업이 되면, 연출자는 한 걸음 뒤로 물러서서, 드라마가 주인공과 적절한 보조자아 사이에서 흘러가도록 촉진한다. 경우에 따라 연출자가 주인공을 마주 따라하고 그 분신을 연기하기도 하지만, 일반적으로는 드라마에서 역할을 맡지 않는다. 연출자는 보조자아를 불러내고, 주인공을 역할 안팎으로 들어가고 나가게 하면서 카타르시스와 통찰을 이끌어내고, 전체 집단이 드라마와 성찰의 과정에 창조적으로 참여하게 하며, 행동과 말로써 적절한 논평을 제공하는 등 장면을 구성하는 데 있어 강력한 영향을 미칠 수 있다. 모레노(in Fox 1987)는 이렇게 말한다.

> 연출자는, 분석가처럼, 피험자를 관찰하고 그 상징적 행동을 이해가능하고 과학적인 언어로 옮기는 데 만족하지 않는다. 그는 참여자-배우로서 가능한 많은 가설적 통찰로써 무장한 채… 장면에 들어가 [피험자에게] 피험자가 창조한 기호와 몸짓, 말과 행동의 자발적 언어로 말을 건다(17).

연출자는 웜업, 본활동, 마무리의 전 과정을 통해 개인적 통찰을 나눈다. 전이와 역전이에 대해 모레노는 "텔레"라는 용어를 즐겨 사용했다. 앞서 말했듯이, 텔레는 참여자와 치료사 사이의 관계 역동을 지칭하는 것으로 전이보다는 고정된 구조에 더 가깝다. 심리극의 치료적 진전은 연출자, 주인공, 집단 사이에 명확하고도 긍정적인 텔레의 형성과 같이 간다.

건강과 질병에 대한 관점

심리극의 관점에서 건강은 개인, 집단, 사회가 나타내는 자발성의 정도로써 정의될 수 있다. 앞서 보았듯이, 긍정적인 미래에 대한 모레노의 비전은 자발성, 창조성, 특정 문화의 관념과 산물들 사이의 역동적 관계와 관련된다. 건강한 개인은 본래 마음과 몸과 영혼뿐만 아니라 분신이 될 수 있는(더불어 분신을 받아들일 수 있는) 능력, 마주 따라할 수 있는(그리고 마주 따라하는 것을 받아들일 수 있는) 능력, 다른 사람과 역할을 바꿀 수 있는 능력의 통합을 이룬 사람이다. 사회 역시 그 성원들 사이에 이 같은 통합을 촉진할 수 있다는 점에서 개인과 유사하다.

질병은 창조성의 캐논으로부터의 일탈, 문화적 유산에 맞서 자발성을 가지고 행동하지 못하는 상태다. 그것은 또한 창조성의 오용으로 간주될 수도 있다. 가르시아와 뷰캐넌(2000)은 병리적인 창조성의 세 가지 형식을 말한다. 첫 번째는 현실의 요구를 희생하고서라도 새로운 것을 추구하는 강박에 압도된 상태다. 두 번째는 새로운 역할과 관계를 추구하지 못함으로써 빚어지는 창조성의 봉쇄 상태다. 세 번째는 창조자로서 책임지기를 두려워한 나머지 창조성으로부터 회피하는 형태다. 이 세 번째 형식이 사람들로 하여금 수동적인 역할에 머무르면서 자각된 권위에 대한 통제를 포기하게 만든다.

다양한 환자와 만난 의사로서 모레노는 정신 질환에 대한 기존의 분류를 수용했다. 그러나 심리극 이론가로서 그는 다른 역할 이론과 유사한 좀 더 광범한 질병 개념을 제시했다. 개인이 정신 질환이나 신체장애를 가질 수는 있지만, 그것이 새로운 역할을 창조하거나 특정한 역할을 적절하게 자발적으로 잘 연기하는 것을 제한하지는 않는다. 질병은 개인과 역할의 불균형이라 볼 수 있다. 건강한 사람은 살면서 다양한 심리신체적, 심리극적, 사회적 역할을 연기할 수 있으며, 다른 사람들의 역할을 정확하게 지각하고, 그들과 역할을 바꿀 수 있다. 건강하지 못한 사람은 심리적 분장에도 불구하고 역할 선택과 역할 지각을 제한하려 한다. 문화유산 혹은 무분별하게 열린 선택의 카오스를 껴안거나, 지나친 교만이나 겸양으로 자발적인 삶을 살 수 있는 가능성을 한정짓는 것이다.

진단과 평가

모레노는 일생에 걸쳐 자발성을 진단하고 평가하는 몇 가지 도구와 사회측정학을 개발했고, 기회가 있을 때마다 그에 대해 설명했다. 그리고 그중 일부는, 정서적 외상과 중독 환자를 진단하기 위해 사회측정학적 검사를 규칙적으로 활용한 티안 데이튼(2005)처럼, 다른 사람들에 의해 사용되기도 했다.

모레노가 초기에 개발한 도구(1946/1994, 93-101)는 자발성을 측정하는 것이었다. 검사의 개요는 심리극 연출자가 일련의 응급 상황을 제시하면, 피험자들은 개별적으로나 집단적으로 주어진 소도구 — 전화기, 물, 책, 라디오, 막대기 — 와 보조자아를 활용하여 상황에 반응하는 것이다. 실제에서는 연출자가 장면을 구성하고 응급 상황을 소개하는 것으로 시작하여, 세 명의 검사자가 피험자의 반응 행동을 기록했다. 진단 기준에는 반응 시간, 동작과 역할 지각의 적합성, 인내력, 행동과 역할의 적절성이 포함되었다.

나중에 자발성 검사(Moreno 1946/1994, 123-29)라 명명된 좀 더 공식적인 도구는 보조자아 한 사람이 한 번에 한 명의 피험자에게 검사를 실시한다. 보조자아는 사전에 특정한 시나리오와 그 속에서 한두 가지 역할을 연기하는 것을 훈련한다. 가령 보조자아는 아내에게 다른 사람을 사랑하게 되었으니 이혼하자고 말하는 남편 역할을 할 수 있다. 피험자가 아내 역할을 맡아 그 상황에 반응하면, 두 명의 검사자가 앞서 말한 것과 비슷한 기준에 따라 그 행동을 기록한다.

모레노는 자기가 개발한 사회측정학적 검사의 타당성을 입증하기 위해 도표나 그림을 즐겨 사용했다. 그러나 사회측정학적 검사 도구의 정확성은 지금까지 충분히 타당화되지 못했고, 임상 상황보다는 연구 작업에서 즐겨 사용되는 경향이 있다. 그 예로 데이튼(2005)은 사회측정학적 검사를 이용하여 집단 성원들 사이의 친화력 정도를 파악하고, 집단의 응집력을 높이며, 집단 내에서 두 사람 관계의 역동을 알아보는 것에 대해 말한다(106). 데이튼은 특히 집단과 관련된 특정한 질문에 초점을 맞춘다. 가령 이 집단에서 끌리는 사람은 누구인가요? 그러면 참여자들은 각자가 끌리는 사람의 어깨에 손을 얹는 행동으로 그 질문에 답한다. 그런 다음 각자의 선택에 대한 느낌을 나누면서 활동을 정리한다.

모레노는 심리극 작업의 결과를 평가하는 데도 이처럼 행동을 통한 방법을 사용했다. 사회적 원자와 역할 도표 같은 지필 검사 역시 사회측정학에 바탕을 둔 행동적 검사와 유사하게 작업의 결과를 측정하는 데이터를 제공하기보다 과정을 성찰하는 데 기여했다. 이들 검사는 역할 접근법에서 사용하는 진단 도구와 마찬가지로 그 서술적인 특질이 특히 유용하다.

심리극의 방법론

초기에 모레노(1946/1994)는 무대, 주인공, 연출자, 보조자아, 관객을 심리극의 다섯 가지 요소로 꼽았다. 관객을 제외한 요소들 대부분은 앞서 설명했다. 모레노(in Fox 1987)에 따르면, 관객은 이중적인 기능을 한다. 첫째, 관객은 주인공의 딜레마에 반응하고 중요한 피드백과 지지와 타당화의 경험을 제공한다. 두 번째로, 관객은 거꾸로 주인공의 딜레마에 감정이입하여 카타르시스를 경험하면서 좀 더 명료하게 자신의 문제를 바라볼 수 있게 된다.

심리극은 몇 단계를 거쳐 여러 가지 기법으로 진행된다. 치료 과정에 대한 모레노의 여러 언급을 기초로 하여, 가르시아와 뷰캐넌(2000)은 웜업으로 시작하는 일련의 단계에 번호를 붙인다. 심리극에서 사용하는 웜업은 수천 개에 달하지만, 집단이 극적 행동에 참여할 수 있도록 준비시킨다는 목적을 공유한다. 그리고 웜업을 통해 주인공이 선택된다. 가르시아와 뷰캐넌은 주인공을 뽑을 때 예정된 계획에 따르거나, 연출자, 혹은 전체 집단이 선택하거나, 그 순간의 자발적인 선택에 의한 것까지 네 가지 방법이 있다고 말한다.

주인공이 정해지면 곧이어 본활동으로 들어가서 특정한 단계에 따라 극화를 진행한다. 가르시아와 뷰캐넌은 걸으면서 말하기로 시작한다. 연출자와 주인공이 나란히 집단 주위를 걸으면서 장면을 위한 전략을 의논하는 것이다. 그렇게 하면서 연출자와 주인공 사이의 텔레를 다지고 치료 계약을 맺는다.

그 다음 단계는 배우를 정하고 보조자아를 훈련하는 것이다. 주인공이 집단원 중에서 극중 인물을 연기할 사람을 선택하는 것이 보통이지만, 경우에 따라서는 연출자가 캐스팅을 하기도 한다. 역할 훈련은 보조자아가 맡은 역할을 준비하도록 돕는 것을 말한다. 인물의 움직임, 감정, 말

투의 특징을 설명하기 위해 주인공은 흔히 보조자아와 역할을 바꾸는 방법을 사용한다.

가르시아와 뷰캐넌은 그 다음 단계를 장면 구성이라 부른다. 연출자는 주인공이 행동이 일어나는 장소와 시간을 명확하게 정하도록 돕는다. 주인공은 장면 안에 특정한 인물이나 감정을 나타내는 오브제를 배치한다. 이때 의자, 색깔 있는 천, 책, 열쇠, 옷가지 등 여러 가지 사물이 흔히 사용된다. 장면이 구성되면 연출자의 안내에 따라 장면이 시작된다. 연출자는 매우 다양한 기법을 사용(기법 전체에 대한 설명을 원한다면 Z.T. Moreno 1965를 참조하라)하여 행동을 촉진하는데, 가르시아와 뷰캐넌(2000)은 독백, 분신, 방백, 역할 바꾸기, 거울을 가장 기본적인 기법으로 꼽는다.

일반 연극에서처럼 독백은 주인공이 행동의 흐름에서 한 발 물러나 내면의 생각과 감정을 말로 드러내는 기법이다. 독백은 흔히 주인공으로 하여금 특정한 행동을 준비하거나 방금 벌어진 행동을 성찰하게 하기 위해 장면의 처음이나 끝에 사용한다. 역시 연극에서 유래한 기법인 방백은 주인공이 고개를 옆으로 돌리고 겉으로 드러내지 못한 생각이나 감정을 말함으로써 자기 행동을 비평하되, 이때 다른 보조자아는 그 내용을 듣지 못한다고 약속한다. 두 기법 모두 장면과 성찰의 심화를 목표한다.

앞서 말한 바 있는 분신은 주인공 옆에 서서 그 자세와 감정적 분위기를 살린 다음, 주인공이 표현하지 못한 생각과 감정을 끄집어낸다. 분신은 충분히 좋은 부모로서 주인공을 지지하면서 그가 딜레마를 충분히 탐험하도록 도전을 제공한다. 주인공은 분신이 하는 말을 들을 뿐만 아니라, 다른 보조자아들과 관계 속에서 그것을 반복하거나 바꾸기도 한다. 데릭의 경우처럼 개인 작업을 할 때는 연출자가 흔히 주인공의 분신이 된다.

역할 바꾸기는 주인공과 보조자아가 공간 속에서 위치와 역할을 맞바꾸는 기법이다. 그것은 타자의 경험에 감정이입할 수 있는 기회를 제공한다. 가르시아와 뷰캐넌(2000)은 다른 사람들과 정보를 공유하고 그 정확성을 증명하고자 할 때, 자기를 다른 사람의 입장에서 보고자 할 때, 신체적 상해를 피하고자 할 때, 감정이입과 자발성과 정서를 고양시키려 할 때, 역할 바꾸기를 할 필요가 있다고 말한다.

거울 기법은 주인공이 자기 자신을 더 잘 볼 수 있도록 일정 정도의 거리를 창조하는 또 다른 방법이다. 거울 기법에서 주인공은 자신을 연기할 사람을 선택한다. 그리고 좀 떨어진 자리에서 장면을 지켜보면서 자기 모습을 보다 정확하게 보거나 고착된 상황을 헤쳐 나갈 대안을 모색할 수 있다.

흔히 쓰이는 또 다른 기법은 빈 의자다. 빈 의자는 주인공의 삶에서 해결되지 않은 문제와 관련된 인물을 나타낼 수 있다. 앞서 보았듯이, 이 기법은 펄스가 모레노에게서 차용한 것으로, 게슈탈트 치료의 핵심 요소가 되었다. 미래 투사 또한 자주 쓰인다. 주인공이 바라거나 바라지 않는 어떤 사건이 일어난 미래의 한 순간을 상상하여 장면으로 만들어 보는 것이다. 미래 투사에서 보조자아는 상상 속에 나오는 인물을 연기한다. 끝으로 데릭과의 작업에서도 사용된 **두 사람을 위한 심리극***psychodrama à deux*을 들 수 있다. 이 형식에서 연출자는 관객 없이 주인공과 일대일로 작업한다. 보조자아가 필요할 때는 빈 의자를 여러 개 사용하거나, 앞서 말한 여러 기법을 쓴다.

본활동을 마친 다음에는 전체가 주인공을 다시 집단으로 통합하고 장면에서 자극 받은 자신의 감정을 나눔으로써 주인공과 상호작용하는 마무리 단계가 이어진다. 마무리로 넘어가면서, 주인공은 역할을 벗고 장면에서 창조한 무대를 해체한다. 참여자들은 주인공에게 동일시하면서 느낀 감정을 공유하고 경험에 대해 성찰한다. 이때 주인공의 경험을 해석하거나 비평하지 않도록 주의해야 한다. 느낌을 나누는 동안, 연출자는 참여자 모두가 자신의 생각과 감정을 명료화하고, 주인공과 보조자아, 주인공과 집단, 한 참여자와 나머지 참여자들 사이의 사회측정학적 연결에 집중하도록 돕는다. 또한 주인공과 집단 성원뿐만 아니라 연출자도 앞서 경험한 허구를 자기 삶의 현실과 연관 짓는다. 이 과정은 역할 접근법에서의 성찰과 유사하다.

데릭과의 심리극

앞서와 같이 우리는 편집을 최소화한 데릭과 니나 가르시아의 심리극을 살펴볼 것이다. 회기를 마치고 가르시아와 데릭은 작업 내용을 간단하게 성찰하였고, 대극성에 근거하여 회기의 내용을 분석하였다.

니나: 만나서 반갑습니다.

데릭: 뵙게 되어 영광입니다.

니나: 그동안 뭘 했나요?

데릭: 지금은 잘 지내고 있는데도, 기본적으로 아버지와의 관계는 계속 떠오르는 주제입니다. 아직도 가끔씩 꿈을 꾸거든요. 특히 뭔가 잘 안 풀릴 때면 그렇죠. 그럴 땐 대개 아버지가 끼어 있고요.

니나: 최근에도 그런 꿈을 꾸었나요?

데릭: 약 이 주 전쯤.

니나: 음. 꿈을 기억하시나요?

데릭: 네. 기본적인 건요. 자리에서 일어나서 곧장 화장실로 가 소변을 봤던 게 기억나요. 제가 왜 그랬는지는 알아요.

니나: 왜 그러셨지요?

데릭: 전 열대여섯 살 무렵까지 쭉 자면서 오줌을 싸곤 했어요. 어른이 이런 말하긴 싫지만, 그게 사실이랍니다.

니나: 네, 하지만 지금 말씀하신 건 꿈이 아니라 꿈에서 깬 뒤의 일과 관련된 것 같네요. 꿈에 대해 더 자세히 말씀해 주시겠어요? 전에 이 꿈으로 작업한 적이

있나요?

데릭: 아뇨. 전 저에 대해 말을 많이 하는 편이 아닙니다. 그저 적당히, 하지만 모든 걸 내놓진 않죠.

니나: 오늘은 제게 말하고 싶은 게 있으시다면 뭐든 말하셔도 좋습니다. 말하기 싫은 건 말하지 않으셔도 되고요. 아시겠지요?

데릭: 네.

니나: 이 꿈에 대해 말해도 괜찮으시겠어요?

데릭: 네. 실제로 있었던 일이에요.

니나: 좋습니다.

데릭: 아버지가 부엌 바로 옆에 있었고, 날 쳐다보며 손가락으로 가리켰어요….

니나: 최근의 일인가요 아니면 오래 전 일인가요?

데릭: 예전에 있었던 일입니다.

니나: 네.

데릭: 당시 아버지는 금니 두 개가 있었는데, 그걸 자랑하곤 했죠. 전 그게 추하다고 생각했어요. 하지만 기억나는 건 손가락으로 날 가리키던 아버지와 아버지의 잔뜩 찌푸린 표정과 그 금니들밖에 없어요.

니나: 당신을 가리켰던 것이요.

데릭: 네. 그러더니 엄마한테 돌아서서 진짜로 엄마 얼굴에 침을 뱉었죠.

니나: 음.

데릭: 그리고 그 다음에 기억나는 건… [웃는다.]

니나: 그리고 무슨 일이 있었죠? 그 미소는? 엄마에게 무슨 일이 있었나요?

데릭: 네.

니나: 말해도 괜찮겠어요?

데릭: 우리 엄마. 엄만 우리 집의 남자였어요. 아버지이자 엄마이자 푸줏간 주인에다 촛대 만드는 사람이었죠.

니나: 그 모든 걸 다 감당하셨군요.

데릭: 네. 하지만 엄마는 남자가 되는 법을 가르치진 못하셨어요. 착한 소년이 되는 법을 일러주셨지만, 남자가 되는 법은 그렇지 못했죠. 전 언제나 아버지를 바라보았지만, 그런 일은 일어나지 않았어요.

니나: 네.

데릭: 문을 쾅 닫는 소리가 기억나요. 쾅 하고 닫힌 다음엔 자물쇠를 잠그는 소리가 들리죠.

니나: 사슬 자물쇠인가요?

데릭: 네, 사슬 자물쇠. 말다툼을 하고 난 다음에 엄마 아빤 각자 다른 방으로 들어갔어요.

니나: 그럼 사슬 자물쇠는?

데릭: 그건 늘… 전 늘 베개로 귀를 틀어막았어요. 그렇게 한 채로 침대에 오줌을 싸지 않게 해달라고 기도하면서 잠이 들었죠. 아니면 적어도 동생이나 다른 사람이 알게 해달라고 빌었어요. 5시 45분에 아버지가 일하러 나가고 난 다음엔 안전하다는 걸 알고 있었거든요. 쾅 하고 문 닫히는 소리. 사슬 자물쇠. 베개를 뒤집어쓰고 커다랗고 노란 자국에 놀라는 거죠.

니나: 하지만 그건 안전하기도 하네요. 안전하면서 안전하지 않은 거죠.

데릭: 네, 안전하다면….

니나: 아버지가 나가셨으니까요.

데릭: 네.

니나: 그리고 몇 주 전에 꾼 꿈에서는…

데릭: 아버지가 엄마 얼굴에 침을 뱉어요.

니나: 꿈에서요?

데릭: 그런가? 그리고 엄마가 울었던 거 같아요. 그때 꿈에서 한 번 깼다가 다시 꿈속으로 돌아갔어요. 그리고 엄마가 아빠 얼굴에 침을 되뱉었던 게 기억나요.

니나: 정말.

데릭: 내가 웃은 게 그때일 거예요. 왜냐하면 엄마가 지지 않고 아빠 얼굴에 침을 뱉고, 아빠는 당연히 얼굴이 구겨졌지만, 엄말 때리진 않았어요. 좀 바빴거

든요. … 그러니까 내가 아빠 발목인지 다린지를 붙들고 안 놓아줬어요. 아버지 표정은 충격을 받은 거 같았어요. 엄마가 실제로 반격했을 때, 그건 정말 리얼했어요.

니나: 그러니까 그건 꿈의 두 번째 부분이 아니라 첫 번째 부분이군요. 지지난 주에 꿈을 꾸었을 때는 어떤 버전이었나요?

데릭: 아빠가 엄마 얼굴에 침을 뱉는 첫 번째 부분이요, 그리고 무력감에 울던 엄마가 기억나요.

니나: 꿈에 대해 많은 이야기를 하고 있네요. 오늘 이 꿈으로 작업하고 싶으세요, 아니면 다른 걸 원하시나요?

데릭: 그 꿈이었어요. 내가 아버지처럼 되었다는 걸 알게 된 일이 있었어요.

니나: 어떤 일이죠?

데릭: 오학년 때.

니나: 좋아요. 오학년 때. 그때 무슨 일이 있었죠?

데릭: 한 여자애를 위협했어요. 겁을 주었죠. 주먹으로 어깨를 치고, 발로 찼어요. 침을 뱉고 악담을 퍼부었어요. 그땐 정말 아버지가 된 것 같았어요.

니나: 하지만 오늘 제가 본 바로는 당신은 아버지랑 별로 닮아 보이지 않는데요.

데릭: 그래요, 감사합니다, 주님.

니나: 아버지와 다른 남자가 되기 위해 어떻게 하셨나요?

데릭: 다른 남자 롤 모델을 찾았어요. 하지만 오랜 시간 동안 만나지 못했죠. 그래도 한두 명쯤은 있었어요.

니나: 그러니까 당신의 삶은 남자 롤 모델을 찾기 위한 투쟁의 연속이었군요?

데릭: 네. 하지만 지금은 아주 긍정적으로 남자란 이래야 한다고 믿는 게 네댓 가지는 된답니다. 남자는 자고로 자상하고 믿음직해야 하지요.

니나: 좋아요, 데릭, 어떻게 생각하세요? 이 꿈으로 작업을 하는 게 도움이 될까요?

데릭: 네. 그 꿈에 신물이 나요.

니나: 꿈을 떠날 준비가 된 거군요.

데릭: 네. 이젠 지긋지긋해요.

니나: 참 힘들겠어요. 자, 이제 두세 가지 질문을 한 다음 곧바로 꿈을 극화하겠습니다. 한 가지는 이 주 전에 무슨 일이 있었는가입니다. 그 꿈을 꾼 게 정확히 언제인지 기억나시나요?

데릭: 아마 월요일 밤이었을 거예요.

니나: 이 주 전 월요일.

데릭: 네, 네댓 가지 일을 한꺼번에 하려고 애쓰고 있었어요, 그게 문제죠.

니나: 무슨 일인지 말해 주시겠어요? 당신은 네댓 가지 일을 하려고 애쓰고 있었습니다. 잠들기 전에 무슨 일이 있었는지 더 말해 보세요. 부모님을 만났나요?

데릭: 아니요. 사실은 일요일 밤에 엄마와 통화를 했어요. 잘 지내고 있다고 했죠.

니나: 부모님이 같이 살고 계신가요?

데릭: 네, 우리 엄마는 헌신적인 분이에요. 너무나 헌신적이죠.

니나: 어머니도 잘 지낸다고 하셨나요?

데릭: 네. 모든 게 좋다고 하셨어요. … 아버지가 성경을 읽으신대요….

니나: 아버지가 좀 변하셨나요?

데릭: 그러니까, 그래요.

니나: 관계도 변했나요?

데릭: 네… 전보다는 사이가 좋지요.

니나: 좋습니다. 전보다 나은 사이라, 하지만 그게 그렇게 편안하게 들리지는 않네요.

데릭: 아버진 절대 미안하다고 말하지 않거든요. 하지만 저도 제 믿음을 통해서 아버지를 용서하는 법을 배워야 하지요.

니나: 제가 잠시만 당신의 분신이 되어도 좋을까요? 어깨에 손을 얹어도 될까요? [데릭으로서] 난 내 믿음으로 그를 용서하는 법을 배웠어. 하지만 이렇게 힘

들어서는 안 되는 거였는데. [데릭에게] 이 말이 옳다고 느껴지면, 따라하세요.

데릭: 난 내 믿음으로 그를 용서하는 법을 배웠어. 하지만 이렇게 지독하게 힘들어선 안 되지.

니나: 아버지가 중간이나 아님 4분의 1이라도 움직였더라면 좋았을 거야.

데릭: 아버지가 중간이나 아님 4분의 1이라도 움직였더라면 좋았을 거야.

니나: 용서란 긴 여정입니다. 그러니까 그 일요일 혹은 월요일에 무슨 일이 있었나요? 당신은 어머니에게 전화했어요. 어머닌 잘 지내신다고 했고요. 아버지는 성경을 읽고 있다고 했지요.

데릭: 음.

니나: 그리고 할 일이 네댓 가지쯤 있다고 말했습니다.

데릭: 스트레스를 심하게 받았어요. 일에, 빨래에, 아파트 청소에, 고양이의 망할 놈의 작은 상자까지 청소해야 했죠. 게다가 재활용품을 분리하고 설거지를 해야 했어요. 그런 일들이 쌓여 있었어요. [손가락을 꼽는다.]

니나: 음. 거기 덧붙여서 감정에는 별 다른 게 없었나요?

데릭: 일에서 전 언제나… 가장 혹독한 비평가는 저 자신입니다. 그래서 스스로 엄청난 부담을 주지요.

니나: 일에 관한 한 말이지요. 좋습니다. 그것도 덩어리 속에 있었습니다.

데릭: 음, 뭔가 더 좋은 걸 찾아내려고 노력하는 것.

니나: 이제 꿈을 극화할 겁니다. 괜찮겠어요?

데릭: 네. 언제나 기억하고 있습니다.

니나: 그리고 개별 작업이기 때문에, 데릭이 모든 역할을 연기하게 될 겁니다. 괜찮은가요?

데릭: 괜찮아요.

니나: 그리고 당신이 어떤 역할을 하든, 저는 분신이 될 겁니다. 아까 장면이 어린 시절의 집에서 일어난다고 했지요, 맞나요?

데릭: 아파트에서요.

니나: 아파트. 아파트 어디서 일어나지요?

데릭: 복도에서요.

니나: 복도에서, 끔찍하네요. 이제부터는 무대를 꾸밀 겁니다. 의자와 다른 물건을 이용해서 무대를 만든 다음 아버지와 어머니를 나타내는 천을 골라주세요. 원하시면 공간의 윤곽을 천으로 표시하실 수도 있습니다. 꿈 작업을 할 때, 우리는 대개 꿈꾸는 사람으로 시작합니다. 하지만 시간이 지나면 꿈꾸는 역할에서 멀어져 꿈 자체에 집중하지요. 아시겠지요?

데릭: 네.

니나: 그리고 오늘 작업의 목표는 이 꿈을 더 이상 꾸지 않도록 충분히 훈습하는 것이라고 했습니다. 제가 바로 이해했나요?

데릭: 네.

니나: 좋습니다. 그 작업을 하지요. 무대를 만들면서 설명해 주세요.

데릭: [갈색 천을 깔면서] 여기가 복도예요. 아주 좁아요. 폐소공포증을 일으키지요.

니나: 낮인가요, 밤인가요?

데릭: 밤이요.

니나: 지금은 밤입니다. 어둡고 폐소공포증을 불러일으킬 것 같아요.

데릭: 이게 나일 거예요. [검은 천을 쥐고서]

니나: 그게 당신이군요. 그리고 꿈에서 복도에 앉아 있나요?

데릭: 아뇨, 서 있어요.

니나: 이 천이 복도에 서 있는 당신을 나타냅니다. 꿈에서 당신은 몇 살인가요?

데릭: 여덟 살이요.

니나: 여덟 살. 이 꿈을 꿀 때마다 여덟 살인가요 아니면 이때만 그랬나요?

데릭: 조금씩 커져요, 그런데 이때는 정확하게 여덟 살이에요.

니나: 좋습니다. 곧 그에 대해 물어볼 겁니다. 이제 전체 장면을 구성하고 꿈으로 돌아갑시다.

데릭: 여기 아버지가 있어요. [금색 천을 쥐고서]

니나: 아버지의 금니군요.

데릭: 네. 그리고 전 파란 모자 무늬가 있는 이걸 쓸 거예요. [파란 천을 끌어당기면서] 엄마는 아버지 뒤에서 화를 다른 데로 돌리려고 애쓰고 있었어요….

니나: 네….

데릭: 아버지 뒤에서 어머니와 나를 향한 분노를 다른 데로 돌리려고 애쓰던 엄마가 기억나요.

니나: 엄마가 어떻게 하셨죠?

데릭: 아버지의 팔을 붙들고 매달렸어요. 왼쪽 팔을요.

니나: 아버지의 왼팔을 붙들고 매달립니다. [데릭의 밝은 파란색 천을 아버지를 나타내는 금색 천 가까이에 놓는다.]

데릭: 음. 이게 필요한가요 아니면 치워도 되나요?

니나: 치울 수도 있습니다.

데릭: 네, 그럼 뭔가 다른 걸 덧붙일 수도 있나요?

니나: 네, 물론입니다.

데릭: 우리 아파트 주변에는 바퀴벌레가 많았어요, 그걸 이 갈색 천으로 나타낼게요.

니나: 네, 그러니까 이것이 그 복도에 있는 바퀴벌레들입니다. 데릭의 발등으로 기어 가나요, 아니면 도망을 가나요? 뭘 하지요?

데릭: 그냥 사방에 있어요.

니나: 그냥 사방에 있군요. 좋습니다. 갈 데가 없습니다.

데릭: 먹을 게 어디 있지?

니나: 먹을 게 어디 있냐고요? 아, 네, 바퀴들이 하는 말이군요. 좋습니다. 이제 엄마에 대해 이야기해 볼까요? 엄마 역할부터 시작하지요. 엄마는 어떠신가요? 이제부터 제가 엄마인 당신에게 말할 겁니다. 엄마, 무슨 일이에요?

데릭: [엄마로서] 난 지금 데릭을 포악한 남편에게서 떼어놓으려 하고 있어요. 그는 돈이 떨어지면 늘 이 모양이에요. 모든 게 데릭과 다른 식구들의 잘못인 것처럼 군답니다.

니나: 주의를 딴 데로 돌리기 위해 어떻게 하나요?

데릭: [엄마로서] 팔을 붙들 거예요.

니나: 남편이 데릭에게 어떻게 할까 봐 걱정하는 건가요? 그가 아이를 혼내나요?

데릭: [엄마로서] 데릭을 혼내요. 아이한테 끔찍한 소리를 퍼부으니까 접근하지 못하게 하고 싶어요.

니나: 그게 당신에게 상처를 주는군요. 당신은 아들을 사랑하네요.

데릭: [엄마로서] 네.

니나: 남편이 당신에게 돌아서면 두려운가요?

데릭: [엄마로서] 그 사람이요? 그 사람은 날 때렸어요.

니나: 정말 참기 힘든 일이지요, 그렇지요?

데릭: [엄마로서] 네. 한 번은 기차역에서 맞아 쓰러진 적도 있어요.

니나: 세상에, 사람들이 그렇게 많은 데서요. 그래도 최소한 이번에는 집이네요.

데릭: [엄마로서] 네.

니나: 네, 그럼 이제 엄마 역할을 벗고 아버지 역할로 들어가겠습니다. 쉽지 않은 일이지요? 가장 하기 싫은 일일 겁니다. 괜찮으시겠어요? 하지 말까요?

데릭: 아니요, 지금 하고 싶어요.

니나: 좋습니다. 그러면 아버지 역할로 들어가기 전에 느낌이 어떤지 말해 보시겠어요?

데릭: 지금, 좀 절망적인 기분입니다.

니나: 데릭으로서 절망적인 기분이라고요?

데릭: 네.

니나: 좀 더 구체적으로 말한다면?

데릭: 정말로 슬퍼요.

니나: 슬프다, 네.

데릭: 울지 않도록 최선을 다할 겁니다.

니나: 울면 뭐가 나쁘지요? 아시겠지만, 눈물은 영혼의 씨앗입니다.

데릭: 다른 사람 앞에서 눈물을 보인 건 아내가 마지막이었어요….

니나: 지금 뭘 하고 싶으세요? 잠깐 쉴까요?

데릭: [데릭은 몇 분 동안 깊고 새된 소리로 운다.]

니나: 정말 힘들었을 거예요. 이제 여기로 한 발짝 나오시겠어요? 괜찮으시겠어요? 그 느낌에 대해 뭔가 말할 수 있을까요? 안도감? 뭔가 말을 해봅시다. 감정 자체로서 그에게 말해 볼까요? 아버지에게 뭐라고 했을까요?

데릭: 그만요.

니나: 숨을 쉬세요. 제가 분신을 해도 될까요? [데릭의 분신이 되어] 아버지가 내게 한 짓이 싫어요.

데릭: [계속 울면서 벽을 친다.]

니나: 내 말이 틀리지 않으면, 당신도 말할 수 있습니다.

데릭: 아버진 정말로 날 엿 먹였어요! [분노를 드러내면서 울부짖는다.]

니나: [분신으로서] 아버진 정말로 날 엿 먹였어. 내가 남자가 되지 못하게 했어. 당신도 말하세요. 틀린 말이면 바꾸세요. 하지만 어쨌든 말을 하세요. 어렵다는 거 압니다. [분신으로서] 당신은 내 힘을 앗아갔어. 이 말이 맞으면 반복하세요.

데릭: 당신은 내게서 개 같이 힘을 빼앗아갔어. 난 이제 서른 살이야. 그리고… 그건 옳지 않아. 난 이것과 싸우느라 내 삶을 다 바쳤어.

니나: [분신으로서] 당신이 내게 한 짓, 그래서 당신을 두려워하게 만든 건 정말 끔찍해. … 고개를 끄덕이는 건 무슨 의미죠? 말로 하세요. 소리 내어 말하세요.

데릭: 그런 개 같은 짓은 해선 안 되는 거였다고요. 그럴 권리가 없었어. 다른 애들은 아버지랑 공원에 가고 햄버거를 사서 화이트캐슬에 가곤 했지. 우린 바보 같은 아버지 때문에 햄버거를 살 돈조차 없었어.

니나: [분신으로서] 당신은 비열한 아버지였어.

데릭: [웃다가 운다.]

니나: 숨을 쉬세요. 뭐 하고 싶은 말 있으세요?

데릭: 내가 우는 걸 보여 주고 싶을 뿐이에요. 그게 다예요.

니나: 그렇군요. 아들이 사내가 된 걸 보면 아버지 마음이 누그러질 거라고 생각하나요? 그럼 아버지로 역할을 바꾸어 볼 수 있을까요?

데릭: [고개를 끄덕인다.]

니나: 그럼, 질문을 좀 해도 될까요? 기차역에 있는 아버지가 되시겠어요, 아니면 성경을 읽는 아버지가 되시겠어요? 어떤 아버지가 필요한가요?

데릭: 성경을 읽는 아버지요. 우리한텐 그런 아버지가 필요해요.

니나: 좋습니다. 다시 돌아올 거니까 이 장면은 이렇게 두도록 합시다. … 이제부터 당신은 성경을 읽는 아버지가 되는 겁니다. 그는 자기가 한 행동을 들을 수 있습니다. 그리고 누군가 동행할 사람이 있으면 좋겠어요. 당신이 훌륭한 롤 모델이 되도록 도와준 사람 한둘이면 어떨까요? 괜찮겠어요? 이름을 말해 보시겠어요? 그냥 성만 말해도 좋습니다.

데릭: 데이비드.

니나: 그래요, 데이비드. 내가 못할 때는 데이비드가 당신이 말할 수 있게 도와줄 겁니다. 그러니까 오늘은 아버지에게 딱 한 문장만 말해 봅시다. 그리고 아버지가 당신이 우는 걸 보았다고 상상해 봐요. 아버지는 당신을 내버려두고 떠날까요, 아니면 당신에게 반응할까요?

데릭: 반응할 거 같아요.

니나: 좋습니다. 그럼 역할을 바꾸지요. 음, 아버지, 데릭한테 말할 때 서 있으시겠어요, 앉아 있으시겠어요?

데릭: 앉겠습니다.

니나: 좋습니다. 아버지, 오늘 아들을 지켜보셨습니다. 아드님한테 하고 싶은 말이 있으신가요?

데릭: 미안하다구요.

니나: 그런데 마음에 없는 말은 하지 마시길 바랍니다. 왜냐하면 거짓을 말하면 데릭이 금방 알 수 있으니까요.

데릭: 네, 데릭이 똑똑하다는 건 알고 있습니다.

니나: 데릭에게 직접 말해 주세요. 저에게 말구요.

데릭: 네. 난 거짓말은 하지 않을 거다. 왜냐하면 네가 아주 똑똑한 젊은이란 걸 알고 있으니까.

니나: [아버지로서 말한다.] 그리고 내가 저지른 짓을 보는 게 어떤 느낌인지를 말해 주고 싶구나.

데릭: 그리고 내가 저지른 짓을 보는 게 어떤 느낌인지를 말해 주고 싶구나….

니나: 데릭에게 그 말을 해주세요. 지금이 고백하고 보상할 순간입니다.

데릭: 이제야 내 잘못이 보인단다. 그러니까… 넌 훌륭한 남자가 되었구나. 아내를 얻고, 네 엄마가 내게 그랬듯이, 사랑스럽고 헌신적인 아내를 말이다….

니나: [아버지로서 말한다.] 넌 나보다 훌륭한 남자다. 이 말이 맞으면 따라하고, 틀리면 정정하세요.

데릭: 넌 네 나이 때의 나보다 훌륭한 남자다. 난 지금도 배우고 있어, 네가 변화된 삶을 사는 걸 보지 못했다면, 나 역시 내 삶을 바꾸지 못했을 거다.

니나: [아버지로서 말한다.] 그러니까 어떤 의미에서는 네가 나의 아버지란다.

데릭: 그러니까 어떤 의미에서는 네가 나의 아버지란다.

니나: 이제 역할을 바꾸겠습니다. 아버지에게 반응하세요. 어떤 의미에서는 네가 나의 아버지란다.

데릭: 정말 지긋지긋해.

니나: 네, 아버지에게 말하세요. 역겨워요!

데릭: 전 정말로 아버지가 필요했어요. 어떤 길을 따라가야 하는지를 다른 데서 구하지 않고 아버지를 통해 알 수 있기를 바랐다고요. 하지만 아버지처럼 여자를 대할 수는 없었어요. 누드 잡지만 봐도 토할 것 같았죠. 아버지가 콘돔 얘기를 꺼냈던 21살 때도 그랬어요. 난 총각이었는데, 아버진 그런 줄도 몰랐죠.

니나: [분신으로서] 아버진 날 여러 가지로 실망시켰어요.

데릭: 아버진 날 여러 가지로 실망시켰어요. 그리고….

니나: [분신으로서] 그리고 미안하다고 말해줘서 좋아요, 하지만 아직 아버질 완전히 용서할 준비가 되지 않았어요.

데릭: 미안하다고 말해줘서 좋아요. 그리고 용서하려고 애쓰고 있어요.

니나: [분신으로서] 날 몰아붙이지 마세요.

데릭: 그건 느린 과정이고 서둘러서는 안 돼요. 전 지금 아버질 보고 있고, 아버질 사랑해요.

니나: 역할을 바꾸겠습니다. [데릭으로서] 전 지금 아버질 보고 있고, 아버질 사랑해요. 아들에게 반응하십시오.

데릭: 나도 널 사랑한단다, 무슨 말인지 알겠니? 넌 올바르게 자랐고, 그게 나 때문이 아니란 걸 안단다.

니나: 오늘 아들에게 주는 특별한 선물로, 아버님께 질문을 하고 싶은데요. 필요 없는 이 꿈 때문에 스트레스를 받을 때 아들에게 해주고 싶은 말이 없으신가요?

데릭: 나처럼 삶을 너무 심각하게 대하지 말거라. 난 믿음이나 희망 따위를 가족이 아닌 다른 것에 걸었지, 하지만 넌 지금처럼 가족과 함께 하려무나. 명예를 지켜다오, 내가 아는 너는 그런 사람이지. 그리고 편안하게 살아라. 나랑 정반대로 하면 된다.

니나: 역할을 바꾸겠습니다. 네 가족에게 충실하고 지금처럼 명예를 지키면서 편안하게 지내다오… 아버지에게 마지막으로 하고 싶은 말이 있나요?

데릭: [웃는다.] 통조림 쇠고기는 이제 싫어요.

니나: 좋습니다. 이 가엾은 작은 소년이 말을 할 수 있게 해주셨어요. 마지막으로 어린 데릭에게 하고 싶은 말이 있나요?

데릭: 살아남거라.

니나: 내가 무슨 생각을 하고 있는지 아시겠어요? 어린 데릭과 역할을 바꾸라고 할 거예요. 그리고 그의 말을 더 잘 들을 수 있는 방법이 있는지 볼 겁니다. 괜찮겠어요?

데릭: 네.

니나: 어린 데릭아, 어른 데릭에게 하고 싶은 말이 혹시 있니? 너를 더 잘 돌볼 수 있도록 말이다. 오늘 어른 데릭이 멋진 일을 하나 했지 — 네게 목소리를 주

었잖니.

데릭: 이제는 자신을 잘 돌보라고요.

니나: 그게 널 보살피는 게 될까? 어린 데릭과 어른 데릭 모두에게 도움이 될 만한 것, 일상생활에서 어른 데릭이 했으면 하는 특별한 게 뭐 없을까?

데릭: 내게 귀 기울이는 시간이 있으면 좋겠어요.

니나: 좋아요. 역할을 바꾸겠습니다. 자, 데릭, 어린 데릭이 자기한테 귀를 기울여달라고 말했습니다.

데릭: 네. 너의 소리를 들을게. 네게 귀 기울이겠다고 약속할게. 네게 귀 기울이겠다고 약속할게. 매일.

니나: 혹시 기도하시나요?

데릭: 네.

니나: 기도하면서 어린 데릭을 만날 수 있을까요?

데릭: 그럼요.

니나: 그 애에게 말해 주시겠어요?

데릭: 헤이 꼬마 데릭, 매일 널 위해 기도한다고 약속할게.

니나: 이제 완벽한가요?

데릭: 네, 그게 기도일 때는….

니나: 다르지요, 네. 당신은 꼬마 데릭을 다른 방식으로 만났습니다. 잠깐 숨을 돌리면서 기도에 대해서 다시 말해 보겠습니다.

데릭: 꼬마 데릭, 널 위해 기도하겠다고, 내 기도에 매일 널 포함시키겠다고 약속할게.

니나: 이제 숨을 쉬세요.

데릭: 기분이 한결 낫네요. 글쎄, 꼬마가 힘든 시간을 보냈기 때문에 슬픈 순간들이 있었죠. 하지만 당신이 꼬마를 도와주었어요.

니나: 꼬마에게는 도움이 필요했어요. 감사합니다.

데릭: 감사합니다.

니나: 이제 이 천들을 본래 있던 자리로 돌려놓고 무대를 치워 주시겠어요? 그

냥 저쪽으로 갖다 놓으시면 됩니다. 이제 무대는 사라졌습니다. 마법처럼. 우리는 지금 여기에 있습니다.

데릭: 피곤하네요.

니나: 네.

회기에 대한 성찰

작업을 돌아보면서, 가르시아(in Landy 2005)는 모레노의 목표가 꿈을 재교육하는 것, 곧 새로운 결말을 찾아내는 것이었다고 말하고, 심리극에서 꿈 작업의 중요성을 지적했다. 그리고 데릭의 목표가 반복되는 꿈을 멈추는 것임에 주목하여 그것을 위해 작업했다. 그녀는 꿈을 꾸기 직전에 무슨 일이 있었는지 질문하면서 꿈과 현실을 연결했다. 그리고 그 과정에서 데릭의 아버지가 종교에 귀의하여 가족을 보다 긍정적인 방식으로 포용하면서 지금은 전혀 다른 사람이 되었다는 것을 알게 되었다. 덕분에 가르시아는 데릭이 재교육은 아니더라도 최소한 그 꿈을 중화시킬 만한 장면으로 들어가게 할 수 있었다. 데릭은 거기서 훨씬 겸손한 아버지를 만났고, 현실에서 화해를 위한 기회를 창조할 수 있었다.

데릭은 심리극 회기에서 상당한 감정을 방출했다. 가르시아는 이렇게 말했다. "데릭에게 감정이 올라온다는 걸 느낀 첫 번째 순간은 꿈에 나온 엄마에 대해 말할 때였어요. 원한다면 그 감정을 표현하게 하고 싶었어요." 데릭이 감정을 수용하는 과정을 언급하면서, 그녀는 어깨에 손을 얹어도 좋다는 허락을 받은 뒤에 접촉으로써 데릭을 안정시켰다고 말했다. 그렇지만 그가 가장 흥분했을 때는 오히려 손을 떼어 몇 인치쯤 거리를 두었는데, 그에 대해 이렇게 설명했다.

그의 몸에서 나오는 열기를 느끼고 싶었어요. 데릭에게 [울] 시간이 더 필요한

지를 알아야 했고, 그래서 분신이 되어야 할지 아님 감정을 더 깊게 표현할 수 있도록 도와야 할지, 그것도 아니면 좀 더 인지적인 공간으로 움직여야 할지를 판단해야 했거든요.

거리조절 이론에서처럼, 가르시아는 표현과 수용에 대한 데릭의 욕구를 가늠하고 있었던 것이다.

아버지와 아들 그리고 여덟 살짜리 데릭의 역할과의 작업에 대해 가르시아(in Landy 2005)는 이렇게 말했다.

데릭에게 아버지 역할을 하게 한 건 두 사람이 대화하도록 하기 위한 거였어요… 그리고… 아버지가 지금은 다른 사람이라는 것을 경험하게 하려는 거였어요, 그리고 그가 늘 원했던 모종의 열린 관계가 더 가능하지 않았을까요.

그리고 이렇게 덧붙였다.

그리고 끝에 장면으로 돌아가 데릭에게 여덟 살의 자기와 접촉하도록 한 이유는 치유를 위해서는 어린 자기와의 통합이 절대적으로 필요하다는 나의 신념 때문입니다. … 수용, 사랑, 어린 자기의 입장에서 감정을 표현하는 것이 치유를 진전시키는 데 정말로 도움이 되는 것들이죠. 그리고 데릭이 기도 속에서 꼬마 데릭을 만나겠다고 약속했을 때, 말 그대로 그의 심리에서 변화가 일어났습니다. 내적인 전환이었지요.

가르시아는 또한 데릭을 표현과 자각으로 이끈 몇 가지 기본적인 심리극 기법을 돌아보았다. 우선 자애로운 엄마로서 데릭에게 이야기한 마주따라하기의 순간, 그리고 분신이 되어 아버지에게 데릭의 분노를 표현한 순간, 세 번째는 데릭으로서 아버지에게 사랑을 표현한 역할 바꾸기의 순간을 꼽았다.

데릭(in Landy 2005) 또한 역할 접근법의 경험과 비교하면서 심리극 회기에 대한 그의 카타르시스적 반응을 성찰하였다.

> 속에서 굉장히 많은 감정이 올라왔던 건 요즘 제가 처한 상황 때문인 것 같습니다. 지난주[역할 접근법에서]에도 치료사가 저를 쳐다보았을 때 감정이 한꺼번에 올라온 적이 있었죠. 치료사와 제가 맺은 남자/남자 관계가 분명히 그렇게 만들었을 거예요. 하지만 그 감정을 차단할 수 있었지요.

그는 심리극 회기에서는 엄마 역할을 연기했기 때문에 감정을 표출할 수 있었다고 말을 이었다. 아버지 역할로 작업했던 첫 번째 회기에서는 이야기의 틀로 작업한 만큼 상당한 거리감을 경험했다. 한편, 심리극 회기에서는 순간에 온전히 존재하는 느낌을 경험했으며, 그것이 과도한 감정 표현을 가져왔을 거라고 말했다.

데릭은 가장 감정에 압도되었을 때 가르시아의 분신이 얼마나 중요했는지를 깨달았다. 그는 이렇게 말했다. "그때는 말을 할 수가 없었어요. 누군가 날 위해 대신 말해 줄 사람이 필요했어요. 어렸을 때처럼 말이죠."

데릭(in Landy 2005)은 또한 가르시아의 지지적인 접촉을 떠올렸다. "다른 사람이 나한테 손대는 걸 아주 싫어하기 때문에 감사했어요. 어릴 적에 너무 많이 맞아서 사람들과 접촉하는 데 아주 민감하거든요. 그녀가 먼저 물어봐 준 게 좋았어요. 그때는 부드럽게 접촉할 준비가 되어 있었거든요."

마지막으로, 여덟 살 꼬마 데릭과 만난 경험에 대해서는 이렇게 말했다(in Landy 2005). "그제야 제가 준비되었다고 느껴졌어요 — 그 아이가 어른인 내게 말할 준비가 되었고, 마침내 목소리를 갖게 되었지요. 말할 수 있게 되고 그 말을 정말로 들어줄 사람이 생긴 거였어요. … 그러자 평화로움이 느껴졌습니다."

두 번째 회기를 마치면서 데릭은 통합의 카타르시스를 경험했다. 아버지와 아들이 엄마의 안내에 힘입어 좀 더 가까워졌다. 학대받은 어린 데릭은 어른 데릭에게 연결되는 목소리를 찾았다. 영적 순간이 감정을 어루만져 평화의 느낌을 가져온 것이다.

대극성

감정과 거리

우리는 앞에서 심리극의 두 가지 카타르시스에 대해 논한 바 있다. 통합의 카타르시스를 통해 참여자들은 감정과 통찰의 균형을 경험한다. 그것은 역할 접근법에서 말하는 미적 거리와 유사하다. 실제 작업에서는 소거의 카타르시스가 더 흔하다. 물론 데릭의 경우에서 보았듯이, 그것이 통합의 카타르시스를 배제하지는 않는다. 데릭이 엄마 역할을 맡아 사람들이 보는 데서 남편에게 폭행당하는 장면을 연기했을 때, 그는 표출될 필요가 있는 깊은 감정의 우물을 경험하였다. 그리고 행동으로 그 감정을 표출하면서 강렬한 소거의 카타르시스를 느꼈다. 한 해가 지난 다음 그 순간을 돌아보면서, 데릭(2006)은 카타르시스를 매우 정확하게 묘사했다.

> 몇 년 동안 저는 어머니의 눈물과 내 슬픔을 속에 담아두고 있었어요. 무방비 상태의 작은 소년의 감정이죠. 쉼 없는 공격에 방어기제를 가동시키느라 너무 바빠서 눈물을 흘리지 못했지요. 그런데 역할을 바꾸어 엄마로서 어린 데릭이 견뎌냈던 학대를 말하자 슬픔과 무력감이 압도적으로 나를 뒤덮었어요. 나와 엄마에 대한 느낌 사이에 갇힌 듯 느껴졌지요. 엄마는 한 번도 감정을 드러낸 적 없는데, 치료사가 엄마의 감정을 말로 표현하니까, 엄마가 그랬던 게 우리

를 위한 사랑 때문이었다는 걸 너무나 분명히 알 수 있었어요. 또 치료사의 진정한 공감이 안전한 느낌을 주었고, 그래서 무너지기 시작했지요. 게다가 그녀는 감정이 밖으로 터져 나오려고 하는 그 불편한 장소에서 벗어나는 걸 허락하지 않았어요. 그녀는 그저 기다렸고 도망갈 수도 없었기 때문에, 전 울기 시작했습니다.

과정은 계속되었고, 가르시아는 데릭이 어린 아들 역할을 맡아 아버지와 만나도록 격려했다. 데릭(2006)은 가장 강렬한 이 대목을 다음과 같이 설명했다.

그 순간에 수많은 감정이 올라왔고, 전 그것들 모두를 울음으로 토해 낼 수밖에 없었어요. 아버지가 내게 했던 것들에 대한 분노, 절망, 고통, 무력감, 원한, 증오, 그리고 아버지가 날 엿 먹였다고 선언한 순간, 속에서 어마어마한 안도감이 터져 나왔어요. 가르시아가 제 느낌을 대변해 준 게 정말로 큰 도움이 되었습니다. 그건 여덟 살짜리 꼬마로서도, 다 큰 어른인 저로서도 표현할 수 없는 것이었거든요.

데릭에게 강렬한 감정의 표출은 역할 바꾸기와 분신, 치료사의 편안하고도 공감적인 태도와 여성성 그리고 데릭의 몸을 존중하는 데서 창조된 안전한 거리와 관련되었다. 데릭(2006)은 말했다. "그 회기에서 운 것과 관련해서 기억나는 건 나를 만지지 않는 치료사에게 느낀 지지였어요. 그것은 현명한 선택이었습니다. 왜냐하면 당시 전 슬픔과 분노를 함께 느끼고 있었거든요."

감정을 재경험하고 표현하는 것은 심리극에서 흔한 일이다. 거기에는 몇 가지 이유가 있다. 첫째는 참여자들이 자기 자신의 역할을 연기하고, 따라서 거리가 좁혀진다. 행동이 일인칭으로 일어나서 고통스러운 과거의 경험이 지금 여기서 일어나는 것처럼 받아들여지기 쉽다. 역할 접근법에서 데릭은 아버지와 아들과 고통이라는 이야기를 다루었고, 그 때문에 훨씬 거리가 생겼다. 그에 비해 심리극에서는 데릭의 아버지와 소년과 성인 남자로서 데릭의 고통을 다루었다. 그리고 치료사에 의해 재현된 일종의 안내자 인물인 데릭의 어머니가 등장했다. 연극을 빈다면, 심리극은 브레히트의 소외 효과보다는 정서 기억을 강조한 스타니슬라브스키의 작업에 더 가깝다. 더구나 분신, 거울, 역할 바꾸기 같은 심리극 기법은 주인공의 정서적 경험을 심화시키며, 연출자는 이런 기법을 활용하여 카타르시스를 유발하도록 훈련된다.

모레노는 카타르시스가 무엇보다 주인공에게 집중되어야 하며 그 다음에 보조자아와 관객의 순임을 분명히 했다. 주인공이 역할을 입고 작업하지만, 핵심 역할이 자기이기 때문에 그것을 투사적이라 하기는 어렵다. 집단으로 작업할 때, 주인공은 보조자아들에게 투사된 역할을 부여한다. 앞서 보았듯이, 일대일 심리극에서 데릭은 어머니, 아버지, 어린 자기의 투사적 역할을 연기했다. 그러나 그동안에도 기억하는 한 솔직하게 일인칭으로 자기 삶의 이야기를 말하는 현재의 데릭으로 돌아갔다. 그는 꿈에 나온 인물인데도 매우 현실적이고 직접적이었다.

심리극에서 창출되는 거리는 접근법보다 치료사의 존재에 더 의존한다. 가르시아는 부드럽지만 집요하게 데릭을 이끌어 학대당한 어머니와 학대한 아버지를 만나게 함으로써 소거의 카타르시스를 촉진했다. 그리고 어린 데릭과 어른 데릭의 만남에서 통합의 카타르시스를 이끌어냈다. 그렇게 하면서 가르시아는 데릭이 압도적인 절망에서 빠져 나와 균형을 취할 수 있도록 필요한 거리를 제공한 것이다.

허구와 현실

데릭의 경우에서 보았듯이, 심리극 역시 정신분석과 게슈탈트 치료와 마찬가지로 꿈을 다룬다. 그리고 역할 접근법처럼 신화, 허구적 이야기, 역할 등 상상의 재료로 작업한다. 심리극은 또한 주인공이 과거와 미래의 자아 상태를 옮겨 다니면서 시간의 차원을 가지고 놀지만, 기본적으로 현실에서 시작하고 끝맺는다. 다시 말해, 중요한 타인과 실질적인 어려움을 겪는 주인공과 작업한다는 것이다. 그 현실을 고양시키기 위해 주인공은 보조자아의 힘을 빌려 어려움을 극화한다.

심리극에서 사용된 이야기와 역할은 분명히 잉여 현실 혹은 고양된 현실의 양상을 띤다. 그러나 일상생활의 현실 정향성이 뚜렷하게 남아 있다. 앞선 예에서, 데릭은 어린 데릭이라는 허구적인 역할을 창조했고, 서로 침을 뱉는 어머니와 아버지의 꿈속 이미지를 불러냈으며, 아버지에게 맞서 자기 마음속에 사는 상처 입은 어린아이를 위로하는 극적 순간을 만들었다. 하지만 가르시아는 극이 진행되는 동안 내내 데릭에게 이것이 그의 이야기이며 그것을 변형함으로써 그가 고통을 표출하고 자발성을 회복하게끔 도울 것임을 주지시켰다. 물론 그 여정이 영웅적이며 신화적이라고도 말할 수 있을 것이다. 그러나 그것이 사실이라도, 심리극의 여행자는 회상된 과거의 소리와 냄새와 이미지로부터 멀지 않은 진부한 길 위에 있다.

말과 몸

역할 접근법과 마찬가지로, 심리극은 말과 비언어적인 표현을 함께 사용한다. 때로 심리극 연출자는 움직임이나 유도된 환상 같은 활동으로 개인이나 집단을 웜업시킨다. 데릭의 사례에서, 가르시아는 그의 현재 상태와 반복되는 꿈으로 작업하고 싶은지를 대화를 통해 확인하면서 매우 조심스럽게 그를 준비시켰다. 대화 초반부에 가르시아는 데릭이 엄마에 대해 말하면서 미소를 지은 것을 놓치지 않았고, 그 비언어적인 표현을 언어적으로 확장해 보라고 했다. 그렇게 하면서 그녀는 데릭이 드라마에서 가장 중요한 순간에 말이 아닌 행동으로 깊은 감정을 표현할 수 있도록 준비시켰다. 데릭이 엄마 역할을 통해 작업함으로써만 그렇게 할 수 있음을 직감적으로 파악했기 때문에, 충분히 좋은 엄마 역할을 마주따라함으로써 데릭이 결국 아버지와 대면하여 어린 자기와 평화를 이룰 수 있도록 이끌었다.

꿈 장면을 구성할 때, 가르시아는 데릭에게 의자와 천을 가지고 현실의 느낌을 재창조하도록 했다. 그리고 장면을 만드는 과정에서는 특정한 질문과 비평으로 데릭이 선택을 구체화할 수 있도록 도왔다. 특히 명쾌했던 순간은 데릭이 금색 천으로 아버지를 나타냈을 때, 가르시아가 "그건 아버지의 금니군요"라고 말한 대목이다.

강렬한 감정을 표현하는 고비를 넘는 동안, 가르시아는 데릭의 곁을 지켰다. 그녀의 가장 중요한 개입 중 하나는 데릭에게 어깨에 손을 얹어도 되느냐고 허락을 구한 것이다. 그러나 데릭의 기억 속에서, 그녀는 그를 만지지 않았다. 그리고 데릭이 흐느껴 울 때, 그의 몸에서 몇 인치 간격을 두고 손을 떼지 않으면서 접촉과 수용에 대한 데릭의 욕구를 가늠했던 순간 역시 매우 중요하다. 요컨대 가르시아가 카타르시스를 촉진하기 위해 정서적 수용뿐만 아니라 가장 적절한 신체적 접촉을 제공했다는 것이다.

지속적으로, 가르시아는 데릭이 몸에 주의를 기울이도록 — 숨을 쉬라고 그리고 몸에 있는 감정을 인식하라고 — 일깨웠다. 때로는 분신이 되어 데릭에게 감정에 말을 입히라고 격려했다. "고개를 끄덕이는 게 무슨 뜻이에요? 말로 해보세요. 거기에 목소리를 부여하세요." 그 지시에 힘입어 데릭은 몸의 감각을 말로 변형할 수 있었고, 감정을 표현하면서 몸에 있는 긴장을 방출할 수 있었다.

역할 바꾸기는 매번 비언어적 전이와 데릭이 가장 만날 필요가 있는 인물들 — 어머니, 아버지, 어린 자기 — 과의 대화를 구분했다. 말하기

전과 후의 전이적인 순간으로서 역할 바꾸기는 감정과 생각뿐만 아니라 한 역할과 다른 역할, 한 사람과 다른 사람, 연계가 필요한 모든 것을 통합하는 비언어적인 다리로서 기능한다.

연극치료에서, 랜디(1994)는 심리극과 투사 기법을 분명하게 구분한다. 전자는 현실에 기반한 상황을 더 다루고 언어적인 교환에 의존하는 경향이 있다. 그렇기 때문에 심리극 기법은 언어를 잘 사용하는, 기능이 좋은 참여자에게 가장 적합하다. 역할 접근법에서 즐겨 쓰는 투사 기법은 인형이나 가면 또는 모형에 움직임, 소리, 상상의 행동을 통해 생명을 불어넣기 때문에 말을 잘 사용하지 못하는 참여자들에게 좀 더 쉽게 적용할 수 있다.

행동과 성찰

역할 접근법과 마찬가지로, 심리극은 행동과 성찰을 모두 중요시한다. 심리극에서 성찰은 흔히 회기의 본활동 단계에서 일어나며, 사례에서는 회기 후반부에 데릭이 어린 자기를 현재의 어른 자기와 통합할 때 발생했다고 볼 수 있다. 바로 이런 행동과 성찰의 일치가 통합의 카타르시스의 징표다.

그러나 심리극에서 회기의 본활동과 마무리 사이에는 뚜렷한 구분점이 있다. 마무리 단계에서 느낌을 나누는 동안, 주인공과 보조자아들은 역할을 벗고 로쿠스 나센디로부터 물러난다. 역할에서 빠져 나와 관객과 함께 극적 행동을 일상 현실과 관련지으면서 그 의미를 성찰한다. 일대일 심리극을 경험한 사람들 역시 본활동 다음에 성찰을 위한 시간을 갖는다. 작업을 40분으로 제한한 데릭의 사례에서는 성찰에 안배할 시간이 없었기 때문에, 가르시아는 데릭에게 의자와 천을 치우면서 무대를 해체하고 극적 역할을 벗도록 하는 것으로 회기를 맺었다. 그녀와 데릭은 마주 앉아 서로의 상태를 확인했다. 그때 데릭은 드라마를 돌아보기보다 그 순간의 피로감을 이야기했다. "피곤하네요"는 아마도 깊고 강렬했던 작업을 집약한 마지막 표현이었을 것이다.

지시적 접근과 비지시적 접근/전이와 역전이

심리극에서 모레노를 모델로 하는 연출자는 다소 지시적이다. 그들은 주인공의 선택뿐만 아니라, 주인공이 장면을 구성하고, 극화하며, 드라마를 성찰하는 모든 과정에 개입한다. 또한 장면 진행, 연기, 피드백, 카타르시스를 격려하면서 정서적인 톤을 조정하는 데 있어서도 매우 적극적인 경향이 있다.

연출자가 참여자와 일대일로 작업할 때는 적극성이 더욱 짙어진다. 왜냐하면 보조자아와 관객으로부터 지지를 받을 수 없기 때문이다. 니나 가르시아 역시 그런 예를 보여 주었다. 그녀의 과제는 일련의 기법을 통해 심리극 과정을 충분히 경험할 수 있도록 데릭의 꿈을 극화하는 것이었다. 그녀는 연출자로서 데릭이 보조자아 역할을 연기할 수 있게 격려했고, 필요할 때는 데릭의 경험을 심화시키기 위해 같은 역할을 맡기도 했다.

가르시아는 부드럽고 수용적인 여성의 모습으로 데릭의 엄마를 대변했다. 그녀는 전이 대상이 될 것임을 알고 있었고, 충분히 좋은 엄마 인물을 거울 기법을 통해 보여 주면서 그것을 처음으로 다루었다. 그리고 엄마 역할을 직접 하지 않고 데릭에게 맡김으로써 행동이 일어날 수 있는 적절한 장소인 드라마로 전이의 방향을 바꾸었다. 데릭이 장면에 등장하는 모든 역할을 연기할 필요가 있으며, 전이적인 엄마가 아닌 연출자로서 자신의 도움을 받아들일 수 있어야 함을 인식했기 때문이다.

드라마 후반부에는 아버지와 데릭의 분신이 되어 좀 더 적극적인 역할을 연기했다. 데릭에게 여러 차례 역할을 바꾸게 하면서 나중에는 통합의 카타르시스를 유도했다. 그렇게 일련의 개입을 통해 전이를 촉진하는 대신, 지금 여기에 있는 치료사로 기능하면서 마지막에는 현재로 돌아와 역할을 벗으라고 일러주었다.

가르시아는 역전이적 감정을 직접 표현하지는 않았지만, 데릭에 대한 감정이입 관계를 성찰하면서 그것을 드러냈다. 데릭처럼 그녀 역시 텔레의 긍정적이고 강렬한 느낌을 경험했고, 그것을 치료 과정을 진전시키는 데 활용했다. 그녀는 데릭의 고통을 목격했을 뿐만 아니라, 그것을 내면화하고 데릭에게 되비추어 주었으며, 그럼으로써 그가 통합을 향해 나아가도록 도왔다.

심리극 연출자는 일반적으로 역할 접근법의 진행자에 비해 한층 지시적이다. 그런 맥락에서 가르시아는 전이를 덜 유발하는 경향이 있다. 그러나 두 접근법의 공통점은 치료사가 전이의 대상을 드라마와 집단으로 바꾸도록 유도한다는 점이다. 심리극에서 참여자와 치료사의 관계는 전이보다 텔레로 말할 수 있다. 역할 접근법에서 신뢰 관계는 안전의 정도와 그리하여 참여자가 딜레마에 얼마나 자발적으로 깊이 몰두할 것인가를 나타내는 강력한 지표다. 두 접근법 모두 치료사가 참여자와 함께 역할을 연기할 때는 일정 정도의 역전이가 예상된다고 할 수 있다. 그러나 치료사가 역할에서 나와 참여자의 투사를 집단이나 드라마로 방향을 바꾼다면 스스로 거리감을 둘 수 있다.

6 발달적 변형

데릭의 마지막 회기는 연극치료의 개척자 중 한 사람인 데이비드 리드 존슨의 발달적 변형으로 진행되었다. 그의 초기 연구는 정신분열증 환자들에게 연극치료를 적용하는 데 집중되었다. 또한 존슨은 베트남 참전 군인과 다양한 PTSD 환자를 대상으로 한 작업과 글쓰기로 잘 알려져 있다.

역사적 개관

존슨(2000b)은 발달적 변형을 "놀이 공간에서 체현된 만남"(87)으로 정의한다. 몸과 만남과 놀이 공간은 기본 개념을 다룰 때 자세히 논할 것이다. 발달적 변형은 앞선 두 접근법과 마찬가지로 행동을 추동하고 자발성을 촉진하는 도구로 역할 연기를 사용한다. 하지만 참여자가 하나의 역할에서 다른 역할로 끊임없이 변형하도록 격려하며, 치료사와의 관계 속에서 좀 더 심층적인 자기를 발견하고 인습적인 행동 방식에서 분리되도록 한다는 점에서 독특하다.

존슨은 발달적 변형의 원천을 연극, 심리학, 무용 치료, 철학에서 찾는다. 연극에서는 배우 훈련뿐만 아니라 교육과 레크리에이션에 즉흥을 활용함으로써 연극 게임이라는 영역을 개척한 비올라 스폴린(1963)에게 빚지고 있다고 말한다. 발달적 변형은 스폴린의 고전적인 책인 『연극을 위한 즉흥 *Improvisation for the Theatre*』(1963)에 영향을 받아 소리와 움직임 활동으로 시작하는 즉흥 기법을 주로 사용한다.

존슨은 또한 고대 그리스의 희극과 비극 가면을 또 다른 연극적 원천으로 꼽는다. 비극 가면은 연극 예술가인 예지 그로토프스키(1968)의 작업으로 집약된다. 그로토프스키는 그보다 앞선 앙토냉 아르토(1958)와 같이 연기의 과정을 신체적, 심리적, 영적 요소의 조합으로 간주했다. 아르토와 그로토프스키의 작업은 사빈(1962)이 말한 마술사와 무당의 황홀경을 반영한다. 이 극단적인 상태를 설명하기 위해, 아르토(1958)는 배우의 작업을 페스트에 비유했다.

> 갈등을 드러내고, 힘을 풀어놓으며, 가능성을 해방시키고… 연극의 행동은 페스트의 그것처럼 인간으로 하여금 있는 그대로의 자기 자신을 보게 한다는 점에서 이롭다. 그것은 가면을 벗기고, 우리 세계의 거짓과 느슨함과 비열함과 위선을 드러낸다(31).

그로토프스키는 배우가 그 가면과 거짓을 벗을 수 있도록 강도 높은 신체적, 심리적, 영적 훈련을 시켰다. 그리고 배우 훈련의 치료적 효과를 부정하면서도, 한편으로는 이렇게 말했다(Grotowski 1968).

> 연극은… 가면을 벗고 실재를 드러내는 통합이라 부를 수 있는 기회를 제공한다. 신체적이고 정신적인 반응의 총체성. … 여기서 우리는 문명화된 현재를 사는 사람들을 위한 연극의 치료적 기능을 볼 수 있다(255-6).

아르토와 그로토프스키의 이 독창적이고 비타협적인 생각은 무의식의 깊이를 알아차린 점에서는 카를 융의 목소리를 그리고 우주의 본질적인 생체에너지적 힘을 추구한 부분에서는 빌헬름 라이히를 연상케 한다. 또한 신의 역할을 취하여 성스러운 배우가 되기를 추구한 데서는 영적인 모레노와 통한다. 사실 그로토프스키는, 그 이전의 아르토와 마찬가지로, 몸을 고행으로써 정화하고 영감을 찾아 영적 세계로 진입하며 또 현실로 돌아와 관객에게 영감을 주는 샤먼으로서의 배우와 성스런 행위로서의 공연을 꿈꾸었다.

존슨(Johnson et al. 1996)은 그로토프스키가 연극을 배우와 관객 그리고 그 둘 사이의 만남이라는 본질적인 요소로 환원시킨 데 주목했다. 그로토프스키의 연극처럼, 발달적 변형은 무대도, 의상도, 가면도, 조명도, 텍스트도 없이 단순하고 기본적이다. 자신의 연극을 가난한 연극이라 칭한 그로토프스키처럼, 존슨은 자신의 접근법을 가난한 연극치료라 불렀다. 두 사람은 "인간으로 하여금 있는 그대로의 자기 자신을 보게"(31) 하기 위해 가면을 벗기려 한 아르토(1958)의 비전을 공유했고, 그 변형에 이르기 위해 몸을 통한 길을 택했다.

그러나 발달적 변형은 희극 가면의 유희적인 측면을 내보인다. 그것은 코메디아 델라르테나 부조리극의 전통에 속하며, 저급한 희극과 소극에 연결된다. 가난한 연극치료에 대한 글에서 존슨은(1996) 이렇게 말한다.

> 그로토프스키가 삶을 비극적으로 본다는 비난을 받을 수 있는 반면, 발달적 변형은 희극적 관점을 뚜렷이 포용한다. 그로토프스키의 금욕주의는 도덕적 규범의 경계를 노정하는 반면, 발달적 변형은 정통적인 것과 피상적인 것, 진실과 난센스, 희생과 욕망의 충족을 모두 가지고 놀 수 있는 인간의 특징으로 받아들임으로써 보다 허용적인 태도를 취한다.

존슨의 심리학적 원천은 초기의 프로이트(1933), 베르너(1948), 피아제(1962), 에릭슨(1963), 퀴블러-로스(1969), 레빈슨(1978)과 함께 발달심리학에서 시작된다. 그는 또한 자유연상 개념의 발달에서 프로이트(1933)와 크리스(1982)에 빚지고 있다. 그리고 마지막으로 클라인(1975), 야콥슨(1964) 등 대상관계 이론가뿐만 아니라 로저스(1951)와 겐들린(1978) 같은 내담자 중심 관점perspectives의 영향력을 꼽을 수 있다.

연극치료 작업을 시작하는 단계에서 존슨은 무용 치료사인 수전 샌델과 함께 작업하면서 치료적 움직임과 드라마의 여러 상관관계를 발견했다. 그들은 과제의 안정성, 공간, 역할 구조, 복합성 등 드라마와 움직임에서 유래한 준거를 가지고 정신과 환자를 평가하는 척도를 개발하기도 했다(Johnson and Sandel 1977 참고). 존슨은 이 초기 작업의 상당 부분을 무용 치료의 개척자 중 한 사람인 메리언 체이스의 움직임에 기인시킨다. 존슨은 체이스가 모레노에게 영향 받았다는 점과 제2차 세계대전 직후에 성 엘리자베스 병원에서 참전군인과 정신과 환자를 대상으로 작업하면서 무용 치료 접근법을 개발했다는 점에 주목했다. 모레노는 그녀가 오기 직전에 성 엘리자베스 병원에 심리극 극장을 만들었다.

존슨은 특히 메리 화이트하우스(1979)의 선구적 작업인 '진정한 움직임'이라 불리는 무용 치료 접근법을 중요한 영향력으로 언급한다. 진정한 움직임은 눈을 감은 채 내적 충동에 따라 자발적으로 움직이는 즉흥적인 신체 표현 형식이다. 무용/움직임 치료사가 지켜보고 수용하는 가운데 참여자들이 동시에 움직이며, 대개 집단 규모로 실행된다.

마지막으로, 존슨은 철학적 배경을 논한다. 그중 하나는 타인의 시선이라는 감옥과 자유를 향한 개인의 투쟁을 이야기한 장 폴 사르트르(1943)의 실존적 관점이다. 두 번째는 자크 데리다(1978)를 필두로 한 포스트모던 철학자들의 작업이다. 그들이 제시한 해체 개념은 관습적인 역할 구조의 풀림을 이해할 수 있게 해준다. 또한 존슨은 불교와 비움의 철학의 중요성을 말한다.

발달적 변형의 기본 전제

존슨(2000b)은 발달적 변형이, 앞서 보았듯 수많은 영향력에 근거하고 있음에도 불구하고, 무엇보다 무이론적이라고 주장한다. 그에게 발달적 변형은 이론이라기보다 참여자와 치료사의 만남에 입각한 실제 작업인 것이다. 그는 이렇게 말한다(2000a). "발달적 변형에서 이론의 한 가지 기능이 있다면, 그것은 치료사가 어떤 틀이나 입장에 대한 욕구도 놓아버릴 수 있도록 지지함으로써 참여자와의 만남을 경험하는 데 집중하게 하는 것이다"(88).

하지만 발달적 변형 역시 몇 가지 핵심 개념과 철학적 관점을 중심으로 구성된다. 그것은 영화에서 존슨이 발달적 변형 작업을 소개하는 부분(in Landy 2005)에 잘 설명되어 있다.

> 세계는… 끊임없이 변화하는… 유동적인 것입니다. 그리고 세상에서 경험하는 이… 불안정성에 맞서 우리 모두는 무언가에 집착함으로써 그것을 상쇄하고자 하지요. 우리 작업에서 치료사는 참여자가 형식에 대한 집착에서 놓여나도록 돕습니다. 우리는 지금 잡고 있는 이 형식을 포기한다면… 공허함으로 떨어지게 될 거라는 두려움에 사로잡혀 있지요. 하지만 실제 작업에서 참여자들은 공허함에 휩싸이기보다 또 다른 형식이 창출되는 것을 발견합니다. 그리고 그런 방식으로 형식은 발생하고, 외피를 갖추고, 발달하고, 견고해지며, 또 다른 것으로 옮겨갑니다. 우리는 참여자가 이 과정을 덜 두렵게 느낄 수 있도록 돕습니다. … 그러니까 치료사는… 참여자가 자기 자신에 대해 심각한 상태에서 놀이의 상태로 옮겨가도록 격려합니다. … 본질적으로 발달적 변형 작업은 참여자가 견고해 보이는 자기 세계를 잠시 내려놓고, 그 딱딱하고 심각한 것을 놀이 공간의 한계 안에서 변형해 보도록 노력하는 순간이라고 말할 수 있습니다.

다양한 형태의 자기라는 포스트모던한 관점의 역할 이론과 자기를 구성주의적 관점으로 보는 이야기 치료를 모두 거부하면서, 존슨은 유출이론의 좀 더 영적이고 인본주의적인 세계관을 껴안는다. 그는(2000a) 다음과 같이 설명한다. "세계는 이해의 범위를 넘어서 있는 존재의 근원으로부터 유출(곧 흘러나오는)되고 있는 것이다." 존슨에게 "세계는 의지가 아니라 자연적으로 주어진 것이다"(88). 존슨은 또한 자기에 대한 그로토프스키의 이원론적 관점을 받아들여, 관습적인 요구에 반응하여 발달된 외부의 거짓 자기와 심오하고 유희적인 자기발견의 과정을 통해서만 도달할 수 있는 내면의 온전한 자기가 있다고 생각하는 듯하다. 그 진정한 자기에 이르는 길은 오직 몸으로만 가능하며, 그래서 존슨에게 몸은 곧 근원이다.

발달적 변형의 기본 개념

체현

존슨(2000b)은 이렇게 말한다. "몸은 생각과 감정, 신체성과 에너지의 근원이다"(89). 그 문장에서 그는 "몸"을 대문자로 쓰면서 그 본질적 특성을 강조한다. 그는 탈체현의 상태가 심리적 고통을 유발한다고 말한다. 발달적 변형 작업에서, 치료사는 소리, 움직임, 몸짓, 말을 통해 몸을 계속해서 움직이게 한다는 목표 아래, 몸으로부터 유출되는 흐름을 측정하고 그 흐름을 조정하는 것을 돕는다.

임상 작업을 기초로, 존슨은 체현의 네 가지 유형을 분류한다. 흐름이 엄격하게 선형적으로 진행되지는 않지만, 각 단계는 이전 단계에 비해 참여자의 몸과 치료사의 몸 혹은 집단의 다른 참여자들의 몸과 보다 차원 높은 관계 맺음을 암시한다. 첫 번째 단계는 타자로서의 몸이다. 여기에서 개인은 자신의 몸을 다른 사람들에게 보이는 대상으로 인식하며, 그 결과 인종, 민족, 외모, 태도와 같은 외적 요소와 동일시한다.

두 번째 단계는 페르소나로서의 몸이다. 이 수준에서 개인은 몸을 개인적 특성을 온전하게 갖춘 자기 자신에 속한 것으로 인식한다. 그리고 치료 작업에서 참여자는 치료사의 몸을 피상적인 특성보다는 치료사의 정체성 전체와 연결된 것으로 인식한다.

세 번째 수준은 욕망으로서의 몸이다. 이 단계에서 개인은 좀 더 친밀하고 정서적인 방식으로 다른 사람과 관계 맺으며, 그로부터 공포와 지지를 경험하게 된다. 몸이 환상, 매력, 반감의 근원이 되는 것이다.

마지막 유형은 현존으로서의 몸이다. 존슨은 이를 심층 놀이라고도 말한다. 존재의 가장 기본적인 이 상태에서 개인은 자율적인 정체로서 타자와 관계 맺는다. 두 사람 모두 타자를 바꾸고자 하는 욕망이나 특정한 의도 없이 현존 자체를 자각하는 것이다. 양자 모두 그 순간에 관계 속에 있는 개인됨의 경험을 공유한다. 그 상태는 죄책감 없는 친밀감을 내포한다. 존슨에 따르면, 체현의 네 가지 유형은 치료적 관계에서 흔히 순서에 따라 나타나지만, 발달적으로는 엄마와 아이로서 친밀성에서 개별성으로 옮아가는 거꾸로 된 순서를 밟는다.

만남

가난한 연극에서처럼, 발달적 변형은 자기와 타자, 참여자와 치료사의 본질적 관계를 방해하는 장애물을 제거한다. 이 관계를 만남이라 하며, 그 개념은 모레노와 펄스가 말한 것과 유사하다. 만남에서 치료사는 참여자의 놀이 대상이 되고, 참여자는 치료사의 텍스트가 된다. 치료사의 과제는 참여자의 본질적 주제가 떠오르도록 돕고, 참여자가 요구하는 역할은 무엇이든 맡아 연기하는 것이다. 치료사는 참여자의 역할을 취할 뿐만 아니라 필요에 맞게 그것을 연기한다. 존슨은 이 과정을 충실한 번역rendering이라 부른다.

회기가 진행되는 동안 치료사는 만남을 다르게 사용할 수도 있다. 방 한쪽에 놓인 작고 둥근 카펫인 지켜보는 원 안에 들어가 앉아서 참여자의 연기를 관찰하는 것이다.

존슨은 고전적인 정신분석에서의 만남과 발달적 변형에서의 만남을 구분한다. 전자에서 내담자는 카우치에 기대어 누워 있고, 치료사는 한쪽 옆에 앉아, 서로 분리된 상태에서 각자의 개인적이고 내적인 경험에 집중한다. 후자의 경우, 치료사는 친근함과 분리의 여러 차원을 연기하면서 참여자와 직접적으로 관계 맺는다. 발달적 변형에서, 만남은 친밀함을 구하는 한 사람과 타자가 그곳에 이르도록 돕는 수단으로서 자신의 현존을 제공하는 다른 한 사람, 이 두 연기자의 본질적 만남이다.

놀이 공간

놀이 공간은 만남의 심리적 환경이다. 존슨(in Landy 2005)은 놀이 공간을 이렇게 말한다. "참여자와 치료사 사이에 존재하는 유희성의 상태." 놀이 공간에는 세 가지 구성 원리가 있다. 상해에 대한 제한, 연기자 상호 간의 동의, "현실과 환상의 경계가 동시에 재현되는 모순된 소통"이 그것이다.

놀이 공간은 태생지를 의미하는 **로쿠스 나센디***locus nascendi*라는 모레노의 개념과 유사하다. 하지만 모레노와 달리 존슨은(2000b) "말로 생각과 느낌을 나누는 것이나 프로세싱은 회기 말미에 놀이 상태 밖에서가 아니라 놀이 공간 안에서 일어난다"고 믿는다(91). 그러나 심리극과 역할 접근법은 드라마의 행동 단계가 끝나면 역할을 벗고 본활동에 대해 성찰하면서 이야기를 나눈다.

놀이 공간 안에서 두 연기자는 즉흥적으로 서로에게 개입한다. 참여자는 올라오는 생각과 감정을 소리와 움직임, 말과 몸짓으로 자발적이고 검열되지 않은 행동을 통해 신체적으로 표현한다. 그러므로 참여자의 생각과 감정이 바뀌면 놀이 공간에서의 행동도 달라진다.

발달적 변형은 개인 작업과 집단 작업이 모두 가능하다. 마칠 시간이 되면, 치료사는 "일 분 남았습니다"라고 말한다. 두 사람이 놀이 공간을 떠나 일상생활로 들어가면서 회기가 끝난다.

치료적 목표

발달적 변형은 참여자가 "견고하고 심각한 것들"로부터 떨어져 나와 그것을 해체하도록 돕고자 한다. 그리고 삶의 갈등에 유희적인 방식으로 개입한다. 인류의 생존이 문화유산에 맞서 자발적이고 창조적일 수 있는 능력에 달려 있다고 믿은 모레노처럼, 존슨은 체현된 행동을 통해 놀이 공간에서 타자를 온전히 만날 수 있는 능력이 위대한 친밀함을 가져오고 소외의 문화를 상쇄할 것이라고 믿는다. 존슨은 근원과 자기와 타자의 일치를 치료 목표로 본다. 이는 모레노의 창조성과 자발성과 문화유산의 삼각구도와 멀지 않으며, 랜디가 말한 안내자와 역할과 반대역할과도 겹쳐진다.

치료사의 역할

초기 논문에서, 존슨은(1992) 치료사가 세 가지 역할을 연기한다고 말한다. 첫 번째는 전이 인물로서, 그는 그것을 심리적 역할이라 부른다. 두 번째는 드라마의 인물, 곧 극적 역할이라 부른다. 세 번째는 사회적 역할인 치료사 인물이다. 그러나 존슨은 놀이 공간이라는 좀 더 광범한 개념을 선택하여 역할에 대한 이해를 확장한다. 즉, 장면 속에서 치료사와 참여자는 "전형적 역할의 구조와 형식을 갖지 않는 상상력과 드라마의 다른 상태들"을 연기한다는 것이다(112).

같은 글에서, 존슨은 놀이 공간과의 관계에서 거리의 스펙트럼을 나타내는 연속체의 관점에서 치료사의 다양한 기능에 대해 언급한다. 가장 거리를 두는 것은 목격자 혹은 거울로서의 치료사다. 그보다 감정 쪽으로 움직여간 위치는 연출자, 사이드코치, 진행자, 안내자, 샤먼으로서의 치료사다. 치료사는 샤먼의 가면 속에서 영계/상상계로 자신의 여정을 떠남으로써 참여자를 위한 치유적 드라마를 행하는 것이다.

존슨은 충분히 좋은 연극치료사는 상황에 따라 이 다양한 기능을 취할 수 있어야 한다고 말한다. 그러나 영화에서도 언급되었듯이, 존슨(in Landy 2005)은 그 기능을 다음과 같이 구체화한다.

> 치료사는 참여자와 함께 치료적 놀이 공간에 자기 자신을 던진다. 그리고 참여자가 가지고 놀 수 있도록 자기 몸을 제공한다. 이런 의미에서 치료사의 역할은… 배우의 역할에 다소 가깝다고 할 수 있다. … 이 과정이 진행되면서 치료사는 참여자가 자기 자신을 묶어 놓았던 다양한 형식에 대한 집착에서 놓여나도록 돕는 여러 가지 기법을 활용할 것이다.

그러므로 존슨은 안내자와 목격자로서의 치료사라는 역할 접근법의 개념뿐만 아니라 연출자, 사이드코치, 진행자로서의 심리극 연출자의 개념을 포용하며, 나아가 샤먼이라는 전통적 치유 기능에까지 귀를 기울인다. 그러나 발달적 변형에서 치료사는 참여자의 놀잇감이라는 새로운 기능을 맡는다. 드라마 안의 이런 위치에서 치료사는 변형의 험난한 여정에 오른 참여자에 대한 반응으로서 부추기고, 농담하고, 속이고, 자극하고, 도발하고, 지지하고, 피드백을 제공하는 것이다.

개인이나 집단 작업에서 전이와 역전이의 주제가 떠오르면 그것은 드라마 안에서 표현되고 변형될 수 있다. 참여자가 자발적으로 연기할 수 있는 능력이 커질수록, 치료사의 페르소나와 퍼슨과 더 큰 친밀함을 수용할 수 있게 된다.

건강과 질병에 대한 관점

발달적 변형의 시각에서 건강한 개인은 흐름(Csikszentmihalyi 1990 참고)을 타는 사람이라 할 수 있다. 그 개념은 모레노의 자발성과 랜디의 미적 거리와 같은 것이라 할 수 있다. 더 이상 유용하지 않은 낡은 형식에 집착하지 않고 다양한 역할을 자발적으로 연기할 수 있음을 말한다. 존슨(in Landy 2005)은 참여자들이 "자기 자신에 대해 심각한 상태에서 놀이의 상태로 옮겨가도록" 격려한다. 펄스와 라이히를 비롯한 이후의 생체에너지와 움직임 치료사들과 마찬가지로, 발달적 변형은 건강의 체현적이고 전인적인 이미지를 제공한다. 건강한 상태는 놀이하는 인간, 곧 **호모 루덴스**와 통한다.

발달적 변형은 놀이 공간에서의 체현된 만남을 추구하며, 몸을 통해 자기 자신을 유희적이고 상상적으로 표현하지 못하는 것을 질병으로 정의한다. 질병은 또한 다른 것으로 변형하는 능력을 배제하는 특정 역할 형식에 대한 집착으로 볼 수 있다. 통합된 개인은 하나의 존재 상태에서 다른 존재 상태로 변형할 수 있으며, 분열된 개인은 경직된 인성 구조에 붙잡혀 있다.

진단과 평가

존슨은 진단적 역할 연기 검사(진역검)라는 두 가지 형태의 진단 도구를 개발하여 사용해 왔다. 첫 번째 형태인 진역검-1에서 피험자는 다섯 가지 역할 — 할머니/할아버지, 깡패, 정치가, 교사, 연인 — 을 연기한다. 이때 피험자에게는 역할을 연기하는 데 활용할 수 있는 다양한 소도구를 제공하는데, 그중 몇 가지는 모레노가 자발성 검사에서 사용한 것과 유사하다.

진역검-2는 다음과 같은 안내로 시작한다.

> 이제 세 가지 장면을 연기하실 겁니다. 장면이 끝날 때마다 제가 몇 가지 질문을 할 겁니다. 각 장면은 원하는 대로 세 존재 사이에서 벌어지는 일을 만들면 됩니다. 세 존재는 사물일 수도 있고 사람일 수도 있습니다. 장면이 끝나면 말해 주십시오.

각 장면이 끝나면, 피험자에게 다음과 같이 묻는다. "장면에서 일어난 것을 최대한 자세하게 이야기해 주십시오. … 자, 세 존재를 한 번에 하나씩 말해 주십시오"(Johnson 1988, 26).

결과를 해석함에 있어 존슨은 다음을 근거로 역할 연기의 구체적인 양상을 살펴보았다.

1. 자발성

2. 현실을 넘나드는 능력
3. 역할 레퍼토리
4. 장면의 조직화
5. 극적 내용의 패턴
6. 연기에 대한 태도
7. 역할 연기의 스타일

그는 또한 공간, 과제, 역할, 재현 매체를 구조화하는 능력, 인물과 상황의 복합성, 인물의 상호작용, 표현된 정서의 강도 같은 발달적 개념을 살펴보았다.

존슨의 진단 도구는 개인의 현재 기능 정도를 측정하기 위해 역할 연기를 활용한 모레노의 초기 사회측정학적 검사와 머레이가 개발한 검사와 다소 유사하다. 진역검-1과 진역검-2 모두 다양한 참여자를 대상으로 활용되어 왔으며, 그중 가장 두드러진 집단은 정신분열증 환자와 정서적 외상을 입은 참전군인(Johnson and Quinlan 1993; James and Johnson 1997 참고)이다.

발달적 변형의 방법론

개인 치료에서, 작업은 먼저 참여자의 개인사를 듣고, 접촉이나 체현과 관련된 윤리적 주제와 작업 목표를 논의하는 것으로 시작된다. 그 한두 차례의 회기는 말로 진행된다. 본격적인 작업은 카펫이 깔린 방에서 이뤄지며, 거기에는 베개 몇 개와 작은 '지켜보는 원'이 있다. 작업은 일반적으로 소리와 움직임의 즉흥으로 이어지는 몸을 쓰는 웜업으로 시작된다. 대개 그 움직임에서 이미지나 장면의 단서가 나오고, 참여자와 치료사가 연기하면서 그것이 자연스럽게 장면으로 발전되며, 연기자들이 이끄는 대로 이렇게 저렇게 변형된다. 치료사는 참여자의 이미지를 충실히 번역하는 것으로 시작하지만, 놀이와 그 변형을 촉진하는 일련의 다른 기법을 훈련한다. 거기에는 반복과 강화, 연기를 관습적인 흐름에서 떼어놓거나 다양화하는 것, 놀이를 지금 여기로 변형하는 것, 지켜보는 원으로 들어가는 것 등이 있다. 약속한 시간이 되면, 치료사는 "일 분 남았습니다"라고 말한 다음 밖으로 나가고, 참여자는 혼자 남아 회기를 되돌아본 뒤에 공간을 떠난다. 치료사는 참여자가 요청하지 않는 한 일반적으로 어떤 형태의 논의도 삼간다. 존슨(2000b)은 "역할 벗기나 언어적인 논평을 위해 시간을 할당하지 않는 이유는 통찰을 얻기보다 현재에 있게 한다는 이 접근법 전체의 목표와 일치한다"(93)고 발달적 변형의 목표를 명확히 밝힌다.

발달적 변형의 구조는 역할 접근법과 심리극의 웜업, 본활동, 마무리의 3단계 구조와 다르다. 그것은 치료사가 참여자의 자유로운 이미지의 흐름을 촉진한다는 점에서 고전적인 정신분석의 자유연상에 더 가깝다. 역할 접근법이나 심리극과 달리, 발달적 변형은 언어적 성찰을 요구하지 않으며 통찰을 목적으로 하지도 않는다. 그것은 또한 놀이 공간 속에서 치료사가 참여자와 직접 만나게 함으로써 관계의 역동과 치료 목표에 도달하는 경로를 의미 있게 수정한다는 점에서 매우 독특하다.

데릭과의 작업

다음은 데릭과 데이비드 리드 존슨의 발달적 변형 회기를 기록한 것이다. 뒤에는 존슨의 성찰과 대극성의 관점에서의 분석이 이어진다.

데이비드: 스트레칭을 좀 해 봅시다. 긴장을 푸세요.

[데이비드와 데릭은 몸을 늘인다.]

데릭: 뒤로 헤엄치기.

데이비드: 뒤로 헤엄치기. 좋습니다. 그럼 이제 우리가 무엇을 할지 설명해 드리겠습니다. 우리는 장면을 연기할 텐데, 제가 곧 시작할 겁니다. 장면이 진행되면서, 당신 안에 있는 생각과 감정이 올라올 겁니다. 그 생각과 감정을 장면을 다른 것으로 변형하는 데 쓰시면 됩니다. 당신이 장면을 바꾸면, 전 그에 맞춰 새로운 장면에서 역할을 연기할 것입니다. 그리고 제가 장면을 바꾸면, 당신도 따라와 주시길 바랍니다. … 작업을 하다가 종종 제가 여기 지켜보는 원으로 들어갈 수 있습니다. 앉아서 당신을 지켜볼 거예요. 그럼 당신은 혼자 연기를 계속하면 됩니다. 저를 무시할 수도 있고, 쳐다볼 수도 있고, 뭔가 다른 것으로 만들 수도 있고, 원으로 들어와 날 끌어내는 것만 제외하곤 무엇이든 할 수 있습니다. 그러면 이내 제가 원에서 나와 함께 할 겁니다. 끝날 때가 되면 일 분 남았다고 알려드릴 겁니다. 저는 역할을 벗을 것이고, 당신은 잠시 앉아 생각을 정리하시면 됩니다. 아시겠어요? 작업 방식에 대해 어떤 생각이 드시나요?

데릭: 지난 2주 동안 제가 다룬 주제를 생각하고 있습니다. 아버지와 나. 거기서 시작하지요.

데이비드: 아버지와 나의 주제는 기본적으로…

데릭: 학대.

데이비드: 학대. 좋습니다. 저를 그 조각상으로 만들어 주시겠어요?

데릭: 돌아서세요. 손을 올리시고요. 손끝은 발톱처럼요. 아주 약간만 구부려 주세요.

[데이비드를 조각상으로 만든다.]

데이비드: 이렇게?

데릭: 네. 비열하게요…

데이비드: 비열하게요?

데릭: 네. 그리고 돌아서 주세요.

데이비드: 이제 나와의 관계에서 적절한 위치에 자리 잡은 다음 내 몸의 일부와 접촉하세요. 우리는 여기서 시작할 겁니다. 장면은 천천히 발전시키면 됩니다… [데릭은 데이비드의 가슴에 손가락 하나를 얹는다. 공격을 막으려는 듯한 느낌으로.]

[데릭과 데이비드는 위협적으로 상대를 밀기 시작한다.]

데릭: [씩씩거린다.]

[데릭과 데이비드는 몸싸움을 한다. 상대를 공격한다. 데이비드는 주먹을 쳐들고, 데릭은 사지를 바닥에 대고 엎드린다.]

데이비드: 내 희생양 어디 갔어? 여기 있었는데 없어졌네.

데릭: 네 희생양은 없어졌어.

데이비드: 희생양이 없으면 학대를 할 수가 없잖아. 희생양이 필요해.

데릭: 거칠게. 거칠게 헤드록.

데이비드: 어디 갔지?

데릭: 그르르르르.

데이비드: 여기 있네.

데릭: 그르르르르.

데이비드: 내가 뭘 젤 좋아하는지 알지? 개를 발로 걷어차기. 개를 발로 걷어차기. 내가 들어간다, 난 일을 열심히 해. 하루 종일 열심히 일하지, 저 문을 열고, 말하지. "개새끼야 뭐 하냐?!" [데이비드가 발로 차는 시늉을 하자, 데릭이 넘어진다.]

데릭: 그르르르르. 개도 반격할 수 있어.

데이비드: 오, 그래? 그렇단 말이지? 내가 아는 개들은 구석에 숨었네. 내가 아는 개들이지. 개들이 구석으로 도망가네. 개들이 그렇지 뭐. 내가 무슨 말 하는지 알아? 개들은 병풍일 뿐이야. 어떤 문제도 일으키지 않아. 왜냐하면 문제가 생기면 어떻게 되는지를 아니까.

데릭: 그르르르르르.

데이비드: 하지만 네가 뭘 할 수 있겠어.

데릭: 그르르르르르.

데이비드: 내가 충분히 비열한가? 아마 그렇진 않을 거야. 뭘 보고 웃는 거지? 더 비열해야 해. 비열함이 충분히 느껴지지가 않아. 무슨 말인지 알아? 난 그냥 봉이지. 바로 그거야. 난 네 아빠 상대가 안 돼. 네 아빠처럼 폭력적일 수 없을 거야. 왠지 알아? 난 괜찮은 남자니까. 난 괜찮은 백인 남자니까. 난 괜찮은 백인 남자 스승에, 괜찮은 백인 아버지거든. 내가 무슨 말 하는지 알아들었냐?

데릭: 아버지는 필요 없어.

[데릭은 바닥에 엎드린다. 데이비드는 팔을 데릭 위에 올려놓은 채 그 옆에 나란히 앉는다.]

데이비드: 좋은 백인 남자에 대해서. 데릭, 무슨 말인지 알아?

데릭: [웃는다.]

데이비드: 정말로 괜찮은 사람들이야. 부드럽고 선량하지. 선량한 백인 남자. 아버지 같은 스승.

데릭: 고등학교 때 들었어. 고등학교엔 괜찮은 백인 남자들이 많지.

데이비드: 오 그래?

데릭: 응

데이비드: 그게 문제야.

데릭: 그래, 진짜 문제가 있어.

데이비드: 큰 문제지.

데릭: 당신이 괜찮은 백인 남자라서 그래. [데이비드에게 절하면서 전형적인 노예 역할을 취한다.] 주인님. 무엇이 필요하십니까, 주인님? 어떻게 해드릴까요?

데이비드: 침대보와 매트리스를 가져오너라. 그리고 날 위해서 모든 걸 준비해다오.

데릭: 우리 아빠가 그랬어요.

데이비드: 너희 아빠가 그렇게 말했다고?

데릭: 네, 주인님. 똥을 치우겠습니다. 요강을 가져오지요. 주인님이 뭐라 하시

든 그대로 따르겠습니다.

데이비드: 오랜 전통이야, 참으로 오랜 전통.

데릭: 참으로 많은 백인 주인님들이 계시지요.

데이비드: 그렇지, 난 널 부릴 수 있어. 하지만 너도 알다시피, 내 아내는 동등한 관계를 들먹이며 늘 투덜댄단 말이야. 난 정말로 종이 되어 줄 사람이 필요해. 그게 너라면 좋겠다.

데릭: 오, 주인님, 무엇이든 말씀만 하십시오. 하지만 한 가지만은 안 됩니다, 주인님.

데이비드: 그게 뭐냐?

데릭: 절 당신의 백인 아내 곁에만 두지 마세요. 그들이 뭐라 말하는지 아시잖아요.

데이비드: 난 걱정하지 않는다. 그런 것쯤 아주 신속하게 처리하는 방법이 있지.

데릭: 아 네. 저는 질서를 벗어나지 않겠습니다. 약속 드리죠, 주인님. 제 아버지는 질서를 어기지 않았습니다.

데이비드: 넌 이 인종이라는 주제에는 꽤 편안해 하는구나.

데릭: 오, 저희 아버지는 집에서 절 깜둥이라고 부른 적이 많았답니다.

데이비드: 깜둥이?

데릭: 그렇게 말하지 마세요!

데이비드: 그렇게 말하면 안 된다고?

데릭: 네.

데이비드: 이건 발달적 변형이야. 내가 원하는 건 뭐든 말할 수 있어. 이건 진짜가 아니라 그냥 놀이거든. 그러니까 난 깜둥이라고 해도 돼.

데릭: 네, 그렇습죠. 흰둥이! 코쟁이!

데이비드: 난 깜둥이라 말할 수 있고, 너도 날 흰둥이라 부를 수 있어.

데릭: 그건 다른 거야.

데이비드: 하지만 여긴 놀이 공간이고, 그러니까 정말 깜둥이라고 하는 게 아니잖아.

데릭: 오, 뭔가 다른 건가?

데이비드: 그냥 놀이야. 알겠어?

데릭: 알았어.

데이비드: 놀이… 깜둥이.

데릭: [데이비드에게 속삭인다.] 다시 한 번 말하고 싶어?

데이비드: 응, 깜둥이. [데릭은 데이비드를 여러 차례 발로 차는 시늉을 한다.] 이 망할 놈. 미친 깜둥이 새끼, 빌빌대고 벌벌 떠는… 아야. 아야. 아야. 일어설 수가 없잖아. 또 쓰러지려면 일어서야지. 제발. [데이비드는 일어난다. 하지만 다시 맞고 쓰러진다.] 아.

데이비드: 이제 훨씬 낫네. 그렇지 않아요?

데릭: 그래요, 백핸드. [데릭은 데이비드를 손등으로 친다.]

데이비드: 아아.

데릭: 아프지. 기다려, 그래 거기, 그래 거기. [데릭은 데이비드를 다시 또 때린다.]

데이비드: 아아.

데릭: [데릭은 데이비드를 발로 찬다.]

데이비드: 이걸 너무 즐기고 있는데요. … 날 밟고 있었나요?

데릭: [데이비드는 바닥에 엎드려 있고, 데릭은 데이비드의 등에 발을 얹은 채 서 있다.] 난 깜둥이들의 왕이다. 감사합니다. 감사합니다. 바닥에 누가 엎어져 있는지 잘 보세요. 선량하고 늙은 백인 남자. [웃는다.]

데이비드: 오, 위대한 깜둥이 왕. 오, 위대한 깜둥이 왕. 난 당신을 존경해야 합니다, 해야 합니다, 해야 합니다. 난 당신을 우러러야 합니다.

데릭: 제발 그렇게 하시오.

데이비드: 평생 동안 난 깜둥이 왕이 되고 싶었어요. 난 흑인이고 싶어요.

데릭: 네, 그러셔야죠.

데이비드: 흑인이고 싶어요.

데릭: 이제부터 날 흑인이라 부르지 마시오. 당신은 나를….

데이비드: 나는 흑인이고 싶어. 난 수수한 가정 출신이고 싶어.

데릭: 어떤?

데이비드: 수수한. 가난한.

데릭: 가난하고 싶다고?

데이비드: 난 가난하고 싶어. 난 가난한 흑인이고 싶어.

데릭: 스팸을 매일 먹고 싶다고? 깡통에 든 고기를?

데이비드: 아버지가 내 돈을 몽땅 써버리면 좋겠어.

데릭: 네 그렇게 해드립죠. 제발. 빵 돈? 우린 빵 돈이 필요 없어요. 이제 시작할까요… 저녁 어딨어? 배고프다.

데이비드: 네, 제가 저녁상을 차릴게요. 네, 아빠. 여기 갑니다. [데이비드는 데릭에게 저녁을 준다.]

데릭: 깡통에 든 염장 쇠고기. 스테이크 먹자.

데이비드: 스테이크가 없어요.

데릭: 시원한 음료수 좀 가져오렴.

데이비드: 아빠가 싫어하시는 레몬-라임밖에 없는데요.

데릭: 이런 쌍, 이것도 못 먹겠는데. 레몬-라임? 과일 펀치나 가져와라.

데이비드: 과일 펀치도 없어요.

데릭: 망할 놈의 과일 펀치 가져오라고!

데이비드: 빌리가 다 먹어버렸어요.

데릭: 빌리?

데이비드: 언짢으시면 빌리를 때리세요. 전 아니에요. 전 과일 펀치에 손을 댔다간 무슨 일이 일어날지 알고 있기 때문에 절대 안 그래요.

데릭: 넌 네가 영리하다고 생각하니?

데이비드: 네.

데릭: 정말 영리해지려고 애쓰는구나. [데릭은 허리띠를 풀기 시작한다.]

데이비드: 안 돼요! 아빠! 아빠! 빌리! 빌리가 그랬다고요.

데릭: 개소리 집어치우고 군대에나 가버려. 이 흰둥이 깜둥이야, 홍?

데이비드: 전 겁 먹은 깜둥이예요! 아아. [지켜보는 원으로 들어가 앉는다.]

데릭: 이 개 같은 자식 어디로 간 거야? 이 거지 같은 스팸은 질렸다고. 거지 같은 깡통 고기. 완숙 달걀 하나. 기적의 빵에 복지 치즈도 있지. 복지 치즈는 녹이려면 다섯 시간이 걸리지. [웃으면서 바닥에 앉는다.]

데이비드: [지켜보는 원에서 나와] 딩동. 딩동. 여보세요? 주문하신 기적의 빵 여기 있습니다. 기적의 빵 드세요.

데릭: 진짜 기적의 빵이 아니야.

데이비드: 진짜 기적의 빵이 있었어. 널 불쌍히 여긴 선량한 한 백인 남자가 준 거였지.

데릭: 망할 동정 따윈 필요 없어.

데이비드: 아니, 당신에겐 음식이 필요해. 그리고 이제 음식이 생겼어. 기적의 빵이랑 치즈.

데릭: 가루우유는 어디 있어?

데이비드: 녹이려면 좀 시간이 걸리긴 하지만, 그래도 치즈예요. 당신을 돕고 싶어 하는 죄책감에 시달리는 한 백인 남자가 있어요.

데릭: [바닥에 누워 웃는다.] 날 감동시켰어요.

데이비드: 그 사람이 와요. 동정심이 철철 넘치는 사람이에요. 앞으로 20년 동안은 만나기 힘들 거예요.

데릭: 난 정부로부터 어떤 좆같은 것도 바라지 않아. 정부가 나한테 주는 쓰레기가 싫다고.

데이비드: 이 흑인 시민에게 기적의 빵과 종이 치즈를 제공하는 것은 동정심 철철 넘치는 대범한 백인 정부입니다.

데릭: [웃는다.]

데이비드: 상표가 보이나요?

데릭: 정부 치즈.

데이비드: 네, 보세요. 상표가 작은 글씨로 인쇄되어 있죠. 아이고, 깜짝이야, 350년 동안 노예로 살게 한 것을 죄송하게 생각합니다. 죄송합니다. 기적의 빵

을 드십시오 …. 정말 멋지지 않아요? 마음이 따뜻해지지 않으세요?

데릭: 아, 네. 마음이 따스해지는군요. [바닥에 눕는다.]

데이비드: 심장이 여기 있나요? [데릭에게 몸을 기울여 가슴에 손을 얹는다.]

데릭: 없어요.

데이비드: 아무것도 느껴지지 않아요.

데릭: 그렇게 긴 시간은 아니지만 심장이 뛰질 않아요.

데이비드: 심장이 뛰질 않는군요.

데릭: 난 죽은 사람 같아요.

데이비드: 전에 심폐소생술을 해본 적이 있어요… [심장을 누르기 시작한다.]

데릭: 갈비뼈 조심하세요. 전에도 그랬으니까, 이번에도 부러질지 모른다고요.

데이비드: 난 갈비뼈 부러뜨리는 게 좋아.

데릭: 그럼 하세요.

데이비드: 진짜로 부러뜨릴 건 아니에요. 아니지. 정말, 아마도.

데릭: 그럼 하세요. 하시라고요.

데이비드: 좆같은 네 갈비뼈를 부러뜨릴 테다.

데릭: 하세요.

데이비드: 주둥이 닥쳐, 이 애송아.

데릭: 나보고 애송이랬어요? [데릭은 일어나 앉으려 하지만, 데이비드가 그를 주저앉힌다.]

데이비드: 그래, 넌 내 아들이 아니야. 그냥 똥 덩어리지. 그냥 똥 덩어리라고.

데릭: 저리 썩 꺼져버려. 내가 똥 덩어리라고? 진짜 똥 덩어린 당신이야.

데이비드: 그래, 넌 그때 나한테 그렇게 말했어야 해.

데릭: 뭐? 어어, 그렇겠네.

데이비드: 하지만 넌 못했어. 겁쟁이였지. 그러니까 네가 여섯 살 아님 여덟 살일 때 그 사람은 뭐였지? 서른다섯? 마흔?

데릭: 선량하고 늙은 손. 수많은 혈관이 그 손을 지나갔지.

데이비드: 팡, 그래. 그러니까, 가해자와 피해자에 대해 어떤 설명도 하지 않고

입을 꾹 다물고 있었으니까 겁쟁이였던 거야. 왜 그랬지?

데릭: 지진아였거든요.

데이비드: 지진아였기 때문이다.

데릭: 지진아였어요.

데이비드: 그래요. 그리고 아마 지금도 그럴 걸요.

데릭: 그만하시죠.

데이비드: 네.

데릭: 난 지진아예요.

데이비드: 헤이, 백인들은 당신을 도우려고 해요. 그런데 본질적으로… 지진아라.

데릭: [웃는다.] 야… 그런 건 싸울 때 하는 말인데. [데이비드가 지켜보는 원으로 들어간다.]

데이비드: 지켜보는 원이 보이나요? 여기 있을 때는 날 어떻게 할 수 없어요. 그러니까 난 안전해. 데릭, 이 원의 색깔이 보여요?

데릭: 그래요. [네 발로 기며, 데이비드를 등진다.] 프르르르. 거기 있으면 당신은 안전해요.

데이비드: 데릭, 지켜보는 원이 까맣다고 생각해요? 그렇지 않아요. 답은 NO예요.

데릭: 우린 검은 색의 지켜보는 원을 만들어야 해요. 원은 대체 왜 검지 않죠? 그들은 늘 날 억압해요, 아빠는 항상 날 깔아뭉갰어요. [데이비드는 계속 지켜보는 원 안에 있다.] 진절머리 나는 가루우유 때문은 아니에요. 녹이기 어려운 치즈 때문도 아니에요. 때리는 것도 욕하는 것도 무시하는 것도 괜찮아요. 작은 깜둥이라고 하는 것도 괜찮아요. 작은 깜둥이. 작은 깜둥이. 넌 태도가 글러먹었어, 깜둥아. 그건 정말 까무러칠 만큼 근사한 말이죠. 깜둥이. 깜둥이. 깜둥이. 깜둥이. 깜둥이. 깜둥이. 깜둥이.

데이비드: 깜둥이.

데릭: 깜둥이. 깜둥이. 깜둥이.

데이비드: 깜둥이. 깜둥이 …. [데이비드와 데릭은 지베리쉬*로 이야기한다.]

데릭: [웃는다.] 당신이 한 뼘 정도 더 크네요. [데이비드와 데릭은 대결한다.]

데이비드: 어째서 난 당신을 정말로 무서워하지 않을까요?

데릭: 날 두려워할 수 있다고 생각해요?

데이비드: 그렇게 해볼 수 있었는데, 그런데 잘 되지가 않더라고요….

[두 사람은 서로 배를 부딪치기 시작한다.]

데릭: 이제 무서워요? [팔을 움직인다.]

데이비드: 아뇨. 사실, 그건 아주 부드러운 움직임이었어요. [데이비드는 데릭을 따라하면서 양 팔을 춤을 추듯이 움직인다.]

데릭: 그거 재밌네요. [둘은 함께 춤 같은 동작을 만들어 낸다.]

데이비드: 다시 한 번 해봅시다.

데릭: 내가 당신을 두려워하게 만드는군요.

데이비드: 난 당신이 두렵지 않아요.

데릭: 난 거친 동네 출신이에요. 온통 장물에 둘러싸여 자랐죠.

데이비드: 하지만 난 당신이 두렵지 않아요. 난 흑인을 무서워하지 않아요. 난 당신이 두렵지 않아요.

데릭: 내가 당신 바지를 벗긴대도? 그땐 어떨까, 쫌생아? 응? 이래도 내가 안 무서워? 내가 졸라 무섭지? 무서워 죽겠지?

데이비드: 아니, 난 무섭지 않아요.

데릭: 내가 안 무섭다고?

데이비드: 그래요, 난 그냥 괜찮은 백인 남자고, 당신은 괜찮은 흑인 남자예요.

데릭: 오, 내가 괜찮아?

데이비드: 네.

데릭: 밤 열 시에 흑인 남자와 마주치면 그쪽으로는 가지 않을 걸.

데이비드: 내가 정말로 무슨 생각을 하는지 알고 싶어요? [데릭을 팔로 감싸 안는다.]

---

* 지베리쉬는 실질적인 의미가 없는 소리를 말하듯 지껄이는 것을 뜻한다. 지베리쉬는 소리 내는 사람을 의미와 말에 대한 지나친 의존에서 벗어나게 하여 몸의 움직임을 보다 표현적으로 만들고 의식의 통제를 약화시키는 기능을 한다: 옮긴이.

데릭: 그래. 나한테 손대지 마. 떨어져 있어.

데이비드: 난 우리가 이것에 대해서는 이미 충분히 작업했다고 생각해.

데릭: 충분히 작업했다고?

데이비드: 그래요, 이 학대 말이에요. 난 충분히 작업했다고 생각해요. 아마, 당신 맘에 안 드는 다른 부분이 있을 거예요. 당신은 매력 덩어리예요.

데릭: 매력 덩어리?

데이비드: 네. 내가 정말로 당신을 좋아한다는 뜻이죠.

데릭: 그 말을 할 때 날 만지지는 마세요. [웃는다.]

데이비드: 당신은 매력 덩어리입니다. 당신에게는 남성적인 부분도 있고, 훌륭하게 잘 통합된 여성적인 부분도 있지요. 상처도 매혹적인 방식으로 받았고요. 당신은 사랑받을 수밖에 없어요.

데릭: 난 상처받은 매력 덩어리구나. [웃는다.]

데이비드: 당신을 돕고자 하는 사람들에게 당신은 너무나 매력적이지요. [데릭은 웃는다. 데이비드는 지켜보는 원으로 들어간다.]

데릭: 난 이제부터 상처받은 매력 덩어리가 될 거야.

데이비드: 당신은 이미 해냈어요. [데릭은 이것을 행동화한다.] 여기서 당신을 바라봐도 될까요?

데릭: 네 그렇게 하세요. 2005년도 미스터 블랙맨이 여기 있습니다. 멋있는, 하지만 상처 입은 미스터 블랙맨. 오 고맙습니다. 박수 감사드립니다. 감사합니다. 아아아, 이게 제 상처입니다. 잠깐만요, 멋진 부분이 어딘지도 보여 드릴게요. 아니, 코는 아니에요. 아니, 입술도 아니에요.

데이비드: 제가 잠시 끼어들어도 될까요? 그걸 일종의 러브신처럼 해볼 수 있을까요?

데릭: 러브신이요?

데이비드: 네, 러브신.

데릭: 누가 주도하나요?

데이비드: 우린 연인이 될 겁니다. [데이비드는 양손을 위 아래로 흔든다.] 사랑

이 아니에요. 아니지. 단지 사랑입니다. 한 인간과 또 다른 인간의 사랑. 흑인과 백인도 아니고, 지배자나 복종자도 아니고.

데릭: 난 나를 사랑하는 사람들을 믿지 않아요.

데이비드: 왜죠? 사랑은 놀라운 것인데.

데릭: 네 그렇지요. 그래요. [데이비드는 지켜보는 원 안에 있다.]

데이비드: 러브신을 해본 적이 있나요?

데릭: 음, 음, 제가 아는 한은.

데이비드: 머리를 쓸어 넘기는 그 동작. 믿을 수 없을 만큼 멋지군요. 정말 우아합니다.

데릭: 고맙습니다.

데이비드: 정말이에요. 당신은 진짜, 진실합니다. 목소리는 약간 거칠지만.

데릭: 네.

데이비드: 완벽한 사람은 아무도 없습니다. 하지만 그것과 사랑은 아무 상관이 없죠. 사랑은….

데릭: 심장과 연결된 거죠.

데이비드: 당신의 심장.

데릭: 그래요. 나를 사랑해 주세요. 누군가 날 사랑해 줄 때가 되었어요.

데이비드: 누군가 당신을 사랑해 줄 때가 되었어요. 약간 긴장했네요. 내가 만져도 될까요? 아주 가볍게 접촉할 겁니다. [데이비드는 데릭을 팔로 감싼다.]

데릭: 정말 고맙습니다.

데이비드: 서둘러 달려가길 원치는 않습니다. 사랑에는 시간이 필요하니까요.

데릭: 모든 것에는 시간이 필요하지요. 그러니까 우리가 어떻게 사랑에 빠지게 되나요?

데이비드: 나는 사랑에 빠졌습니다.

데릭: 벌써 사랑에 빠졌다고요?

데이비드: 네. 당신과.

데릭: 저와요?

데이비드: 네.

데릭: 어떤 사람들은 그게 쉽다고들 하지요. [불편하게 웃는다.] 같이 웃어 주세요.

데이비드: 난 사랑에 빠졌기 때문에 당신을 보고 웃습니다. 나는 당신이 나와 사랑에 빠지길 원해요. 이제 10분 정도밖에 남지 않았어요. 이 작업을 열심히 해야 해요. 내가 실제로 당신을 좋아하는 걸 봐야 해요. 정말로, 진짜로 당신을 좋아하거든요.

데릭: 어, 어.

데이비드: 정말이에요.

데릭: 정말로?

데이비드: 네.

데릭: 그렇게 하세요. 난 눈을 감고 있을 게요. 당신이 무엇과 사랑에 빠졌다고요? 말해 주세요. 귀는 열려 있으니까.

데이비드: 당신 피부는 정말 굉장해요. 당신은 참 순수하구요. 말하자면 축복받은 얼굴이에요.

[데이비드와 데릭은 춤을 추기 시작한다. 데이비드가 이끈다.]

데릭: 축복받은 얼굴.

데이비드: 난 당신의 그 표정이 좋아요.

데릭: 가끔 가다 한 번씩 할 수 있어요.

데이비드: 가끔 가다 한 번씩 할 수 있군요.

데릭: 칭찬을 더 해주세요.

데이비드: 당신은 상처 입은 자기와 접촉하고 있어요. 자신의 역사를 이해하지요. 미래는 아닐 수도 있지만, 당신의 역사는 훌륭합니다.

데릭: 나의 역사는 온전해요.

데이비드: 네, 당신의 역사는 온전합니다. 하지만 미래는 약간 불안하죠. 미래가 곧 올 겁니다.

데릭: 미래가 오겠지요. 하지만 미래에 대해서는 걱정하지 않아요. 돌아가요. 난 이 사랑 부분이 좋아요…. 자, 칭찬을 계속해 보세요.

데이비드: 발동작이 너무 많아요.

데릭: 네, 나도 그래요. 계속 움직이고 있어요.

데이비드: 네. 발동작.

[둘은 춤을 멈추고 손을 잡고 마주 본다.]

데릭: 죽느냐, 사느냐, 그것이 문제로다.

데이비드: 사랑스러운 백인 남자와 당신이 무엇을 할 수 있었는지 생각해 보세요.

데릭: [웃는다.] 사랑스러운 흑인 남자는 어땠나요? 내가 그 상황에서 무엇을 할 수 있었겠는지 생각해 보세요. 항상 백인 남자의 편에 서야 해요. [데이비드와 데릭은 상대를 자기 쪽으로 끌어당긴다.] 조금만 이쪽으로 와요.

데이비드: 나한테 와요.

데릭: 이쪽으로 와요, 아.

데이비드: 이쪽으로. [데이비드가 데릭의 팔을 잡는다.]

데릭: 어디로 가는 거지요? 어디?

데이비드: 그냥 따라와요. 자. 자. 날 믿어요. 날 믿어요.

데릭: 믿는 데 신물이 나요.

데이비드: 아뇨. 당신은 사람을 믿는 법을 배워야 해요.

데릭: 나 혼자 할래요. 팔을 놔줘요. 팔을 놔줘요.

데이비드: 아마도 난 당신 팔을 놓아 주어야겠죠. 하지만 그러면 나는 당신 팔을 놓게 되겠죠. 당신 팔을 꼭 놓아 주어야 하나요? 난 당신 팔을 반드시 놓아 주어야 해요. 좋아요, 당신 팔을 꼭 놓아 주었습니다. [데이비드는 여전히 데릭의 팔을 잡고 있다.] 어, 거기 있네! 기분이 어때요?

데릭: 아직도 잡고 있잖아요.

데이비드: 그래요, 놓아 줄게요. [그는 놓아 주지 않는다.]

데릭: 조금 가볍게 느껴져요.

데이비드: 그냥 나를 따라와요.

데릭: 당신이 날 따라오면 안 되나요? 내 팔을 잡아요. 내가 당신 팔을 잡지요.

이리 와요. [데릭이 데이비드의 팔을 잡는다.] 아무 말도 하지 않아도 돼요. 그냥 걷기만 할 거예요.

데이비드: 말하는 건 어때요?

데릭: 난 말을 많이 해요.

데이비드: 나도 말하는 걸 좋아해요. 느낌을 표현할 수 있잖아요.

데릭: 다람쥐에게 먹이를 줄 수도 있어요.

데이비드: 네, 다람쥐들은 착해요.

데릭: 먹이를 주고 싶어요? 가게에서 빵을 가져와 줍시다.

데이비드: 그걸로 충분해요. 좋은 장면이었어요. 당신과 함께 늙는 것, 공원을 산책하면서 다람쥐와 새들에게 먹이를 주는 건 어떨까 궁금하네요.

데릭: 비둘기도 많고, 똥도 많지요. 개들도 너무 많고요. 짝짓기 하는 놈들도 있고. 하지만 당신은 개들을 지나쳐요. 대신 다람쥐를 보죠. 다람쥐들은 당신 손에 있는 것까지 가져갈 거예요.

데이비드: 오, 그래요?

데릭: 이제 다 걸은 것 같아요.

데이비드: 네.

데릭: 당신은 나쁘기는커녕 진짜 괜찮아요, 그거 알아요? 뇌가 둘인 사람처럼.

데이비드: 당신이야말로 진짜 괜찮아요.

데릭: 기억하세요, 난 매력 덩어리거든요.

데이비드: 매력 덩어리지요. 처음 만났을 때 그리고 몇 년 전에 우리가 랜디의 수업에서 그 장면을 했던 거 기억하세요?

데릭: 아뇨.

데이비드: 우리가 처음으로 우연히 만났을 땐데.

데릭: 당신은 날 무시했어요.

데이비드: 아뇨, 그런 적 없어요.

데릭: 완전히 자기한테만 몰입했다고요.

데이비드: 난 당신한테 집중하고 있다고 생각했는데, 나 자신에게 몰입했군요.

데릭: 아직도 우리가 거기 있나요?

데이비드: 잘 모르겠어요. 아마 아닐 걸요.

데릭: 난 앉을래요. 앉고 싶어요.

데이비드: 그래요. 앉아요. [데릭은 바닥에 앉는다.] 편안해요?

데릭: 네.

데이비드: 베개를 드릴까요? 여기 담요를 덮을까요? 시원한 음료수 한 잔 하실래요? 괜찮은 음료가 준비되어 있거든요. 과일 펀치? 그리고 또 뭐가 있을까요? 당신을 위한 스테이크가 있어요. 스테이크 샌드위치. [데이비드는 데릭에게 음식을 대접한다.]

데릭: 스테이크? 아뇨. 아뇨. 요즘 스테이크를 멀리하고 있어요. 페타 치즈를 약간 뿌리고 부추와 토마토를 살짝 곁들인 고기말이가 어떨까요? 그리고 음, 풍선껌이 있으면 좋겠는데요?

데이비드: 여기 있습니다. 그런데 그걸로 충분하지 않을 듯싶은데요.

데릭: 이거면 충분해요. 전 삶은 달걀로 목숨을 부지해 왔죠. 이 고기 경단은 제발 혼자 먹게 해주세요. [데릭은 손으로 머리를 감싸 쥔다.]

데이비드: 정말 이걸로 충분할까요? 당신에게 필요한 것을 주지 못하면 너무 기분이 나쁘답니다. 이제 곧 난 당신을 떠날 거예요. 잘 있어요. 내가 더 해줄 게 정말로 없나요? … 일 분 남았습니다.

[데이비드는 지켜보는 원으로 들어간다. 데릭은 바닥에 앉아 있다. 책상 다리를 한 채 몇 분 동안 고개를 숙이고 있다. 데이비드가 나가고 데릭이 다음에 나간다. 둘은 악수를 나눈다.]

회기에 대한 성찰

회기를 마치자마자 존슨은 다소 개인적인 방식으로 작업을 돌아보았다. 그는 회기 말미에 데릭과 손을 잡고 공간을 둥글게 걸어다녔던 대목에 초점을 맞추었다. 그는 데릭이 손을 전부 내주지 않고 엄지손가락만 잡게 했다고 말했다. 존슨(in Landy 2005)은 그러한 머뭇거림을 관계에 대한 데릭의 저항으로 읽었다. 존슨은 슬픔을 아주 솔직하게 표현했다.

> 마지막에 내가 느낀 것은 슬픔이었습니다… 내가 보기에 그건 그와 함께하기 위해 어떤 경계를 넘는 것과 관련된 것 같아요. 그 경계가 지나치게 넓다고 느끼는 감정이 있어요. 우리 사이뿐만 아니라 우리 안에서조차. 그리고 제 안에서 그것이 느껴졌어요. 그래서 마지막엔 "미안합니다"라는 말이 온몸을 가득 채웠어요. 나는 정확히 무엇을 미안해하는지도 모르면서 "미안합니다"라고 느끼기 시작했죠. 아시겠지만, 그건 인종에 대한 것이 아니에요. 그보다 좀 더 친밀한 어떤 것과 관련된 거죠.

이것은 데릭을 위한 세 번째 작업이었다. 데릭은 이미 밀착과 분리의 순간을 연기했고, 랜디와 가르시아와 함께 편안함의 수준을 검증했으며, 두 치료사 모두 회복시키는 아버지와 어머니의 특징을 취하였다. 랜디는 역할 접근법의 거리로써 작업하면서 눈물과 싸웠고, 심리극의 카타르시스적인 접근법을 통해 그것을 표현했다. 그러나 발달적 변형은 달랐다. 존슨은 과감하게 학대하는 아버지 역할을 맡았고, 그 밖에도 가지고 놀기 어려운 다른 주제 — 인종, 섹스, 친밀함 — 를 가지고 놀았다. 데릭이 손을 잡지 않으려 했던 것 역시 감정의 홍수로부터 자신을 보호하기 위함이었을 것이며, 그것은 발달적 변형의 강렬함을 반영한다.

존슨이 "나는 정확히 무엇을 미안해하는지도 모르면서 '미안합니다' 라고 느끼기 시작했죠"라고 말했을 때, 그가 의미한 것은 지나치게 자극적이었던 것 혹은 친밀함을 향한 걸음에서 데릭을 잃은 것에 대한 미안함이지 않았을까? 이 경험이 자기 아버지와의 어떤 기억을 일깨웠을까, 혹은 백인으로서 죄책감을 자극했을까? 그것도 아니면 아버지로서 아들 데릭이 수년 동안 당한 학대에 대해 사과 받고 싶어 하는 마음에 대한 반응이었을까? 존슨은 데릭이 첫 번째 회기에서 아버지가 뉘우치기를 바라는 마음을 극화하면서 칠판에 "미안하다"라고 쓴 것을 알지 못했다. 작업 초반에는 수많은 고통으로 얼룩진 희망의 순간이 데릭에게 집중되어 있었다. 그런데 세 번째 회기의 마지막에 가서는 그 순간이 참여자에게서 치료사에게로 옮겨갔다. 치료사로서 후회를 경험하는 존슨의 모습에서, 우리는 발달적 변형에서는 치료사가 작업에 깊이 개입하면서 자기 자신의 주제와 쉽게 만날 수 있음을 보게 된다.

회기 말미에는 참여자와 치료사 모두가 욕망으로서의 몸의 단계에서 놀았다고 볼 수 있다. 그들은 서로를 매력과 반감의 대상으로 보았고, 상대로부터 두려움과 지지를 경험하였다. 존슨이 경험한 후회는 현존으로서 몸의 단계에 도달하지 못한 데서 온 것일지도 모른다. 존슨은(2000b) "참여자와 치료사가 서로를, 상대의 몸을 강렬하게 자각하고, 놀이 속에서 상대에 의해 제한되거나 구속된 상태에 대한 감정을 자유롭게 탐험할 수 있는" 그 단계를 '심층 놀이'라고 부른다(92). 그러나 존슨은 이 심층 단계가 발달적 변형에서, 특히 단일 회기 내에 반드시 나타나야 한다고 보지 않는다는 점을 기억할 필요가 있다.

존슨은 또한 발달적 변형에서 접촉의 중요성을 성찰하였다. 접촉은 자연스러운 인간의 행동이며, 존슨은 언제나 참여자에게서 얻은 단서에 대한 반응으로 접촉을 사용한다. 회기 초반을 언급하면서, 존슨(in Landy 2005)은 이렇게 말했다. "몸의 일부를 사용해서 나와 접촉하라고 했어요. 그가 접촉을 얼마나 편안하게 받아들이는지를 알아보려는 것이었죠. 데릭은 내 가슴에 손가락 하나를 얹었고, 거기서 그는 내가 접근하는 데 반응하리라는 것을 알았지요." 신체적 친밀함과 거리에 대한 데릭의 욕구를 언급하면서 존슨은 이렇게 덧붙였다. "밀치기를 비롯해 그가 주도한 동작이 몇 가지 있었습니다. 물론 전반적으로는 그렇게 주도하지 않았지만, 그런데 발로 차거나 때릴 때는 흉내 내는 것보다 실제로 하는 쪽을 더 편안해했습니다."

데릭 또한 접촉이라는 주제를 성찰했다. 그는 러브신과 걷는 장면에서 일부러 신체적으로나 정서적으로 충동을 억제했다고 밝혔다(in Landy 20005). "그것은 남자에 대한 나의 생각, 그리고 어떤 남자와도 지나치게 가까워지기를 원치 않는 마음에서 그런 겁니다. 러브신이 꼭 성적인 방식이진 않았어요. 오히려 정서적인 쪽에 가깝죠. 전 남자와 그렇게 가까이 있어 본 적이 한 번도 없었어요." 그렇지만 그는 두 장면에서 모두 모호함을 어느 정도까지 수용할 수 있었다. 그것은 "언제나 아버지처럼 날 사랑해 줄 남자를 바라는 깊은 욕구" 때문이었을 것이다. 그리고 그는 결국 접촉의 측면에서 자신의 경계를 주장하지 못하는 사람에서 놀이 공간 속에서 "당신이 날 따라오면 안 되나요? 내 팔을 잡아요"라고 말할 수 있는 사람으로 변형할 수 있었다.

한 해 뒤에, 데릭(2006)은 존슨과 러브신을 연기하는 게 어려웠다고 다시 한 번 말했다. 그러면서 그 이유를 학대하는 아버지와의 관계가 어려웠기 때문이라고 분석했다. 그리고 이렇게 말했다. "놀이 공간에서 함께 추었던 춤은 내가 어린아이로서 한 번도 느껴보지 못한 아름다움을 기념하는 것 같았습니다."

데릭은 또한 주인과 노예의 역할을 통해 인종의 역학을 연기한 것에 대해 돌아보았다. 그는 자라면서, 자신은 아버지와 권력을 가진 백인을 만족시키기 위해 "네, 주인님. 아닙니다. 주인님"이라고 할 수밖에 없었다고 회상했다. "깜둥이"라는 말을 가지고 놀면서 그리고 "그 야비한 말을 강화한" 아버지와 인종차별주의적 태도를 영구화한 백인에 대한 분노를 표현하면서, 그는 깊은 감정과 접촉할 수 있었다. 그는 "그 단어를 내 생각에 따라 다시 정의하는 것 같았어요. 그리고 한 번이지만, 그 상황을 통제하는 것 같았죠."

데릭은 발달적 변형 회기를 돌아보면서 힘을 받았다. 그 작업을 통해 그의 내면 아이가 목소리를 찾을 수 있었다. 그리고 시간이 지나면서, 그는 회기 말미에 존슨이 대접한 음식을 거절한 것이 죄책감 때문임을 깨달았다. 한 해 뒤에 그는 이렇게 말할 수 있었다(Derek 2006). "전 제 의지에 따라 선물을 줄 수도 있고 받을 수도 있어요. … 그것은 학대한 아버지를 용서할 수 있는 남자로 성장하는 나에게 있어 자유를 향한 위대한 발걸음들 중 하나입니다."

대극성

감정과 거리

발달적 변형 역시 역할 이론과 마찬가지로 거리의 정도와 수준의 측면에서 정서적 표현에 대한 이해를 제공한다. 분명히 강렬한 정서는, 데릭이 가해자에 맞설 때처럼, 도전을 받을 때 생성된다. 그리고 학대, 인종, 섹스 등 수치스러운 주제를 많이 다루기 때문에, 참여자는 정서적으로 부하가 많은 장면으로 들어가게 된다. 그렇다면 이 접근법은 감정을 어떻게 다루는가?

프로이트에 따르면, 사람들이 고통스런 기억을 억압하는 이유는 그것을 의식으로 가져오기가 너무나 두렵기 때문이다. 프로이트는 억압된 기억에 접근하기 위해 마음에 떠오르는 것은 무엇이나 자유롭고 자발적으로 말하게 함으로써 참여자가 간접적으로 기억에 다가가게 했다. 고통스런 기억이 의식의 표면으로 떠오르면, 그것은 말이 되어 나오고, 또 그럼으로써 내담자가 그 근원과 감정과 행동에서의 표현을 분석할 수 있게 된다. 프로이트에게 카타르시스는 억압된 감정을 회상하고 그 감정에 언어를 부여하는 것, 그럼으로써 그 기억의 정서적 영향력을 감소시키는 것이었다. 언어와 분석과 통찰은 억압된 기억이 의식으로 떠오를 때 나타날 수 있는 압도적인 감정의 홍수로부터 거리를 두었다.

발달적 변형에서는 억압된 것이 치료사의 몸과 관계 맺는 참여자의 몸을 통해 표현된다. 그것은 여러 가지 방식으로 참여자를 감정에 다가가게 하며, 특히 과거의 외상을 재연할 때 힘을 발휘한다. 데릭 같은 참여자들이 감정적으로 부하가 많은 내용으로 작업할 수 있는 이유는 허구적인 놀이 공간 속에서 움직이기 때문이다. "깜둥이"라는 말로 작업할 때, 존슨(in Landy 2005)은 데릭에게 이렇게 상기시킨다. "내가 원하는 건 뭐든 말할 수 있어. 이건 진짜가 아니라 그냥 놀이거든. 그러니까 난 깜둥이라고 해도 돼." 놀이 공간은 비하적인 단어가 일으킬 수 있는 폭발적인 분노와 거리를 둔다. 그것은 해로움에 맞서 명확한 한계를 설정하며(Dintino and Johnson 1996 참고), 정서적인 안전망을 제공한다.

셰프와 랜디의 거리 조절 모델을 적용함에 있어 발달적 변형은 밀착으로의 이동, 다시 말해 접촉과 자극적인 행동의 사용에서 나타나는 강렬한 정서적 반응을 촉진한다. 동시에 발달적 변형은 연극성과 유희성을 통해 참을 수 없는 존재의 무거움을 가지고 놀면서 거리를 창조한다. 또한 참여자가 특정한 역할이나 주제에 머무르지 않고 이 역할에서 다른 역할로, 또 한 장면에서 다른 장면으로 변형하도록 치료사가 도울 때도 거리가 창조된다. 그리고 지켜보는 원이라는 장치 역시 참여자가 자기 자신을 지나치게 심각하게 다루지 않도록 거리를 두게 한다. 지켜봄을 당할 때, 참여자는 외상의 경험을 거듭 살기보다 그것을 가지고 노는 행위자가 되는 것이다.

거리 조절 패러다임은 또한 치료사에게도 적용할 수 있다. 치료사는 지켜보는 원에 들어갈 수도 있고, 장면이 지나치게 과열되었다고 판단될 때는 변형을 주도할 수도 있다. 하지만 치료사는 참여자의 놀이 대상이자 드라마 안에서 함께 연기하는 배우로 남아 있기 때문에, 완전히 밖으로 빠져서 행동을 연출할 기회는 거의 없다. 그러므로 여러 역할이 융합될 가능성 그리고 때때로 치료사 자신의 드라마가 놀이 공간에 무의식적으로 들어올 가능성이 있다. 우리는 이런 현상을 존슨이 데릭과의 작업을 돌아보면서 미완의 감정을 "나는 정확히 무엇을 미안해하는지 모르면서"라고 솔직하게 표현한 대목에서도 엿볼 수 있다.

허구와 현실

존슨(2000b)은 놀이 공간의 개념을 명확하게 정의하고 예증한다. 그것은 발달적 변형의 인장hallmark이며, 샤먼의 리미널 경험, 위니콧의 전이적 공간, 심리극의 로쿠스 나센디, 역할 접근법의 미적 거리를 포함한 여러 행동 접근법과 공명하는 것이기도 하다. 놀이 공간은 참여자가 치료사에 의해 체현되는 관계의 다양한 차원을 탐험할 수 있는 상징적인 만남의 공간이다. 그 차원은 치료사가 참여자의 투사를 받아 연기하는 투사적인 것과 참여자가 지금 여기에서 치료사와 상호작용하는 실제적인 것을 모두 포함한다. 가장 복합적일 때, 놀이 공간은 극적 행동의 허구와 배우들의 일상 현실 사이에 존재하는 전이적 공간이 된다.

존슨은 참여자가 놀이 공간에 허구적 요소와 현실적 요소가 모두 포함되어 있음을 깨닫도록 돕는 다양한 기법을 고안했다. 그중 한 가지는 장면을 텔레비전 쇼나 영화나 공연처럼 완전히 허구적인 틀로 가져가는 까치발 기법이다. 그것을 통해 치료사는 참여자에게 작업이 허구임을 일깨운다. 반대로 지금 여기로 변형하기라는 기법은 행동을 지금 여기의 현실로 옮겨 거리를 줄이는 효과를 지닌다. 존슨이 데릭에게 놀이 공간에서는 "깜둥이"라는 단어를 쓸 수 있음을 상기시킬 때, 그는 데릭을 잠시 허구에서 데리고 나와 지금 여기의 현실로 옮겨놓는다.

역할 접근법이나 심리극에서와 같이, 놀이 공간에는 허구와 현실의 양측면이 공존하며, 치료사의 역할은 참여자가 그 두 차원의 안팎으로 넘나들면서 해당 주제를 충분히 탐험하도록 돕는 것이다.

말과 몸

영화에 나온 세 가지 접근법 중 발달적 변형이 가장 신체적이다. 다른 행동 심리치료 형식과 마찬가지로, 참여자와 치료사가 경계와 규칙을 정하고 역할과 서사에 참여할 때는 어느 정도 말을 하기 마련이다. 그러나 이 접근법의 강조점은 체현된 행동에 있다. 데릭과 존슨이 학대자와 희생자, 주인과 노예, 연인 장면을 연기할 때, 가장 강렬한 순간은 물리적 접촉에서 발생한다. 처음에 존슨은 개 주인 역할을 하면서 데릭을 개처럼 발로 찬다. 그리고 나중에는 학대하는 주인이 되어 데릭이 자기를 때리도록 자극한다. 작업 말미로 가면서 존슨은 드라마를 러브신으로 이끈다. 춤을 추고 공원을 산책하면서 서로를 끌어당기려는 몸싸움을 통해 표현된 그 장면은 두 사람 모두에게 불편하고 미묘하게 까다로웠다.

이 특징은 무용과 연극에 근거한다. 무용으로서 발달적 변형은 움직임을 참여자의 주된 언어로 한다. 그리고 그로토프스키의 육체성과 코메디아 델라르테와 연극 게임을 모델로 하는 연극으로서 발달적 변형은 배우/참여자의 몸을 행동의 초점으로 삼는다.

행동과 성찰

발달적 변형은 근본적으로 행동과 그 흐름에 관한 것이다. 그러나 존슨은 또한 행동이 멈추거나 머뭇거리는 순간에 대해서도 쓴다. 그는 그것을 막다른 골목이라 하면서 참여자가 다시 드라마의 흐름을 찾도록 돕는 여러 가지 기법을 제안한다. 존슨의 접근법은 치료사와 참여자가 한 역할에서 다른 역할과 장면으로 흐르면서 놀이 공간에 온전히 집중한다는 점에서 여러 행동 접근법 가운데서도 독특하다. 연기를 한 다음에 말로 성찰하는 순간은 거의 없다. 그러나 성찰의 개념을 배제하지는 않으며, 다만 그것이 놀이에서 나온다고 볼 뿐이다. 놀이 공간에서 성찰의 순간은 치료사가 장면을 지금 여기로 변형하여 놀이의 틀 안에서 논평할 때 나타난다. 사례에서는 존슨이 데릭에게 놀이 공간에서는 금지된 단어를 말해도 좋음을 일깨우는 대목에서 그것을 볼 수 있다.

우리는 모레노가 심리극을 진행하면서 어떻게 자기 생각을 표현할 수 있었는지를 보았다. 그러나 그는 행동 단계 후에는 모든 연기자가 로쿠스 나센디로부터 자기를 분리시키고, 그런 다음 느낌 나누기를 통해 관객과 소통하는 것이 필요함을 분명히 했다. 그때 치료사는 심리극적 행동에 대한 성찰적 논평을 제공할 것이며, 주인공에 동일시한 사람들은 극화에 대한 자신의 욕망에 웜업이 되며, 그와 함께 집단의 경험이 수용되고 심화된다.

역할 접근법에서, 성찰은 배우의 역할 벗기와 허구에서 현실로 옮겨가는 두 차원에서 일어난다. 첫 번째는 허구적 역할에 대한 성찰이며, 두 번째는 허구적 역할과 배우들의 일상 현실 사이의 연관 관계다.

지시적인 접근과 비지시적인 접근/전이와 역전이

이론상 발달적 변형은 확실히 역할 접근법과 심리극에 비해 비지시적이다. 사실상, 존슨(1991)은 영감의 중요한 원천으로 칼 로저스를 언급한다. 로저스는, 분석가가 내담자에 비해 훨씬 강력하고 아는 것이 많은 정신분석의 지배적 관점에 비할 때, 급진적인 전환이라 할 수 있는 비지시적이고 인간 중심적인 심리치료를 주창하였다. 로저스의 경우, 치료의 초점은 내담자이며, 치료사는 내담자를 존중하고 스스로 치유 과정을 이끌도록 격려해야 한다고 믿었다.

치료사의 역할을 연출자에서 배우로 전환함에 있어, 존슨은 비지시적 과정이 자발적으로 전개되도록 한다. 그러나 실제 작업에서 치료사는 또한 행동 안에서 그것을 이끌기도 한다. 배우로서 치료사는 참여자의 행동을 읽고, 그가 자신의 딜레마를 드러내고 변형하도록 안내한다. 우리는 데릭과의 작업에서 존슨이 역할 속에서 참여자를 공격과 모욕의 장면에서 친밀함과 사랑의 장면으로 움직이게 하는 데서 이를 명확하게 볼 수 있다. 데릭은 극의 상당 부분, 특히 주인과 노예 장면을 주도했다. 그러나 데릭의 행동은, 존슨이 지켜보는 원이라는 유리한 위치에서 러브신을 제안한 부분에서 잘 드러나듯이, 치료사에 의해 연출되거나 적어도 드라마에서 변형된다고 할 수 있다.

존슨은 역할을 연기하면서 데릭과 직접 상호작용함으로써 데릭에게 깊은 수준의 개입과 그에 상응하는 잠재적 전이를 이끌어냈다. 그 작업은 거리를 둔 치료사가 가장 전이를 잘 이끌어낸다는 생각에 대한 도전처럼 보였다. 학대하는 아버지의 여러 측면을 연기하면서, 존슨은 분명히 아버지 전이를 자극했다. 그러나 그는 학대자뿐만 아니라 연인을 비롯한 여러 역할로 변형을 지속했고, 랜디가 아버지로서 그리고 가르시아가 어머니로서 이끌어냈던 좀 더 뚜렷한 전이에 데릭이 고착되지 않도록 했다. 역할이 계속 바뀜에 따라, 전이에 들어가 그것을 해결할 가능성 역시 전환되었다. 데릭은 존슨을 어느 하나의 역할로만 고정시키지 않았다. 그는 학대하는 아버지도 아니고, 굶주린 아들을 먹이려 애쓰는 자애로운 아버지도 아니며, 여러 가지 잠재적인 페르소나를 가진 사람, 곧 배우였던 것이다. 작업 후반에는 그런 맥락에서 데릭이 현존으로서의 몸의 차원에 더욱 접근하게 되었다. 자애로운 아버지로서 존슨이 준 음식이나 그와의 접촉을 수용하진 못했지만, 적어도 시간이 지나고 나서 회상하면서는 깊은 차원에서 그에게 다가가고자 했던 치료사의 의도와 그 사람 자체를 수용할 수 있었다.

회기 말미에 존슨이 미안하다고 말할 때, 그 후회의 원인에 대해서는 명확하지 않은 부분이 있다. 그는(Institute for Developmental Transformation 2006) 그 감정을 역전이보다 아버지와 아들의 허구적 역동에서 일어난 것으로 본다. 그러나 그것이 해결되지 않은 개인적 주제와 관련된 것일 가능성도 배제할 수 없다. 발달적 변형 작업을 하는 사람은 흔히 공격성과 친밀성의 경계에서 움직이기 때문에 작업에서 유발된 감정을 놓아주는 것이 어려울 수 있다. 이 주제는 감정적으로 매우 부하가 큰 역할을 연기하는 배우들, 특히 아르토와 그로토프스키의 심리신체적 기법으로 훈련받은 사람들에게 잘 알려져 있다. 마무리와 성찰의 시간이 없이는 그런 역할이 좀처럼 사라지지 않는다.

발달적 변형은 설령 그것이 한 역할에서 다른 역할과 장면으로 계속해서 움직이고, 과장되고 희극적인 행동으로 표현된다 해도, 그 강렬함 때문에 역할 접근법, 심리극, 빌헬름 라이히의 초기 신체적 실험과 같은 다른 접근법과는 상이한 방식으로 전이와 역전이의 강한 감정을 촉발하기 쉽다. 다른 접근법에서, 치료사는 외부에서 행동을 연출하면서 참여자로부터 분리된 채 남아 있고, 그 결과 잠재적으로 거리를 유지하게 된다. 그에 비해 드라마 안에서 행동에 참여하는 것은 일시적이라 해도 안내하는 연출자의 기능을 방해할 수 있다.

행동 심리치료의 역사를 이끌어낸 여러 혁신적 인물들처럼, 존슨은 치료 과정의 전통적인 원칙에 도전하기를 두려워하지 않았다. 하지만 그 과정에서 그의 접근법은 접촉과 경계, 자극과 수용, 초기 정신분석 이래로 제기된 참여자와 치료사 양자 모두에게 미치는 작업의 영향력에 대한 여러 가지 중요한 질문을 제기한다. 세 접근법 가운데 발달적 변형은 주제가 "가지고 놀 만하지 않을" 때 그리고 치료사의 몸이 놀이의 대상일 때 가장 밀착적이다. 그러나 참여자가 윙크와 미소로 금지된 게임을 할 때는 역할 접근법 못지않게 매우 연극적이다. 존슨(2006)에 따르면, 치료사의 체현된 현존과 그 놀이 공간 내에서 참여자의 자각 덕분에 치료사는 두려움을 떨칠 수 있으며, 발달적 변형은 충분히 안전하고 큰 그릇이 된다.

행동 심리치료의 비교:
이론과 실제의 모델을 향하여

마음을 치유하기 위한 형식을 갖춘 방법론에 대한 아이디어는 시간을 거슬러 올라가 고대와 동시대의 문화를 가로지른다. 전통적인 치유는 대개 표현적이고 행동적인 접근법을 특징으로 한다. 그러나 서구 의학의 등장과 함께 그런 방법론은 거부당했으며, 현대에 와서야 아주 느린 속도로 재발견되고 있다. 초기 정신분석가 중 일부는 상처 입은 마음의 불균형을 시정하는 수단으로서 행동으로 돌아갔다. 이 책에서는 프로이트 이후 정신분석의 발달을 충분히 다루지 못했지만, 꽤 많은 현대의 접근법이 상연(Johan 1992; Field 2006 참고), 만남(Greenberg 1996 참고), 놀이와 전이적 공간(Winnicott 1971 참고) 같은 극적 개념을 수용하고 있다. 오늘날 실행되고 있는 다양한 행동 심리치료 형태 중에서 우리는 역할 접근법, 심리극, 발달적 변형을 집중적으로 살펴보았다. 그리고 융, 랑크, 페렌치, 라이히, 머레이, 켈리, 모레노, 펄스 등의 작업에서 그 역사적 유사물을 검토하였다.

초기 정신분석에서 행동 심리치료라는 보다 현대적인 형태에 이르는 궤적을 좇는 가운데, 우리는 다양한 연결점을 볼 수 있다. 존슨(1991)은 프로이트의 자유연상이 검열당하지 않는 행동의 자발적인 흐름으로서 발달적 변형을 이해하는 핵심이라고 말한다. 프로이트는 자기 판단과 선형적인 사고 과정을 중지시키기 위해 환자에게 도전했다. 정신분석은 무의식의 내용을 일상의 빛 가운데로 끌어올려 마음의 금지된 영역에 접근하기 위한 자유를 추구했다. 발달적 변형 또한 억압된 경험을 풀어놓기 위해 자유연상의 방법을 택한다. 둘의 차이는 존슨의 도구가 언어적이기보다 신체적이며, 통찰보다 변형을 목표로 한다는 점이다.

존슨은 또한 발달적 변형을 융의 적극적 상상과 연관 짓는다. 프로이트학파가 생각을 이끌어내는 데 주력했다면, 융은 이미지를 촉발하는 좀 더 표현적인 방식으로 옮겨갔다. 창조적 예술 치료 작업의 전조가 된 융(1947)은 자유연상에서 새롭게 바꾼 부분을 이렇게 설명했다.

> 나는 꿈 이미지나 연상을 출발점으로 삼아 환자가 환상에 자유롭게 접근하게 함으로써 자기의 주제를… 정교화하게 했다. 이것은… 극적이고, 변증법적이고, 시각적이고, 음향적인 어떤 방식으로도 혹은 춤, 그림, 모델링 등의 형식으로도 행해질 수 있었다(202).

앞서 보았듯이, 랜디는 역할 접근법을 융뿐만 아니라 랑크와 페렌치, 에릭슨, 머레이에 연결한다. 그러나 초기 심리치료사 가운데 가장 의미 있는 영향을 미친 사람은 모레노다. 그는 정신분석을 프로이트의 과학적 허구라 치부하면서, 자신이 온전히 독창적인 심리치료를 개발했다고 주장하지만(Z. T. Moreno 2006b), 무의식의 역동, 카타르시스, 자유연상의 아이디어를 몰랐을 리는 없다. 20세기 초반에 서구 예술과 문화 전반에 상당한 영향을 준 근대적 아이디어인 그 개념들은 프로이트의 천재성에 의해 조형되었을 뿐 아니라, 거꾸로 그에게 영향을 주기도 했다. 나아가 모레노는, 아마도 의식하지 못한 채였겠지만, 몸과 상상력과 융, 랑크, 페렌치, 라이히 등 동시대인의 정신을 통한 심리치료의 여러 실험을 개괄하였다.

지금까지 우리는 행동 심리치료의 세 가지 접근법을 자세하게 살펴보고, 감정과 거리, 허구와 현실, 말과 몸, 행동과 성찰, 지시적인 접근과 비지시적인 접근의 대극성의 측면에서 비교하였다. 이제 각 접근법을 서로 비교하고, 정신분석 및 관련 분야의 선례와 견주면서, 행동 심리치료의 통합된 이론과 실제의 모델을 세우고자 한다.

이론

행동 심리치료가 공유하는 전제

행동 심리치료는 마음과 치유의 본질에 대해 몇 가지 전제를 공유한다. 그중 하나는 행동 심리치료는 전인적인 관점을 제시한다는 점이다. 곧 인간을 신체적, 정서적, 인지적, 사회적, 영적 차원을 아우르는 총체적인 존재로 여긴다는 것이다. 이 관점은 마음을 원초적이고, 무의식의 감정에 바탕한 양상인 원초아와 일상 현실의 합리적 과정인 자아 그리고 사회의 요구에 따라 자기를 통제하는 과정인 초자아로 구성된 것으로 이해한 프로이트로부터 점차적으로 발달되었다. 융과 랑크는 거기에 영적 차원을 더하여, 샤머니즘에서 가장 잘 나타나는 전통적인 치유 형식에 귀를 기울였다. 페렌치는 관계적인 차원을 추가했고, 라이히는 신체적인 차원과 우주적인 차원을 더했다. 그리고 그 스펙트럼 전체는 심리극, 사회극, 원리극을 통해 인간 생활의 개인적 요소와 사회적 측면과 우주적 차원을 통합함으로써 마음과 세상을 치유하려 한 모레노에게서 하나로 모이게 되었다. 펄스는 이 전인적 비전을 마음과 몸의 게슈탈트를 완결하는 데 초점을 맞춰 개괄했다. 인간 존재 전체를 다룬다는 비전은 연극치료의 거의 모든 형식에서 잘 드러난다.

행동 심리치료사가 공유하는 두 번째 전제는 극적 행동을 주된 치유

수단으로 인식한다는 점이다. 그 근거는 놀이를 통해 의식적으로 일상의 경험을 성찰하고 연습하고 변형하는 아이들의 자연스러운 충동에서 찾는다. 행동 심리치료사들은 놀이하는 아이들의 무의식적 충동을 아이들뿐만 아니라 성인의 의식적 치료 과정에 적용한다. 행동은 '나는 누구인가?' 라는 존재론적 질문에 전인적으로 반응할 것을 요구한다. 바꿔 말해, 환자를 카우치에서 놀이 공간으로, 인지의 배타성에서 몸과 감정을 통한 표현으로 옮겨 가게 한다.

프로이트는 아동의 심리성적인 경험에 대한 이해로부터 정신분석을 개발했지만, 실제 작업에서는 회상된 기억을 통해 아동기에 접근하는 어른에게 초점을 맞췄다. 프로이트는 성인의 놀이를 유치한 행위화로 보았기 때문에, 과거 경험의 의미를 말로 표현하고 성찰하는 성숙한 능력을 요하는 언어적인 치료법을 만들었다. 반면에 융은 성인에게 놀이가 갖는 중대한 의미를 이해했다. 그의 발견은 프로이트와 결별한 직후 개인적인 위기 상황에서 찾아왔다. 그 시기에 그는 어린 시절에 즐겨 했던 놀이를 떠올렸고, 아이처럼 돌과 여러 가지 사물을 가지고 놀기 시작했다. 그 과정에서 집단 무의식과 관련한 아이디어를 발견하면서 내적 기초를 견고히 다질 수 있었다. 한편, 페렌치는 프로이트가 거부한 아이디어로 돌아가, 특히 카타르시스와 관련하여, 환자와 좀 더 직접적으로 상호작용하는 적극적 치료 기법을 개발했다. 아동 분석의 원리에 근거한 분석 과정을 개발하면서 유희적이고 적극적인 접근법을 보다 충분히 포용하였다.

그러나 융과 페렌치와 그의 협력자 랑크는 여전히 상담실이라는 고전적인 환경에 머물러 있었다. 초기 분석가들 가운데 환자를 카우치에서 일으켜 말뿐만 아니라 몸을 사용하게 한 가장 급진적인 사람이 바로 빌헬름 라이히다. 그리고 모레노는 행동에 대한 이들 실험을 그 다음 단계로 심화시켜, 진정으로 극적인 행동 치료를 창조하였다. 치료를 참여자와 치료사의 만남으로 정의한 첫 번째 사람이 바로 모레노다. 그는 가장 먼저 직접적인 극적 행동을 통해 과거를 변형하는 지혜와 가능성을 보여 주었을 뿐만 아니라 상담실을 치료적 무대로 바꾼 장본인이기도 하다.

행동 심리치료가 공유하는 개념

접근법마다 다른 개념을 제시하고는 있지만, 거기에는 몇 가지 공통점이 있다. 행동 심리치료는 역할과 역할의 상연을 통해 진행된다는 점에서 대부분 극적이다. 세 가지 접근법의 핵심 전제는 참여자들이 한 가지 이상의 역할을 맡아 치료사나 보조자아와 함께 다양한 극적 장면에 참여한다는 것이다. 역할과 상연의 아이디어는 샤머니즘에서 비롯된다. 거기서 치유자는 의사이기보다 사제이자 배우이며, 치유자의 지식은 생물학적이기보다 영적이고 연극적이다.

일단 의사들이 치유자가 되고 그 일을 심리치료라 명명하면서, 그들은 전통적 치유의 연극적이고 영적인 괴상한 행태를 거부했다. 프로이트와 그의 동료들은 자신들을 과학적 훈련을 전혀 받지 않은 신앙 치유자, 심령술사, 돌팔이 의사와 구분하려 무진 애를 썼다. 프로이트가 무의식에 접근하는 수단에서 최면과 카타르시스를 재빨리 배제한 이유도 이와 무관하지 않을 것이다. 정신분석가들은 그럼에도 불구하고 일부 사람들이 심리치료사를 쉬링크Shrink라 부르는 데 깜짝 놀랐다. 그것은 전통적인 치유자, 정신과 의사, 식인종과 경멸적으로 연결된 말이다.

초기 분석가들 중 일부는 내담자와 역할을 바꾸는 것의 중요성을 이해했다. 페렌치와 랑크(1925/1986)가 전이 관계를 언급한 데서도 이를 볼 수 있다.

> 분석가는 환자의 무의식을 위해 가능한 모든 역할을 연기한다. … 특히 중요한 것은 아버지와 어머니의 역할이다. 분석가는 그것을 지속적으로 번갈아 연기한다(41).

또한 클로로포름 때문에 숨을 쉬지 못했던 아동기 역할로 퇴행하여 만성 천식 증상을 보인 환자의 예(1장 참고)처럼, 내담자가 외상 기억과 관련된 감정을 표출하기 위해 자발적으로 역할을 취하는 것을 관찰한 페렌치의 작업에서도 그것을 확인할 수 있다. 페렌치는 후기에 접어들어 상호 분석을 실험하면서 광범하게 역할 바꾸기로 작업했다. 앞서 보았듯이, 라이히 역시 극적 상연을 통해 절정의 순간을 결정화하기 위해 내담자와 역할 연기를 했다.

그 뒤로도 머레이와 에릭슨이 하버드 심리연구소의 작업과 전략사무국의 인사 선발에서 역할과 극적 상연을 활용했다. 조지 켈리는 대공황과 황진의 재난으로부터 사람들을 회복시키기 위해 고정 역할 치료를 개발했다. 모레노는 역할 개념을 둘러싸고 사회측정학, 심리극, 사회극에 대한 이해를 구축했으며, 펄스는 게슈탈트 치료에서 상전과 하인의 역동을 창조하면서 역할과 반대역할의 중요성을 설파했다.

역할과 상연의 의미는 그 과정을 주로 전이 신경증의 측면에서 행위화의 충동을 내재한 것으로 바라보는 초기 정신분석가들의 견해로부터 다른 사람들과 관련하여 자기의 다양한 양상을 탐험하는 데 필수적이라고 보는 현대 연극치료사들의 시각에 이르기까지 다양하다. 흥미롭게도, 대상관계 이론에 영향 받은 많은 현대 정신분석가들의 작업에서(예를 들어, Mitchell 1988; Greenberg 1996 참고) 역할과 상연에 대한 보다 극적이고 상호적인 이해를 찾아볼 수 있다. 지난 세기뿐만 아니라 전통적 치유의 역사로 거슬러 올라가도 역할과 상연의 개념에는 연속성이 있다. 무의식을 양화하고 분석하려는 일부 정신분석가들의 노력이 어려운 만큼, 참여자가 상처받은 어린아이부터 분노한 어른에 이르기까지 모든 자아 상태에 있는 자기 자신을 표현하면서 다양한 극적 행동을 취하게 되는 자기 노출의 순간은 매우 부담스러울 수밖에 없다. 대상관계 이론에 기초한 정신분석 모델에서는 분석가가 더 이상 수동적인 관찰자가 아니라 치유적 드라마의 공동 창조자임을 분명히 한다.

행동 심리치료사들이 공유하는 또 다른 개념은 놀이 공간이다. 이 개념은 샤먼이 영적 공간인 일루드 템푸스illud tempus(Eliade 1961 참고)로 여행한다는 점에서 정신분석적이라기보다 샤먼적이다. 샤먼은 영적 공간에서 신들에게 치유력을 받아 자연 세계로 되돌아온다. 하지만 엄마와 아이, 치료사와 내담자의 관계를 그들 사이의 상징적 공간의 측면에서 설명한 최초의 정신분석가는 위니컷이다. 전이적 놀이 공간에 대해 위니컷(1953)은 이렇게 썼다. "친밀한 관계와 창조성은 내면세계와 외부 세계 사이에 있는 이 전이적 공간에서 발생하며, 그것은 또한 사람들 사이에 있는 공간이기도 하다"(89). 존슨이 현존으로서의 몸과 놀이 공간을 말할 때, 그것은 위니컷의 개념과 상응한다. 그리고 일루드 템푸스를 기원의 시간으로, 말 그대로 지금이자 영원으로 생각한다면, 그것은 모레노가 말한 스타투스 나센디status nascendi와 겹쳐진다. 현대의 행동 심리치료사들에게 놀이 공간은 드라마의 심리적 장소이며, 사람들은 세상을 닮은 그 무대에서 페르소나를 통해 자기 자신을 드러낸다.

행동 심리치료가 공유하는 치료 목표

세 가지 특징적인 행동 심리치료의 목표는 다음과 같다. 역할 접근법은 균형과 통합을, 심리극은 자발성과 창조성을, 발달적 변형은 변형과 흐름을 지향한다. 이들 목표는 참여자들이 역할을 연기하고 표현 수단을 통해 자유롭게 이야기하는 능력이 확장됨에 따라 나타나는 모종의 내적 전환을 말한다는 점에서 종류가 다르기보다는 정도가 다른 개념이라 할 수 있다.

이 목표들은 일반적으로 통찰과 이해를 강조하는 고전적 정신분석의 인지적인 목표와 구별된다. 그러나 1장에서 심리치료의 역사를 일별하면서, 우리는 내면의 심리성적 역동을 추적하는 데 주력한 프로이트의 초기 작업으로부터 무의식의 원형을 찾아내는 융의 보다 표현적인 목표를 거쳐 인간 유기체의 저변에 깔린 생체에너지를 해독하려 한 라이히의 가장 극단적인 목표로까지 변화한 과정을 확인하였다. 이들은 목표의 필수 요건으로서 통찰의 우선성을 의심했고, 그 결과 이후의 행동 심리치료사들에게 길을 터주었다. 랜디는 원형과 대극성에 대한 융의 이해를 역할 이론과 역할, 반대역할, 안내자의 통합을 목표로 하는 접근법에 적용했다. 모레노는 역할 바꾸기와 상호성이라는 페렌치의 개념과 마주 따라하기와 만남이라는 라이히의 개념을 자발성 훈련이라는 자신만의 목표로 변용했다. 존슨은 심리성적 발달과 자유연상의 아이디어를 프로이트에게서, 흐름과 생체에너지의 개념을 라이히와 로웬에게서, 전이적 현상의 개념을 위니캇에게서 각각 끌어와 발달, 흐름, 변형이라는 독특한 목표를 구축했다.

행동 심리치료에서 치료사의 역할

치료사의 역할과 관련해서, 세 가지 행동 접근법이 다소 다른 양상을 보인다. 모레노와 랜디는 치료사를 연출자에 가깝게 보는 반면, 존슨은 드라마를 함께 창조하는 배우로 바라본다. 하지만 모레노와 랜디 역시 치료사의 역할을 연출자로 고정시키지는 않으며, 필요하다면 참여자의 드라마에서 보조자아나 분신 역할을 연기한다.

역할을 연기하는 치료사는 고전적 정신분석에서 말하는 거리를 둔 분석가와는 정반대다. 고전적 정신분석에서 그렇게 분리적인 태도를 취하는 까닭은, 환자의 입장에서 전이를 촉진해야 하는데, 치료사의 중립성이 그 과정을 강화한다고 믿었기 때문이다. 랑크, 페렌치, 라이히가 주도한 후기 정신분석에서는 치료사가 환자와 좀 더 직접적으로 상호작용했고, 페렌치가 상호 분석을 시작하고 라이히가 치료적 접촉과 신체 조작을 실험했을 때는 치료사와 환자의 경계가 흐려지기도 했다. 대상관계 이론, 자아 심리학, 자기 심리학, 여성주의 이론에 영향을 받은 현대 정신분석에서 치료사의 역할은 두 주체의 상호주관성을 탐험하기 위해 고려해야 할 하나의 요소가 된다. 이러한 혁신으로 말미암아 환자와 치료사의 상호 관계는 환자를 다루는 전문가의 권력 역학보다 훨씬 중요해진다.

참여자와 치료사의 관계를 고려함에 있어 한 가지 중요한 사안은 경계를 설정하는 것이다. 거리의 연속체를 기준으로 할 때, 경계가 지나치게 경직되면, 한쪽이 다른 한쪽에 비해 많은 힘을 가지게 되면서 다양한 투사를 불러일으킬 것이다. 반대로 경계가 지나치게 유동적일 때는, 페렌치의 상호 분석과 라이히의 접촉과 신체 조작 실험의 예에서 볼 수 있듯이, 강한 치료적 동맹 관계 형성에 필요한 충분한 안전감이 조성되지 않을 수 있다.

세 가지 연극치료 접근법을 비교하면, 역할 모델이 가장 거리를 두는 편이다. 거기서 치료사는 대개 연출자의 역할로 남아 있으면서 필요할 때 보조자아 역할을 연기하고, 참여자는 허구적인 역할과 이야기로 작업한다. 하지만 그렇게 거리를 둠에도 불구하고 많은 참여자가 무의식으로 깊이 들어가 카타르시스적 표출을 요하는 원형적 이미지 배면의 정서적 세계를 탐험한다.

심리극에서, 치료사는 연출자의 역할을 연기할 뿐만 아니라 연출자로서 참여자가 카타르시스적 경험을 향해 곧장 나아가도록 한다. 세 접근법 가운데 가장 연극성이 떨어지는 심리극은 현실에 기반을 둔 역할과 이야기를 가지고 작업하면서 주인공이 감정으로 깊이 들어가도록 유도한다. 그리고 그렇게 하는 과정에서 가장 밀착적이다. 한편 심리극은 주인공을 압도적인 역할에서 빠져 나오게 하는 역할 바꾸기와 정서와 통찰을 연결하는 통합의 카타르시스를 통해 거리를 창조한다.

발달적 변형은 거리의 스펙트럼으로 범주화하기가 매우 까다롭다. 한편으로, 그것은 그 연극성과 허구적인 시나리오를 사용하여 참여자에게 놀이 공간에서 역할을 가지고 놀고 있음을 상기시키면서 거리를 창조한다는 점에서 역할 모델과 가깝다. 하지만 다른 한편으로 놀잇감으로서의 치료사 그리고 접촉과 "놀 만하지 않은" 주제를 가지고 노는 것에 대한 강조와 함께 발달적 변형은 표출할 필요가 있는 과거의 강렬한 감정을 활성화함으로써 심리극의 카타르시스적 기능을 끌어안는다.

하지만 어떤 접근법을 사용하든 치료사는 거리의 스펙트럼을 통해 작업하는 것과 역할 안팎으로 들어가고 나오는 것의 의미와 선택 가능성을 늘 염두에 두고 있다. 정신분석의 몇몇 선례와 달리, 가장 중요한 것은 연극치료사들이 놀이와 드라마의 양상을 활용하여 참여자에게 허구적인 놀이 공간과 현실 사이의 구분을 상기시킨다는 사실이다. 연출자로 임하든 배우로 임하든, 행동 심리치료사는 재현적인 놀이와 드라마로 작업하기 때문에 명확한 경계를 갖춘 구조를 활용하며, 그럼으로써 쉽게 경직되거나 유동할 수 있는 참여자를 위해 안전한 공간을 창조한다.

행복과 긍정 심리학 모델의 활용

연극치료사들은 행복과 긍정 심리학 모델을 선호하는 경향이 있다. 행복 심리학은 마음과 몸과 영혼의 일치에 기반한 균형 잡힌 생활양식을 강조한다. 상대적으로 새로운 긍정 심리학 분야는 칼 로저스(1951)와 에이브러햄 매슬로우(1971)의 작업에서 확장되었으며, 상처 회복력과 보다 의미 있는 존재를 구축하기 위해 강점에 기반한 전략(예를 들어, Duckworth, Steen, and Seligman 2005 참고)에 관심을 기울인다. 정서, 상상, 체현의 불균형에서 질병이 비롯된다고 보며, 환자를 소비자 혹은 고객이라 부른다.

극적 치료는 거기서 한 걸음 더 나아가 참여자를 배우로 간주하다. 다시 말해, 마음의 혼돈 상태를 수용적인 표현 형식으로 변형할 수 있는 능력을 가진 창조적 예술가로 보는 것이다. 이 아이디어는 창조성과 신경증의 관계를 연구한 랑크의 첫 번째 책인 『예술가』(1907)에 나타난 바와 같이, 창조 과정의 자기 치유적 기능에 대한 초기 정신분석 작업에 주목한다. 그것은 또한 집단 무의식의 시각적이고 신체적인 이미지를 통해 심리를 묘사하려 한 융의 개인적이고 임상적인 노력에서도 나타난다.

치유 능력을 품고 있는 예술가의 상(McNiff 1992 참고)은 인간은 누구나 일상생활에서 잠재적인 예술가라고 믿은 모레노에 의해 가장 뚜렷하게 표현되었다. 모레노는 참여자를 무대에 서게 했고, 그가 창조적인 방식으로 자기 삶의 경험을 재창조할 수 있는 방법을 찾아낼 것이라고 믿었다. 모레노는 참여자를 주인공, 삶의 여정을 헤쳐 나가는 영웅이라 불렀다. 그의 주인공은, 고전에 나오는 영웅처럼, 삶의 투쟁 속에서 상처입지만 여정을 떠나는 과제를 포기하지 않는다. 행동 심리치료에서, 참여자는 병든 사람이 아니라 상처받고 불균형한 존재로 간주된다. 그들은 자각을 향한 여정 속에서 좀 더 균형 잡히고 온전한 상태에 다다른다.

행동 심리치료에서 진단과 평가

진단과 평가로 말하자면, 행동 심리치료는 대개 행동에 기반한 측정 방식을 제시한다. 랜디의 역할 프로파일과 TAS는 로르샤흐 잉크 반점 검사, 융의 MBTI 검사, 켈리의 역할 구성체 목록 검사 등 프로이트의 영향권 안에 있는 초기의 지필 투사 검사를 일부 반영한다. 그러나 모레노의 자발성 검사와 사회측정학 그리고 존슨의 역할 연기 검사는 독특한 진단 방식을 제안한다. 이 접근법은 머레이가 하버드와 전략사무국에서 시도했던 전통을 이어 피험자가 극적 행동을 통해 역할과 이야기를 창조하게 한다. 1938년에 하버드에서 실시한 행동 기반 검사 이후로 반세기가 훌쩍 지났지만, 현대의 연극치료사들은 여전히 행동을 통해 피험자를 진단하고 평가하는 새로운 방식을 연구하고 있다.

대극성

이제 감정과 거리, 허구와 현실, 말과 몸, 행동과 성찰, 지시적 접근과 비지시적 접근, 전이와 역전이의 대극으로 돌아가 그것이 공통된 모델 안에서 어떻게 작동하는지를 살펴보자.

감정과 거리

셰프가 착안하고 랜디가 확장한 거리 이론 덕분에 행동 심리치료사들은 감정과 거리에 대한 기본적인 이해를 갖고 있다. 세 접근법은 모두 감정을 고양하고 수용하는 독특한 시각을 견지하지만, 정신분석과 여타 관련된 접근법의 감정적 역동을 드러내는 감정과 거리의 패러다임으로도 명확하게 분석할 수 있다.

그 모델은 감정의 홍수인 밀착으로부터 감정을 부인하는 분리에 이르는 연속체를 제공한다. 미적 거리라는 중점에서는 감정과 생각, 경험과 성찰 사이의 최적의 균형 상태가 발생한다. 앞서 보았듯이, 한 걸음 물러난 분석가는 분리적인 상태라 할 수 있다. 그 반대인 밀착에서는 명확한 경계를 결여한 채 황홀경에 빠진 원초적 치유자를 볼 수 있다. 그것은 무아경을 통해 일하는 샤먼과 충분한 감정 표현을 방해하는 장애물 일체를 제거하는 근원요법 치료사의 자리다. 그 밀착의 끝에서 작업한 이들이 페렌치와 라이히다.

연극치료의 세 가지 접근법은 모두 거리의 스펙트럼 전체를 오가면서 나름의 개념을 통해 균형 잡힌 상태를 이루려 한다. 역할 모델은 그것을 미적 거리라 말하고, 심리극은 통합의 카타르시스라 하며, 발달적 변형에서는 놀이 공간이라 부른다. 앞서 말했듯이, 역할 모델은 허구적인 역할과 이야기를 강조하면서 가장 거리를 두는 경향이 있다. 심리극은 현실에 기반한 역할과 카타르시스를 추구하면서 가장 밀착적이다. 발달적 변형은 허구적 놀이 공간에서 놀 만하지 않은 것을 가지고 놀도록 하는 자극적인 초대와 병치함으로써 분리와 밀착을 오가는 경향이 있다. 다시 말해, 세 접근법은 모두 감정을 자극하고 표출하고 수용함으로써 훈습하며, 그런 맥락에서 하나같이 균형과 통합을 추구한다고 할 수 있다.

감정과 거리의 측면에서 이 책에 등장하는 사람들의 상대적인 위치를 범주화할 수 있을 것이다. 그러나 그렇게 하면서 잊지 말아야 할 것은 많은 치료사들이 실제 작업에서는 거리의 전체 스펙트럼을 규칙적으로 종횡했다는 사실과 일부는 시간이 지나면서 스펙트럼 상의 위치를 바꾸었다는 점이다. 그것은 융, 랑크, 페렌치, 라이히가 분석적 이론과 방법론을 수정한 데서 명료하게 나타나며, 때로 그 변화는 라이히의 경우처럼 매우 급격하고 극명하게 진행되기도 했다. 거칠게 나누어 분리적인 태도로 자기 역할을 연기한 치료사에는 프로이트, 초기의 랑크, 켈리, 월피가 포함될 것이다. 가운데는 융, 페렌치, 모레노, 머레이, 에릭슨, 라자루스, 존슨, 랜디, 피첼, 폭스가 위치한다고 할 수 있다. 그리고 샤먼적 치유자들, 라이히, 로웬, 펄스는 상당히 감정에 기울어 있는 것으로 묶을 수 있다.

허구와 현실

연극치료는 무대로서의 세상이라는 은유에 대한 이해를 핵심으로 한다. 드라마에는 두 개의 세계, 곧 상상의 우주와 일상 현실의 우주가 나란히 존재한다. 거기에는 허구와 현실의 갈등 이상의 일치점이 있다. 하나가 다른 하나의 분신인 영적 세계와 자연의 밀접한 관계를 이해한 전통적 치유자들 역시 이를 잘 알고 있었다. 모든 물질에 영적 본질이 깃들어 있는 것이다. 프로이트가 가장 먼저 무의식의 역동을 밝혀냈을 때, 그는 무의식의 경험을 의식으로 변형하는 데 힘을 쏟으면서도, 한편으로는 의식과 무의식의 수렴에 주의를 기울였다. 시간이 지나면서, 그는 인간 경험의 명백하게 극적인 측면을 현실에 대해 충분히 알아차리지 못하는 무능력에 대한 보상으로 간주하였다. 그리고 "전이 신경증"이나 "행위화" 같은 용어를 사용함으로써, 극적 행동을 상담실에서 일어나는 저항의 형식으로 치부했다.

랑크(1941)의 이론적인 글에서, 그가 현실의 이중적 본질을 논할 때, 우리는 샤먼의 지혜로 돌아감을 발견한다. 융은 원형적 이미지와 일상 현실의 연계를 추구하면서 그 깨달음을 실천에 옮겼다. 그리고 원초적 이미지의 물질적 대응부를 찾아 꿈과 환상과 신화의 허구 속에서 자유롭게 유영하였다.

두 세계를 보다 완벽하게 연결한 이는 모레노였다. 그는 무대로서의 세상이라는 은유에서 출발하여, 극적 행동에 기반한 충실한 이론과 실제를 구축하였다. 때로 그는 신과 악마가 등장하는 환상 속의 장면을 상연하기도 했지만, 주인공의 삶에서 미해결된 순간을 재연하는, 현실에 바탕한 역할 연기에 머물렀다. 동시대인인 펄스는 자주 꿈속의 인물과 사물로 작업했지만, 존과 글로리아의 사례에서 나타나듯, 그 역시 현실과 내담자와 치료사의 관계로 재빨리 되돌아가곤 했다.

참여자가 일상의 여러 측면을 허구적 역할과 이야기에 투사하여 극적 현실을 좀 더 완벽하게 재현하게 하는 것은 대개 연극치료사의 몫이다. 아버지와 아들과 고통에 대한 데릭의 이야기나 발달적 변형 회기에서 원형적 인물과의 유동적인 역할 연기는 현실을 벗어난 좋은 사례다. 역할 접근법에서는 허구적 역할 연기 다음에 항상 현실과의 통합이 뒤따른다. 발달적 변형은 허구적 연기를 그 자체로 심리적 치유 효과를 내기에 충분한 것으로 간주한다는 점에서 독특하다. 그것은 치료사가 공공연하게 몰아대지 않아도, 연기자 스스로 현실로 돌아갈 것이라는 믿음을 전제로 한다.

행동 심리치료사들이 허구와 현실의 관계를 규정짓는 여러 방식이 있지만, 그 모두는 — 그것은 허구나 스타투스 나센디 혹은 놀이 공간이라 불린다 — 참여자가 상상의 세계로 들어가는 본질적인 순간을 강조한다. 거기 있는 동안, 참여자들은 현실의 딜레마를 마치 그것이 허구인 양 탐험한다. 참여자를 언제 어떻게 현실로 되돌아가게 해야 하는지에 대해서는 의견이 분분하다. 어떤 사람들은 그것을 위해 역할을 벗고 성찰의 시간을 갖는가 하면, 또 어떤 사람들은 놀이 공간에서 행동을 통해 성찰이 일어나게 한다. 하지만 이런 차이에도 불구하고, 모두 상상의 허구가 자연의 실재와 공존하면서 서로를 반영한다는 고대의 지혜를 확증한다. 연극치료의 우주 그리고 놀이 공간의 안전함 안에서는, 모든 역할이 현실적이고 모든 행동이 진정한 자기표현이다. 행위화한다거나 중립적인 사물을 개인적인 대상처럼 대한다 해도 전혀 문제되지 않는다. 사실상, 놀이 공간에서는 금지되고 무시당하는 모든 것들이 현실로 돌아가면 변형되어 받아들여질 수 있다는 희망과 함께 놀이를 통해 기념된다. 초기 정신분석은 허구보다 현실에 특권을 부여했다. 연극치료는 거꾸로 현실보다 허구에 특권을 부여한다. 연극적 환영의 마법과 관객의 일상 현실 사이에 자리 잡은 공연처럼, 최선의 치료는 허구와 현실의 혼합 가운데 발생한다.

말과 몸

무용/움직임 치료와 달리, 연극치료에서는 참여자가 역할 속에서 말을 많이 하게 된다. 그러나 여타 표현적인 치료와 마찬가지로 현저하게 비언어적인 요소를 갖고 있으며, 그것은 몸과 감정을 통해 행동으로 나타난다. 연극치료는 드라마라는 예술 형식에서 단서를 취한다. 그리고 드라마는 아이들의 놀이와 함께 시작되어 연극 작품의 공식적인 상연으로 확장된다. 어떤 형식의 드라마나 말로 된 텍스트는 배우의 생각과 감정을 소통한다. 그리고 그 텍스트 밑에는 겉으로 드러난 행동뿐만 아니라 그 동기가 된 저변의 감정과 생각과 관련된 보다 깊고 암묵적인 의미를 암시하는 서브텍스트가 있다.

프로이트는 무의식과 방어기제를 공식화함에 있어서 서브텍스트의 개념을 명확하게 이해했다. 그러나 프로이트가 심리적 서브텍스트에 접근한 방법은 말이었다. 그는 카우치에 가만히 누워 마음속의 갈등을 설명하는 환자의 이야기의 자발적인 흐름에 집중했다. 최면을 이용한 초기 실험은 말에 의존한 후기의 치료 방식과 대조를 이루었다. 프로이트는 최면이 지나치게 극적이고 비언어적인 표현을 촉발했기 때문에 거부했다.

융은 이미지를 현실뿐만 아니라 원형적 상징과 관련지으면서 비언어적 방법론을 탐험하기 시작했다. 가령 그는 시각적 이미지가 말보다 무의식 상태를 훨씬 잘 표현한다는 사실을 발견했다. 또한 문화적 신화와 상징을 연구하면서, 다양한 상징이 반복됨을 알아냈다. 예를 들어, 만다라에서 나타나는 원은 완전함의 상징이며, 연금술의 사각형의 네 꼭짓점은 직관, 감각, 감정, 사고라는 인성의 네 기능을 나타낸다는 것 등이다. 적극적 상상이라는 접근법을 개발하면서 융은 시각적 표현을 보완하는 요소로 드라마와 움직임을 작업에 포함시켰다.

랑크와 페렌치는 말을 이용한 분석을 떠나지 않았지만, 말이라는 수동적인 단서의 정통성에 도전했다. 적극적 치료를 설명하면서도 말에 대한 분석을 포기한다고 명시하지는 않았다. 단지 드라마가 발생할 때, 그것을 진행 중인 작업에 대한 저항으로 간주하여 폐기하는 대신, 자발적으로 일어나도록 허용한다고 했다.

오르곤 에너지를 발견할 무렵, 라이히는 비언어적인 치료 수단에 훨씬 더 흥미를 갖게 되었다. 그는 외상을 입은 환자들에게서 정서가 기억에 우선함을 인식했고, 그에 따라 몸을 직접 조작하여 정서적 반응을 해방시키기 시작했다. 여러 측면에서, 라이히는 최초의 신체적 치료사라 할 수 있으며, 그 덕분에 비언어적 접근법을 치료적 개입으로 충분히 포용한 무용/움직임 치료사와 생체에너지 치료사가 많이 나타나게 되었다.

펄스 역시 몸에 초점을 맞추었다. 그러나 몸을 조작하기보다는 말에 집중하여 텍스트와 서브텍스트, 말과 신체 언어의 불일치에 집중했다. 그는 내담자가 감정, 그중에서도 특히 수치심을 표출하도록 돕는 데 능했다.

모레노 또한 몸에 저장된 서브텍스트와 감정을 표출시키는 데 능했다. 그는 웜업에서 시간과 장소, 인물과 이야기의 세부를 이끌어내는 데 말을 주로 사용했다. 그러나 본활동에서는 거울 기법, 분신, 역할 바꾸기 기법을 적용하여 역할과 이야기의 표면 아래로 파고들었다. 그리고 그 과정에서 서브텍스트가 주인공의 신체적이고 정서적인 표현으로 가시화되었다.

가장 뚜렷하게 비언어적인 접근법은 샤머니즘이다. 앞서 보았듯이, 샤먼은 노래와 춤과 드라마를 통해 표현한다. 샤먼의 영적 무아경 상태와는 아주 다르지만, 연극치료사는 인형과 가면, 소리와 움직임을 포함한 다양한 투사 기법을 사용한다. 그런 방식으로 작업하면서, 참여자들은 서브텍스트를 표현적으로 드러내고 그 의미를 말로 소통할 수 있다. 세 접근법 중 가장 비언어적인 발달적 변형은 매 순간 참여자의 몸을 통해 나타나는 표현에 의존하는 대신, 말을 사용한 프로세싱을 최소화한다.

이 모두를 고려할 때, 행동 심리치료사들은 무의식의 내용을 드러낸다는 프로이트의 최초의 의도를 확장한다고 할 수 있다. 프로이트는 그것을 환자의 말을 해석함으로써 이루려 했다. 그러나 이미지와 정서, 움직임과 드라마를 포용한 사람들은 텍스트뿐만 아니라 서브텍스트를 드러내는 다양한 표현 방식으로써 그것을 수행했다. 극적 치료에 대해 충분히 자각하지 못했지만, 현대의 정신분석가들은, 프로이트의 1인 심리학에서 2인 모델로 전환함에 따라, 이제 참여자와 치료사 관계의 비언어적 요소의 중요성을 인식하고 있다(Mitchell 1997 참고).

행동과 성찰

샤머니즘적 치유에서 경험은 행동적인 것이다. 치유자와 참여자 모두에게 불신을 중지할 것 그리고 영적 치료의 위력을 수용할 것이 요구된다. 반면 행동을 인지적으로 성찰할 수 있는 계기는 거의 없다. 샤머니즘적 제의 공간에 들어선 다음에도, 의식을 준비하면서 어떤 활동에서 다른 활동으로 넘어갈 때는 분명히 세속적인 행동과 대화가 오가는 극적이지 않은 순간이 있기 마련이다. 그러나 일단 초개인적인 의식이 시작되면 거리와 성찰을 위한 여지는 거의 없다.

그에 비해 고전적인 정신분석의 경험은 행동보다는 성찰과 관련이 깊다. 자유연상에 들어가기 전에 환자는 의학 교육을 받고 자신을 진단한 분석가와 면담하면서 자신의 딜레마를 성찰하게 된다. 성찰의 과정은 자유연상을 한 뒤에도 진행된다. 자유롭게 변형되는 생각을 좇는 자유연상에서 환자는 상상적 행동을 경험한다고 볼 수 있다. 그리고 상연을 중심으로 하는 현대 정신분석 중 일부는 실제로 말이라는 행동에 주목한다. 예를 들어, 미첼(1997)은 이렇게 말하고 있다. "모든 행동은 해석적 함의를 내포하며, 모든 해석은 행동이다"(182).

정신분석의 이러한 발전은 행동과 성찰의 위대한 균형에 접근하고자 애쓴 초기 인물에게 영향 받은 바 크다. 라이히와 생체에너지 치료사들은 궁극적으로 체현된 행동의 방향으로 국면을 변화시켰다. 치유 과정에서 행동이 성찰에 선행하며 그를 대신한다는 것, 하지만 그와 동시에 성찰의 중요성을 거듭 발견한 것은 모레노였다. 그래서 심리극 연출자는 집단이 상연 과정을 진행한 후에 주인공의 경험을 성찰하는 것으로 마무리한다. 그때 성찰은 인지적일 뿐만 아니라 집단 성원이 주인공의 딜레마에 동일시하고 공감한다는 측면에서 정서적이며 사회적이다.

역할 접근법에서는 행동이 성찰에 선행하지만, 그 둘 사이에는 균형이 있다. 성찰은 참여자들이 허구의 역할과 이야기를 돌아보는 것과 그에 상응하는 일상생활을 살피는 두 부분으로 구성된다. 그러나 발달적 변형은 성찰에 대해 좀 다른 모델을 제시한다. 거기서는 성찰이 요구될 때 치료사가 그것을 지금 여기의 것으로 변형함으로써 놀이 공간 내에서 처리한다. 이 접근법은 유희적이고 표현적인 심리치료에 말을 통한 인지적 성찰이 필요한가라는 의문을 제기한다. 성찰 과정 없이도 효율적인 치료가 일어나는 사례는 많다. 그 한 가지는 자연발생적인 아이들의 놀이다. 가령 아이들이 엄마에게 야단을 맞고 나서 인형에 대고 자발적으로 소리를 지르는 놀이를 한 다음 마음이 진정된다면, 거기에는 분명히 치료 효과가 있다고 볼 수 있다. 비지시적인 놀이 치료의 여러 형식과 원형 심리학에 기반한 모래 놀이, 그중에서도 특히 아동을 대상으로 한 작업에서는 말을 통한 성찰이 최소화된다. 그리고 라이히나 로웬을 필두로 현대의 무용/움직임 치료사와 신체 치료사들이 시도하는 다양한 치료적 접촉의 형식에서도, 흔히 몸을 통한 치유가 일어난 이후에 그것을 말로 성찰하지 않는다.

그러나 행동 심리치료사들은 치유의 전인적 모델을 제시한다. 행동이 성찰에 우선하지만, 자각의 인지적 순간이 명료할수록 체현된 행동의 극적 이미지 역시 더욱 선명해진다. 다른 대극과 마찬가지로, 행동과 성찰 역시 하나로 만날 때 가장 잘 실현된다. 신경과학의 최근 연구(Demasio 1994; Siegel 1999, 2001; Cozolino 2002 참고)는 인지와 정서가 신경학적 상관물이며, 신경학적 손상을 복구하기 위한 치료 과정은 인지적 정보 처리 형식을 필요로 함을 밝혀냈다. 그러므로 신체에 기반을 둔 행동 심리치료사들은, 인지와 심층 심리치료가 정서와 신체 과정을 배제하는 함정에 빠지지 않도록 유의해야 하는 것과 마찬가지로, 인지적 요소를 반드시 통합해야 한다. 모레노와 랜디의 극적 접근법에서, 우리는 행동과 성찰의 통합을 발견한다. 존슨의 접근법은 치유가 체현된 놀이를 통해 충분히 일어난다고 말하지만, 거기에도 여전히 행동 가운데 성찰의 순간이 있다.

지시적 접근과 비지시적 접근/전이와 역전이

영화 〈심리치료의 세 가지 접근법〉에서는 칼 로저스의 부드럽고 비지시적인 접근법과 프리츠 펄스의 지시적이고 자극적인 접근법이 뚜렷한 대조를 이루었다. 신경을 건드리는 성격에도 불구하고, 펄스는 그 지시적인 스타일의 측면에서 하나의 전형을 이룬다. 많은 행동 심리치료사들이 자신을, 배우가 맡은 역할의 본질을 발견하도록 돕는, 연출자로 규정한다. 연출자로서 연극치료사는 참여자의 몸과 감정을 블록 삼아 행동으로써 치료적 장면을 구성한다.

초기 분석가들은 무의식의 신비를 해석할 수 있는 능력에 기반하여 불평등한 힘의 역학을 창조했다. 펄스는 예외지만, 대다수 행동 심리치료사들은 자신을 보다 건강하고 균형 잡힌 현실을 창조할 수 있는 예술가로 간주하면서 참여자와 권력을 공유하려 했다. 여성주의적인 대상관계 이론에 영향을 받은 사람들은(예를 들어 Gilligan 1982; Miller 1987; N. Chodorow 1991 참고) 치료사를 연출자가 아닌 심층의 상호주관적인 과정을 창조하는 사람으로 보았다.

모레노는 배우들이 장면을 구성하고, 발전시키고, 행동을 풀어가기 위해서는 연출자가 필요함을 인식했다. 그는 연출자가 되어 그 과제뿐만 아니라 심리극의 배우들을 역할 안팎으로 넘나들게 했으며, 때로는 어지러울 정도로 분신과 마주 따라하기와 역할 바꾸기에 참여시키기도 했다.

모레노처럼, 랜디는 전반적으로 극적 행동을 연출한다. 데릭과의 작업에서, 그는 이야기와 역할을 이끌어내고 역할들 사이에서 통합을 발견하도록 유도했다. 그러나 존슨은 적어도 표면적으로는 비지시적인 접근법을 취한다. 일종의 놀잇감이자 또 한 명의 배우로서 작업하는 것이다. 그러나 그 역시, 데릭과의 작업에서 드러나듯이, 장면 안에서 그 강도를 조절하고 장면을 변형함으로써 행동을 진행시킨다.

행동 심리치료사들은 참여자가 그 목표를 성취할 수 있도록 최선의 방향으로 행동을 진행시키는 연출자라는 점에서 인간 중심적인 치료사를 제외한 다른 치료사들과 다를 바 없다. 그러나 대다수의 훌륭한 연출자가 그렇듯, 일단 참여자가 충분히 틀 안에 들어오면 연극치료사는 한 걸음 물러서서 참여자가 창조적 과정의 즐거운 혼돈에 몰입할 수 있게 한다.

연극치료사들은 상연을 적극적으로 연출하기 때문에 일정 정도의 전이를 야기한다. 전이 반응은 역할 접근법에서처럼 보다 거리를 둔 형태로부터 발달적 변형과 심리극에서처럼 상당히 밀착적인 형태까지 다양할 것이다. 우리는 데릭이 랜디에게 아버지를 그리고 가르시아에게 어머니를 전이하는 과정을 보았다. 그리고 어머니 전이에서 밀착적인 심리극의 상연이 더 강력한 정서를 유발하는 것을 보았다. 그러나 랜디와 가르시아는 모두 전이를 빈 의자 같은 다른 사물로 옮겨놓았고, 그럼으로써 참여자가 스스로 전이 대상이 되어 그것을 훈습할 수 있었다. 아버지와 어머니로서 데릭은 용서와 감사를 표현했을 뿐만 아니라 자기 자신을 돌볼 수 있는 힘이 있음을 깨달았다.

발달적 변형은 치료사가 한 가지 역할에 오래 머무르지 않기 때문에 전이에 대해 다른 관점을 제시한다. 전이가 감지되면, 치료사는 그것을 새로운 형식으로 바꾼 다음, 그것이 고정된 주제로 또다시 떠오르는지를 확인한다. 그리고 흐름과 변형이라는 목표 아래, 참여자가 반복되는 전이적 반응에서 분리될 수 있도록 돕는다.

전이를 해결되어야 할 저항으로 규정한 고전적인 정신분석과 달리, 연극치료사들은 전이를 역할과 반대역할의 또 다른 대극, 유동성을 요하는 또 다른 완고한 형식을 탐험할 수 있는 기회로 간주한다. 연극치료에서 전이가 나타날 때, 그것은 극적 역할의 형식을 입으며, 때로는 고착적이고 때로는 유동적이다. 그 형식은 치료사가 떠안을 수도 있고, 다른 사람이나 사물로 옮겨질 수도 있다. 형태가 주어질 때, 전이는 매우 인간적인 표현 — 한 번도 미안하다고 말한 적 없는 아버지와 아들을 보호하지 못한 어머니 — 속에서 구체화된다. 때로는 개를 때리는 남자나 노예를 학대하는 주인 혹은 흑인 남자와 춤추고 싶어 하는 백인 남자처럼 원형적이고 과장된 특질을 취하기도 한다. 연극치료에서 전이는 참여자와 치료사의 관계뿐만 아니라, 인식하고 통합해야 할 다양하고 혼란스런 역할이 많은 데릭의 경우처럼, 참여자의 심리내적 역동을 탐험하는 순간이다.

연극치료사는 역전이의 순간을 허구 안에서 참여자가 일으킨 특정한 감정에 반응할 기회로 생각한다. 이것은 발달적 변형에서 치료사가 연기로써 직접 개입할 때 가장 분명하게 드러난다. 발달적 변형에서는 치료사가 순간적으로 흔들리면서 자신의 드라마에 빠져들기 쉽기 때문에, 그렇게 되지 않도록 자신의 역전이적 반응을 주의 깊게 살펴야 한다. 그러나 이것은 당장이라도 장면에 뛰어들고 싶을 만큼 강렬한 이야기를 선택하는 다른 연극치료사들에게도 똑같이 해당되는 말이다.

연극치료에서, 대부분의 치료사는 참여자의 필요에 따라 지시적이고 비지시적인 관점 모두를 운용하며, 배우이자 연출자처럼 생각하고 행동하도록 훈련받는다. 전이와 역전이의 순간을 알아차리고 그것을 자기와 다른 사람에 대한 견고한 성찰로 수용하거나 유동적인 형식으로 변형할 수 있는 놀이 공간으로 옮기는 것이다.

실제 작업

대다수 행동 심리치료의 실제 작업은 샤머니즘으로 거슬러 올라갈 수 있다. 샤먼의 행동은 준비와 함께 시작된다. 그것은 배우가 극장에 도착하여 무대라는 순화된 세계에 들어가기에 앞서 몸과 목소리를 웜업시키고, 의상을 갈아입고, 분장을 하는 것과 유사하다. 샤먼 또한 의상을 입고 소도구와 음악을 점검하며 영적 세계로의 신비한 여정을 감정적으로 준비한다. 샤먼의 퍼포먼스는, 배우의 그것과 같이, 치유든 여흥이든, 상연으로부터 특정한 혜택을 구하는 공동체에 대한 서비스다. 상연을 마친 다음에는 샤먼과 배우 모두 연극적 복장을 벗고 일상의 현실로 되돌아온다.

행동 심리치료의 구조

행동 심리치료는 대부분 세 단계로 진행된다. 첫 단계는 치료사와 참여자 모두 몸과 목소리와 상상력을 준비시켜 놀이 공간으로 들어가도록 돕는 웜업이다. 다음 단계는 놀이 공간에 있는 참여자들이 말과 소리와 움직임으로 딜레마를 탐험하는 본활동이다. 본활동 단계의 주된 특징은 말과 선형적이고 합리적인 사고에 대한 지나친 의존에서 벗어나 상상과 표현을 주로 한다. 그리고 회기 말미에 접어들면서 역할을 벗고 말이나 행동을 통해 전체 과정을 돌아보는 마무리 단계를 거친다.

이 특정한 구조는 모레노의 심리극과 함께 온전히 자리 잡았다. 정신분석, 인지 행동 치료, 구성주의의 여타 심리치료 모델은 상대적으로 이 구조가 덜 명확하다. 그 접근법에서는 놀이 공간의 허구와 상담실의 현실 사이에 구분이 없다. 물론 정신분석에서 무의식에 접근하기 위해 이완되고 열린 태도를 이끌어내는 일종의 리미널한 공간으로 카우치를 사용한 것처럼, 몇몇 예외가 있기는 하다. 또 그밖에 융의 이미지 작업, 라이히의 신체 작업, 머레이와 에릭슨의 역할 연기와 극적 구성, 켈리의 고정 역할 작업, 펄스의 빈 의자와 역할 바꾸기가 또 다른 예에 포함될 것이다. 그러나 이들 실험에도 불구하고, 초기 심리치료 작업의 상당 부분은 치료사와 내담자의 비구조화된 대화, 독백과 문답을 통해 진행되었다.

행동 심리치료와 전통적 심리치료의 기법 비교

전통적인 심리치료 접근법은 엄청난 기법을 양산했다. 예를 들어, 전이 분석은 정신분석의 언어적 치료의 핵심을 차지한다. 길(1954)에 의하면,

> 정신분석은 중립적인 분석가가 퇴행적인 전이 신경증을 이끌어낸 다음, 해석의 기법만을 사용하여 그 신경증을 궁극적으로 해결하는 것이다(775).

분석은 정신분석적 심리치료의 다양한 형식에서 주요한 기법의 자리를 유지해 왔다. 거기에는 관계적인 접근법도 포함된다. 그러나 거기서는 치료사를 마주 보면서 좀 더 직접적으로 상호 관계에 참여할 수 있도록 환자가 카우치에서 일어나 의자에 앉기도 했다. 개인 중심의 실존적이고 인본주의적인 모델이 성행하면서, 관계가 전보다 훨씬 중요해졌다. 로저스 같은 상담가는 기법으로서 분석보다는 참여자와 공감적이고 진정한 연대를 형성하는 것에 더 관심을 기울였다. 펄스는 그 전통을 바탕으로, 부분적으로는 모레노의 영향을 받아, 참여자를 몸과 행동으로 말하게 하는 좀 더 극적인 기법을 개발했다.

행동 치료 작업에서 또 다른 일군의 기법이 개발되었다. 그것은 경험적인 연구를 통해 증명된 것으로서, 노출에 기반한 개입, 반응 예방, 조작적 조건화, 이완, 문제 해결 훈련(Gurman and Messer 2003 참고) 등이 있다. 이완 기법은 행동 접근법에서 몸을 이용할 때 가장 흔하게 쓰인다.

생각을 교정하는 데 초점을 맞추는 인지 치료는 행동 치료에서 많은 것을 빌려 왔다. 거기에는 패배적인 사고에 대안을 찾는 것, 끔찍한 생각을 바꾸는 것, 숙제하기가 포함된다. 앞서 보았듯이, 인지적 접근법은 또한 행동 연습과 역할 연기라는 극적인 기법과도 관련된다. 단기 심리치료, 결혼과 가족 치료, 집단 심리치료를 포함한 여러 대중적인 모델에서 다양한 행동 기법이 개입의 일부로 통합되는 추세다.

행동 심리치료의 기법

행동 심리치료는 게슈탈트 치료와 근원 요법 그리고 더 적게는 교류 분석과 재결정 치료를 포함하여 20세기에 등장한 접근법들과 관계가 있다. 그러나 행동 심리치료는 심리극과 연극치료 두 분야로 가장 잘 대표된다. 심리극은 재생 연극이나 비블리오드라마처럼 새로운 형태가 나타났지만, 현장에서는 본질적으로 거의 달라진 바 없이 유지되고 있다. 반면에 연극치료는 역할 접근법과 발달적 변형을 비롯한 여러 형태로 실행되고 있다. 심리극과 연극치료에서 광범하게 사용되는 몇 가지 기법을 꼽을 수 있으며, 그것은 다시 거리에 따라 심리극적 기법과 투사 기법의 두 범주로 나누어 볼 수 있다. 지금 여기의 현실에 기반을 둔 심리극적 기법은 다소 강렬한 정서적 반응을 이끌어내는 경향이 있다.

심리극적 기법

극적 기법 가운데 가장 현실에 가까운 것은 심리극에서 사용되는 것들이다. 그 현실감은 주인공이 중요한 타인을 상대로 자기 자신을 연기하는 데서 비롯된다. 중요한 타인은 부모나 형제자매처럼 실존 인물일 수 있으며, 신이나 악마 같은 환상 속의 인물일 수도 있다. 그러나 그 경우에도 주인공은 지금 여기에 발붙이고 있는 것이다. 극화된 장면은 실제는 아니지만 주인공의 과거나 미래 — 특정 방식으로 행동한다면 어떻게 될지와 관련된 — 의 어떤 장면을 재연한다는 점에서 그렇다. 그 방식은 분명히 극적이지만, 심리극은 세 가지 접근법 가운데 가장 연극성이 옅고, 가장 공공연하게 카타르시스적이다. 주인공은 드라마에서 역할을 연기하고 있음을 분명히 알면서도, 깊은 상처와 마주할 때 쉽게 감정의 홍수에 휩싸인다.

역할 연기는 어떤 것이든 허구에 자기를 투사하는 것과 관련된다. 심리극에서는 주인공이 자기 자신을 연기하기 때문에 적어도 주인공의 측면에서는 투사가 최소화된다. 예를 들어, 심리극 회기에서 데릭은 대개 어른이자 소년인 자기 역할을 연기했다. 물론 어머니와 아버지를 연기하기도 했고, 그 과정은 상당한 투사를 내포했지만, 그 역할도 대체로 현실의 경계를 벗어나지 않았다.

직접성과 정서적 반응을 극대화하기 위해 빈 의자, 역할 바꾸기, 분신, 거울 기법을 포함한 다양한 심리극 기법이 활용된다. 데릭이 감정에 더 다가갈 필요가 있음을 느꼈을 때, 가르시아는 역할 바꾸기와 분신 기법으로 거리를 제거했다. 예를 들어, 엄마와 역할을 바꾸었을 때, 데릭은 고통스러움과 모욕감에 접근하여 흐느낌을 통해 감정을 방출할 수 있었다. 그리고 데릭이 슬퍼하는 아들 역할을 할 때는 분신이 되어 폭력적인 아버지에 대한 분노를 표현하도록 도왔다.

투사 기법

참여자는 자기를 이야기나 가면 또는 인형 같은 특정 대상에 구체화된 허구적 역할에 투사할 때 그로부터 상당한 거리를 확보한다. 역할 접근법 회기에서, 데릭은 학대와 관련한 배경을 아버지, 아들, 고통이라는 인물에 투사했다. 그렇게 하면서 과거를 직설적으로 재연하지 않고 좀 더 안전한 상태에서 경험할 수 있었다. 회기를 시작할 때, 그는 지금 여기에 있으면서 카메라에 얼굴이 지나치게 검게 잡힐까 봐 걱정했다. 카메라의 역할을 맡기자, 데릭은 그 생명 없는 사물에 두려움과 희망을 투사했다. 그리고 그 역할을 마무리하면서 자기 모습이 잘 나올 것임을 확신할 수 있었다. 투사 기법의 일종인 사물 작업은 주인공이 균형감을 경험하도록 해줌으로써 다시 한 번 안전한 거리감을 제공한다.

에릭슨의 극적 산물 검사에서, 우리는 사물이 창조자의 투사를 어떻게 취하고, 창조된 형식이 개인의 이야기를 어떻게 드러내는지를 보았다.

여러 측면에서 겹쳐지는 놀이 치료 또한 놀잇감에 투사된 아동의 내적 감정과 사고를 근거로 한다. 가족치료 작업을 할 때, 치료사는 때로 가족 구성원들에게 바구니에서 인형을 골라 인형극을 만들어 보라고 한다. 그렇게 하면 참여자들은 인형에 자기 자신을 투사하여 허구를 통해 실제 가족의 역동을 극화한다. 그 경우에 인형은 참여자와 분리된 외부의 사물이면서 안전한 거리를 체현한다.

투사된 사물이 몸에 근접할 때는 상당한 정도의 정서를 유발한다. 가면은 얼굴에 덧쓰는 것이라서 일반적으로 인형보다 거리감이 덜하다. 분장 역시 얼굴에 직접 하는 것인데다 가면처럼 쉽게 벗을 수 없기 때문에 정서적으로 매우 강렬하다. 그러나 또 다른 측면에서, 가면과 분장을 이용한 작업은 유희적이고 다소 추상적이라서 안전한 거리감을 주기도 한다. 물론 여러 예외가 있다. 어떤 참여자에게는 가면이 공포나 속임수나 죽음을 연상시켜 감정을 폭발시키기도 한다. 또 어떤 참여자에게는 그렇게 공공연하게 연극적인 기법이 유치하게 느껴질 수 있으며, 그래서 지나치게 거리를 두게 하는 결과를 빚기도 한다.

앞서 보았듯이, 연극치료의 투사적 형식인 역할 접근법에서도 심리극적 기법을 함께 사용한다. 랜디는 데릭에게 빈 의자로 작업해 보겠느냐고 수차례 물었고, 아버지와 아들 사이에서 역할을 바꿔 보라고도 했다. 같은 맥락에서, 가르시아가 무대를 천과 의자로 나타낸 데서 알 수 있듯이, 심리극에서도 투사적인 연극치료 기법을 사용한다. 발달적 변형은 투사 기법의 효율성에 대해 좀 더 복합적인 관점을 제시한다. 거기서 참여자의 몸 밖에 있는 유일한 투사 대상은 치료사다. 데릭은 존슨과 함께 만든 역할과 장면에 학대라는 주제를 투사했다. 하지만 데릭은 인종차별 같은 자극적인 소재를 직접 다루는 데서는 강렬한 감정적 반응을 경험했을 것이다. 여러 가지 점에서 데릭은 연기를 통해 정서적 반응을 강하게 드러냈지만, 그 과장된 연극적 스타일과 때로는 소극적이고 제시적인 스타일로 인해 자극적인 내용에서 거리를 확보했다. 치료사에게 상당한 숙련도를 요구하는 독자적인 접근법임에도 불구하고, 발달적 변형의 상호놀이, 즉흥극, 지금 여기로의 변형 기법은 다른 연극치료 형식에서도 흔히 사용된다.

공통된 작업 모델

공통된 작업 모델은 다양한 범주의 참여자들에게 유용한, 심리극적이고 투사적인 기법을 제공한다. 투사 기법은 안전함과 거리를 요하는 참여자들에게 가장 잘 활용될 수 있다. 거기에는 위기에 처한 참여자, 외상 경험이 있는 참여자가 포함된다. 허구 속에서 작업하면서 역할과 이야기를 통해 간접적으로 딜레마에 접근한 다음, 나중에 극화에 대해 성찰할 수 있다.

세 접근법 중에서는 역할 접근법이 정서적 외상을 입은 참여자에게 가장 적합할 수 있다. 그러나 심리극과 발달적 변형 역시 외상과 PTSD를 치료하는 데 사용되어 왔다. 모레노는 제2차 세계대전에 참전한 군인과 작업했으며, 존슨은 베트남전에서 싸운 군인과 작업했다. 정서적 외상 환자와 작업할 때, 치료사는 외상을 자극하여 다시 상처 입힐 수 있는 가능성을 최소화하기 위해 정서 수위를 조절하는 데 유념할 필요가 있다.

상대적으로 자극적이고 카타르시스적인 접근법은 더 크고 깊은 정서 표현이 필요한 참여자에게 어울린다. 그런 집단에는 자기 감정에서 분리된 우울하고 무기력한 사람들이 포함되며, 치료 작업은 미해결 과제를 구체적으로 재연할 수 있는 방식을 찾도록 진행된다. 그때 보다 깊은 수위의 표현에 도달하도록 흔히 쓰이는 것이 분신과 보조자아 기법이다. 발달적 변형에서, 치료사는 참여자가 놀 만하지 않은 경험을 가지고 놀 수 있도록 격려하기 위해 유머, 풍자, 과장, 유희적 자극을 사용한다.

심한 정신증과 자폐를 비롯해 기분 장애에 이르는 정신 질환을 다루는 데는 심리극적이고 투사적인 기법의 전 스펙트럼이 총동원된다. 연극치료사마다 이론적 정향이 다를 수밖에 없지만, 연극치료사라면 누구나 참여자가 기꺼이 놀이 공간으로 들어가 도전적이면서 동시에 수용적인 극적 탐험에 참여하도록 행동 기법을 통해 거리를 조절하는 훈련을 받는다.

많은 행동 심리치료사들이 상처받기 쉬운 참여자와 작업하면서 지나치게 자극적이고 카타르시스적인 접근으로 대상을 유아화한다고 비난받아 왔다. 이런 비난은 모레노와 펄스뿐만 아니라 존슨과 같은 현대의 연극치료사들 역시 피해가지 못했다. 대체로 증상 완화를 목표로 하는 정신건강 체계의 시각에서 볼 때, 놀이와 직접적인 감정 표현이라는 퇴행적 형식에 기반한 행동 심리치료는 비의료적 과정으로서 분야 전체에 위협이 되기 때문이다. 그런 종류의 비난은 우리에게 낯설지 않다. 플라톤이 드라마를 국가에 잠재적인 위협으로 간주했던 고대로부터, 교회가 연극의 원시적이고 부도덕한 특성을 두려워하여 축출했던 중세를 거쳐, 그 뒤에도 많은 이들이 역할 연기를 전시주의와 매춘의 일종으로 비하해 왔다.

그러나 연극치료 작업은 연극 공연과 마찬가지로 억압된 표현에 관한 것이다. 연극치료를 통해 악마들이 표출되지만, 그것은 놀이 공간이라는 제약 안에 머무른다. 망상이 표현되지만, 어디까지나 그것은 허구 속의 인물일 뿐이다. 불신과 인습적 규칙이 잠시 유보되며, 그 결과 위법과 진보적인 관점이 나타날 수 있다. 연극치료와 심리극은 참여자가 다시 돌아왔을 때 눈에 띌 만한 전환을 성취하도록 일상 현실을 벗어나 충분히 특별한 모험으로 이끄는 것이다. 이 작업이 가장 효율적일 때 모험은 안전한 착륙으로 끝맺음된다.

역할 접근법, 심리극, 발달적 변형의 세 회기를 마무리하면서, 데릭(in Landy 2005)에게 어떤 접근법이 가장 안전하게 느껴졌는지 물었다. 처음에는 "나한테서 거리를 두었기 때문에"라고 말하면서 역할 접근법을 꼽았다. 그는 또한 매우 카타르시스적이긴 했지만 진실했다는 점에서 심리극 역시 안전했다고 답했다. 그는 "안전은 내가 되는 것 그리고 그것을 숨기지 않는 것이죠"라고 말했다. 촬영을 마치고 한 달 뒤에는 심리극, 역할 접근법, 발달적 변형의 순으로 안전감을 평가했다.

하지만 한 해가 지나고 다시 한 번 세 접근법을 비교했을 때는 각 회기를 독립적인 것으로 보기보다 연속적으로 대했음에 주목하면서 전에 했던 말을 번복했다(2006). 그는 또 회기의 순서가 아버지의 학대라는 주제를 다루는 데 도움이 되었다고 말했다. 그의 말을 옮기면 이렇다.

> 역할 접근법은 제가 작업을 시작하도록 준비시킨 훌륭한 출발이었습니다. 역할을 창조함으로써 주제와 거리를 두게 한 것이 좋았지요. 그 덕분에 저는 다른 접근법에서 나타난 역할들을 더 잘 이해하고 분류할 수 있었습니다. 역할 접근법 회기에서 충분히 준비하고 성숙된 덕분에, 심리극 회기에서 마음 깊숙한 데까지 들어갈 수 있었어요. 전 감정적 거리를 없앤 데서 오는 강렬함과 그 방법론의 노골성을 사랑합니다. 강렬한 심리극 회기 다음에 이어진 발달적 변형은 그 유희성과 인지적인 방식으로 언어화하거나 분석하지 않고도 럭셔리한 멋진 착륙을 선사했습니다. 앞선 회기에서 제기되지 않았던 주제들을 가지고 놀면서 흐르도록 준비되었지요. 과정에서 이탈하지 않을까 염려하거나 특정한 목표에 대해 걱정할 필요가 없었습니다.

데릭에게 세 접근법은 매우 상호작용적이고 보완적이었다. 이 사례에서 우리는 일련의 서로 다른 접근법이 어떻게 하나로 수렴하는지를 본다. 각 접근법은 샤머니즘과 연극 예술 그리고 심리치료 과학에서 긴 역사를 갖고 있다. 그 이론과 실제에서의 차이에도 불구하고, 행동 심리치료는 극적 행동을 통한 전인적 치유라는 공통된 모델을 제시한다. 마지막 인터뷰(2006)에서, 데릭은 참여자로서 세 접근법을 겪은 뒤 일 년 만에 그 공통성을 이렇게 잘 말해 주었다.

> 전반적으로 각 접근법은 제 인성과 관계에서의 상처를 치유하는 데 모두 기여

했고, 또 저를 그 다음 회기에 준비시킴으로써 서로 보완적으로 기능했습니다. 이상적인 세계에서, 다른 사람들도 제가 그랬던 것처럼 다양한 접근법을 경험할 수 있겠지요. 접근법은 저마다 독특하고 고유한 소리를 내는 악기지만, 함께 연주할 때는 잘 협응된 오케스트라처럼 훨씬 복합적이고 아름다운 음악을 만들어 내더군요.

행동 심리치료의 실제

극적 행동은 왜 살아남는가

이 책의 핵심 가정은 행동 접근법이 전통적인 치유 활동 속에서 수천 년 동안 유지되어 왔고, 19세기 말 과학에 기반한 치료적 개입이 출현함에 따라 극적 행동이 번성하게 되었다는 것이다. 샤머니즘과 정신분석 양자에서 비롯된 행동 접근법은 심층 심리치료와 인지 행동치료, 단기 심리치료, 결혼과 가족 치료, 집단 심리치료를 포함한 다양한 임상적 개입에 적용되었다.

샤머니즘이 서구 임상가들에게 거부당한 이유는 분명하다. 그런데 극적 행동이 여전히 지속되고 있는 이유는 상대적으로 뚜렷하지 않다. 한 가지 원인은 점점 더 많은 의사, 심리치료사, 정신과 의사가 최선의 결과를 얻어내기 위해 참여자의 마음과 몸에 대한 적극적 개입을 요하는 전인적 치유 개념을 포용하고 있기 때문이다. 또한 대체 의학의 일부 형태는 기도, 무술, 자연 약품의 치유력을 입증하면서 영적 연관을 언급하기도 한다(Barnes et al. 2004 참고).

신경학자 디마지오(1994)는 17세기 철학자 데카르트가 인간 존재를 마음과 몸, 인지와 정서의 분열이라는 측면에서 바라보는 실수를 저질렀다고 말한다. 디마지오에게 데카르트의 실수는 '나는 생각한다, 고로 나는 존재한다'는 말로 집약되며, 그것은 근대 의학의 실천에 심대한 영향을 끼쳤다. 그에 비해 전인적인 접근법은 몸에 병이 난 환자를 생물학적이면서 동시에 인지적인 존재로 간주하며, 정신 장애가 있는 환자는 마음뿐만 아니라 몸과 감정을 통한 치료를 요하는 사람으로 바라본다.

극적 형태의 치유를 실행한 초기의 샤먼과 심리치료사들은 그것의 전인적인 이점을 확실히 직관했다. 그러나 요즘에는 인지적, 정서적, 신체적 신호를 통합하는 능력 면에서 뇌의 전인적 특성을 증명하는 신경과학의 연구 결과가 축적되고 있다. 그것은 뇌가 생리적이거나 심리적인 요인으로 손상될 때, 인지 기능뿐만 아니라 정서적이고 신체적인 기능에 호소하는 치료가 요구된다고 주장한 디마지오(1994)에 의해 잘 나타난다. 디마지오(1994)는 이렇게 말한다.

> 인간의 이성은 신경세포 조직의 여러 차원이 협력하여 작동하는 몇 가지 뇌 체계에 의존한다. … 이성의 신경 조직 체계에서 낮은 차원은 유기체의 생존에 필수적인 신체 기능과 함께 정서와 감정의 처리과정을 통제하는 것과 동일하다… 그러므로 추론과 의사 결정, 나아가 사회적 행동과 창조성의 최고 범주를 생산하는 작동의 연쇄 내에 신체가 엄연히 자리 잡고 있는 것이다. 감정과 정서와 생물학적 통제가 모두 인간의 이성에서 제 몫의 역할을 한다(xiii).

디마지오(1994)는 마음을 정서와 몸뿐만 아니라 창조적이고 영적인 과정에 연결하면서 전인적 사고를 더욱 밀고 나간다. 그는 이렇게 말한다.

> 사랑과 미움과 고통, 친절함과 잔혹함의 특성, 과학적 문제를 추론으로써 해결하거나 새로운 인공물을 창조하는 것은 모두 뇌 안에서 일어나는 신경계의 사건에 바탕을 둔다. 단 그때 뇌는 전에도 그리고 지금 이 순간에도 몸과 상호

작용하고 있다. 영혼은 몸을 통해 호흡하고, 고통은 그것이 피부에서 시작하건 정신적 이미지에서 비롯되건 육체 속에서 발생한다(xvii).

아원자 수준에서 물리적 우주를 연구하면서 그 기저에 깔린 영성을 발견한 아인슈타인처럼, 디마지오는 샤먼의 지혜, 곧 영혼이 몸을 통해 호흡함을 아는 데 근거한 치유적 접촉의 지혜를 거듭 말한다. 이제 현대 신경과학의 발견으로 인해 더욱 비옥해진 행동 심리치료의 활용에 대해 살펴보자.

신경과학과 정서적 외상

신경과학은 정서적 외상을 개념화함에 있어 행동 치료에 최상의 정보를 제공한다. 정서적 외상을 입었을 때, 어떤 사람들은 최초의 외상적 자극이 없는 상황에서도 증상이 사라지지 않고 반복되는 외상후스트레스증후군(PTSD)을 나타낸다. 거기에는 회상과 외상 기억의 회피, 과도 각성과 충동 조절 장애, 신체상의 왜곡, 주의력과 집중력 결핍, 성적 행동의 혼란, 먹기, 잠자기 등의 증상이 포함되며, 그것은 최초의 외상과 관련된 감각적 경험에 노출될 때 촉발된다.

생물학적 관점에서, 정서적 외상을 입으면 뇌의 자연적인 항상성이 깨진다. 우뇌의 원시적인 피질하부 영역과 좌뇌의 좀 더 발달한 피질 구조 사이의 정상적인 균형이 와해되는 것이다. 로치(1996)는 뇌의 양전자 방사 단층 촬영을 통해, 과거의 외상을 재경험하면 감정을 말로 표현하는 능력을 담당하는 좌뇌의 브로카 구역이 둔화되고, 위험을 해독하고 생존을 책임지는 우뇌의 대뇌 번연계가 과도하게 활성화되어 비합리적인 행동이 나타남을 발견했다. 이런 생물학적 현실 때문에 PTSD를 앓는 사람들은 감정을 말로 표현하지 못하고, 겉보기에 중립적인 자극에도 극단적인 과잉 반응을 나타내곤 한다. 스트레스 상황에서는 정상적으로 활동하던 호르몬 생산 능력 역시 손상되어, 스트레스에 적절하게 대처하지 못하게 된다.

또한 양육자에게 학대를 받아 생긴 정서적 외상은 적어도 오른손잡이에게는 감정, 감각, 지각을 조정하는 능력을 통제하는 우뇌 영역의 건강한 발달을 저해한다는 연구 결과(Shore 2004 참고)가 있다. 그 결과, 정서적 외상은 양육 관계를 맺는 능력을 손상시킨다. 페리와 폴라드(1998)는 정서적 외상의 경험이 반복되면 사회적 관계뿐만 아니라 생각과 감정을 처리하고 표현하는 능력 면에서도 아동의 건강한 성장이 심각하게 방해받을 수 있다고 말한다.

정서적 외상을 개념화하고 치료하는 데 전문가인 반 데르 콜크(2002b)는 심리치료라는 과학적 접근이 나타나기 훨씬 전부터 많은 문화권에서 제의와 연극을 통해 집단적 트라우마를 다루어 왔다는 데 주목한다. 그는 살인, 전쟁, 근친상간을 다루는 고대 그리스 비극을 언급한다. 좀 더 현대적인 텍스트로, 반 데르 콜크는 베트남전의 외상을 다룬 영화와 연극을 인용한다. 전쟁 외상은 제2차 세계대전 이후에야 심리적 문제로 인식되기 시작했지만, 베트남전 이후에는 정신 장애의 하나로 충분히 인식되었으며, 『정신장애의 증상과 통계 매뉴얼』(APA 1980 참고) 3판에 처음으로 PTSD라는 용어가 등장했다.

반 데르 콜크(2002b)는 정신과 의사임에도 불구하고 몸과 행동을 통한 치료적 개입을 옹호하는 데 앞장섰다. 그는(1994) 정서적 외상의 경험이 몸에 저장되어 있음을 잘 알고 있었고, 그래서 외상을 입은 아동과의 작업에 연극의 집단적 치유력에 대한 생각을 적용했다. 반 데르 콜크(2002b)는 이렇게 말한다.

> 극적 상연은 개인적 경험을 공유하고 최초의 외상적 사건이 가져온 불가피한

결과에 대한 대안적 해법을 행동 지향적인 방식으로 찾아내도록 함으로써, 그들[외상을 입은 도시 아이들]이 외상의 경험을 다루고 이야기하고 변형할 수 있게 해준다. 이 작업은 외상의 경험을 극복하기 위해서는 외상과 연관된 패배주의와 무력감에 반하는 신체적 경험이 필요하다는 생각에 기초한다(387).

반 데르 콜크는 주로 말에 의존해 온 전통적인 심리치료의 비효율성에 주목하고, 디마지오에 동의하면서, 학대당한 개인을 이해하고 치료함에 있어 전인적인 방식을 요구한다. 전인적이면서 창조적인 개입을 지지하기 위해, 그는 디마지오를 인용한다(1999).

의식은 자동적인 통제의 세계와 상상의 세계 — 다양한 양상(사고, 감정, 감각)의 이미지가 조합되어 여태껏 없었던 새로운 상황의 이미지를 산출할 수 있는 세계 — 사이에 연계를 형성한다(258).

반 데르 콜크는 정서적 외상을 다룸에 있어 전통적이지 않은 여러 가지 접근법을 끌어안았다. 한 가지는 월피Wolpe의 작업과 관련하여 앞서 언급한 바 있는(2장 참고) 안구 운동 민감 소실 및 재처리(EMDR)이다. 그것은 내담자에게 수평으로 움직이는 치료사의 손을 쳐다보게 한 다음, 외상적 사건과 관련된 감각을 회상시키는 것이다. 안구의 움직임은 뇌에 좌우 동형의 자극을 유발함으로써 최초의 외상의 기억과 관련된 강렬한 정서적 반응을 완화한다(van der Kolk 2002C 참고).

정서적 외상에 대한 행동 접근법

우리의 관점에서 볼 때, 가장 행동 지향적인 반 데르 콜크의 작업은 연극과 관련된다. 그는 PTSD의 증상을 완화하고 폭력 발생률을 낮출 목적으로 실행된 두 개의 학교 프로그램에 대해 설명한다. 첫 번째인 '도시 즉흥' 은 보스턴 도심에 사는 4학년 학생을 위한 폭력 예방 프로그램으로, 참여자 대다수가 가족과 이웃 내에서 반복되는 정서적 외상을 직접 경험했다. 활동 내용은 행동 연습과 보알의 토론 연극을 혼합했다. 훈련된 배우-교사 팀이 4학년의 생활과 관련된 장면을 극화하여 보여 주는데, 갈등이 고조된 지점에서 연출자가 진행을 멈춘 다음, 학생들에게 장면으로 들어와 폭력적이지 않은 대안을 제시함으로써 극의 결말을 변형해 보도록 초대했다. 그 다음에는 여러 모둠으로 나누어 같은 문제를 어떻게 다룰 것인지를 장면으로 만들게 했고, 다시 전체 집단이 모여 그 선택의 의미를 토론하는 것으로 마무리했다.

140명의 학생을 대상으로 한 도시 즉흥 프로젝트의 결과를 평가한 유사 실험 연구(Kisiel et al. 2006 참고)는 연극에 바탕한 작업이 실험 집단에서 친사회적인 행동을 증가시키고, 새로운 공격의 발생을 방지했으며, 과잉 행동과 내면화된 증상을 감소시켰음을 보여 주었다.

반 데르 콜크의 작업에 근거한 두 번째 프로그램 '정서적 외상 드라마'는 십대 후반 청소년의 폭력을 예방하고자 기획되었다. 연출자들은 이 집단이 전반적으로 오랜 시간 동안 외상 경험에 노출되어 왔음에 주목하여, 치료적 개입에 임상적인 전략을 더 많이 포함시켰다. 도시 즉흥 모델을 바탕으로 하되, 스트레스 관리와 협동적 놀이의 목표를 행동 지향적인 치료 기법을 통해 이루고자 했다. 그 밖에도 질병관리센터를 포함한 몇몇 단체에서 지원금을 받는 치료 작업과 연구 조사 사업이 있으며, 한 파일럿 프로젝트는 중증 정서 장애와 행동 장애 청소년을 위한 특수학교에서 실행되었는데, 그 결과는 아직 정리되지 않았다.

스트릭-피셔와 함께, 반 데르 콜크(Streeck-Fischer and van der Kolk 2000)는 외상 치료의 여섯 가지 목표를 구체화했다.

1. 안전
2. 자기와 다른 사람에 대한 충동적 공격성을 안정시키기
3. 감정 조절
4. 숙달 경험 촉진하기
5. 특정한 발달적 결함을 보상하기
6. 외상의 기억과 외상과 관련된 기대를 신중하게 프로세싱하기

외상을 다룬 창조적 예술 치료에 대한 논문에서, 크렌쇼(2006)는 좀 더 많은 목표를 이야기한다. 다음 두 가지는 외상을 입은 아동을 대상으로 한 반 데르 콜크의 작업(2002a)에 근거한 것이다.

1. 자기 자신과 정서적 외상에 대한 자각을 촉진하기
2. 지금 일어나고 있는 것을 관찰하는 법 배우기 그리고 과거의 외상 경험을 행동적, 감정적, 생물학적으로 재연하는 대신 지금 필요한 것에 신체적으로 반응하는 법을 익히기

크렌쇼(2006)는 여기에 두 가지 목표를 덧붙인다.

1. 과도하게 각성된 생리학적 체계에 대처할 수 있도록 자기를 진정시키는 법을 가르치기
2. 의미를 찾고 통찰력을 계발하고 미래에 대해 긍정적인 태도를 갖기

정서적 외상 치료에서의 역할 접근법

이제 연극치료사들이 이 목표에 어떻게 접근했는지를 살펴보자.
데릭의 사례에서 우리는 폭력적인 아버지 밑에서 힘든 어린 시절을 견

더낸 젊은이를 본다. 역할 접근법에서, 랜디는 안전에 대한 욕구에 반응하는 것으로 작업을 시작했다. 영화 촬영이라는 현실은 데릭을 대학원생과 장차 완성된 영화를 보게 될 미지의 전문가 관객에게 노출시켰다. 그 상황에서는 안전감을 조성하는 것이 매우 중요했고, 랜디는 카메라를 투사 대상으로 사용하여, 데릭이 카메라 역할을 맡아 자기 모습이 흉하게 비쳐질까 봐 두려운 마음을 안전하게 표현할 수 있게 했다.

이는 데릭이 자신을 비하하고 싶어 하는 충동을 안정시키는 부차적인 효과를 가져왔다. 작업을 시작하는 대목에서, 데릭은 검은 피부가 부각될 거라며 카메라가 신경 쓰인다고 했고, 카메라가 되어서는 자신의 일을 "데릭을 찍는shoot" 것이라고 말했다. 그러나 나중에는 허구적 역할의 안전한 경계 안에 머무름으로써, 공격적인 충동을 교정할 수 있었다. "긴장 풀어요"라는 충고는 치료사나 데릭 자신이 아니라 카메라가 준 것이다. 그렇게 자기를 위한 충고를 수용하면서, 데릭은 안정을 되찾고 치료적 탐험으로 더 깊이 들어갈 준비를 갖추었다.

주의 깊은 안내자 인물인 랜디는 데릭이 관계의 안전함 내에서 더 큰 감정적 위험을 무릅쓰도록 부드럽게 도전하게 할 때에도 그의 행동을 긍정하면서, 회복시키는 아버지로서 연기했다. 그는 데릭이 이야기와 그 상연의 안팎으로 넘나들게 하면서 용서를 구하는 편지를 쓰고 극화하게 했다. 물리적으로도 데릭과 가까이에 머물렀고, 딱 한 번 거리를 두었지만 데릭의 부탁으로 다시 돌아갔다. 랜디의 결정적인 치료적 개입은 아버지 역할을 맡아 데릭에게 편지를 읽어 준 것이다. 그렇게 하면서, 데릭이 아버지에 의해 좌지우지되는 대신 아버지를 용서할 수 있는 어른 아들로서 긍정적인 미래를 향해 나아가도록 격려했다.

역할 접근법은 잠재적으로 압도적인 감정에 거리를 둠으로써 정서를 통제한다. 결정적인 순간에 데릭은 아버지에게 사과를 받고 싶은 소망을 표현했다. 그에 랜디는 정서적 외상의 감정적 무게를 고려하여, 편지와 노래와 역할 연기를 통해 그 마음을 표현하도록 이끌었다. 그리고 감정에서 지나치게 멀어졌음에 주목하여, 데릭이 아버지 역할을 맡아 좀 더 감정을 고조시키면서 아들에게 사과 편지를 읽어 주도록 격려했다. 마지막에는 더 깊은 정서적 노출을 목표로, 데릭에게 처음에 저항했던 아들 역할을 입게 한 다음, 아버지로서 편지를 읽어 주었다. 그때 감정이 울컥 올라오는 것을 알아차린 데릭은 한 걸음 물러서서 말했다. "여기서 울지 않을 거예요." 감정을 탐험하는 데 넉넉한 자유가 허락되었기 때문에 자신의 표현을 조절하고 통제할 수 있었던 것이다.

아버지와 아들과 고통의 이야기를 만들고 극화하면서, 데릭은 아버지의 학대로 고통 받은 작은 소년을 알아차릴 수 있었다. 그는 또한 이야기 안에서 난방기 옆에 앉아 그 공기 빠지는 소리를 들으면서 자신을 진정시키는 방식을 찾아냈다. 외상적 과거의 두려움에 충분히 숙달하지는 못했지만, 그것을 이야기로 담아낼 수 있었고, 고통의 유산으로부터 자유로워지기 위해 가파른 산을 오르는 성인 남자라는 새로운 시각을 얻게 된 것이다. 투사적인 연기는 데릭이 몸과 감정을 통해 고통을 표현하고 슬픔과 혐오감부터 후회와 자기긍정까지 다양한 감정을 언어화하면서 전인적으로 작업할 수 있도록 해주었다.

역할 접근법의 투사적 정향성은 최초의 외상에서 거리를 두게 하고, 역할과 이야기의 허구를 통해 감정을 통제하게 하며, 양자 사이에 인지적 다리를 세움으로써 드라마와 현실을 연결한다는 점에서 외상을 입은 사람들에게 가장 적합하다. PTSD의 반복되는 증상을 경험하는 사람들에게, 역할 접근법은 우선 치료사로 대표되는 안내자 인물에 집중한 다음, 이야기에서 허구적 인물을 창조하고, 그것이 내면의 인물로 화한다는 점에서 특히 유용하다. 안내자는 위험한 여정에 오른 영웅을 미지의 목적지까지 이끄는 사람으로서, 정서적 외상에서 회복에 이르는 험난한 여정을 위한 적절한 은유로 기능한다. 더구나 증인으로서 안내자의 기능을 수행할 때, 치료사는 무조건적인 인정을 필요로 하는 참여자에게 더욱 넉넉한 안정감을 제공한다.

반 데르 콜크와 그의 동료들처럼, 랜디는 연극 공연을 통해 잠재적인 정서적 외상을 다루기도 했다. 그는 9/11 사건 이후에 교실 창문으로 세계무역센터 건물이 무너지는 장면을 목격한 4학년 아이들 집단을 대상으로 연극에 바탕한 프로그램을 개발했다. 랜디는 연극치료를 전공하는 대학원생 크리스타 커비와 뉴욕의 시티 라이트 유스 시어터City Light Youth Theater 배우 교사 다마리스 웹과 함께, 아이들이 위기에 처한 도시에 관한 허구적인 이야기와 인물을 창조함으로써 안전하게 자신의 경험에 숙달하도록 도왔다. 아이들이 선택한 원형적인 인물에는 영웅, 악당, 피해자가 있었다. 그는 아이들이 테러리스트에 대한 분노, 상실에 대한 슬픔, 생명을 구하고 도시를 재건하는 데 힘쓰는 영웅들의 노력에 대한 자긍심을 극화하도록 격려했다. 예를 들어, 한 소녀는 세계무역센터의 위용을 질투했던 엠파이어스테이트 빌딩이 사고 후에 죄책감과 상실로 인한 깊은 슬픔을 말하는 이야기를 만들었다.

아이들은 역할 유형을 재미나고도 사려 깊게 만들었고, 거기 내포된 인간성을 점검했다. 이를테면 오사마 빈 라덴의 어머니가 뱃속의 아기에게 소망을 말하는 장면이 그런 예다. 그 장면을 만들면서 아이들은 악당 역시 한 인간이자 피해자이며, 영웅이 어머니처럼 평범할 수 있음을 발견했다. 드라마를 통한 탐험 과정이 끝나갈 무렵, 랜디는 아이들이 만든 역할과 이야기로 희곡을 썼다. 그리고 아이들은 그것을 친구, 교사, 부모, 또래가 모인 관객 앞에서 공연했다. 공연이 끝난 뒤에는 배우와 관객이 대화를 나누었는데, 어떤 어른들은 그 자리에서 처음으로 9/11 사태를 겪으면서 느낀 것을 표현하기도 했다.

'높이 서 있기Standing Tall' 라고 불린 이 프로젝트는 여러 가지를 목표로 했다.

1. 난해하고 외상적인 경험을 이해하기 위해 이야기를 하고자 하는 인간의 욕구를 이해한다.

2. 역할 연기, 스토리텔링, 이야기 극화의 치료적 가치를 이해한다.
3. 정서적 외상을 안전한 상연의 형식으로 변형하는 데 있어 미적 거리의 개념을 이해한다.
4. 아동과 성인을 위해 2001년 9월 11일에 일어난 사건에 의미를 부여한다.

이 중 일부는 반 데르 콜크와 크렌쇼가 설정한 목표와 꼭 들어맞는다. 특히 의미를 찾는다는 마지막 목표가 그렇다. 이 작업의 효과에 대한 후속 연구는 없었지만, 몇 달 후 부모님들이 질문지에 대한 응답을 보내주었다. 랜디는 공연이 끝나고 여섯 달 뒤에 교사와 아이들을 인터뷰하였고, 페기 스턴(2004)이 학교와 가정에서 교사와 아이들과 함께 지내면서 〈높이 서 있기〉라는 기록 영화를 제작했다. 이 자료들은 그 경험이 아이들뿐만 아니라 교사들에게도 정서를 조절하고, 외상에 대한 자각을 높이고, 과거와 현재를 분리하며, 미래에 대해 긍정적 태도를 가질 수 있도록 돕는 데 매우 효과적이었음을 보여 주는 일화적 증거를 제공한다. 영화에 더하여, 이 치료적 드라마 모델로 작업하고자 하는 교사와 치료사를 위해 지침서를 만들었다(Landy 2004).

정서적 외상 치료에서의 심리극

심리극은 일반적으로 역할 접근법보다 카타르시스적이다. 그렇기 때문에 증상이 심한 참여자를 대상으로 할 때는 외상의 경험을 직접적으로 재연할 것인지 또 한다면 언제 할 것인지를 결정하는 데 매우 신중을 기해야 한다. 안전과 감정 조절의 목표를 위해 연출자는 감정과 거리, 허구와 현실, 말과 몸, 행동과 성찰의 대극을 주의 깊게 조절할 필요가 있다. 증상이 매우 심한 경우에는, 가령 참여자가 부모에게 지지를 부탁하면 어떻게 될지를 장면으로 만들어 보는 미래 투사 기법을 활용할 수 있을 것이다. 많은 경우에 정서적 외상은 비언어적이고 감각적인 단서에 의해 촉발된다. 그러므로 심리극 연출자는 작업 초기에 말에 의존하는 방식을 선택할 지도 모른다. 치료 과정에서 외상을 거듭 입을 수 있는 가능성을 차단하기 위해 현실 대신 허구를, 그리고 행동 대신 성찰을 선택할 수도 있다. 한편으로, 정서적 외상의 경험은 몸에 저장된다는 사실(van der Kolk 1994; Rothschild 2000 참고)과 언어로는 접근 불가능한 경우가 많음을 기억하는 것 또한 중요하다. 반 데르 콜크와 로스차일드를 비롯한 많은 이들이 외상 환자는 비언어적인 행동 접근법을 통해 더 많은 도움을 받는다고 소리 높여 말한다.

심리극의 힘은 행동 내에서 강력한 감정을 수용하고 표출하며, 연출자가 참여자를 안내할 수 있는 다양한 기법을 제공하는 데 있다. 그 기법에는 참여자의 삶의 긍정적이거나 부정적인 인물을 나타내는 보조자아, 힘든 감정을 표현하거나 억제하도록 돕는 분신, 정서적이거나 언어적인 장벽을 넘어서도록 돕는 역할 바꾸기, 지지적인 공동체를 제공하는 관객의 느낌 나누기가 있다.

일련의 심리극 기법으로 데릭과 작업하면서, 가르시아는 애초에 설정한 몇 가지 목표를 달성했다. 그녀는 데릭과 대화하며 꿈을 자세히 설명하게 함으로써 안전한 분위기를 만들었다. 그리고 필요한 순간에 분신이 되어 그의 곁에 머물 것임을 확신시키고 안심시켰다. 가르시아는 모레노가 분신을 통해 발달 초기의 엄마와 아이의 분화되지 않은 관계에서 아기의 욕구를 만족시켜 주는 엄마를 상상했음을 잘 알고 있었다.

또한 가르시아는 데릭이 드라마에 나오는 역할을 전부 연기하게 함으로써 자신의 딜레마를 숙달할 수 있도록 했다. 그리고 퇴행의 순간에는 역할 바꾸기를 사용하였다. 모레노는 그것이 상호주관적인 관계를 특징으로 하는 높은 발달 단계라고 생각했다.

심리극에서 가장 감동적인 것은 무엇보다도 카타르시스의 순간이었다. 가르시아는 데릭이 외상의 고통을 안전하게 표출하고, 그럼으로써 그 영향력을 자각할 수 있기를 바랐다. 이 과정은 데릭이 엄마 역할을 하면서 기차역에서 남편에게 맞아 쓰러진 이야기를 할 때 시작되었다. 아버지와 역할을 바꾸어보라고 했을 때, 데릭은 학대받은 엄마에 대한 감정이입에서 빠져나오지 못했다. 가르시아가 지금 여기에 있는 데릭으로서 느낌이 어떤지 묻자, 그는 절망스럽다고 대답했다. 그리고는 무력한 엄마의 절망과 폭력적인 아버지의 분노에 그대로 노출된 여덟 살 소년의 무력감을 흐느낌으로 나타냈다.

그동안 가르시아는 몸을 의식하고 숨을 쉬도록 일깨우면서 데릭을 지속적으로 살폈다. 그리고 안전한 경계를 확인하기 위해 자기가 분신이 되어도 좋은지, 안심시키는 방법으로 접촉을 해도 괜찮은지를 물었다. 정서적 외상에 숙달하는 데 필요한 회복의 단계를 밟고 정서를 조절하도록 도움에 있어, 데릭이 흐름을 주도하게 한 것이다.

마지막에, 절망과 분노와 용서를 경험하고 매우 강렬한 감정을 표출하면서, 데릭은 통합의 순간에 다다랐다. 그는 드디어 학대의 드라마에 관련된 인물 — 아버지, 어머니, 학대받은 아이, 학대의 고통스런 꿈에서 벗어나 살기 위해 애쓰는 성인 남자 — 을 모두 담을 수 있었다. 그 통합을 이끌어 내기 위해, 가르시아는 데릭에게 아버지에게 학대당한 어린 소년을 위해 기도할 것을 부탁하면서 모레노의 영적 뿌리로 돌아갔다. 그리고 그 순간에 의미를 찾고 미래에 대해 긍정적인 태도를 가지게 한다는 마지막 목표를 이루었다.

티안 데이튼(2005)은 외상을 입은 참여자를 위한 개입 방식으로서 심리극을 웅변적으로 설명한다. 신경과학의 최근 연구에 반응하여, 그녀는 외상 경험이 대뇌피질에서 의식적 추론에 접근하는 통로를 차단하며, 무의식의 감각 이미지로서 싸움, 도망, 얼음의 생존 반응을 처리하는 피질부하 영역에 저장된다는 사실에 주목한다. 심리극의 다중감각적인 접근법은 참여자가 지지적인 맥락 안에서 몸을 통해 무의식에 접근할 수 있게 해준다.

정서적 외상이 몸에 저장되며 몸에서 촉발된다는 사실을 깨달은 데이튼은 개입에서 몸에 초점을 맞춘다. 참여자가 감정 상태를 설명하지 못할 때, 그녀는 "몸에 어떤 느낌이 있나요? 그 느낌이 어디에서 주로 느껴지지요? 거기에 손을 얹어 보시겠어요? 만약 그 부분이 소리 내어 말을 할 수 있다면 뭐라고 할까요?"(224)와 같은 질문을 한다. 또한 "몸이 무엇을 하고 싶어 하나요?"라고 물음으로써 행동으로 옮겨가게 하는 것이다. 강렬한 감정을 끌어내야 할 때면, 가르시아가 데릭과의 작업에서 보여주었듯이, 참여자가 그 감정을 안전하게 표현하도록 돕는다.

데이튼(2005)에 따르면, 심리극은 외상 환자들에게 여러 가지 혜택을 제공한다.

- 내면에 통제의 중심을 배치한다.
- 몸을 일깨워 주인공이 신체적으로 경험하는 것을 느끼고 생각할 수 있게 한다.
- 몸이 원하는 것, 가령 발을 힘껏 구르거나 사지를 흔드는 것처럼 정서적 외상의 찌꺼기를 표출하는 데 필요한 행동을 할 수 있게 해준다.
- 머리에서 빠져나와 실제 경험과 그에 동반된 분열된 감정에 접촉할 수 있게 함으로써 외상의 경험을 훈습하고, 이해하고, 재통합하도록 돕는다.
- 외상이 뇌와 몸에 저장되는 과정에서 핵심적인 역할을 하는 감각을 치유에 포함시킨다.
- 회복시킨다(223).

데이튼은 정서적 외상을 심리극적으로 다루는 나선 기법을 개발했다. 나선 기법에서 집단은 현재의 갈등을 공유한다. 한 사람이 특정한 갈등을 가지고 작업하기 위해 나선다. 연출자는 장면을 구성하고 갈등을 다루기 시작한다. 주인공이 현재의 장면에 과거의 감정을 전이하는 것이 뚜렷해지면, 연출자는 묻는다. "이런 감정을 전에도 느낀 적이 있었습니까? 그렇다면 누구에게죠?" 과거의 인물이 구체화되면, 연출자는 작업하던 장면을 중단하고, 데이튼이 뿌리 장면 — 모레노의 용어로 하면, 스타투스 나센디인 — 이라고 말하는 과거로 거슬러 올라간다. 주인공은 집단에서 과거의 인물을 나타내는 보조자아를 선택한다. 그런 다음 과거 장면을 극화하고 주인공이 그 의미를 자각하면 마무리한다. 그리고 현재로 돌아와 첫 번째 장면을 다시 상연하되, 이번에는 뿌리 장면을 연기하면서 발견한 새로운 통찰을 가지고 임한다. 극이 끝나면 전체 집단이 느낌을 나누고 마무리한다.

외상을 다루는 방법론으로서 나선 기법은 참여자가 범람하는 과거의 기억을 과거에 가두고 현재에 온전히 자발적으로 집중할 수 있도록 도와준다.

정서적 외상 치료에서의 발달적 변형

발달적 변형은 수년간 PTSD 치료에 사용되어 왔다. 존슨은 의미를 찾고 미래를 긍정적으로 바라보게 한다는 목표를 가지고 베트남 참전 군인과 그 밖의 외상 환자를 대상으로 광범하게 작업해 왔다. 거기에는 1985년부터 1997년까지 웨스트 헤븐 VA 의료원과 함께 진행한 치료적 연극 프로그램과 그에 대한 연구 프로젝트가 포함되었다(Johnson 1987; James and Johnson 1996,1997; Johnson et al. 1996; Johnson 2000a 참고).

발달적 변형을 통한 치료 작업의 한 사례로 여덟 살 난 소년 자말과의 작업을 들 수 있다(James et al. 2005 참고). 자말은 본래 가족이 사는 집 바로 옆에서 위탁모와 함께 살고 있었다. 그는 자기 집에 살 때 사촌기의 삼촌에게 수차례 성적 학대를 당했다. 관계 당국에서는 학대 사실을 알았음에도 불구하고 삼촌을 기소하거나 자말을 집에서 나오게 하지 않았다. 삼촌의 존재는 여전히 위협적이었고, 고통을 못 견딘 자말은 학교에서 공격적이고 성적인 행동을 했고, 잠자리에서 오줌을 쌌으며, 심한 불면증과 과도 각성, 부인, 불신, 해리를 포함한 PTSD 증상을 나타냈다. 성적으로 학대당했음을 알고 치료사에게 "삼촌이 고추를 내 엉덩이에 집어넣었어요"라고 하면서도, 그에 대해 더 이상 아무것도 말하려들지 않았다.

자말과 2년 동안 작업하면서 치료사는 재체현 그리고 과도한 각성과 해리와 수치심의 감소를 목표로 했다. 작업은 외상에 형식을 부여하고 그것을 담아낼 수 있도록 미술 재료와 인형을 가지고 시작했다. 자말의 외상은 위험한 무기를 갖고 있는 울퉁불퉁한 근육질 남자의 그림들로 상징화되었다. 수용은 자기 방에서는 안전하다고 안심시키는 인형 인물로 상징화되어 나타났다. 자말은 이내 베개 몇 개만 있는 텅 빈 작업실로 옮겨가기를 선택했다. "장난감은 어디 있어요?"라는 자말의 물음에, 치료사는 "내가 장난감이야"라고 대답했다.

작업실에서 수많은 게임을 하는 동안, 자말은 치료사를 모욕하고 제압하면서 학대당하는 게 어떤 느낌인지를 알려주었다. 이 초기 놀이가 진행되는 동안, 치료사는 두 사람이 놀이 공간에 있으며, 치료사에 대한 공격은 현실과 아무런 상관이 없음을 자말에게 자꾸만 일깨워줌으로써 안전함을 제공했다. 그리고 때때로 적절한 공격적 연기를 보여 주면서 치료사를 죽이고 싶어 하는 자말의 반복적인 욕구를 격려했다. 그 시점에서 자말은 공격자와 충분히 동일시했다.

성찰하는 시간이 따로 없었지만, 치료사는 회기 안에서 공격적인 순간을 돌아보도록 도왔다. 가령 자말이 치료사와 가짜 권투 시합을 하면서, 싸울 때마다 이긴 적이 있었다. 그때 치료사는 약간 무력감을 드러내면서 말했다. "네가 왜 친구가 없는지 이제 알겠다. 지금처럼 친구랑 놀 때마다 이렇게 해라 저렇게 해라 간섭하면서 계속 네가 이기기만 하면, 친구들은 너랑 더 놀지 않을 거야"(James et al 2005, 77).

치료사는 안전감을 더욱 강화하기 위해 회기의 시작과 끝을 구분하는 의식을 만들었다. 시작할 때는 보이지 않는 상상의 상자를 내려 작업에 필요한 도구를 꺼냈고, 마지막에는 회기에서 일어난 경험에 이름을 붙이고 포장하여 다시 그 상자에 집어넣었다.

시간이 지나 치료사를 놀이 동료로 받아들이면서, 자말은 보다 체현적으로 되고 각성이 완화되었으며, 전보다 더 관계적이고 공감적으로 변해 갔다. 자말은 술래잡기 놀이를 즐겼다. 치료사가 술래가 되어 눈을 감고 아주 천천히 움직이면서 자기를 잡게 한 것이다. 나중에는 불을 끄고 술래잡기를 했고, 그 놀이를 통해 밤에 삼촌에게 당한 학대를 상징적으로 재창조했다. 또 다른 수준의 자각을 성취하기 위해, 치료사는 상상의 마이크를 들고 아나운서가 되어 게임을 중계했다. 그 장치는 처음에 한층 먼 거리와 안전감을 창조했고, 치료사는 그 덕분에 외상의 경험을 좀 더 직접적으로 명명할 수 있었다. 자말이 게임과 외상 경험의 연관 관계를 알아차린 적절한 순간에, 치료사는 상상의 마이크를 들고 상상의 관객에게 과감하게 말했다. "신사숙녀 여러분, 자말이 여기서 '삼촌이 고추를 자기 엉덩이에 넣은' 모든 아이들을 대표해서 게임을 할 것입니다. 그는 여러분의 챔피언입니다"(80).

이 장난스럽고 무모한 말에 에너지를 받아, 자말은 게임에 더욱 몰입했다. 게임이 끝나갈 무렵, 아나운서는 자말을 인터뷰했다. "객석에 있는 소년 소녀들은 당신이 성적 학대를 어떻게 이겨냈는지 궁금해 합니다"(80). 자말은 이렇게 대답했다. "위탁모와 치료사에게 말하세요. 그리고 학교생활을 잘하세요. 싸우지 말고요. 그냥 그렇게만 하면 됩니다"(80).

2년 동안의 치료 작업이 끝나갈 무렵에는 아버지, 어머니, 삼촌으로부터의 상상의 공격을 물리치는 놀이를 했다. 자말은 상처받았지만 마법사 역할을 한 치료사의 도움을 받아 치유되었다. 자말이 외상 경험을 더욱 잘 알아차리도록 하기 위해, 치료사는 마법사로서 그 이야기를 노래로 불러주었다. 그 노래를 들으면서 자말은 흐느끼기 시작했고, 그렇게 고통을 충분히 느끼면서 엄청난 감정을 쏟아냈다.

작업이 거기까지 진행될 즈음, 자말은 위탁모에게 입양되었다. 치료사는 마무리 의식으로 새 엄마와 몇몇 손님을 초대하여 입양 축하 잔치를 열었다. 거기 참석한 모든 사람이 자말의 새로운 삶을 축복해 주었다. 자말의 증상은 눈에 띄게 좋아졌고, 처음으로 자기 감정을 경험하고 그것을 말로 표현할 수 있었다.

데릭과의 작업에서도, 존슨은 자말의 사례와 비슷한 경로를 따랐다. 차이가 있다면 존슨은 데릭의 과거 외상 경험을 잘 몰랐다는 점과 한 회기만 만났다는 점이다. 작업은 상당량의 신체 접촉을 요했다. 펄스의 상전과 하인을 연상시키는 주인과 개, 금지된 말인 "깜둥이"를 이용한 말장난 같은 일련의 과정을 통해 공격성이 표현되었다. 존슨은 말과 몸짓을 통해 강렬한 표현을 촉진하고 본을 보여줌으로써, 데릭이 폭력적인 아버지와 대면하기를 두려워하는 마음을 다스릴 수 있도록 도왔다.

놀이의 틀 안에서, 존슨은 데릭이 자말처럼 침대를 적신 상처 입은 어린아이의 과거와 온전한 어른인 현재를 잘 분별할 수 있도록 도왔다. 데릭이 사랑의 장면을 연기하게 만드는 것은 좀 어려웠다. 그것은 성적인 함의 때문일 수도 있고, 데릭이 남자와의 친밀한 관계에 익숙하지 않아서일 수도 있다. 하지만 존슨은 지금 여기에서 데릭과의 관계의 좀 더 깊은 의미를 탐험하려 애쓰면서 공원에서 산책하기를 고집했다.

여타 심리치료 형식에 대한 극적 치료의 활용

접근법마다 외상 치료에 있어 한계점이 있다. 역할 접근법은 지나치게 간접적이고 말에 의존할 수 있다. 심리극은 과도하게 카타르시스적이고 지시적일 수 있다. 발달적 변형은 너무 자극적이고 도발적일 수 있다. 그러나 민감하고 잘 훈련된 치료사가 이끈다면, 어떤 접근법을 따라도 반데르 콜크와 크렌쇼가 구체화한 목표를 성취할 수 있을 것이다. 각 접근법이 수년에 걸친 훈련과 슈퍼비전을 요한다는 것을 전제로 할 때, 전문적으로 훈련받지 않은 다른 접근법을 활용할 수 있을까? 혹은 굳이 비윤리적이지는 않다 해도, 적절한 훈련과 슈퍼비전 없이 이들 접근법 중 한 가지 이상을 사용하는 것이 현명하지 않은 처사는 아닐까? 또 다른 측면에서 이들 접근법은 치료에 대한 철학뿐만 아니라 임상 심리학자, 심리상담가, 임상 사회복지사들이 배워 쓸 수 있는 몇 가지 불연속적인 기법을 제공한다.

철학적인 관점에서, 극적 치료는 몸과 마음, 감정과 인지, 대인적이고 초개인적인 관계를 포괄한다는 점에서 전인적이다. 그러므로 심리치료의 네 가지 주요 정향 — 심리역동적, 인지행동적, 인본주의적/실존적, 초개인적 — 중 어떤 것과도 융합될 수 있다. 앞서 보았듯이, 페렌치와 에릭슨의 다양한 작업은 첫 번째 정향을 나타내고, 라자루스, 월피, 켈리는 두 번째 정향을, 펄스와 모레노는 세 번째, 융을 비롯한 전통적 치유자는 네 번째 정향을 대표한다. 좌뇌와 우뇌의 대뇌피질과 피질하 구조 사이의 복잡한 상호 연관을 밝혀 주는 신경과학의 연구를 고려할 때, 특히 외상을 치료할 경우에는 전인적 개입이 과학적으로 보다 합리적이고 근거 있는 선택이다.

극적 치료는 단지 전인적일 뿐만 아니라 창조적 표현 형식과 관련된다. 그것은 내담자가 생각뿐만 아니라 극적 행동을 통해 창조적인 문제해결자가 될 수 있음을 심리치료사들이 이해하는 데 도움이 될 것이다. 블래트너(2005)는 좀 더 창조적이고 자발적이며, 상호작용적이고 유희적이며, 통합적이면서 영적인 치료적 개입을 요구한다. 그리고 심리치료는 내담자에게 좀 더 친근한 언어를 사용할 필요가 있으며, 역할이 그 대안이 될 수 있다고 제안한다. "내담자의 경우, 단순히 문제에 대해 말하면 거기서 쉽게 떠나지 못하고 맴돌게 된다. 그때 역할의 언어를 사용하여 추상화의 수준을 높임으로써 내담자가 유형을 파악하도록 도울 수 있다"(9).

블래트너(2000)는 하나의 접근법으로서 심리극은 꾸준한 훈련을 요한다고 서술하고 있다. 하지만 열린 교환을 촉진한다는 취지 아래, 그는 연극치료사가 아니더라도 쉽게 익혀 활용할 수 있는 심리극적 기법을 몇 가지 꼽고 있다. 그 목록의 맨 위에는 우리가 일상생활에서도 다양하게 사용하는 역할 바꾸기가 있다. 일례로 역할 바꾸기는 더 많은 자유를 원하는 십대 딸과 규율을 강조하는 엄마가 서로를 더 잘 이해하고 갈등을 해결하기 위한 가족 치료에서 사용될 수 있다. 역할을 바꿔 상대가 되어 자기를 표현하면서 각자는 상대의 관심과 욕구를 더 잘 이해할 수 있다. 만일 가족치료사가 심리극에 익숙하지 않다면, 엄마와 딸의 카타르시스적인 만남으로 진행하기보다 기존의 접근법을 보완하는 차원에서 역할 바꾸기를 사용할 수 있을 것이다.

중독에 대한 행동 접근법

심리극과 연극치료는 다양한 형태의 중독을 치료하는 데 사용되어 왔다(예를 들어 Dayton 1994; Dokter 1998; Uhler and Parker 2002; Eliyahu 2003 참고). 많은 사람들이 정서적 외상과 중독의 밀접한 관계를 알고 있다. 왜냐하면 외상을 입은 사람들은 흔히 알코올과 약물을 남용하며, 거꾸로 만성적인 물질 남용자는 가정에서 외상적인 환경을 만들어 내기 때문이다(Dayton 1994, 2000, 2005; Najavits, Weiss, and Shaw 1997 참고). 두 집단은 충동 조절력 부족, 해리, 현실 부정, 집중력 부족을 포함한 몇 가지 증상을 공유하기도 한다. 중독자들은 또한 고통스러운 감정을 행위화하거나 스스로 술, 약물, 음식 같은 물질을 약처럼 처방함으로써 회피한다고 알려져 있다.

중독과 심리극

데이튼(2005)은 중독에 특히 초점을 맞추어 심리치료적이고 심리 교육적인 개입에서 유용한 몇 가지 심리극 활동을 제공한다. 한 예로 그는 모레노의 로코그램을 웜업으로 사용하여 참여자들이 회복을 향한 여정에서 자신이 어디쯤 위치하는지를 점검해 볼 수 있게 한다. 로코그램은 질문에 대한 답으로 특정한 공간을 찾아가도록 함으로써 참여자들 사이의 관계를 드러내는 사회극적 방법이다. 예를 들면 이렇다. '회복 과정에서 어떤 느낌이 드시나요?' 라고 물은 뒤에 치료사는 방을 네 군데로 나누어 각 구역마다 답을 지정한다. (1) 회복될 것을 확신한다, (2) 별 느낌이 없다, (3) 불안하다, (4) 기타. 참여자들은 자신의 마음 상태를 가장 잘 나타내는 구역에 가서 선 다음, 왜 그것을 선택했는지를 간단하게 말한다. 만일 감정을 행동으로 옮기고 싶어 하는 사람이 있다면, 그 사람이 심리극의 주인공으로 선택될 수 있다.

두 번째 보기는 데이튼(2005)의 절주 체크리스트/로코그램이다. 이것은 보기가 회복 과정에서 나타나는 긍정적인 선택에 제한된다는 점만 빼고는 앞의 것과 동일하다. (1) 모임에 나간다, (2) 충분한 휴식을 취한다, (3) 건전한 관계를 가진다, (4) 잘 먹는다, (5) 운동을 한다, (6) 기타. 두 기법 모두 극적 행동으로 발전시키지 않는 관습적인 집단 치료 과정의 일부로 활용할 수 있다.

데이튼은 몇 가지 심리극 기법을 가족 체계 모델로 끌어들여 사용하였다. 그(2005)는 중독과 관련된 가족 역할을 이용한 웜업 활동을 제안한다. 그 역할에는 중독자, 부추기는 자, 영웅, 잃어버린 아이, 희생양, 마스코트가 포함된다. 종이에 각 역할을 적어 방 안에 흩어 놓으면 참여자들은 가장 동일시되는 역할을 선택하여 그 옆에 선다. 그리고 각자의 선택에 대해 이야기를 나눈다. 그 다음에는 가장 멀게 느껴지는 역할을 찾아간 다음, 다시 그 선택에 대해 말한다. 심리극 연출자가 진행할 경우에 이 웜업은 곧바로 상연으로 이어질 수 있지만, 가족 치료사가 진행할 때는 역할 선택에서 드러난 정보를 바탕으로 가족 역동에 대해 이야기할 수 있다.

그 밖에도 중독 치료에 활용된 심리극과 연극치료의 사례가 많이 있다. 예를 들어, 울러와 파커(2002)는 오리건 주 포틀랜드의 CODA에서 여성 약물 중독자를 대상으로 한 매우 성공적인 작업을 보고한다. CODA는 기숙 집단 상담과 외래 집단 상담을 모두 제공하며, 상담자들은 여러 형태의 심리치료와 상담 훈련을 받은 절충적인 배경을 갖고 있다. 프로그램의 목표는 긍정적인 여성 정체성, 인생의 목적, 개인적이고 사회적인 책임감, 강점을 찾아 활용할 수 있는 능력을 포함한다.

이 목표를 이루기 위해 심리극과 연극치료에 바탕한 프로그램을 진행한다. 울러와 파커(2002)는 이렇게 말한다.

> 행동 치료에서, 환자들은 역할을 맡고 상황을 연기하거나 자기 문제와 관련된 의식을 수행한다. 환자들은 역할 연기와 역할 바꾸기를 통해 자신의 문제를 표현하고, 새로운 시각으로 세계를 보고 경험하며, 이해와 공감을 얻고, 새로운 반응 유형을 연습할 수 있다(32).

울러와 파커는 약물 중독이 재발하는 장면을 극화함으로써, 참여자들이 수치심을 극복하고 재발을 막을 수 있는 힘을 강화한다는 데 주목한다. CODA에서의 작업은 행동 연습과 유사한 역할 훈련의 요소를 추가한다. 그것은 약물을 거절하고, 약물에 대한 욕구를 통제하며, 위험한 상황에 대처하는 것과 같은 긍정적인 선택을 장려하는 시나리오를 극화하는 방법이다. 울러와 파커는, 물론 이 작업이 엄격한 임상 실험은 아니지만, 설정한 목표를 상당 부분 성취했으며, “행동 치료 기법을 사용한 여성들이 치료에 훨씬 열성적으로 임하고, 오랫동안 참여하며, 작업이 종결될 때까지 떠나지 않고, 작업에 대해 더 많은 만족감을 표현한다”(32)고 보고한다.

거식증과 연극치료

거식증은 먹기를 거부하여 극심한 체중 손실이 오고 신체상의 왜곡이 나타나는 상태이며, 고통스런 감정을 처리하지 못하는 정서 장애의 일종이다. 일부 성인 남녀에게서도 볼 수 있지만, 주로 사춘기 여자들에게 나타나며, 거식증은 음식이나 운동과 관련한 강박적 행동과 함께 물질 남용, 자해, 우울증 등의 합병증을 동반할 수 있고, 치료하지 않고 방치할 경우에는 많은 환자들이 죽음에 이를 수도 있다. 거식증 환자에게, 먹기를 거부하는 것은 자살의 수동적인 형태이며, 카프카(1993)의 단편 소설에 나오는 굶주린 예술가를 연상시킨다. 거식증은 미국 여성의 1퍼센트가 앓고 있는 흔한 질병이다.

심리극과 연극치료는 모두 섭식 장애의 치료에 적용되어 왔다(Young 1986; Hornyak and Baker 1989; Wurr and Pope-Carter 1998 참고). 『예술 치료와 섭식 장애 환자: 망가지기 쉬운 식탁*Arts Therapies and Clients with Eating Disorders: Fragile Board*』에서 편집자 독터(1994)는 거식증과 과식증에 행동 치료와 그 밖의 창조적 예술 치료를 적용한 18가지 사례를 들고 있다.

독터는 그 책에서 기숙 시설에 있는 20~30대 섭식 장애 참여자를 대상으로 여섯 달 동안 진행한 연극치료 작업을 소개한다. 그녀는 기존의 치료가 첫 번째로 건강한 음식 섭취를 위해 생물학적인 요구에 주의를 기울이고, 두 번째로 심리적 측면에 주목하여 자기와 타인에 대한 왜곡된 지각을 교정하는 데 유념한다고 말한다. 그리고 연극치료와 심리역동적 정향성을 조합하되, 지나치게 자기를 노출시키기 때문에 많은 사람들에게 두려움을 주는 체현 대신 자극적이지 않고 덜 위협적인 투사 기법을 주로 활용한다.

실제로 처음에는 참여자들에게 조개껍질이나 돌멩이나 나무로 된 물건이 든 바구니를 주고, 그것들의 관계를 조각상으로 만들게 함으로써 거리를 확보했다. 그 사물들은 참여자의 삶에서 중요한 사람을 나타내므로, 참여자들에게 시간의 차원을 조작하여 과거와 미래의 모습을 상상하게 했다. 그리고 미래 투사에서 사물로 표현된 다른 사람들과의 관계에서 작은 변화를 꿈꿀 수 있는지 물었다.

거식증 환자들은 일반적으로 말하기를 좋아하기 때문에, 독터는 참여자가 만든 투사물을 돌아보는 데 충분한 시간을 할애하면서, 그것들이 음식을 통제해야 한다는 강박 때문에 내면에 가두어 두었던 여러 감정임을 자각하게 하였다. 또한 세상을 선과 악으로 편 가르고 자기와 다른 사람에 대한 부정적인 시각에 고착된 경향을 중화시키기 위해 연속체를 자주 사용했다. 일례로 자기를 손상시키면서까지 다른 사람을 배려하는 반복된 행동 유형에 주목하여 한 주 동안의 중요한 사건을 조각상으로 만들게 했다. 그런 다음 연속체, 곧 한쪽 끝은 다른 사람을 배려하는 것을 나타내고, 맞은편 끝은 자기 자신을 챙기는 것을 나타내는 줄에서 각자 자기에게 해당되는 자리를 찾아가도록 했다. 그리고 또 다른 질문을 던졌다. 어디에 있을 때 가장 편안한가요 혹은 가장 불편한가요? 그런 다음 그 선택과 관련하여 이야기나 시를 쓰게 했다. 그리고 준비가 되면, 다른 사람들과 창조적 작업을 공유하고 스스로 더 잘 돌보기 위해 어떻게 해야 할지 함께 성찰하였다.

역할 접근법을 통한 거식증 치료

거식증을 앓는 샐리(가명)라는 여성과 약 십 년 동안 간헐적으로 작업을 하면서, 랜디는 조각상과 특히 은유적 이야기를 주로 사용했다. 다양한 기분 장애와 인격 장애 환자가 포함된 집단과 함께 연극치료를 시작했을 당시, 샐리는 스물다섯에 딸 하나를 둔 엄마이자 불우한 청소년을 돕는 변호사였다. 키 170cm에 몸무게는 39kg이었고, 섭식 장애는 출산 직후에 시작되었다. 임신 당시에는 체중이 22kg 정도 불었었는데, 딸을 낳고부터 엄마와 아내라는 새로운 역할에 대한 혼란과 무력감으로 이상한 생각을 하기 시작했고, 이내 그것이 삶의 방식이 되었다. "난 먹지 않아도 돼. 왜냐하면 더 이상 음식이 필요하지 않으니까." 음식에 대한 욕구를 제거하는 것이 커다란 기쁨과 힘을 가져다주었던 것이다.

집단 첫 해 동안, 샐리는 섭식 장애 때문에 강제 입원하기도 하고 또 몇 년 동안 외래 환자로 치료받았음에도 불구하고, 그에 대해서는 한마디도 말하지 않았다. 그녀가 꺼낸 문제는 만족스럽지 않은 결혼 생활이었다. 그녀는 성공한 직업인이었고, 집단에 올 때면 흠잡을 데 없이 말끔하게 차려입었으며, 다른 참여자들에게 매우 공감적이고 말수도 많았다. 하지만 움직임 활동이나 감정적으로 부담스러운 행동은 통제를 잃을까 두려워하며 참여하기를 주저했다.

집단이 4년째 지속되면서, 샐리는 새로운 전기를 맞았다. 12년간의 결혼 생활을 접고 고통스런 이혼을 감행했다. 그 과정에서 남편은 딸의 양육권을 얻기 위해 그동안 샐리가 엄마로서 부적절하게 처신한 것을 세세하게 기록했다. 샐리는 그 사실을 다른 참여자들에게 말했고, 한 남자가 흥분하여 기분이 어떠냐고 묻자, 그녀는 "화가 나요"라고 거의 감정 없이 대답했다.

랜디는 샐리에게 분노를 신체화해 보라고 했다. 그녀는 침묵을 지켰다. 랜디는 다시 다른 참여자 중 두 사람을 선택하여 분노의 조각상을 만들어 보라고 했다. 샐리는 "못하겠어요"라고 했다. 랜디는 조각가가 되어 참여자 중 한 사람을 가운데로 불러내 팔로 분노의 몸짓을 하게 했다. 다른 참여자들이 다시 한 번 해보기를 권하자, 샐리는 자리에서 일어나 남자와 여자를 한 명씩 불러냈다. 그리고 전혀 뜻밖에도 한 번에 세 가지 조각상을 만들었다. 첫 번째는 남자가 한 손으로는 여자의 배를 치면서 다른 한 손으로는 목을 조르는 것이었고, 두 번째는 남자가 여자의 배에 총을 쏘는 모습이었다. 세 번째는 남자가 여자 머리 위에 네 개의 선을 얽어 매듭을 지었다. 샐리는 그 선을 '삶의 지지 체계' 라고 불렀다.

랜디는 분노의 조각상에게 말을 해보라고 했다. 샐리는 잠시 주저했지만, 이내 움직이기 시작했다. '삶의 지지 체계' 에 다가갔을 때, 그녀의 눈에는 눈물이 고였다. 냉정을 잃지 않으려 애쓰면서, 그녀는 조각상을 통해 자신이 자신의 삶에서 두 가지 상반된 역할 — 생명을 구하는 사람의 역할과 의존적인 피해자의 역할 — 을 자주 연기한다는 사실을 알아차렸다.

그녀가 감정에 더 접근할 준비가 되었음을 느낀 랜디는 이렇게 말했다. "조각상의 여자는 총과 바늘에 찔리고 목을 졸려 숨이 막힙니다. 그녀는 어떻게 반응할까요?"

샐리가 말했다. "화가 나요."

"어떻게 화를 내는지 보여 주실 수 있을까요?" 랜디가 권했다.

샐리는 삶의 지지 체계를 붙들고 있는 남자에게 가서 엄청난 에너지로 쏟아내듯 말했다. "당신이 죽었으면 좋겠어. 기차에 치어 죽었으면 좋겠어. 죽어버리라고!" 그러고는 내놓고 울면서, 감정을 온전히 경험했다. 그리곤 갑자기 울음을 멈추더니, 자기에게는 단지 바라기만 해도 실제로 죽음과 파괴를 불러내는 마법 같은 힘이 있다면서 좀 전에 한 말을 취소했다. 그리고 드라마와 감정 폭발의 힘을 충분히 감당할 준비가 되지 않았지만, 집단과 함께 극화의 의미를 성찰하였다. 그녀는 자기가 남편과 엄마에게 찰싹 붙어 있다고 할 만큼 지나치게 의존하고 있으며, 거기서 분리되는 것이 죽을 만큼 두렵다고 말했다. 또 다른 측면에서는 다른 사람의 삶을 돌보는 역할을 하면서 너무 많은 책임이 주어져 그에 압도될까 봐 몹시 염려했다. 그에 대해 한 남자가, 샐리가 분노와 두려움을 표현함에 있어서 자발적으로 그 감정을 느끼는 게 전해졌다며, 정말로 "찰싹 붙어 있었다"고 말했다. 샐리는 그가 말한 "찰싹 붙어 있는 것"의 새로운 정의를 충분히 받아들이진 못했지만, 자기 파괴에서 벗어나 독립적이고 싶다는 바람을 말했다. 하지만 죽음에 대한 소망이 분노와 고통으로 가득한 자기 자신을 향한 것인지는 여전히 분명하지 않았다.

죽고 싶은 가장 강렬한 감정을 경험하는 법을 배우는 데는 6년이 더 걸렸다. 랜디는 필요할 때 자유롭게 오고 가는 것을 허용하고, 그가 안전을 지켜줄 것임을 확신시킴으로써, 그녀에게 너무나 귀한 공간을 제공하였다. 여러 역할과 반대역할, 꿈과 이야기 속의 수많은 이미지를 훈습한 뒤에야 샐리는 비로소 치료사를 믿게 되었다. 그리고 어느 날 컴퓨터에 저장해 놓은 파워포인트 슬라이드 쇼와 노래를 가져와도 되느냐고 물었다. 그 노래는 마돈나가 부른 〈What It Feels Like for a Girl〉로, 힘과 고통의 숨겨진 특성들 그리고 성욕과 공격성을 솔직하게 표현할 권리 등 여성성의 여러 이미지에 관한 것이다. 그 노래의 뮤직비디오는 신체 상해와 폭력적인 판타지를 조장하는 섹시한 여성을 묘사했다는 이유로 방송 금지 처분을 받았다.

샐리는 노래와 슬라이드 쇼를 함께 틀었다. 거기에는 성적인 여성, 아내, 엄마, 딸, 아기의 다양한 역할 속의 샐리의 이미지가 있었다. 그녀는 자기 자신을 아버지, 남편, 딸, 개와의 관계 속에서 도발적이고 거식증적인 그리고 아이면서 어른인 모습으로 드러냈다. 랜디는 그녀가 컴퓨터 속에서 개인적인 드라마를 연기하는 동안 옆에 있었다. 음악과 슬라이드 쇼가 끝났을 때, 치료사와 참여자는 그 순간의 무게를 느끼면서 침묵 속에 앉아 있었다. 그리고 샐리는 가슴으로부터 터져 나오는 울음을 울었다.

랜디는 후에 친밀함의 고통을 성찰했다. 무엇을 해야 할지 잘 모르겠는 데서 오는 느낌, 그리고 자기 자신에서 관계로 전환하는 것, 그 속에서 그는 관객이자 목격자가 되어 음악과 노랫말과 이미지에 나타난 모든 역할을 온전히 포용함으로써 샐리의 창조적 행동을 확증할 수 있었다.

얼마 지나지 않아 샐리는 그 회기를 성찰하면서 수년에 걸친 연극치료 작업 전체를 간추린 편지를 써 보냈다.

> 요즘 당신과 함께한 순간을 돌아보기 시작하면서, 육 년 전의 나와 또 나 아닌 것을 애도하고 슬퍼하는 나를 봐요… 당신과 노래를 나누고 싶어 한 게 기대치 않았던 그렇게 많은 주제를 끌어낼지 누가 알았겠어요? 열정이 내 속에서 무슨 일을 일으키는지 당신은 보시나요? 그것은 나를 움직여서 행동하도록 등 떠밀어요… "내"가 있었던 그 음악 어딘가로 말이에요. 난 당신이 그걸 보고 듣고 느끼길 바랐어요. 내가 그 멜로디와 말 속에 살고 있었거든요. 당신과 함께 슬라이드 쇼를 본 그때 그 일은 내 깊숙한 곳에 숨겨져 있던 많은 것을 드러내 주었고, 절대로 끝나지 않을 거예요. 예쁘게 치장한 건 하나도 없어요. 다듬어지지 않은 날것인 채로, 나 자신을 드러냈답니다 — 불완전하게요. 그게 충분히 안전하게 느껴질 때가 언제일까요? 언제쯤이면 그게 될까요? 그건 중요하지 않아요. 창조의 순간은 그냥 그 자체이고 나를 미지의 공간으로 이끌어 줄 거예요. 그리고 그곳은 더 이상 전처럼 위협적이지 않을 거예요. 그 미지의 공간을 다른 말로 하면 "친밀함"과 "열정"이겠지요. 맞아요, 치료사와 작업하는 것은 친밀해요. 앞으로 일어날 일을 안전한 공간에서 살아보고 연습하는 곳이지요. 난 최근에 당신과 기꺼이 나누고 싶어 하는 마음이 진정한 평화로움의 표현이라는 걸 깨달아요. 어떤 결과를 만나든 거짓 없이 가슴을 따르는 것이 내가 앞으로 하고 싶은 일이에요. 난 그 다른 곳을 이미 맛보았답니다. 그건 정말 끝내줘요.

육 년 전에 샐리는 분노와 고통을 상징적으로 죽이려 했다. 그리고 12년 전에는 수동적인 자살의 형태로 음식을 거부했다. 치료가 끝나갈 무렵, 그녀는 랜디와 함께 차를 운전해 가족을 찾아가는 꿈을 꾸었다. 가는 중에 차에 치여 죽은 개를 보았다. 랜디는 그 개가 되어 말해 보라고 했다. 샐리는 이렇게 말했다.

난 샐리가 통제되지 않는 여행자라는 생각을 즐기고 있었다는 걸 알아요. 그리고 내 무모함이 그걸 망쳐놓았다는 것도 알죠. 샐리는 멋진 모험을 사랑하지만, 차에 치인 날 보았을 때, 그 과정을 멈췄어요. 샐리가 로버트를 옆에 태우고 달리던 그날에 소망한 것은 당신 곁을 재빨리 스쳐가는 이미지를 모두 흡수하는 것 그리고 여행의 마지막에는 의자 깊숙이 앉아 그녀가 진정으로 매 순간 현재에 있었음을 아는 것이었어요.

그 독백을 돌아보면서 샐리는 치료 작업을 종합했다.

아마도 그건 내 모든 역할에 목소리를 부여하도록 돕는 것 같아요. 왜냐하면 그것은 살아남는 것 그리고 정면으로 부딪쳐도 살아남아 어느 한 부분도 잃지 않는 것을 뜻하기 때문이죠. 고통을 경험할 수 있다고 생각하지 않았을 때 느낌이 늘 그랬을까요? 정면으로 부딪치거나 누군가의 기대로 인해 천천히 상처입는 게 정말로 죽는 것처럼 느껴졌을까요? 고통과 상처에 목소리를 부여하는 건 대체 무슨 의미일까요? 로버트는 개가 꿈에서 죽었을지도 모르기 때문에 내가 괜찮을 거라고 했지만, 그 개는 여전히 말할 수 있어요. 그 개가 해준 그 이야기는 썩 나쁘지 않았어요. 연약하고, 무모하고, 세상물정 모르는 나 그리고 내 본질이 죽은 듯 느끼게 하는 모든 것들에 대해 나 자신을 용서해야 하지요.

치료를 종결하면서, 샐리는 랜디에게 섭식 장애는 한 사람을 섭식 장애라는 한 가지 역할로 환원시킨다고 말했다. 말로 하는 치료는 섭식 장애에 대한 이해에 지나치게 치중하기 때문에 효과적이지 않다. 샐리에게, 연극치료는 섭식 장애가 아닌 다른 많은 역할을 보게 하고, 그것을 자기 자신의 것으로 받아들이게 했기 때문에 효과가 있었다. 샐리는 정상 체중과 새로운 관계 속에서 매우 생기있게 그 모든 역할과 감정을 더 잘 경험하는 법을 배웠다.

행동 심리치료의 또 다른 활용

제임스 삭스(2005)는 심리극과 연극치료를 인격 장애, 기분 장애, 불안 장애, 중독, 발달 장애, 해리, 부적응을 포함한 매우 광범한 증상의 치료적 개입으로 활용한 데 대하여 5,000건이 넘는 엄청난 저작이 있음을 조사하였다. 행동 심리치료사들은 학대당한 아동과 자폐 성향의 아동과 청소년, 정신 질환이 있는 노숙인, 취약하고 분별력을 잃은 노인까지 생애 전체를 포괄하는 전 연령대의 참여자와 작업해 왔다. 그들은 또한 학교, 병원, 클리닉, 교도소, 요양시설, 운동장, 극장, 사업장, 상담실, 거리, 난민 수용소의 다양한 환경에서 작업해 왔다.

그 전인적이고 창조적인 특성으로 인해, 행동 심리치료는 장애나 질환에 그치지 않고 행복과 긍정 심리학의 분야에서도 굉장한 유용성을 발휘하고 있다.

정신 건강 전문가에게 유용한 극적 치료의 양상 요약

다양한 대상과 치료 환경 내에서 행동 심리치료는 여러 임상가들에게 유용한 진단 도구, 이론, 개념, 기법을 제공하고 있다. 다음은 이 책 전체에서 논의된 내용을 요약한 것이다.

행동 진단

다음 진단 도구는 역할 접근법으로부터 정신 건강 전문가들이 채택할 수 있는 것이다.

이야기를 해주세요(Landy 2001a 참고)

피험자는 즉석에서 이야기를 만든다. 그 다음 각 인물의 특징, 기능, 스타일을 동일시하는 능력과 이야기의 주제 그리고 이야기와 일상 현실의 연관 관계를 구체화할 수 있는 능력을 측정하도록 의도된 몇 가지 질문에 답한다.

역할 프로파일(Landy 2001b 참고)

피험자에게 70개의 역할 유형을 준다. 각 역할은 명함 크기의 카드에 적혀 있다. 피험자는 카드를 네 개의 덩어리로 분류한다. 나는 이것이다, 나는 이것이 아니다, 나는 이것인지 아닌지 잘 모르겠다, 나는 이것이 되고 싶다. 그런 다음 몇 가지 질문으로 역할 선택을 성찰하는 능력을 측정한다.

역할 체크리스트

피험자에게 세로축에는 56개의 역할이 적혀 있고 가로축에는 나는 이것이다, 나는 이것이 되고 싶다, 이것이 나를 가로막는다, 이것이 나를 도울 수 있다의 분류 항목이 있는 종이를 준다. 피험자는 각 역할이 네 항목 중 어디에 속하는지를 판단하여 표시한다.

다음 진단 도구는 심리극으로부터 정신 건강 전문가들이 채택할 수 있는 것이다.

사회적 원자(Moreno 1946/1994 참고)

피험자는 원, 삼각형, 화살표를 사용하여 중요한 사람들과의 관계를 도표화한다.

역할 도표(Moreno 1946/1994 참고)

피험자는 자기가 일상생활에서 연기하는 역할을 그림 형식으로 그린다.

스펙트로그램(Moreno 1946/1994 참고)

피험자 집단은, 진행자가 질문을 하면, 그에 대한 반응으로 방을 가로지르는 상상의 선이 있다고 생각하고 거기 위의 적절한 위치에 가서 선다. 질문은 가령 다음과 같을 수 있다. '당신은 삶의 자세한 내용이 노출되는 것이 얼마나 불편한가요?' 그런 다음 각자의 선택에 대해 다른 사람들과 이야기한다.

로코그램(Moreno 1946/1994 참고)

피험자 집단은 진행자의 질문에 대한 답으로 방의 한 지점에 가서 선다. 질문의 의도는 전체 집단을 작은 단위로 나누는 데 있다. 자리를 잡은 다음에는 그 선택에 대해 다른 사람들과 이야기한다.

자발성 검사(Moreno 1946/1994 참고)

피험자에게 준비된 시나리오를 주고 훈련된 보조자아와 함께 주어진 역할을 즉흥적으로 연기하게 한다.

다음 진단 도구는 발달적 변형으로부터 정신 건강 전문가들이 채택할 수 있는 것이다.

진단적 역할 연기 검사(**진역검**-1) (Johnson 1988 참고)

피험자는 다섯 가지 역할 — 할머니/할아버지, 깡패, 정치가, 교사, 연인 — 을 연기한다. 다양한 소품을 사용할 수 있으며, 장면을 마친 다음에는 역할 선택에 관하여 이야기를 나눈다.

진단적 역할 연기 검사(**진역검**-2) (Johnson 1988 참고)

피험자는 세 장면을 즉흥적으로 연기한다. 각 장면은 세 존재와 관련된다. 연기를 마친 뒤에는 장면에서 일어난 일을 설명한다.

행동 이론

7장과 이 장의 서두에서 말했듯이, 세 가지 행동 접근법이 공유하는 몇 가지 아이디어가 있다. 그것은 부분적으로나 전체적으로 다른 심리치료와 통합될 수 있다. 가장 뚜렷한 것은 행동 심리치료의 전인적이고 극적이며 창조적인 본질이다. 첫째, 외상을 입은 참여자를 치료하는 많은 임상가들이 정서적 외상의 신체적인 영향을 이해하며, 그에 따라 부분적으로 몸을 통해 작업하는 것이 필요함을 인식한다. 또한 참여자가 영적 신념이 지닌 진정시키는 특질에 의존한다면, 치료사도 영적 영역에 대한 이해를 통합할 수 있다.

대다수 임상가들이 드라마를 직접적으로 사용할 만큼 훈련되어 있지는 않지만, 그들은 무대로서의 세상과 배우로서의 인간의 은유를 활용할 수는 있으며, 그로써 참여자들이 자기 삶의 서사 안팎으로 들고 나면서 고통스런 경험을 안전하고 유리한 지점에서 바라보도록 돕는 최적의 거리를 창조할 수 있다.

마지막으로, 심리치료는 창조적 과정에 숙달된 임상가에 의해 고양될 수 있을 것이다. 예술을 꿈꾸건 과학을 꿈꾸건 혹은 그 둘의 조합을 꿈꾸건, 심리치료는 다소간 해석을 요하는 감정 형식과 상상적이고 미적인 형식의 창조와 관련된다. 가령 싸움을 전할 때, 반드시 합리적이고 선형적인 방식으로 이야기를 풀어갈 필요는 없다. 은유로 말하는 사람이 있는가 하면, 어떤 사람은 감정을 흐리게 하려고 말을 사용한다. 또 어떤 사람은 전혀 말을 쓰지 않기도 한다. 이들의 서사를 읽기 위해서는 미학적 기술이 필요하다 — 역할과 이야기에 대한 이해, 뉘앙스와 표현 형식에 조율된 귀와 눈, 운동감각적 표현 방식과 수단에 대한 지식.

행동 개념

여기서 유래한 여러 가지 개념은 다양한 정신 건강 전문가들이 사용하는 틀에 통합될 수 있다.

- 행위 갈망 — 행동을 통해 표현하고자 하는, 생물학적 바탕을 가진 욕구
- 미적 거리 — 사고와 감정의 균형 잡힌 상태
- 보조자아 — 주인공의 삶에서 중요한 타인을 연기하는 참여자
- 카타르시스 — 강렬한 감정을 표출하여 안도감이나 통합의 느낌을 이끌어내는 것
- 반대역할 — 해당 역할의 또 다른 측면이나 양상
- 극적 행동 — 놀이처럼 역할과 이야기를 통해 생각과 감정을 자발적으로 표현하는 것
- 체현 — 몸을 통해 역할이나 감정 혹은 생각을 표현하는 것
- 만남 — 자기와 타자, 참여자와 치료사 사이의 본질적인 관계
- 안내자 — 역할과 반대역할을 통합하는 인물이자 참여자가 치료적 여정을 지속하도록 이끌고 증인이 되어 주는 인물. 수용과 억제의 내적 인물
- 놀이 공간 — 만남의 심리적 공간. 참여자와 치료사 사이에 존재하는 유희성의 상태
- 주인공 — 치료 회기 내에서 가장 중요한 자아 혹은 참여자
- 역할 — 몇몇 관련된 인물 특성을 망라하는 페르소나 혹은 원형적 형식
- 사회측정학 — 집단 내 대인 관계를 이해하는 데 유용한 집단 과정에 대한 연구
- 자발성 — 새로운 상황에 적절하게 반응하거나 친숙한 상황에 새롭

게 반응하는 능력
- 이야기 — 참여자의 인생 경험의 서사
- 잉여 현실 — 극적 행동의 형식을 빌려 일상 현실을 고양시키는 것으로 참여자의 삶의 방향을 바꿀 수 있다

행동 기법

극적 치료에서 비롯된 다음 기법은 다양한 정신 건강 전문가의 작업에 통합될 수 있다.

- 마무리 — 회기의 의미에 대한 감정과 성찰을 공유함으로써 담아내는 것
- 분신 — 주인공의 내면의 삶을 나타내는 또 다른 자아에 목소리를 부여하는 것
- 빈 의자 — 주인공의 미해결 과제의 대상을 나타내는 상상의 인물과 상호작용하는 것
- 극화 — 이야기를 역할 연기, 소리, 움직임, 혹은 그 밖의 표현 과정을 통해 행동으로 옮기는 것
- 미래 투사 — 미래를 상상하여 극화하는 것
- 거울 기법 — 주인공을 위해 특정한 행동을 본보기로 보여 주어 주인공이 자기 자신을 좀 더 정확하게 볼 수 있게 하거나 익숙한 상황을 다르게 수행하는 새로운 방식을 찾아내도록 하는 것
- 놀이 — 상상 속에서 펼치는 자발적이고 즉흥적인 행동
- 역할 훈련 — 특정 역할의 요구를 위해 보조자아를 준비시키는 것
- 역할 연기 — 다른 사람의 특징과 신체성을 취하여 마치 그 사람이 된 듯 행동하는 것. 그때 다른 사람은 허구나 현실, 외부와 내면의

인물 어느 쪽이어도 관계없다

- 역할 바꾸기 — 집단에 있는 다른 사람이나 자기 자신의 일부와 역할을 맞바꾸는 것
- 독백 — 주인공이 행동의 흐름에서 물러나 마음속의 생각과 감정을 말로 표현하는 것
- 스토리텔링 — 실제와 가상, 과거와 미래, 특정 사건과 보편적 주제를 막론하고 서사를 창조하는 것
- 변형 — 놀이자가 그 순간에 자발적으로 역할과 주제를 바꾸는 상호작용적 놀이
- 웜업 — 치료 작업에 참여할 수 있도록 참여자의 몸과 마음을 준비시키는 활동과 경험

행동 접근법의 교육과 훈련

역할과 놀이 공간, 극화와 마주 따라하기 같은 극적 개념과 기법은 현대의 심층 심리치료사를 비롯해 다양한 이론적 정향을 따르는 임상가들에게 잘 알려져 있다. 그러나 극적 심리치료의 렌즈를 통해 이들 접근법을 배우는 길은 여러 가지가 있다. 가장 직접적인 방법은 연극치료를 가르치는 프로그램에서 교육을 받는 것이다. 북미 지역 대학에서 석사 학위를 주는 연극치료 프로그램은 샌프란시스코의 캘리포니아 통합 학문 연구원California Institute for Integral Studies과 캐나다 몬트리올의 콘코디아 대학 그리고 뉴욕시의 뉴욕 대학까지 세 군데다. 뉴욕시의 헌터 칼리지와 뉴 스쿨 그리고 캔자스 주, 맨해튼에 있는 캔자스 주립 대학에도 연극치료 과정이 있지만 학위를 수여하지는 않는다.

또한 특정한 접근법을 익힐 수 있는 다양한 사설 교육 기관이 있다. 발

달적 변형은 데이비드 리드 존슨이 이끄는 뉴욕시의 Institute for the Arts in Psychotherapy(www.artstherapy.net)뿐만 아니라 샌프란시스코, 네덜란드, 이스라엘에서 공부할 수 있다. 역할 접근법은 뉴욕 대학과 연극치료 연구원Institute for Drama Therapy(www.institutefordramatherapy.com)에서 배울 수 있다. 그리고 심리극은 일반적으로 사설 교육기관을 통해 전수되며, 미국 전역뿐만 아니라 전 세계에 널리 퍼져 있다. 뉴욕시의 심리극 훈련 연구원(www.psychodramanyc.com)이 가장 잘 알려진 곳이다. 니나 가르시아와 데일 뷰캐넌은 뉴저지 주, 프린스턴을 필두로 플로리다, 마이애미, 탬파 그리고 웨스트 팜비치에 심리극훈련협회(www.psychodramatraining. com)를 운영하고 있다.

북미에서 활동하는 연극치료사를 대표하는 직업 기구는 전미연극치료협회(www.nadt.org)이다. 영국에서 가장 중요한 조직은 영국연극치료사협회(www.badth.org.uk)이다. 북미에서 심리극을 대표하는 조직은 미국 집단 심리치료 · 심리극 협회(www.asgpp.org)라 불린다. 영국의 그 자매 조직은 영국심리극협회(gparrott.gotadsl.co.uk)이다. 심리극 연출자들은 심리극, 사회측정학, 집단 심리치료 미국 심사국(www.asgpp.org/ABE)에서 자격증을 인증 받는다.

영국에는 더비 대학, 플리머스 대학, 로햄튼 대학, 맨체스터 대학, 스피치와 드라마 중앙학교(세서미)까지 다섯 개의 대학원 훈련 프로그램이 있다. 네덜란드는 학부 과정에서 연극치료를 가르치고 있으며, 이스라엘과 그리스에도 몇몇 자격 과정이 있다. 학제에 바탕을 둔 공식적인 훈련 과정 외에 전문 기구에서 개인이나 집단이 제공하는 다양한 워크숍이 있다.

앞서 언급했듯이, 이들 이론과 방법론을 배우려면 학업과 임상 실습과 슈퍼비전 과정 모두에서 상당한 시간과 에너지가 요구된다. 각 전문 기구는 윤리적이고 교육적인 지침에 대한 명료한 입장을 갖고 있다. 그러나 심리치료 관련 형식에서 완벽한 전문 교육과 슈퍼비전이 전제된다면,

그리고 치료 작업에 행동 접근법을 활용하는 데 전념한다면, 정신 건강 전문가들은 행동 접근법을 이해하고 이행하는 능력을 확장하는 데 필요한 기회를 어렵지 않게 이용할 수 있다.

통합

셰익스피어가 17세기 초두에 창조한 복합적 인물 햄릿은 배우와 연기를 잘 알고 있었다. 숙부가 정말로 아버지를 살해했는지 알아내기 위해, 그는 유랑극단 배우들에게 부탁하여 실제 살인을 상징적으로 축약한 "곤자고의 살인"이라는 작품을 무대에 올린다. 그 공연을 보고 숙부가 동요한다면, 그것은 곧 감춰진 죄의식의 표식이라는 믿음으로 작품의 심리극적 요소에 숙부가 어떻게 반응하는지를 살피려 한다. 그리고 배우의 연기를 지도하면서, 햄릿은 이렇게 애원한다. "행동은 말에, 말은 행동에 맞추시오"(Shakespeare 1600/1963, III, ii, 17–8).

덫을 놓아 잡겠다는 햄릿의 의도는 썩 고상하지 않지만, 그 극적인 방법론은 충분히 타당했다. 햄릿의 예상대로 공연은 숙부의 죄책감을 건드렸고, 급기야 그의 고백을 이끌어냈다. 여기서 우리가 주목해야 할 것은, 햄릿을 통해 그려진 바로 미루어 볼 때, 셰익스피어는 진실을 드러내어 그것을 관객과 소통하기 위해서는 말과 행동이 하나로 만나야 함을 인식했다는 사실이다.

셰익스피어는 대극성에 대해서도 익히 알고 있어서 균형 잡힌 인물, 주제, 생각, 비유를 창조했다. 예를 들어, 『햄릿』의 마지막 부분에서 무대는 시체로 어지럽고 오랜 왕국은 멸망하지만, 막이 내리기 전에 햄릿의 맞수인 포틴브라스가 등장하여 왕국의 멸망을 애도하며 새로운 질서를 공표한다. 빛나는 언어의 작곡가인 셰익스피어는 또한 책으로 읽힐 때뿐만 아니라 무대에서 더욱 생명력을 발휘하는 언어로써 행동의 시나리오를 창조하였다.

셰익스피어의 작품은 파괴를 넘어 재생에 이르는 여정으로 관객을 이끌어가는 힘을 갖고 있다. 마지막이 꼭 행복하지는 않지만, 회복적이다. 낡은 질서는 전복된다. 왕은 죽지만 그와 그의 백성은 그 과정에서 깊은 깨달음을 얻으며, 새로운 질서가 무너진 공동체를 혁신할 것이다. 연극치료사와 정신과 의사는 모두 치료 과정에 셰익스피어의 통찰을 활용해 왔다(예를 들어, Cox 1992; Jennings 1992; Cox and Theilgaard 1994 참고). 셰익스피어와 다른 위대한 연극 예술가들처럼, 행동 심리치료사들은 참여자가 마음의 금지되고 무너진 곳으로 들어갔다 나오도록 안내함으로써 치유적으로 기능한다. 그들은 그 여정의 극적 본질, 곧 영원한 서사의 싸움이라는 내용뿐만 아니라 그 형식마저도 극적임을 분명히 알고 있다. 드라마는 행동과 말, 허구와 현실, 과거와 현재, 생각과 감정, 분리와 밀착의 상태를 통합한다. 극적 세계관은 햄릿의 말처럼 "자연을 비추는 거울" (Shakespeare 1600/1963, III, iii, 16-23)을 목표로 하는 변증법적인 것이다.

드라마는 그 회복적이고 통합적인 특성 때문에 심리적 치유의 역사를 통틀어 은유와 기법으로서 끈질긴 생명력을 입증해 왔다. 우리는 이 책 서두에서 어촌의 희망을 북돋우고자 한 샤머니즘의 치유 의식을 설명하면서 이미 이를 확인하였다. 전통적인 샤먼은 존재의 이중성을 이해했고, 그 극적 지식을 영적 세계로 떠나는 영웅의 여정이라는 고대의 지혜를 개괄하는 데 사용했다.

프로이트와 브로이어는 히스테리 치료에 최면이라는 극적 기법을 사용했다. 프로이트는 이내 최면을 거부했고, 그것은 아마도 최면이 지나치게 연극적이기 때문일 가능성이 높지만, 이후에도 그는 극적 은유를 포기하지 않았고, 과거의 경험이 현재의 환자와 치료사의 만남에 어떻게 옮겨지는지를 전이라는 개념으로 설명했다. 우리는 이 극적 개념이 프로이트의 개인 심리학을 넘어 사람들 사이의 만남에 집중하는 현대 분석가들의 관계적 접근법에서 더욱 발달된 것을 본다. 미첼(1988)은 환자와 정신분석가의 역동을 극적 언어로 표현한다.

> 분석가는 사랑과 증오, 성욕과 살인, 침해와 방임, 가해자와 피해자와 관련한 열정적인 드라마 속에서 함께 연기하는 배우로서의 자기 자신을 발견한다. 어떤 길을 택하든, 분석가는 환자가 예정한 범주들 중 하나로 빠져 들어가 환자에 의해 그렇게 경험한다(295).

몇 년 뒤에 정신분석가 에드거 레빈슨(1991)은 환자와 치료사의 관계를 "중요한 주제를 경험하고 재연하기 위한 놀이터"(208)라고 말했다. 그 표현은 존슨이 말한 놀이 공간과도 울림을 같이한다.

더구나 신경과학이라는 신생 분야의 성장과 더불어, 뇌의 극적 본질에 대한 새로운 증거가 축적되고 있다. 거울 뉴런, 곧 관찰된 행동에도 실제로 취한 행동과 똑같이 반응하는 뇌세포의 발견과 더불어 연구자들은 이제 행하는 것과 보는 것, 자기와 타자에 대한 정서적 경험 사이의 신경학적 연관 관계를 가정하고 있다(Stamenow and Gallese 2002; Rizzolatti and Craighero 2004; Gallese 2005 참고). 거울 뉴런은 주인공의 비극에 동일시하여 눈물을 흘리는 순간, 카타르시스가 한 사람의 감정을 다른 사람의 감정과 어떻게 연결하는지를 설명한다.

드라마가 오랜 세월 동안 심리적 치유의 형식으로 지속되어 온 까닭은 회복적이고 통합적이며 전인적인 특성 덕분이기도 하지만, 그보다는 드라마가 궁극적으로 생존에 관한 것이기 때문이다. 1934년에 『누가 살아남을 것인가?』를 집필할 당시, 모레노는 기존의 역할에 고착되어 새로운 문제에 낡은 해법을 고수하는 개인과 사회는 미래에 살아남기 어려울 것이라고 예언했다. 모레노에 따르면, 창조적이고 자발적인 사람이 생존에 가장 적합하다. 이 용감한 영혼들은 행동을 통해 역설적으로 미래를 재연할 수 있다. 다시 말해, 깊이 새겨진 딜레마를 고치기 위해 과거로 돌아가 그것을 변형한다면 미래에 긍정적인 영향을 미칠 수 있다는 것이다.

아마도 프로이트와 모레노는 그렇게 나쁜 사이는 아닌 듯하다. 프로이트는 세기 전환기에 비엔나의 문화적 관습에 도전할 만큼 용감했던 창조적 생존자였다. 그는 환자가 카우치에 누워 무의식으로 신비로운 여행을 하면서 펼치는 강렬한 드라마에 깊이 빠져들었다. 그와 비슷하게, 모레노는 비엔나의 여배우 바바라 같은 사람들이 무대에서의 역할과 집에서의 역할을 통합한 심리극적 과정의 의미를 이해하도록 돕기 위해 언어를 사용했다.

요한복음은 "태초에 말씀이 있었다"고 하지만, 말이 반드시 영의 첫 번째 화신이라 할 수는 없다. 모레노의 말처럼, 태초에는 행동도 있었을 것이다. 발달적 관점에서도 소리와 움직임 중 어느 쪽이 먼저냐는 질문은 많은 철학자와 창조적 예술 치료사들이 여전히 논쟁을 지속하고 있는 것이다. 우리에게 중요한 것은 드라마를 통해 대극이 통합의 가능성을 취한다는 점이다. 존재하면서 존재하지 않는 것, 경험을 말과 행동을 통해 이해하는 것. 신경학적으로 말한다면, 드라마는 뇌가 거울 뉴런을 통해 배우와 관찰자, 행동과 공감을 통합하는 순간이라 할 수 있다.

이 책 전체를 통해 다양한 대극성이 논의되었다. 샤먼들의 회합은 정신분석가들의 모임과 나란하다. 영적 수단을 통한 치유는 정신분석의 반대편에 있다. 생각과 감정은 감각과 직관에 맞선다. 투사 기법은 심리극 기법과 한 쌍을 이룬다. 언어와 합리적 사고를 담당하는 좌뇌의 피질 구조는 직관과 각성을 담당하는 우뇌의 신피질 구조에 대립된다. 그리고 우리는 지금까지 감정과 거리, 허구와 현실, 말과 몸, 행동과 성찰, 지시적 접근과 비지시적 접근, 전이와 역전이의 치료적 상호작용을 탐험해 왔다. 행동 심리치료가 정신분석에서 자라나와 대극을 넘어서기까지는 보이지 않는 떠남과 돌아옴이 존재한다. 바꿔 말해, 그것은 정신분석이 긴 세월에 걸쳐 샤머니즘의 치유만큼이나 오래된 그 극적 뿌리를 재발견하는 과정이다. 이 순환 과정은 대극의 충돌을 넘어선 공간에서 일어난다. 그 공간은 이 책 전체를 통해 라틴어로는 **일루드 템푸스***illud tempus*와 **스타투스 나센디***status nascendi*, 그리고 영어로는 놀이 공간, 전이적 공간, 미적 거리로 개념화되어 왔다. 그리고 그것은 모두 분열적 존재 상태를 통합하는 능력으로 특징지어진다.

그 공간에서 마음껏 즐기는 순간, 나는 좀 더 지시적인 목소리를 취하는 3인칭의 격식을 잊는다. 몇 년 전 처음으로 정신분석을 받았던 때를 돌이켜본다. 나는 카우치에 누워 있었고, 치료사는 내게 떠오르는 생각과 감정을 전부 말하라고 했다. 머릿속을 떠도는 온갖 소음을 걸러내는 게 어려워 나는 어찌할 바를 몰랐다. 그러다 커다란 유리 화병에 담긴 꽃 장식이 눈에 들어왔다. 나는 꽃들 사이로 어떤 이미지가 나타날 때까지 한동안 꽃병을 바라보았다. 드라마에 들어가서야 나는 이완되었고, 그것과 관련된 감정과 이미지에 이름을 붙이기 시작했다. 치료사는 내가 꽃들 사이에서 본 로르샤흐 잉크 반점 같은 형태를 간직한 채 감정에 머물도록 도왔다. 나는 그렇게 감싸는 느낌을 주는 그녀의 존재가 꽃을 담고 있는 유리 화병 같다고 생각했다.

얼마 전에는 사무실로 오는 길에 정체불명의 건물을 지나면서 "주차 금지 — 결혼식"이라고 적힌 표지판을 보았다. 그 바로 뒤에는 "주차 금지 — 장례식"이라고 적힌 또 다른 표지판이 있었다. 나는 갑자기 이상한 느낌에 사로잡혀 걸음을 멈추었다. 대체 어떤 건물이길래 그렇게 다른 두 종류의 표지판을 내걸었을까 궁금했다. 그래서 건물을 찬찬히 살펴보니, 그곳은 목사가 결혼식과 장례식을 거행하는 교회였다. 나는 누가 혹은 무엇이 삶에서 가장 극적인 순간들 — 새로운 가족의 시작과 옛것의 종말 — 을 담아낼 만큼 힘이 있을까 궁금했다. 만일 그 둘이 영적 대극이라면, 나는 그것이 오직 종교적 신앙이나 인간의 마음이 합하지 못하는 것을 하나로 만들 만큼 힘 있는 영적 존재에 의해서만 가능할 것이라고 생각했다.

이 책은 극적 행동과 미래를 바꾸기 위해 현재에 과거의 사건을 재연하는 것이 가능함에 대한 이해를 다룬다. 또한 그 기능 방식뿐만 아니라 기능을 고양시키는 법을 알고자 무의식의 세계, 다루기 힘들고 탐험되지 않은 집단, 알 수 없는 우주를 과감하게 탐험한 위대한 인물들에 관한 것이기도 하다. 그리고 분열된 자기, 가족, 집단의 통합을 촉진하기 위해 극적 행동에 대한 지식을 이용하는 정신 건강 전문가들을 독려하는 것이기도 하다. 그리고 이 책은 햄릿의 질문, "죽느냐, 사느냐"에 대한 답이기도 하다. 꽃을 담는 꽃병처럼, 치료사는 이미지와 말을 담고, 거울 뉴런은 행동과 공감을 담으며, 영적 신앙은 삶과 죽음의 현실을 담는다. 그것은 미적 거리에 반응한다. 나이면서 동시에 내가 아닐 수 있고, 행동하면서 그에 대해 성찰할 수 있으며, 다른 사람의 역할을 연기함으로써 내가 누구인지를 배울 수 있다.

삶이 늘 극적이지만은 않다는 것 그리고 우리 모두는 반복적이고 파괴적인 행동 유형에 고착되는 경향이 있다는 것은 나쁜 소식이다. 좋은 소식은 만약 우리가 인생이라는 드라마의 배우라면 우리는 낡은 대본을 고쳐 쓸 수 있고, 다 함께 새로운 역할을 맡을 수도 있으며, 그리하여 상상력을 가동시키고 다가오는 표지에 주의를 기울임으로써 우리 자신을 새롭게 창조할 수 있다는 것이다. 앞서 말했듯이, "물론 세상이 전부 무대는 아니다. … 그러나 그렇지 않은 결정적인 방식을 찾아내기도 쉽지 않다"(Goffman 1959, 72).

옮기고 나서

이 책은 프로이트로부터 융, 페렌치, 랑크, 라이히에서 시작해 모레노, 머레이, 펄스를 거쳐 연극치료에 이르는 심리치료의 한 흐름을 말과 행동의 통합이라는 관점에서 정리하고 있습니다. 그리고 그 정점이라 할 극적 행동 심리치료를 대표하는 세 가지 접근법의 개념과 실제를 일목요연하게 비교하여 보여 줍니다. 연극치료를 설명하고 옹호하는 여러 이론서가 있어 왔지만, 심리치료와 그 역사라는 보다 큰 맥락에서 연극치료가 등장하게 된 과정과 그것이 갖는 위상을 집중적으로 조명한다는 점이 이 책을 옮기게 된 동기라 할 수 있습니다. 또한 동일한 참여자를 대상으로 로버트 랜디와 니나 가르시아와 데이비드 리드 존슨 세 사람이 치료작업을 하고, 그 실제를 바탕으로 역할 접근법과 심리극과 발달적 변형의 개념과 원리를 서로에게 비추어 소개하는 대목 역시 저를 끌어당긴 힘입니다.

랜디는 이 책에 "심리치료에서 말과 행동을 통합하기Integrating Words and Action in Psychotherapy"라는 부제를 달았습니다. 이는 심리치료와 연극치료가 치료라는 목표를 공유할 뿐 그 밖에는 서로 판이한 체계라는 일반적인 통념을 상대로 그 둘의 연속성과 통합의 필요성을 강조하는 것이라 할 수 있습니다. 인간은 어느 하나의 차원으로 환원할 수 없는 전체적인

whole 존재이기 때문에, 그 마음과 삶을 다루는 치료 역시 감정과 생각, 허구와 현실, 언어적 표현과 비언어적 표현, 행동과 성찰을 모두 아울러야 한다는 것이지요. 카우치에서 출발한 심리치료는 이상의 대극 가운데 생각과 현실과 언어적 표현과 성찰에 치우쳐 있었으나, 그 왜소함을 반성한 이들이 감정과 허구와 비언어적 표현과 행동을 포괄하고자 하는 노력을 지속해 왔으며, 무대를 치료의 공간으로 삼는 연극치료가 그 통합의 흐름을 완성할 수 있는 대안이라는 주장의 나지막한 표현이라고 생각됩니다.

저는 이 책을 옮기면서 연극치료의 등장이 필연적이라는 믿음에 또 하나의 근거를 얻었습니다. 심리치료란 내담자 혹은 참여자와 치료사의 만남이라 할 수 있을 것입니다. 일상 현실에서 모종의 변화를 원하는 사람이 참여자가 될 것이고, 치료사는 어떤 방식으로든 참여자와 접촉하면서 그 만남 안에서 목표로 하는 변화가 일어날 수 있도록 촉진하며, 그 다음에는 치료 공간에서 나타난 변화가 일상생활로 확장되도록 함께 노력할 것입니다. 이를 더 짧게 말하면 치료 공간에서 특정한 변화를 촉발한 뒤 그것을 일상의 공간으로 이식하는 과정이라 할 수 있습니다. 이것은 일종의 실험일 수 있으며, 그 실험의 성공률을 높이기 위해서는 힘들여 싹 틔운 변화가 잘 뿌리 내릴 수 있도록 치료 공간의 조건을 최대한 일상 공간과 유사하게 만드는 것이 유리할 것입니다. 그리고 일상 공간 곧 삶을 가장 유사한 방식으로 재현하는 것이 바로 연극이지요. 그래서 심리치료는 어떤 식으로든 연극을 향할 수밖에 없다는 것이 제 생각이며, 랜디가 그 구애의 면면을 상세히 보여 주었습니다.

카우치와 무대. 그러나 조금만 더 들여다보면 카우치도 또 하나의 무대입니다.

이 책은 울력에서 일곱 번째로 펴내는 연극치료 총서입니다. 첫 번째 책이 2002년에 나왔으니 햇수로 벌써 11년 동안 지속해 오고 있는 일이

네요. 세간에 떠들썩하게 이름이 나지도, 원하는 것과 넉넉히 바꿀 만큼의 재물이 쌓이지도 않는 일을 십 년 넘게 꾸준히 하기란 누구에게도 쉽지 않을 것입니다. 새삼 이름의 뜻이 궁금해져 검색을 해보니 일반적으로 '울력한다' 하는 것은 전통적인 농촌 마을에서 길흉사로 일손이 모자라거나 과부나 노약자만 있는 집을 돕기 위해 주민들이 힘을 합하여 무보수로 일을 도와주는 협동 방식을 이르는 것이라 하네요. 책과 그 책을 읽는 사람의 힘으로 사회의 빈틈을 채우고자 하는 출판사의 마음이 잘 드러나는 이름입니다. 그리고 그것이 십 년 넘는 지난 시간을 지탱해 온 힘이겠지요. 앞으로도 우리나라 연극치료의 역사와 함께 해 주시길 부탁드리며 지면을 빌어 응원과 감사를 전합니다.

참고 문헌

Alger, H. (1872). *Phil, the fiddler.* Boston: Loring.

American Psychiatric Association (APA). (1980). *Diagnostic and statistical manual of mental disorders,* 3rd ed. Washington, DC: American Psychiatric Association.

Artaud, A. (1958). *The theatre and its double.* New York: Grove Press.

Axline, V. (1947). *Play therapy: The inner dynamics of childhood.* Boston: Houghton Mifflin.

——. (1969). *Play therapy.* New York: Ballantine Books.

Bannister, A. (1997). *The healing drama: Psychodrama and dramatherapy with abused children.* London: Free Association Books.

Barbato, L. (1945). Drama therapy. *Sociometry* 8, 396-98.

Barnes, P., E. Powell-Griner, K. McFann, and R. Nahin (2004). Complementary and alternative medicine use among adults: United States, 2002. *Center for Disease Control Advance Data Report #343.* Washington, DC: National Center for Complementary and Alternative Medicine.

Berne, E. (1961). *Transactional analysis in psychotherapy.* New York: Grove Press.

——. (1964). *Games people play.* New York: Grove Press.

Blatner, A. (1996). *Acting-in: Practical applications of psychodramatic methods,* 3rd ed. New York: Springer.

——. (2000). *Foundations of psychodrama: History, theory and practice,* 4th ed. New

York: Springer.

——. (2001). Psychodrama. In R. Corsini, ed. *Handbook of innovative therapies*, 2nd ed. Hoboken, NJ: John Wiley & Sons, 535-45.

——. (2005). Beyond psychodrama. *New Therapist* 36, 15-21.

Blatner, A., with D. Wiener, eds. (2007). *Interactive and improvisational drama: Varieties of applied theatre and performance.* Lincoln, NE: iUniverse.

Boal, A. (1979). *Theatre of the oppressed.* New York: Urizen Books.

——. (1995). *The rainbow of desire: The Boal method of theatre and therapy.* New York: Routledge.

Bolton, G. (1979). *Towards a theory of drama in education.* London: Longman.

Bonny, H. (1997). The state of the art of music therapy. *The Arts in Psychotherapy* 24, 65-73.

Casey, G. (1973). Behavior rehearsal: Principles and procedures. *Psychotherapy: Theory, Research and Practice* 10, 4, 331-33.

Casson, J. (1997). Dramatherapy history in headlines: Who did what, when, where? *Journal of the British Association for Dramatherapists* 19, 2, 10-13.

——. (2004). *Drama, psychotherapy and psychosis: Dramatherapy and psychodrama with people who hear voices.* New York: Brunner-Routledge.

Cattanach, A. (1993). *Playtherapy with abused children.* London: Jessica Kingsley.

——. (1994). *Playtherapy — Where the sky meets the underworld.* London: Jessica Kingsley.

——. (1997). *Children's stories in playtherapy.* London: Jessica Kingsley

——. (2003). *Introduction to play therapy.* New York: Brunner-Routledge.

Chase, A. (2003). *Harvard and the Unabomber: The education of an American terrorist.* New York: Norton.

Chodorow, J. (1997). *Jung on active imagination.* Princeton, NJ: Princeton University Press.

Chodorow, N. (1991). *Feminism and psychoanalytic theory.* New Haven, CT: Yale University Press.

Condon, L. (2007). Bibliodrama. In A. Blatner with D. Wiener, eds. *Interactive and improvisational drama: Varieties of applied theatre and performance.* Lincoln, NE:

iUniverse.

Cooley, C. (1922). *Human nature and the social order.* New York: Scribner's.

Corey, G. (2001). *Theory and practice of counseling and psychotherapy,* 6th ed. Belmont, CA: Brooks/Cole.

Courtney, R. (1968). *Play, drama and thought.* New York: Drama Book Specialists.

Cox, M., ed. (1992). *Shakespeare comes to Broadmoor.* London: Jessica Kingsley.

Cox, M. and A. Theilgaard. (1994). *Shakespeare as prompter: The amending imagination and the therapeutic process.* London: Jessica Kingsley.

Cozolino, L. (2002). *The neuroscience of psychotherapy: Building and rebuilding the human brain.* New York: W. W. Norton.

Crenshaw, D. (2006). Neuroscience and trauma treatment — Implication for creative arts therapists. In L. Carey, ed., *Expressive and creative arts methods for trauma survivors.* London: Jessica Kingsley.

Csikszentmihalyi, M. (1990). *Flow: The psychology of optimal experience.* New York: Harper & Row.

Dayton, T. (1994). *The drama within: Psychodrama and experiential therapy.* Deerfield Beach, FL: Health Communications.

——. (2000). *Trauma and addiction: Ending the cycle of pain through emotional literacy.* Deerfield Beach, FL: Health Communications.

——. (2005). *The living stage: A step-by-step guide to psychodrama, sociometry and group psychotherapy.* Deerfield Beach, FL: Health Communications.

Demasio, A. (1994). *Descartes' error: Emotion, reason and the human brain.* New York: Putnam.

——. (1999). *The feeling of what happens: Body and emotion in the mailing of consciousness.* New York: Harcourt Brace & Co.

Derek (2006). Personal communication.

Derrida, J. (1978). *Writing and difference.* Chicago: University of Chicago Press.

Diener, G. and J. L. Moreno. (1972). *Goethe and psychodrama.* Psychodrama and Group Psychotherapy Monograph no. 48. Beacon, NY: Beacon House.

Dintino, C. and D. Johnson. (1996). Playing with the perpetrator. Gender dynamics in developmental drama therapy. In S. Jennings, ed. *Drama therapy: Theory and practice.* Vol. 3. London: Routledge.

Dokter, D., ed. (1994). *Arts therapies and clients with eating disorders: Fragile board.* London: Jessica Kingsley.

——. ed. (1998). *Arts therapists, refugees and migrants: Reaching across borders.* London: Jessica Kingsley.

Duckworth, L., T. Steen, and M. Seligman. (2005). Positive psychology in clinical practice. *Annual Review of Clinical Psychology* 1, 629-51.

Dunne, P. (1992). *The narrative therapist and the arts.* Los Angeles: Possibilities Press.

——. (2000). Narradrama: A narrative approach to drama therapy. In P. Lewis and D. Johnson, eds. *Current approaches in drama therapy.* Springfield, IL: Charles C Thomas.

Eigen, M. (1993). *The psychotic core.* Northvale, NJ: Jason Aronson,

Eliade, M. (1961). *The sacred and the profane.* New York: Harper & Row.

——. (1972). *Shamanism: Archaic techniques of ecstasy.* Princeton, NJ: Princeton University Press.

Eliaz, E. (1988). *Transference in drama therapy.* Unpublished Ph.D. dissertation. New York: New York University.

Eliyahu, A. (2003). Cognitive-behavioral approach in psychodrama: Discussion and example from addiction treatment. *The Arts in Psychotherapy* 30, 209-16.

Emunah, R. (1994). *Acting for real — Drama therapy process, technique, and performance.* New York: Brunner-Mazel.

——. (2000). The integrative five-phase model of drama therapy. In P. Lewis and D. Johnson, eds. *Current Approaches in Drama Therapy.* Springfield, IL: Charles C Thomas.

Erikson, E. (1963). *Childhood and society.* New York: Norton.

Evreinoff, N. (1927). *The theatre in life.* New York: Brentano's.

Feldhendler, D. (1994). Augusto Boal and Jacob L. Moreno. In M. Schutzman and J. Cohen-Cruz, eds. *Playing Boal — Theatre, therapy, activism.* New York: Routledge.

Ferenczi, S. (1919). On the technique of psycho-analysis. Repr. in *Further contributions to the theory and technique of psycho-analysis.* New York: Basic Books, 1952.

——. (1920). The further development of an active therapy in psycho-analysis. Repr. in

Further contributions to the theory and technique of psycho-analysis. New York: Basic Books, 1952.

——. (1925). Contra-indications to the "active" psycho-analytical technique. Repr. in *Further contributions to the theory and technique of psycho-analysis.* New York: Basic Books, 1952.

——. (1930). The principal of relaxation and neocatharsis. Repr. in *Final contributions to the problems and methods of psychoanalysis.* New York: Basic Books, 1955.

——. (1931). Child analysis in the analysis of adults. Repr. in *The problems and methods of psychoanalysis.* New York: Basic Books, 1955.

——. (1933). The confusion of tongues between adults and the child. Repr. in *Final contributions to the problems and methods of psychoanalysis.* New York: Basic Books, 1955.

——. (1952). *Further contributions to the theory and technique of psychoanalysis.* New York: Basic Books.

——. (1955). *Final contributions to the problem and methods of psychoanalysis.* New York: Basic Books.

——. (1988). *The clinical diary of Sandor Ferenczi.* Judith Dupont, ed. Cambridge, MA: Harvard University Press.

Ferenczi, S. and O. Rank. (1925/1986). *The development of psycho-analysis.* Madison, CT: International Universities Press.

Field, G. (2006). *Aspects of interaction in the psychoanalytic situation: A focused study on analysts' identification and experiences of enactment.* Unpublished Ph.D. dissertation. New York: New York University.

Fonagy, P. (2001). *Attachment theory and psychoanalysis.* New York: Other Press.

Fox, J., ed. (1987). *The essential Moreno: Writings on psychodrama, group method, and spontaneity.* New York: Springer.

Freud, S. (1911). *The interpretation of dreams.* Translated and edited by J. Strachey. New York: Basic Books.

Freud, S. (1914). Remembering, repeating and working through. In *Standard Edition* 12, 145-56. London: Hogarth.

——. (1930). Civilization and its discontents. In *Standard Edition* 21. London: Hogarth.

——. (1933). New introductory lectures on psycho-analysis. In *Standard Edition* 22, 5-182. London: Hogarth.

Gallese, V. (2005). "Being like me": Self-other identity, mirror neurons and empathy. In S. Hurley and N. Chater, eds. *Perspectives on imitation: From cognitive neuroscience to social science.* Boston: MIL Press.

Galway, K. K. Hurd, and D. Johnson. (2003). Developmental transformations in group therapy with homeless people with mental illness. In D. Weiner and L. Oxford, eds., *Action therapy with families and groups.* Washington, DC: American Psychological Association, 135-62.

Garcia, N. and D. Buchanan. (2000). Psychodrama. In P. Lewis and D. R. Johnson, eds., *Current approaches in drama therapy.* Springfield, IL: Charles C Thomas.

Gay, P. (1988). *Freud: A life for our time.* New York: Norton.

Gendlin, E. (1978). *Focusing.* New York: Bantam Books.

Gershoni, J., ed. (2003). *Psychodrama in the 21st century.* New York: Springer.

Gersie, A. (1991). *Storymaking in bereavement.* London: Jessica Kingsley.

——. (1992). *Earth tales.* London: Green Press.

——. (1997). *Reflections on therapeutic storymaking.* London: Jessica Kingsley.

Gersie, A. and N. King. (1990). *Storymaking in education and therapy.* London: Jessica Kingsley.

Gill, M. (1954). Psychoanalysis and exploratory psychotherapy. *Journal of the American Psychoanalytical Association* 2, 771-97.

Gilligan, C. (1982). *In a different voice: Psychological theory and women's development.* Cambridge, MA: Harvard University Press.

Glaser, B. (2004). Ancient traditions within a new drama therapy method: Shamanism and developmental transformations. *The Arts in Psychotherapy* 31, 77-88.

Goffman, E. (1959). *The presentation of self in everyday life.* Garden City, NY: Doubleday.

Gong Shu. (2003). *Yi shu, the art of living with change: Integrating traditional Chinese medicine, psychodrama and the creative arts.* Taiwan: F. E. Robbins & Sons.

Goulding, R. and M. Goulding. (1978). *The power is in the patient.* San Francisco: TA Press.

Grainger, R. (1990). *Drama and healing: The roots of dramatherapy.* London: Jessica Kingsley.

——. (1995). *The glass of heaven — The faith of the dramatherapist*. London: Jessica Kingsley.

Greenberg, J. (1996). Psychoanalytic word and psychoanalytic acts. *Contemporary Psychoanalysis* 32, 195-213.

Grotowski, J. (1968). *Towards a poor theatre*. New York: Simon & Schuster.

Gurman. A. and S. Messer, eds. (2003). *Essential psychotherapies*. New York: Guilford.

Hare, A. P. and J. Hare (1996). *J.L. Moreno*. Thousand Oaks, CA: Sage.

Harms, E. (1957). Modem psychiatry — 150 years ago. *Journal of Mental Science* 103, 804-9.

Hillman, J. (1983a). *Archetypal psychology*. Dallas, TX: Spring Publications.

——. (1983b). *Healing fiction*. Barrytown, NY: Station Hill Press.

Holmes, P., M. Karp, and M. Watson, eds. (1994). *Psychodrama since Moreno*. New York: Routledge.

Hornyak, L. and E. Baker. (1989). *Experiential therapies for eating disorders*. New York: Guilford Press.

Hoyt, M. (2003). Brief psychotherapies. In A. Gurman and S. Messer, eds., *Essential psychotherapies*. New York: Guilford.

Hudgins, K. (2002). *Experiential treatment for PTSD: The therapeutic spiral model*. New York: Springer.

Hutt, J. and B. Hosking. (2005). Playback theatre: A creative resource for reconciliation. Unpublished paper, Brandeis University. Available online at www.brandeis.edu/ethics/BIF_Papers/Hutt_Hosking.pdf.

Iljine, V. (1910). Patients play theatre: A way of healing body and mind. Originally published in Russian, cited in H. Petzold. (1973). *Gestalttherapie und psychodrama*. Kassel, Germany: Nicol.

Institute for Developmental Transformations (2006). *Developmental transformations: Papers, 1982-2006*. New York: Institute for Developmental Transformations.

Irwin, E. (1985). Puppets in therapy: An assessment procedure. *American Journal of Psychotherapy* 39, 389-400.

——. (2000a). The use of a puppet interview to understand children. In K. Gitlin-Weiner, A. Sandgrund, and C. Schaefer, eds., *Play diagnosis and assessment,* 2nd ed.

Hoboken, NJ: John Wiley & Sons, 682-703.

——. (2000b). Psychoanalytic approach to drama therapy. In P. Lewis and D. Johnson, eds., *Current Approaches in Drama Therapy*. Springfield, IL: Charles C Thomas.

——. (2005). Facilitating play with non-players — A developmental perspective. In A. Weber and C. Haen, eds., *Clinical applications of drama therapy in child and adolescent treatment*. New York: Brunner-Routledge.

Jacobson, E. (1964). *The self and the object world*. New York: International Universities Press.

James, M. and D. Johnson. (1996). Drama therapy for the treatment of affective expression in post-traumatic stress disorder. In D. Nathanson, ed. *Affect theory and treatment*. New York: Norton.

——. (1997). Drama therapy in the treatment of combat-related post-traumatic stress disorder. *The Arts in Psychotherapy* 23, 5, 383-95.

James, M., A. Forrester, and K. Kim. (2005). Developmental transformations in the treatment of sexually abused children. In A. Weber and C. Haen, eds., *Clinical applications of drama therapy in child and adolescent treatment*. New York: Brunner-Routledge.

Janov, A. (1970). *The primal scream: Primal therapy: the cure for neurosis*. New York: Putnam.

Jennings, S. (1973). *Remedial drama*. London: Pitman.

——. ed. (1987). *Dramatherapy: Theory and practice for teachers and clinicians*. Vol. 1. London: Routledge.

——. (1992). Reason in madness: Therapeutic journeys through *King Lear*. In *Dramatherapy: Theory and practice*. Vol. 2. New York: Tavistock/Routledge.

——. (1995a). *Dramatherapy with children and adolescents*. London: Routledge.

——. (1995b). *Theatre, ritual and transformation: The Temiar experience*. London: Routledge.

Johan, M. (1992). Enactments in psychoanalysis. *Journal of the American Psychoanalytic Association* 40, 827-44.

Johnson, D. (1987). The role of the creative arts therapies in the diagnosis and treatment of psychological trauma. *The Arts in Psychotherapy* 14, 7-14.

——. (1988). The diagnostic role-playing test. *The Arts in Psychotherapy* 15, 1, 23-36.

——. (1991). The theory and technique of transformations in drama therapy. *The Arts in Psychotherapy* 18, 285-300.

——. (1992). The dramatherapist in role. In S. Jennings, ed., *Dramatherapy: Theory and practice*. Vol. 2. London: Routledge, 112-36.

——. (2000a). Creative arts therapies. In E. Foa, T. Keane, and M. Friedman, eds., *Effective treatments for posttraumatic stress disorder*. New York: Guilford, 356-58.

——. (2000b). Developmental transformations: Toward the body as presence. In P. Lewis and D. Johnson, eds., *Current approaches in drama therapy*. Springfield, IL: Charles C Thomas.

——. (2006). Personal communication.

Johnson, D. and D. Quinlan. (1993). Can the mental representations of paranoid schizophrenics be differentiated from those of normals? *Journal of Personality Assessment* 60, 588-601.

Johnson, D. and S. Sandel. (1977). Structural analysis of movement sessions: Preliminary research, *Journal of the American Dance Therapy Association* 1, 32-36.

Johnson, D., A. Forrester, C. Dintino, and M. James. (1996). Towards a poor drama therapy. *The Arts in Psychotherapy* 23, 293-306.

Johnson, D., R. Rosenheck, A. Fontana, H. Lubin, S. Southwick, and D. Charney. (1996). Outcome of intensive inpatient treatment of combat-related PTSD. *American Journal of Psychiatry* 153, 771-77.

Johnson, D. A. Smith, and M. James. (2003). Developmental transformations in group therapy with the elderly. In C. Schaefer, ed., *Play therapy with adults*. New York: John Wiley & Sons, 78-106.

Johnson, R. (1986). *Inner work: Using dreams and active imagination for personal growth*. San Francisco: Harper & Row.

Jones, E. (1959). *The life and work of Sigmund Freud*. New York: Basic Books.

Jones, P. (2007). *Drama as therapy: Theory, practice and research*. London: Routledge.

Jung, C. (1916/1958). The transcendent function. In *Collected works*. Vol. 8. Princeton, NJ: Princeton University Press, 1975, "Prefatory Note" and pars. 131-93.

——. (1921). *Psychological types*. Repr. in *Collected works*. Vol. 6. Princeton, NJ: Princeton

University Press, 1971.

——. (1928). The technique of differentiation between the ego and the figures of the unconscious. Repr. in *Collected works*. Vol. 7. Princeton, NJ: Princeton University Press, 1953/1966; third printing, 1975, pars. 341-73.

——. (1928-1930). *Dream analysis—Notes of the seminar*. W. McGuire, ed. Princeton, NJ: Princeton University Press, 1984.

——. (1933/1950). A study in the process of individuation. Repr. in *Collected works*. Vol. 9.1. 2nd ed. Princeton, NJ: Princeton University Press, 1968, pars. 525-626.

——. (1947). On the nature of the psyche. Repr. in *Collected works*. Vol. 8. Princeton, NJ: Princeton University Press, 1975: 159-234.

——. (1950). Concerning mandala symbolism. Repr. in *Collected works*. Vol. 9.1 Princeton, NJ: Princeton University Press, 1959/1969; fourth printing, 1975.

——. (1955). Mysterium coniunctionis. Repr. in *Collected works*. Vol. 14. New York: Putnam, 1974.

——. (1963). *Memories, dreams and reflections*. New York: Vintage Books.

——. (1969). The archetypes and the collective unconscious. 2nd ed. R. F. C. Hull, trans. Bollingen Series XX. Princeton, NJ: Princeton University Press.

Kafka, F. (1993). *The metamorphosis and other stories*. New York: Charles Scribner's Sons.

Kalff, D. (1980). *Sandplay*. Santa Monica, CA: Sigo Press.

Karp, M., P. Holmes, and K. Bradshaw-Tauvon, eds. (1998). *Handbook of psychodrama*. New York: Routledge-Taylor & Francis.

Kellermann, P. (1998). Sociodrama. *Group Analysis* 31, 179-95.

——. (2007). *Sociodrama and collective trauma*. London: Jessica Kingsley.

Kelly, G. A. (1955). *The psychology of personal constructs*. Vols. 1 & 2. New York: Norton.

Kendall, P. C. (1984). Behavioral assessment and methodology. *The American Review of Behavioral Therapy: Theory and Practice* 10, 47-86.

Kipper, D. (1996). The emergence of role-playing as a form of psychotherapy. *Journal of Group Psychotherapy, Psychodrama & Sociodrama* 49, 3, 99-120.

Kisiel, C., M. Blaustein, J. Spinazzola, C. Schmidt, M. Zucker, M. van der Kolk, and B. van der Kolk. (2006). Evaluation of a theater-based youth violence prevention program for elementary school children, *Journal of School Violence* 5, 2, 19-36.

Klein, M. (1975). *Writings of Melanie Klein*. Vols. 1-3. London: Hogarth.

Kris, E. (1982). *Free association: Method and process*. New Haven, CT: Yale University Press.

Krondorfer, B. (1995). *Remembrance and reconciliation: Encounters between young Jews and Germans*. New Haven, CT: Yale University Press.

Kübler-Ross, E. (1969). *On death and dying*. New York: Macmillan.

Lahad, M. (1992). Storymaking: An assessment method of coping with stress. In S. Jennings, ed., *Dramatherapy, theory and practice*. Vol. 2. London: Routledge.

Landreth, G. (1991). *Play therapy: The art of relationship*. Muncie, IN: Accelerated Development.

Landy, R. (1993). *Persona and performance-The meaning of role in drama, therapy and everyday life*. New York: Guilford.

——. (1994). *Drama therapy — Concepts, theories and practices*. 2nd ed. Springfield, IL: Charles C Thomas.

——. (1996). *Essays in drama therapy: The double life*. London: Jessica Kingsley.

——. (2000). Role theory and the role method of drama therapy. In P. Lewis and D. R. Johnson, eds., *Current approaches in drama therapy*. Springfield, IL: Charles C Thomas.

——. (2001a). Tell-A-Story — A new assessment in drama therapy. In *New essays in drama therapy — Unfinished business*. Springfield, IL: Charles C Thomas.

——. (2001b). Role profiles — An assessment instrument. In *New essays in dramatherapy — Unfinished business*. Springfield, IL: Charles C Thomas.

——. (2003). Drama therapy with adults. In C. Schaefer, ed., *Adult play therapy*. Hoboken, NJ: John Wiley & Sons, 15-33.

——. (2004). *Standing Tall*. Study guide. Boston: Fanlight Productions.

——. (2005). *Three approaches to drama therapy*. Video and DVD. New York: New York University.

Landy, R., B. Luck, E. Conner, and S. McMullian. (2003). Role profiles — A drama therapy assessment instrument. *The Arts in Psychotherapy* 30, 151-61.

Landy, R., L. McLellan, and S. McMullian. (2005). The education of the drama therapist: In search of a guide. *The Arts in Psychotherapy* 32, 275-92.

Langley, D. (1989). The relationship between psychodrama and dramatherapy. In P. Jones, ed., *Dramatherapy: State of the art.* St. Albans, UK: Hertfoishire College of Art and Design.

Lazarus, A. and C. Lazarus. (1991). *Multimodal life history inventory.* Champaign, IL: Research Press.

Levenson, E. (1991). *The purloined self.* New York: Contemporary Psychoanalytic Books.

Levinson, D. (1978). *Seasons of a man's life.* New York: Basic Books.

Lewis, P. (1993). *Creative transformation: The healing power of the arts.* Wilmette, IL: Chiron Publications.

Lewis, P. and D. Johnson, eds. (2000). *Current approaches in drama therapy.* Springfield, IL: Charles C Thomas.

Lieberman, E. (1985). *Acts of will: The life and work of Otto Rank.* New York: Free Press.

Lindkvist, M. (1994). Religion and the spirit. In P. Holmes, M. Karp, and M. Watson, eds., *Psychodrama since Moreno.* New York: Routledge.

——. (1998). *Bring white beads when you call on the healer.* New Orleans, LA: Rivendell House.

Linton, R. (1936). *The study of man.* New York: Appleton-Century-Crofts.

Lowen, A. (1967). *The Betrayal of the body.* New York: Macmillan.

——. (1993). *Bioenergetics.* New York: Penguin.

Lowenfeld, M. (1979). *The world technique.* London: George Allen & Unwin.

Magai, C. and J. Haviland-Jones. (2002). *The hidden genius of emotion.* Cambridge, UK: Cambridge University Press.

Marineau, R. (1989). *Jacob Levy Moreno 1889-1974.* New York: Tavistock/Routledge.

Maslow, A. (1971). *The farther reaches of human nature.* New York: Viking Press.

McNiff, S. (1988). The shaman within. *The Arts in Psychotherapy* 15, 285-91.

——. (1992). *Art as medicine: Creating a therapy of the imagination.* Boston: Shambhala.

——. (1998). *Trust the process.* Boston: Shambhala.

McReynolds, P. and S. DeVoge. (1977). Use of improvisational techniques in assessment. In P. McReynolds, ed., *Advances in psychological assessment.* Vol. 4. San Francisco: Jossey-Bass, 222-77.

Mead, G. (1934). *Mind, self and society.* Chicago: University of Chicago Press.

Miller, J. (1987). *Toward a new psychology of women.* Boston: Beacon Press.

Mitchell, S., ed. (1996). *Dramatherapy— Clinical studies.* London: Jessica Kingsley.

Mitchell, S. A. (1988). *Relational concepts in psychoanalysis: An integration.* Cambridge, MA: Harvard University Press.

——. (1997). *Influence and autonomy in psychoanalysis.* Hillsdale, NJ: Analytic Press.

Mitchell, S. A. and J. Greenberg. (1983). *Object relations in psychoanalytic theory.* Cambridge, MA: Harvard University Press.

Moreno, J. L. (published as Levy, Jacob). (1915). *Einladung zu einer Begegnung. Heft 2 (Invitation to an encounter, Part 2).* Vienna/Leipzig: Anzengruber/Verlag Brüder Suschitzky.

——. (published anonymously). (1920). *Das testament des Vaters (The words of the father).* In *Die Gefahrten* 3: 1-33. Berlin/Potsdam: Kiepenheuer Verlag.

——. (1934/1978). *Who shall survive?* Beacon, NY: Beacon House.

——. (1941/1971). *The words of the Father.* New York: Beacon House.

——. (1943). The concept of sociodrama: A new approach to the problem of intercultural relations. *Sociometry,* 6 (4), 434-449.

——. (1946/1994). *Psychodrama.* Vol. 1. Beacon, NY: Beacon House.

——. (1985). *The Autobiography of JL Moreno M.D.* (Abridged). Jonathan Moreno, ed. Moreno Archives. Cambridge, MA: Harvard University Press.

Moreno, J. L. and Z. T. Moreno. (1969). *Psychodrama.* Vol. 3. Beacon, NY: Beacon House.

Moreno, Z. T. (1944). Role analysis and audience structure. In Z. T. Moreno (2006) *The quintessential Zerka: Writings by Zerka Toeman Moreno on psychodrama, sociometry, and group psychotherapy.* New York: Routledge.

Moreno, Z. T. (1965). Psychodramatic rules, techniques, and adjunctive methods. *Group Psychotherapy* 18, 73-86.

——. (2006a). *The quintessential Zerka: Writings by Zerka Toeman Moreno on psychodrama, sociometry, and group psychotherapy.* New York: Routledge.

——. (2006b). Personal communication.

Murray, H. (1938). *Explorations in personality: A clinical and experimental study of fifty men of college age.* New York: Oxford University Press.

——. (1943). *Analysis of the personality of Adolph Hitler.* Washington, DC: Office of

Strategic Services.

Murray, H. (1940). What should psychologists do about psychoanalysis? *Journal of Abnormal and Social Psychology* 35, 150-75.

Najavits, L., R. Weiss, and W. Shaw. (1997). The link between substance abuse and posttraumatic stress disorder in women: A research review. *American Journal on Addictions* 6, 273-83.

Ormont, L. (1992). *The group therapy experience: From theory to practice.* New York: St. Martin's Press.

OSS Assessment Staff. (1948). *Assessment of men: Selection of personnel for the Office of Strategic Service.* New York: Rinehart.

Pendzik, S. (1988). Drama therapy as a form of modem shamanism. *Journal of Transpersonal Psychology* 20, 81-92.

Perls, F. (1947). *Ego, hunger and aggression.* London: Allen & Unwin.

Perls, F. (1969). *Gestalt therapy verbatim,* Lafayette, CA: Real People Press.

Perls, F., R. Hefferline, and P. Goodman. (1951). *Gestalt therapy: Excitement and growth in the human personality.* New York: Dell.

Perry, B. and R. Pollard. (1998). Homeostasis, stress, trauma, and adaptation: A neurodevelopmental view of childhood trauma. *Child and Adolescent Psychiatric Clinics of North America* 7, 33-51.

Petzold, H. (1973). *Gestalttherapie und psychodrama.* Kassel, Cermany: Nicol.

Piaget, J. (1962). *Play, dreams and imitation in childhood.* New York: Norton.

Pitzele, P. (1995). *Our fathers' wells: Personal encounters with the myths of genesis.* San Francisco: Harper Collins.

——. (1998). *Scripture windows: Towards a practice of bibliodrama.* Los Angeles: Torah Aura.

Propp, V. (1968). *Morphology of the folktale.* Austin: University of Texas Press.

Rank, O. (1907). *The artist.* Vienna: H. Heller.

——. (1936/1978). *Will Therapy.* New York: Norton.

——. (1941). *Beyond psychology.* New York: Dover Publications.

——. (1996). *A psychology of difference.* Princeton, NJ: Princeton University Press.

Rauch, S., B. van der Kolk, R. Fisler, N. Alpert, S. Orr, C. Savage, et al. (1996). A symptom provocation study of posttraumatic stress disorder using positron emission tomography and script-driven imagery. *Archives of General Psychiatry* 53, 380-87.

Reich, W. (1949). *Character analysis*. 3rd ed. New York: Orgone Institute.

Rizzolatti, G. and L. Craighero. (2004). The mirror neuron system. *Annual Review of Neuroscience* 27, 169-92.

Rogers, C. (1951). *Client-centered therapy: Its current practice, implications, and theory*. Boston: Houghton Mifflin.

Rothschild, B. (2000). *The body remembers — The psychophysiology of trauma and trauma treatment*. New York: Norton.

Sacks, J., M. Bilaniuk, and J. Gendron. (2005). *Bibliography of psychodrama: Inception to date*. Available online at http://asgpp.org/02ref/index.htm.

Salas, J. (2000). Playback theatre: A frame for healing. In P. Lewis and D. Johnson, eds., *Current approaches in drama therapy*. Springfield, IL: Charles C Thomas.

Sarbin, T. (1962). Role enactment. In J. Dyal, ed., *Readings in psychology: Understanding human behavior*. New York: McGraw-Hill.

Sarbin, T. and V. Allen. (1968). Role theory. In G. Lindzey and E. Aronson, eds., *The handbook of social psychology*. 2nd ed. Reading, MA: Addison-Wesley.

Sartre, J-P. (1943). *Being and nothingness*. London: Methuen.

Schattner, G. (1981). Introduction. In G. Schattner and R. Courtney, eds., *Drama in therapy*. Vol. 1. New York: Drama Books.

Schechner, R. (1985). *Between theater & anthropology*. Philadelphia: University of Pennsylvania Press.

Scheff, T. (1979). *Catharsis in healing, ritual and drama*. Berkeley: University of California.

——. (1981). The distancing of emotion in psychotherapy. *Psychotherapy: Theory, research and practice* 18, 1, 46-53.

Scheiffele, E. (1995). *The theatre of truth*. Unpublished Ph.D. dissertation, University of California, Berkeley.

Schiller, F. (1875). *On the aesthetic education of man, in a series of letters*. Oxford, UK: Clarendon Press; Repr. New York: Oxford University Press, 1982.

Schnee, G. (1996). Drama therapy in the treatment of the homeless mentally ill. *The Arts in Psychotherapy* 23, 53-60.

Shakespeare, W. (1600/1963). *Hamlet*. In *Works: A new variorum edition of Shakespeare*. H. Furness, ed. New York: Dover.

Shore, A. (2004). Commentary. *South African Psychiatric Review* 7, 16-17.

Shostrom, E. (1965). *Three approaches to psychotherapy l*. Video recording. Corona Del Mar, CA: Psychological Films Inc.

——. (1977). *Three approaches to psychotherapy II*. Videorecording. Corona Del Mar, CA: Psychological Films Inc.

Siegel, D. (1999). *The developing mind: Toward a neurobiology of interpersonal experience*. New York: Guilford Press.

——. (2001). Toward an interpersonal neurobiology of the developing mind: Attachment relationships, "mindsight," and neural integration. *Infant Mental Health Journal* 22, 67-94.

Slade, P. (1954). *Child drama*. London: University Press.

——. (1959). *Dramatherapy as an aid to becoming a person*. London: Guild of Pastoral Psychology.

Snow, S. (2000). Ritual/Theater/Therapy. In P. Lewis and D. Johnson, eds., *Current approaches in drama therapy*. Springfield, IL: Charles C Thomas.

Solomon, J. (1938). Active play therapy. *American Journal of Orthopsychiatry* 8, 3, 763-81.

Spencer, H. (1873). *The study of sociology*. London: Henry S. King.

Spolin, V. (1963). *Improvisation for the theatre*. Chicago: Northwestern University Press.

Spoto, A. (1995). *Jung's typology in perspective*. Wilmette, IL: Chiron Publications.

Stamenov, M. and V. Gallese, eds. (2002). *Mirror neurons and the evolution of brain and language*. Amsterdam: John Benjamins Publishing Company.

Stanislavski, C. (1936). *An actor prepares*. New York: Theatre Arts Books.

Stern, D. (2000). *The interpersonal world of the infant: A view from psychoanalysis and developmental psychology*. New York: Basic Books.

——. (2004). *The present moment in psychotherapy and everyday life*. New York: Norton.

Stern, P. (2004). Director. *Standing Tall*. 24 minute videotape. Boston: Fanlight Productions.

Sternberg, P. and A. Garcia. (2000a). Sociodrama. In P. Lewis and D. Johnson, eds., *Current approaches in drama therapy*. Springfield, IL: Charles C Thomas.

——. (2000b). *Sociodrama: Who's in your shoes?* 2nd ed. Westport, CT: Praeger.

Streeck-Fischer, A. and B. van der Kolk. (2000). Down will corne baby, cradle and all: Diagnostic and therapeutic implications of chronic trauma on child development. *Australian and New Zealand Journal of Psychiatry* 34, 903-18.

Sullivan, H. S. (1954). *The psychiatric interview.* New York: Norton.

Tangorra, J. (1997). *The many masks of pedophilia: Drama therapeutic assessment of the pedophile.* Master's thesis. New York: New York University.

Turner, V. (1982). *From ritual to theatre: The human seriousness of play.* New York: Performing Arts Journal Publications.

Ulhler, A and O. Parker. (2002). Treating women drug abusers: Action therapy and trauma treatment. *Science and Practice Perspectives,* 30-37.

van der Kolk, B. (1994). The body keeps the score: Memory and the emerging psychobiology of post traumatic stress. *Harvard Review of Psychiatry* 1, 253-65.

——. (2002a). The assessment and treatment of complex PTSD. In R. Yehuda, ed. *Treating trauma survivors with PTSD.* Washington, DC: American Psychiatric Press.

——. (2002b). Posttraumatic therapy in the age of neuroscience, *Psychoanalytic Dialogues* 12, 3, 381-92.

——. (2002c). Beyond the talking cure. In F. Shapiro, ed., *EMDR: Towards a paradigm shift.* Washington, DC: American Psychiatric Press.

Villa Vicencio, C. (2001). Reconciliation as metaphor. Available online at http://www.ijr.org.za/sa mon/recon d.html.

von Franz, M. (1980). *The psychological meaning of redemption motifs in fairy tales.* Toronto: Inner City Books.

Wagner, B. J. (1976). *Dorothy Heathcote: Drama as a learning medium.* Washington, DC: National Education Association.

Werner, H. (1948). *Comparative psychology of mental development.* New York: International Universities Press.

Wethered, A. (1973). *Drama and movement in therapy: The therapeutic use of movement, drama and music.* Boston: Plays Inc.

White, M. (1998). *Papers by Michael White.* Adelaide, Australia: Dulwich Centre Publications.

White, M. and D. Epson. (1990). *Narrative means to therapeutic ends.* New York: Norton.

Whitehouse, M. (1979). C. G. Jung and dance therapy. In P. Lewis, ed. *Eight theoretical approaches in dance/movement therapies.* Dubuque, MN: Kendall/Hunt.

Wilensky, S. (2005). Bibliodrama scholar invites congregants to “get into other people's shoes.” *Jewish Ledger.* Available online at http/bibliodrama.com.

Willet, J. (1964). *Brecht on theatre.* New York: Hill & Wang.

Winnicott, D. W. (1953). Transitional objects and transitional phenomena. *International Journal of Psychoanalysis,* 34, 89-97.

——. (1971). *Playing and reality.* Routledge: London.

Winters, N. (2000). The psychospiritual in psychodrama: A fourth role category. *The International Journal of Action Methods: Psychodrama, Skill Training and Role Playing* 52, 163-71.

Wolpe, J. (1990). *The practice of behavior therapy,* 4th. ed. New York: Pergamon Press.

Wolpe, J. and A. Lazarus. (1966). *Behavior therapy techniques: A guide to the treatment of neuroses,* lst ed. New York: Pergamon Press.

Wurr, C. and J. Pope-Carter. (1998). The journey of a group: Dramatherapy for adolescents with eating disorders. *Clinical Child Psychology and Psychiatry* 3, 4, 621-27.

Yablonsky, L. (1998). Comments and reports on significant social and crime issues. *Psychodrama Network News.* Winter.

Yalom, I. (1980). *Existential psychotherapy.* New York: Basic Books.

Young, M. (1986). The use of dramatherapy methods for working with clients with eating problems. *dramatherapy* 9, 3-11.

찾아보기

인명

찾아보기

인명